메가스터디

중학국어

문학 필수 개념

독해 연습

문학에서 '개념' 학습이 왜 필요할까요?

수학, 개념을 모르면 문제를 못 풀죠.
영어, 개념을 모르면 지문을 못 읽죠.
탐구도 개념을 모르면 문제를 못 풀죠.

그런데 국어는 '개념'을 몰라도
작품을 읽을 수 있고 문제도 읽을 수 있습니다.
작품도 막– 읽고 문제도 막– 풀어 봅니다.

그런데,
읽기는 읽었는데,
내가 읽은 것이 무슨 의미인지, 어떻게 해석되는지 모르겠습니다…
문제에서 뭘 묻고 있는지 모르겠습니다…
해설에서 제시한 정답보다 내가 선택한 답지가 더 정답 같습니다…

이럴 때 필요한 것이 문학의 '개념'입니다.

> *화자가 누군지, 어떤 정서와 태도를 갖는지, 그것을 어떤 어조로 드러내는지를 알아야,
> 시를 이해하고 문제를 풀 수 있습니다.
> *서술자가 누군지, 어떤 인물이 나오는지, 어떤 사건이 어떤 구성으로 전개되는지를 알아야,
> 소설을 이해하고 문제를 풀 수 있습니다.

이것이 바로 문학의 '개념'입니다.
'개념'은 결코 달라지지 않습니다.
작품을 제대로 이해하고 문제를 풀기 위해서는 변하지 않는 '개념'을 학습해야 합니다.

'개념' 학습이야말로 문학 학습, 그 자체입니다.

그러면 문학에서 '개념' 학습을 어떻게 하는 것이 좋을까요?

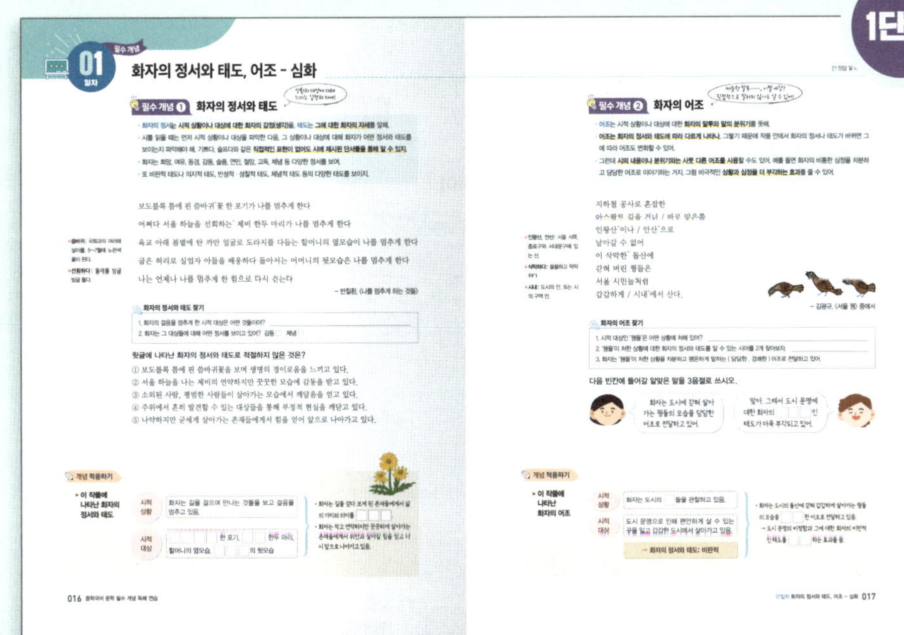

문학 **필수 개념** 집중 탐구

❶ 필수 개념 확인하기

쉽고 재미있게 설명된 개념을 차근차근 읽고 이해하기

❷ 작품에서 연습하기

개념 찾기 코너에 지시된 대로 작품에서 개념 찾기

❸ 개념 **적용하기**

쉽고 재미있게 정리된 개념 적용 내용을 확인하기

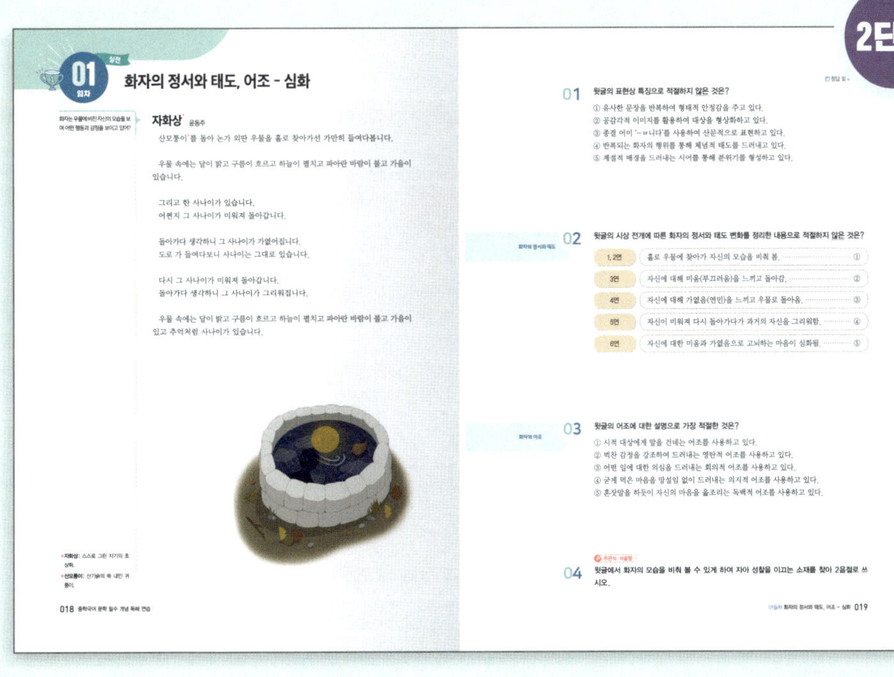

문학 **필수 개념** 실전 적용

❶ 문학 작품 감상하기

개념을 학습하기에 가장 안성맞춤인 작품 감상하기

❷ 개념 적용 문제 풀기

1단계에서 학습한 개념이 적용된 실전 문제 풀기

중학국어 문학 필수 개념 (1~3권)

시

Ⅰ 표현

❶ 비유: 직유 / 은유 [1권]
❷ 비유: 의인 / 활유
❸ 원형적 · 관습적 · 개인적 상징

❹ 영탄 / 설의 [2권]
❺ 대조 / 대구
❻ 반어 / 역설
❼ 대유: 제유 / 환유

❽ 객관적 상관물 / 감정 이입 [3권]

Ⅱ 운율

❶ 외형률 · 내재율 / 음수율 · 음보율 [1권]
❷ 반복 / 음성 상징어

Ⅲ 이미지

❶ 시각적 · 청각적 · 후각적 · 미각적 · 촉각적 심상 [1권]
❷ 공감각적 심상 / 복합 감각적 심상

❸ 색채 이미지 / 동적 · 정적 이미지 / 상승 · 하강 이미지 [3권]

소설

Ⅰ 인물

❶ 인물의 유형: 주동 · 반동 / 평면 · 입체 / 전형 · 개성 [1권]
❷ 인물 제시 방법: 직접 제시 / 간접 제시 [2권]
❸ 직설적 · 우회적 말하기 / 고사를 인용하여 말하기 [3권]

Ⅱ 갈등과 구성

❶ 내적 갈등 / 외적 갈등 [1권]
❷ 발단-전개-위기-절정-결말
❸ 순행적 · 역순행적 구성 / 액자식 구성 [2권]
❹ 암시 / 복선

Ⅲ 서술자와 시점

❶ 1인칭 주인공 시점 / 1인칭 관찰자 시점 [1권]
❷ 전지적 작가 시점 / 3인칭 관찰자 시점
❸ 인물에 대한 서술자의 태도 / 편집자적 논평 [3권]

극 문학

❶ 희곡의 구성 요소 / 시나리오의 구성 요소 [1권]
❷ 극 문학의 갈등 / 구성 단계

❸ 희곡의 특징 / 희곡과 소설의 비교 [2권]
❹ 시나리오의 특징

❺ 시나리오 용어 [3권]
❻ 극의 감상 방법: 내재적 관점 / 외재적 관점

수필

❶ 수필의 내용과 형식 [1권]
❷ 수필의 성격

❸ 수필의 종류: 경수필 VS 중수필 [2권]

❹ 수필의 감상 [3권]
❺ 고전 수필의 갈래: 내간체 수필과 설(說)

구성과 특징

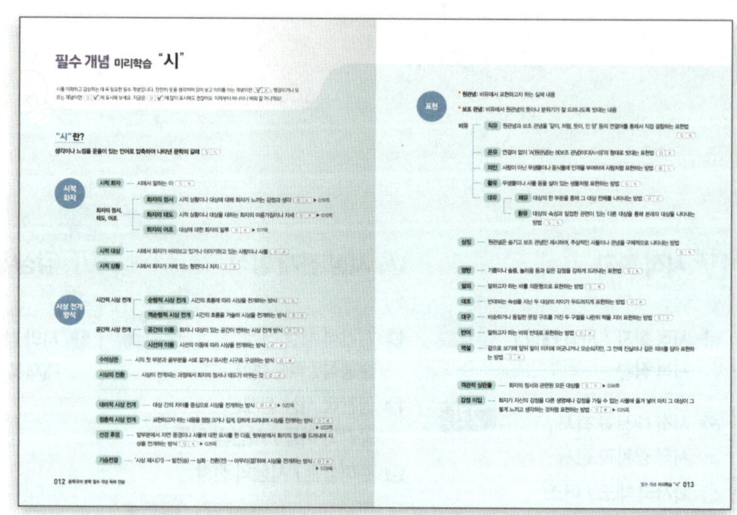

❶ 갈래별 필수 개념 미리학습

시, 소설, 극 문학, 수필의 필수 개념을 제시하고 아는
지 모르는지 체크하면서 앞으로 배울 문학 필수 개념
에 어떤 것들이 있는지 살펴볼 수 있습니다.

❷ '1일 2개념' 2단계 학습으로 문학 필수 개념 완성

1단계 개념 학습

📖 문학 필수 개념 집중 탐구

❶ 필수 개념 확인하기

❷ 작품에서 연습하기

❸ 개념 적용하기

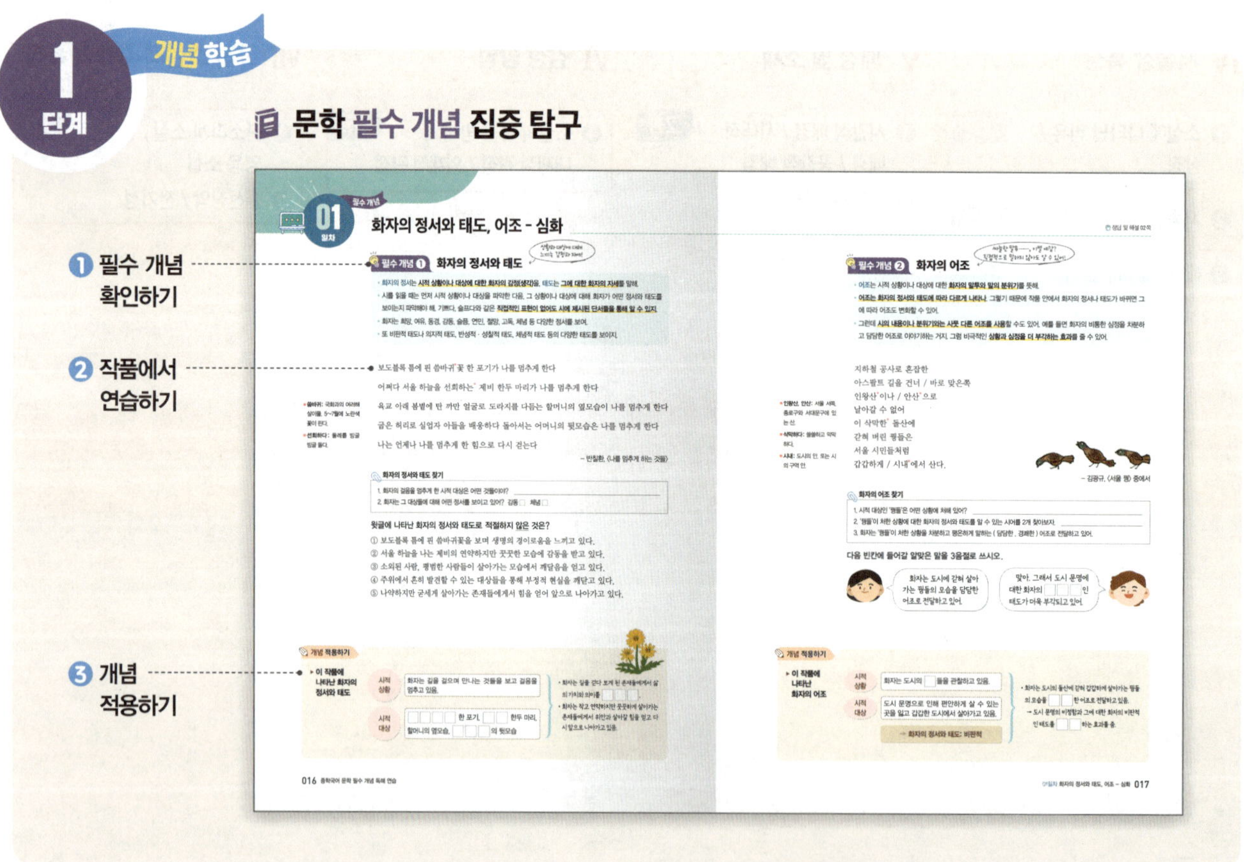

1단계 개념 학습 ▶ 중학 국어 성취 기준에 기반한 문학 필수 개념을
작은 단위로 쪼개 하나하나 집중 탐구하고 작품에서 확인하여 명확하
게 이해할 수 있도록 구성하였습니다.

필수 문학 작품 학습 ▶ 9종 중학 국어 교과서 수록 작품부터 고1
기출 작품까지 중학생이 꼭 알아야 할 갈래별 필수 문학 작품을 모두
살펴볼 수 있도록 작품 목록을 구성하였습니다.

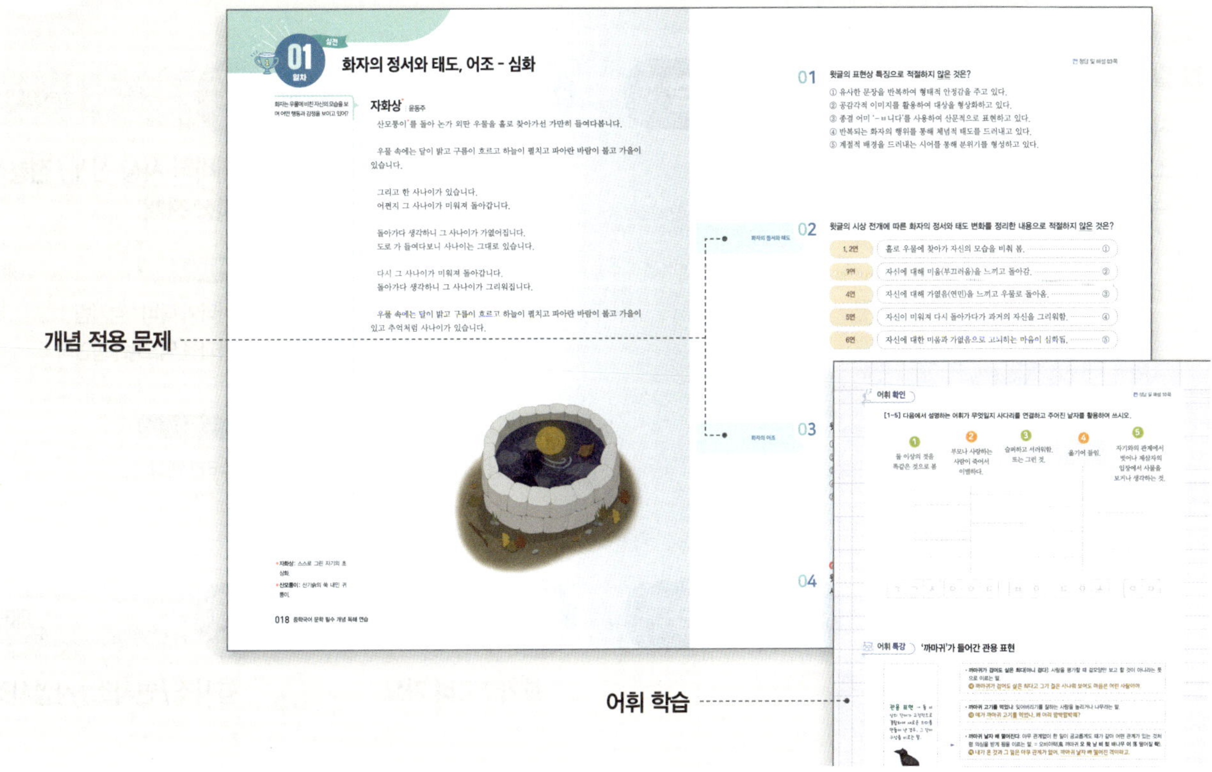

2단계 실전 문제 ▶ 1단계에서 학습한 개념을 실전 문제에서 직접 작품과 문제에 적용해 보게 하여 보다 충실한 개념 이해와 훈련이 가능하도록 하였습니다.

어휘 학습 ▶ 개념과 관련된 어휘, 작품에 나오는 어휘, 관용어, 속담, 한자 성어 등을 풍부하게 익힐 수 있도록 어휘 문제와 어휘 특강을 다양하게 수록하였습니다.

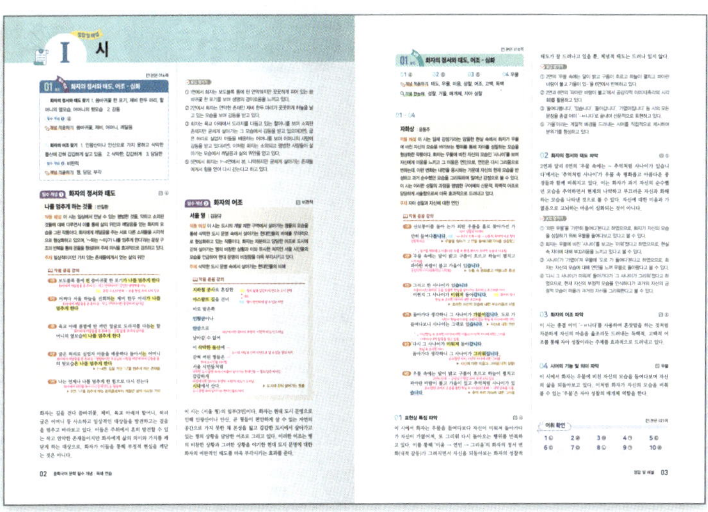

❸ 완벽한 지문 분석 / 정답 및 해설

작품 꼼꼼 강의 ▶ 시, 소설, 극 문학, 수필의 지문을 모두 수록하고 행간주 분석과 깊이 있는 작품 해설을 제시하여 문학 필수 개념은 물론 작품까지 완벽하게 이해할 수 있도록 하였습니다.

정답 및 해설 ▶ 정답이 되는 이유와 오답이 되는 이유를 자세하게 설명하였습니다.

차례와 3주 학습 계획표

시

필수 개념 미리학습 "시"

시를 이해하고 감상하는 데 꼭 필요한 필수 개념입니다. 찬찬히 뜻을 생각하며 읽어 보고 의미를 아는 개념이면 ☑×, 헷갈리거나 모르는 개념이면 ○☑에 표시해 보세요. 지금은 ○☑에 많이 표시해도 괜찮아요. 이제부터 하나하나 배워 갈 거니까요!

"시"란?

생각이나 느낌을 운율이 있는 언어로 압축하여 나타낸 문학의 갈래 ○ ×

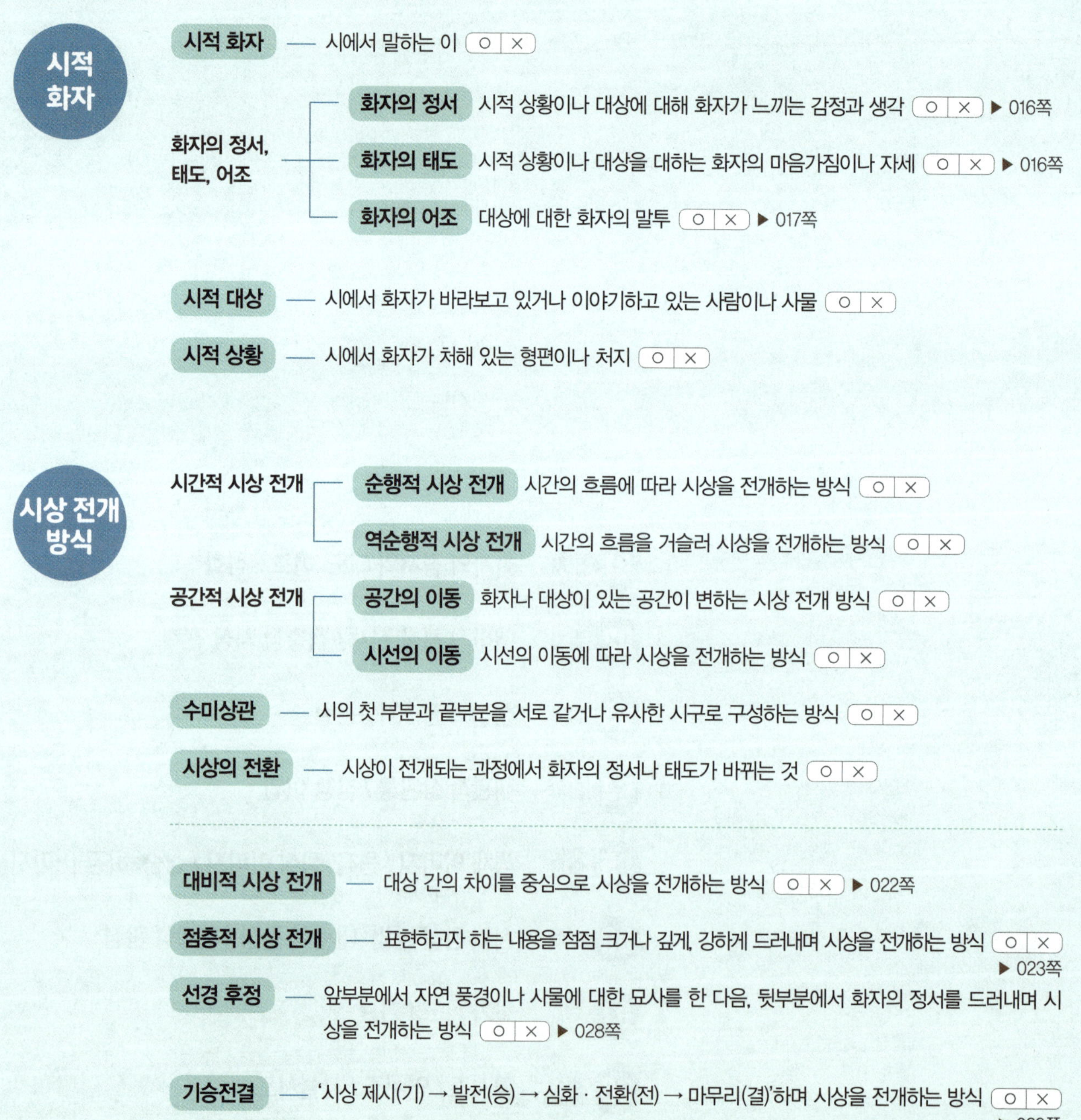

표현

* **원관념:** 비유에서 표현하고자 하는 실제 내용

* **보조 관념:** 비유에서 원관념의 뜻이나 분위기가 잘 드러나도록 빗대는 내용

비유

- **직유** 원관념과 보조 관념을 '같이, 처럼, 듯이, 인 양' 등의 연결어를 통해서 직접 결합하는 표현법 (○ | ×)

- **은유** 연결어 없이 'A(원관념)는 B(보조 관념)이다(A=B)'의 형태로 빗대는 표현법 (○ | ×)

- **의인** 사람이 아닌 무생물이나 동식물에 인격을 부여하여 사람처럼 표현하는 방법 (○ | ×)

- **활유** 무생물이나 사물 등을 살아 있는 생물처럼 표현하는 방법 (○ | ×)

- **대유**
  - **제유** 대상의 한 부분을 통해 그 대상 전체를 나타내는 방법 (○ | ×)
  - **환유** 대상의 속성과 밀접한 관련이 있는 다른 대상을 통해 본래의 대상을 나타내는 방법 (○ | ×)

상징 — 원관념은 숨기고 보조 관념만 제시하여, 추상적인 사물이나 관념을 구체적으로 나타내는 방법 (○ | ×)

영탄 — 기쁨이나 슬픔, 놀라움 등과 같은 감정을 강하게 드러내는 표현법 (○ | ×)

설의 — 말하고자 하는 바를 의문형으로 표현하는 방법 (○ | ×)

대조 — 반대되는 속성을 지닌 두 대상의 차이가 두드러지게 표현하는 방법 (○ | ×)

대구 — 비슷하거나 동일한 문장 구조를 가진 두 구절을 나란히 짝을 지어 표현하는 방법 (○ | ×)

반어 — 말하고자 하는 바와 반대로 표현하는 방법 (○ | ×)

역설 — 겉으로 보기에 앞뒤 말이 이치에 어긋나거나 모순되지만, 그 안에 진실이나 깊은 의미를 담아 표현하는 방법 (○ | ×)

객관적 상관물 — 화자의 정서와 관련된 모든 대상물 (○ | ×) ▶ 034쪽

감정 이입 — 화자가 자신의 감정을 다른 생명체나 감정을 가질 수 없는 사물에 옮겨 넣어 마치 그 대상이 그렇게 느끼고 생각하는 것처럼 표현하는 방법 (○ | ×) ▶ 035쪽

이미지

한 가지 감각

— **시각적 심상** 눈으로 보는 감각과 관련된 심상 ⟨ ○ │ × ⟩
— **청각적 심상** 귀로 듣는 감각과 관련된 심상 ⟨ ○ │ × ⟩
— **후각적 심상** 코로 냄새를 맡는 감각과 관련된 심상 ⟨ ○ │ × ⟩
— **미각적 심상** 혀로 맛을 보는 감각과 관련된 심상 ⟨ ○ │ × ⟩
— **촉각적 심상** 피부로 느끼는 감각과 관련된 심상 ⟨ ○ │ × ⟩

공감각적 심상 — 하나의 감각이 다른 감각으로 옮겨 표현된 심상
ex. 푸른 휘파람 소리 → 청각의 시각화 ⟨ ○ │ × ⟩
     시각   청각

복합 감각적 심상 — 두 가지 이상의 감각을 동시에 나란히 늘어놓은 심상
ex. 하얀 밥과 고소한 나물 ⟨ ○ │ × ⟩
     시각   후각

색채 이미지 — 특정 색깔을 연상할 수 있는 이미지 ⟨ ○ │ × ⟩ ▶ 040쪽

동적 이미지 — 대상의 움직임을 연상할 수 있는 이미지 ⟨ ○ │ × ⟩ ▶ 041쪽

정적 이미지 — 대상의 움직임이 거의 느껴지지 않는 이미지 ⟨ ○ │ × ⟩ ▶ 041쪽

상승 이미지 — 낮은 데서 높은 데로 올라가는 듯한 느낌을 주는 이미지 ⟨ ○ │ × ⟩ ▶ 041쪽

하강 이미지 — 높은 데서 낮은 데로 내려가는 듯한 느낌을 주는 이미지 ⟨ ○ │ × ⟩ ▶ 041쪽

운율

외형률 ── 일정한 규칙에 따라 겉으로 드러나는 운율 〔 O │ X 〕

내재율 ── 일정한 규칙 없이 겉으로 드러나지 않고 시 속에서 은근하게 느껴지는 운율 〔 O │ X 〕

운율을 만드는 방법
- **음보** (끊어 읽는 단위)를 일정하게 **반복**하여 운율을 만들 수 있음. 〔 O │ X 〕
- **음수** (글자 수)를 규칙적으로 **반복**하여 운율을 만들 수 있음. 〔 O │ X 〕
- 같은 **소리** 를 **반복**하여 운율을 만들 수 있음. 〔 O │ X 〕
- **시어** 나 **시구** 를 **반복**하여 운율을 만들 수 있음. 〔 O │ X 〕
- 같거나 비슷한 **문장 구조** 를 **반복**하여 운율을 만들 수 있음. 〔 O │ X 〕
- **음성 상징어(의성어, 의태어)** 를 사용하여 운율을 만들 수 있음. 〔 O │ X 〕

시의 감상 방법

내재적 관점 작품을 구성하는 내용이나 형식, 표현 등 작품 자체에만 주목하여 작품을 감상하는 방법
〔 O │ X 〕 ▶ 046쪽

외재적 관점 작가, 시대, 독자 등 작품의 외적 요인과 관련지어 작품을 감상하는 방법 〔 O │ X 〕 ▶ 047쪽

고전 시가

고전 시가의 갈래
- **향가** 신라 때부터 고려 초까지 불렸던 서정시로, 향찰로 표기된 우리나라 고유의 노래
〔 O │ X 〕 ▶ 052쪽
- **고려 가요** 고려 시대에 주로 평민들이 부르던 노래 〔 O │ X 〕 ▶ 053쪽
- **시조**: 고려 말부터 발달하여 조선 시대를 거쳐 오늘날까지 창작되고 있는 정형시 〔 O │ X 〕

시조의 종류
- **평시조** 가장 기본적이고 대표적인 형식(3장 6구 45자 내외, 4음보)의 시조 〔 O │ X 〕 ▶ 058쪽
- **연시조** 평시조가 2수 이상 모여 한 편의 작품을 이룬 시조 〔 O │ X 〕 ▶ 059쪽
- **사설시조** 평시조의 형태에서 초장이나 중장의 길이가 10글자 이상 길어진 시조 〔 O │ X 〕
▶ 059쪽

01 일차 화자의 정서와 태도, 어조 - 심화

필수 개념 ❶ 화자의 정서와 태도

상황과 대상에 대해 느끼는 감정과 자세!

- **화자의 정서**는 **시적 상황이나 대상에 대한 화자의 감정(생각)**을, **태도**는 **그에 대한 화자의 자세**를 말해.
- 시를 읽을 때는 먼저 시적 상황이나 대상을 파악한 다음, 그 상황이나 대상에 대해 화자가 어떤 정서와 태도를 보이는지 파악해야 해. 기쁘다, 슬프다와 같은 **직접적인 표현이 없어도 시에 제시된 단서들을 통해 알 수 있지**.
- 화자는 희망, 여유, 동경, 감동, 슬픔, 연민, 절망, 고독, 체념 등 다양한 정서를 보여.
- 또 비판적 태도나 의지적 태도, 반성적·성찰적 태도, 체념적 태도 등의 다양한 태도를 보이지.

보도블록 틈에 핀 씀바귀*꽃 한 포기가 나를 멈추게 한다

어쩌다 서울 하늘을 선회하는* 제비 한두 마리가 나를 멈추게 한다

육교 아래 봄볕에 탄 까만 얼굴로 도라지를 다듬는 할머니의 옆모습이 나를 멈추게 한다

굽은 허리로 실업자 아들을 배웅하다 돌아서는 어머니의 뒷모습은 나를 멈추게 한다

나는 언제나 나를 멈추게 한 힘으로 다시 걷는다

– 반칠환, 〈나를 멈추게 하는 것들〉

*씀바귀: 국화과의 여러해살이풀. 5~7월에 노란색 꽃이 핀다.

*선회하다: 둘레를 빙글빙글 돌다.

화자의 정서와 태도 찾기

1. 화자의 걸음을 멈추게 한 시적 대상은 어떤 것들이야? ____________

2. 화자는 그 대상들에 대해 어떤 정서를 보이고 있어? 감동☐ 체념☐

윗글에 나타난 화자의 정서와 태도로 적절하지 <u>않은</u> 것은?

① 보도블록 틈에 핀 씀바귀꽃을 보며 생명의 경이로움을 느끼고 있다.

② 서울 하늘을 나는 제비의 연약하지만 꿋꿋한 모습에 감동을 받고 있다.

③ 소외된 사람, 평범한 사람들이 살아가는 모습에서 깨달음을 얻고 있다.

④ 주위에서 흔히 발견할 수 있는 대상들을 통해 부정적 현실을 깨닫고 있다.

⑤ 나약하지만 굳세게 살아가는 존재들에게서 힘을 얻어 앞으로 나아가고 있다.

개념 적용하기

▶ **이 작품에 나타난 화자의 정서와 태도**

시적 상황	화자는 길을 걸으며 만나는 것들을 보고 걸음을 멈추고 있음.
시적 대상	☐☐☐☐ 한 포기, ☐☐ 한두 마리, 할머니의 옆모습, ☐☐☐의 뒷모습

- 화자는 길을 걷다 보게 된 존재들에게서 삶의 가치와 의미를 ☐☐☐.
- 화자는 작고 연약하지만 꿋꿋하게 살아가는 존재들에게서 위안과 살아갈 힘을 얻고 다시 앞으로 나아가고 있음.

필수 개념 ② 화자의 어조

- **어조**는 시적 상황이나 대상에 대한 **화자의 말투와 말의 분위기**를 뜻해.
- **어조는 화자의 정서와 태도에 따라 다르게 나타나.** 그렇기 때문에 작품 안에서 화자의 정서나 태도가 바뀌면 그에 따라 어조도 변화할 수 있어.
- 그런데 **시의 내용이나 분위기와는 사뭇 다른 어조를 사용**할 수도 있어. 예를 들면 화자의 비통한 심정을 차분하고 담담한 어조로 이야기하는 거지. 그럼 비극적인 **상황과 심정을 더 부각하는 효과**를 줄 수 있어.

지하철 공사로 혼잡한
아스팔트 길을 건너 / 바로 맞은쪽
인왕산*이나 / 안산*으로
날아갈 수 없어
이 삭막한* 돌산에
갇혀 버린 꿩들은
서울 시민들처럼
갑갑하게 / 시내*에서 산다.

– 김광규, 〈서울 꿩〉 중에서

*인왕산, 안산: 서울 서쪽, 종로구와 서대문구에 있는 산.
*삭막하다: 쓸쓸하고 막막하다.
*시내: 도시의 안. 또는 시의 구역 안.

화자의 어조 찾기

1. 시적 대상인 '꿩들'은 어떤 상황에 처해 있어? ______
2. '꿩들'이 처한 상황에 대한 화자의 정서와 태도를 알 수 있는 시어를 2개 찾아보자. ______
3. 화자는 '꿩들'이 처한 상황을 차분하고 평온하게 말하는 (담담한 , 경쾌한) 어조로 전달하고 있어.

다음 빈칸에 들어갈 알맞은 말을 3음절로 쓰시오.

개념 적용하기

▶ **이 작품에 나타난 화자의 어조**

시적 상황: 화자는 도시의 □들을 관찰하고 있음.

시적 대상: 꿩: 도시 문명으로 인해 편안하게 살 수 있는 곳을 잃고 갑갑한 도시에서 살아감.

→ **화자의 정서와 태도: 비판적**

- 화자는 도시의 돌산에 갇혀 갑갑하게 살아가는 꿩들의 모습을 □□한 어조로 전달하고 있음.
  → 도시 문명의 비정함과 그에 대한 화자의 비판적인 태도를 □□하는 효과를 줌.

화자의 정서와 태도, 어조 – 심화

화자는 우물에 비친 자신의 모습을 보며 어떤 행동과 감정을 보이고 있어?

자화상[*] | 윤동주

산모퉁이[*]를 돌아 논가 외딴 우물을 홀로 찾아가선 가만히 들여다봅니다.

우물 속에는 달이 밝고 구름이 흐르고 하늘이 펼치고 파아란 바람이 불고 가을이 있습니다.

그리고 한 사나이가 있습니다.
어쩐지 그 사나이가 미워져 돌아갑니다.

돌아가다 생각하니 그 사나이가 가엾어집니다.
도로 가 들여다보니 사나이는 그대로 있습니다.

다시 그 사나이가 미워져 돌아갑니다.
돌아가다 생각하니 그 사나이가 그리워집니다.

우물 속에는 달이 밝고 구름이 흐르고 하늘이 펼치고 파아란 바람이 불고 가을이 있고 추억처럼 사나이가 있습니다.

＊**자화상**: 스스로 그린 자기의 초상화.

＊**산모퉁이**: 산기슭의 쑥 내민 귀퉁이.

01 윗글의 표현상 특징으로 적절하지 <u>않은</u> 것은?

① 유사한 문장을 반복하여 형태적 안정감을 주고 있다.
② 공감각적 이미지를 활용하여 대상을 형상화하고 있다.
③ 종결 어미 '-ㅂ니다'를 사용하여 산문적으로 표현하고 있다.
④ 반복되는 화자의 행위를 통해 체념적 태도를 드러내고 있다.
⑤ 계절적 배경을 드러내는 시어를 통해 분위기를 형성하고 있다.

화자의 정서와 태도

02 윗글의 시상 전개에 따른 화자의 정서와 태도 변화를 정리한 내용으로 적절하지 <u>않은</u> 것은?

1, 2연	홀로 우물에 찾아가 자신의 모습을 비춰 봄. ①
3연	자신에 대해 미움(부끄러움)을 느끼고 돌아감. ②
4연	자신에 대해 가엾음(연민)을 느끼고 우물로 돌아옴. ③
5연	자신이 미워져 다시 돌아가다가 과거의 자신을 그리워함. ④
6연	자신에 대한 미움과 가엾음으로 고뇌하는 마음이 심화됨. ⑤

화자의 어조

03 윗글의 어조에 대한 설명으로 가장 적절한 것은?

① 시적 대상에게 말을 건네는 어조를 사용하고 있다.
② 벅찬 감정을 강조하여 드러내는 영탄적 어조를 사용하고 있다.
③ 어떤 일에 대한 의심을 드러내는 회의적 어조를 사용하고 있다.
④ 굳게 먹은 마음을 망설임 없이 드러내는 의지적 어조를 사용하고 있다.
⑤ 혼잣말을 하듯이 자신의 마음을 읊조리는 독백적 어조를 사용하고 있다.

🖊 주관식·서술형

04 윗글에서 화자의 모습을 비춰 볼 수 있게 하여 자아 성찰을 이끄는 소재를 찾아 2음절로 쓰시오.

▶ 이 작품에
나타난 화자의
정서와
□□ 변화

	화자의 행동 변화	화자의 정서와 태도 변화
1, 2연	□□을 들여다봄.	조심스러움.(자신을 성찰함.)
3연	우물 속에서 한 사나이를 보고 돌아감.	□□ (자신에 대한 부끄러움)
4연	우물로 다시 돌아가 사나이를 봄.	가엾음. (자신에 대한 연민)
5연	다시 돌아가다 사나이를 그리워함.	미움과 그리움 (자신에 대한 부끄러움과 연민)
6연	우물 속에서 추억처럼 존재하는 사나이를 봄.	과거의 순수했던 자신을 떠올림. (내적 갈등 해소)

• 시상이 전개됨에 따라 '사나이', 곧 화자 자신에 대한 정서와 태도가 변화함.
• 화자는 우물 속에 비친 자신의 모습을 보며 자아를 □□함.

▶ 이 작품에
나타난 화자의
□□

종결 어미 '–ㅂ니다' 로 끝나는 구어체를 반복적으로 사용함.

➡

• 전체적으로 조용하고 차분한 느낌을 줌.
• 자신의 마음속 생각을 혼자 읊조리며 고백하는 듯한 느낌을 줌.

➡

□□적, □□적, 반성적 어조가 드러남.

 자화상 | 윤동주

한줄평 ▶ 우물에 비친 자신의 모습을 들여다보며 자아를 성찰하는 화자의 내면을 잘 드러낸 시.

화자와 시적 상황

• **화자**: 우물에 비친 자신을 바라보는 '사나이'
• **시적 대상**: 우물에 비친 화자의 현재 모습
 – □□의 대상, 내적 갈등의 원인
 – 미움과 연민의 감정을 불러일으킴.
 – 암울한 현실 속에서 나약하고 부끄럽게 살아감.
• **화자의 정서**: 미움 → 가엾음 → 그리움
• **화자의 태도**: 현재의 자신을 성찰하며 과거의 순수했던 자신을 떠올림.

표현

• **'–ㅂ니다'의 사용**: 조용하고 차분한 산문적 진술로 고백적·독백적 어조를 형성함.
• **행위의 반복과 정서의 변화**
 – 우물을 들여다보는 행위를 통해 자아 성찰을 시각적으로 형상화함.
 – 행위의 반복을 통해 시상을 전개하며 화자의 내적 갈등과 해소를 그림(시상 전개에 따라 화자의 정서와 태도가 변화함.).
• **표현법**: 반복법과 열거법 등을 사용함(2연, 6연).

소재

• **우물**
 – □□과 같은 역할을 함.
 – 화자의 모습을 비춰 자신의 모습을 객관적으로 바라볼 수 있게 함.
 – 현실을 살아가는 부끄러운 화자의 모습을 확인시켜 줌.
 – 자아 성찰의 □□□가 됨.
• **달, 구름, 하늘, 바람**
 – 우물에 비친 순수하고 아름답고 평화로운 자연물
 – 부끄러운 화자의 모습(현재의 자아)과 대조되는 대상

↓ ↓ ↓

주제: □□□□과 자신에 대한 연민

어휘 확인

[1~10] 보기 에서 어휘의 뜻풀이 또는 예문의 (　) 안에 들어갈 어휘 ㉠~㉤을 찾아 쓰시오.

보기

| ㉠ 부각 | ㉡ 회의 | ㉢ 체념 | ㉣ 성찰 | ㉤ 삭막하다 |

뜻풀이

1 의심을 품음. 또는 마음속에 품고 있는 의심.　[　]

2 자기의 마음을 반성하고 살핌.　[　]

3 쓸쓸하고 막막하다.　[　]

4 어떤 사물을 특징지어 두드러지게 함.　[　]

5 희망을 버리고 아주 단념함.　[　]

예문

6 그는 계속된 사업 실패로 그 일에 대해 거의 (　) 상태가 되었다.　[　]

7 사랑하는 사람이 떠난 후 내 인생은 너무 (　).　[　]

8 누구도, 어떤 일도 쉽게 믿지 못하고 (　)에 빠지게 되었다.　[　]

9 검은 옷을 입으니 그의 창백한 피부가 더욱 (　)되어 보인다.　[　]

10 윤동주는 끊임없이 스스로를 (　)하며 순결한 삶을 살고자 노력한 시인이다.　[　]

어휘 특강 ｜ '(으)로서'와 '(으)로써'의 구별

(으)로서 조사　VS　(으)로써 조사

'어떤 지위나 신분 또는 자격'을 나타낼 때는 '(으)로서'로 쓴다.

예
· 그것은 교사로서 할 일이 아니다.
· 그는 친구로서는 좋으나, 남편감으로서는 부족한 점이 많다.
· 언니는 아버지의 딸로서 부족함이 없다고 생각했었다.
· 사람으로서 어떻게 그런 일을 할 수 있니?

어떤 물건의 재료나 원료, 어떤 일의 수단이나 도구를 나타낼 때는 '(으)로써'로 쓴다. 또한 시간을 셈할 때 셈에 넣는 한계를 나타내거나 어떤 일의 기준이 되는 시간임을 나타낼 때도 '(으)로써'로 쓴다.

예
· 쌀로써 떡을 만든다.
· 꿀로써 단맛을 낸다.
· 고향을 떠난 지 올해로써 20년이 된다.
· 운동을 꾸준히 함으로써 건강을 유지하고 있다.

02 일차

대비적 시상 전개 / 점충적 시상 전개

필수 개념 ❶ 대비적 시상 전개

○ vs △, 뭔가 다른 게 있다!

- 대비[대할 대(對) + 견줄 비(比)]는 **둘 이상의 대상을 서로 반대되는 특징이나 성질로 맞대어 비교**하는 거야.
- **대비적 시상 전개**는 **대상 간의 차이를 중심으로 시를 전개하는 방식**이지. **대상의 색채나 이미지, 겉모습을 대비**하기도 하고, **대상의 성질이나 대상에 대한 인식을 대비**하기도 해. 과거와 현재, 인간과 자연을 대비하기도 하지.
- 대비적 시상 전개는 대상 간의 차이를 보여 주어 두 대상 중 한쪽을 효과적으로 강조하기 위해 쓰이기도 해.

아무도 그에게 수심*을 일러준 일이 없기에
흰 나비는 도무지 바다가 무섭지 않다.

청(靑)무우밭인가 해서 내려갔다가는
어린 날개가 물결에 절어서
공주처럼 지쳐서 돌아온다.

삼월달 바다가 꽃이 피지 않아서 서글픈
나비 허리에 새파란 초생달*이 시리다.

– 김기림, 〈바다와 나비〉

*수심: 강이나 바다, 호수 따위의 물의 깊이.

*초생달: 초승달. 음력 3일경에 뜨는 눈썹 모양의 달.

대비적 시상 전개 이해하기

1. 서로 대비되는 시적 대상 2개를 찾아보자. ___________

2. 1에서 찾은 두 대상은 각각 [ ][ ]과 [ ][ ]으로 색채가 대비되고 있어.

윗글에 대한 설명으로 적절하지 <u>않은</u> 것은?

① '나비'의 흰색과 '바다'의 청색이 대비되고 있다.
② 작고 연약한 '나비'와 넓고 거친 '바다'가 대비되고 있다.
③ '나비'와 '바다'라는 상징적인 소재를 대비하여 시상을 전개하고 있다.
④ 여리고 순수한 '나비'를 지치게 만드는 '바다'는 냉혹한 현실로 그려지고 있다.
⑤ '바다'는 '나비'가 가고 싶어 하는 공간이고, '청무우밭'은 그와 대비되는 공간이다.

개념 적용하기

▶ 이 작품에 나타난 대비적 시상 전개

나비
- [ ][ ]
- 작고 연약함.
- 여리고 순수한 존재

↔ 대비

[ ][ ]
- 청색(푸른색)
- 넓고 거침.
- 냉혹한 현실

선명한 색채의 [ ][ ]를 통해 바다의 냉혹함과 나비의 순수함을 표현하며, 냉혹한 현실로 인해 좌절하는 나비의 모습을 효과적으로 드러냄.

필수 개념 ❷ 점층적 시상 전개

- **점층[점점 점(漸) + 층 층(層)]은 반복을 바탕으로 내용이 덧붙여지면서 표현의 강도를 점점 세게** 하는 거야. 말 그대로 점점 층을 쌓아 가는 거라고 이해하면 돼. 한 층 한 층 쌓이면 점점 커지고, 세지고, 강해지겠지?
- **점층적 시상 전개는 표현하고자 하는 내용을 점점 크거나 깊게, 강하게 드러내며 시를 전개하는 방식**이야. 시어나 시구의 반복 및 변형, 시구의 길이 변화 등을 통해 화자의 정서나 시적 상황, 내용을 점점 고조시키지.

사과를 먹는다.

　　　　　(중략)

사과에 수액*을 공급하던 사과나무 가지를 먹는다
사과나무의 세월, 사과나무 나이테를 먹는다
사과를 지탱해 온 사과나무 뿌리를 먹는다
사과의 씨앗을 먹는다
사과나무의 자양분* 흙을 먹는다
사과나무의 흙을 붙잡고 있는 지구의 중력을 먹는다
사과나무가 존재할 수 있게 한 우주를 먹는다

– 함민복, 〈사과를 먹으며〉 중에서

*수액: 땅속에서 나무의 줄기를 통하여 잎으로 올라가는 액.
*자양분: 몸의 영양을 좋게 하는 성분.

점층적 시상 전개 이해하기

1. 반복되고 있는 시어 및 시구를 찾아보자. ＿＿＿＿＿＿＿＿＿＿＿＿＿＿＿＿＿＿
2. 반복되는 시어 및 시구가 쌓이며 의미나 정서의 확대가 일어나? O □　X □ 　　　→ O: 점층 O, X: 점층 X

윗글에 대한 설명으로 적절하지 <u>않은</u> 것은?

① '∼을/를 먹는다'라는 비슷한 문장 구조가 반복되고 있다.
② 먹는 행위가 반복되며 점차 생각의 확장이 일어나고 있다.
③ 먹는 행위의 대상이 구체적인 것에서 추상적인 것으로 확대되고 있다.
④ 점층적인 시상 전개를 통해 화자의 깨달음을 효과적으로 드러내고 있다.
⑤ 화자의 경험이 일상적인 것에서 특수한 것으로 확대되며 주제를 강조하고 있다.

개념 적용하기

▶ 이 작품에 나타난 점층적 시상 전개

□ □
↓
사과나무 가지, 사과나무 □ □ □, 사과나무 뿌리, 사과의 씨앗
↓
□ → 지구의 중력 → 우주

을/를
□ □ □

- 사과를 먹는 행위가 사과나무의 구성 요소들을 먹는 행위로, 또 사과를 존재하게 하는 것들을 먹는 행위로 □ □ 적으로 확대되면서 시상이 전개됨.
- 이러한 생각의 확장으로 세상의 모든 것들은 서로 연결되어 있다는 깨달음을 강조함.

대비적 시상 전개 / 점층적 시상 전개

시적 대상인 '거미'에 대한 화자의 정서가 점점 어떻게 변화하고 있어?

수라[*] | 백석

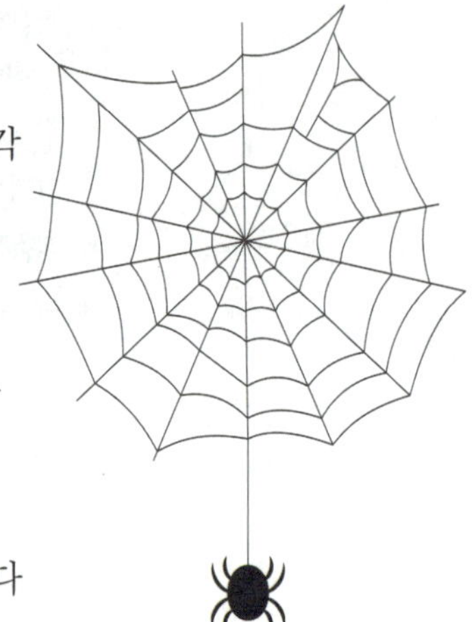

거미 새끼 하나 방바닥에 나린[*] 것을 나는 아무 생각 없이 문밖으로 쓸어 버린다
차디찬 밤이다

어니젠가 새끼 거미 쓸려 나간 곳에 큰 거미가 왔다
나는 가슴이 짜릿한다
나는 또 큰 거미를 쓸어 문밖으로 버리며
찬 밖이라도 새끼 있는 데로 가라고 하며 서러워한다

이렇게 해서 아린[*] 가슴이 싹기도[*] 전이다
어데서 좁쌀알만 한 알에서 가제[*] 깨인 듯한 발이 채 서지도 못한 무척 작은 새끼 거미가 이번엔 큰 거미 없어진 곳으로 와서 아물거린다[*]
나는 가슴이 메이는 듯하다
내 손에 오르기라도 하라고 나는 손을 내어 미나 분명히 울고불고 할 이 작은 것은 나를 무서우이 달아나 버리며 나를 서럽게 한다
나는 이 작은 것을 고이 보드러운 종이에 받어 또 문밖으로 버리며
이것의 엄마와 누나나 형이 가까이 이것의 걱정을 하며 있다가 쉬이 만나기나 했으면 좋으련만 하고 슬퍼한다

[*]**수라**: 아수라. 싸움 따위로 혼잡하고 어지러운 상태에 빠진 곳이나 그러한 상태를 말함.

[*]**나리다**: 내리다.

[*]**아리다**: 마음이 몹시 고통스럽다.

[*]**싹다**: '삭다'의 방언. 긴장이나 화가 풀려 마음이 가라앉다.

[*]**가제**: '방금', '갓'의 평안도 방언.

[*]**아물거린다**: 작거나 희미한 것이 보일 듯 말 듯하게 조금씩 자꾸 움직인다.

01

윗글에 대한 설명으로 적절하지 <u>않은</u> 것은?

① 시적 대상을 의인화*하여 표현하고 있다.
② 방언을 사용하여 향토적인 분위기*를 드러내고 있다.
③ 반어적 표현을 통해 화자의 태도 변화를 드러내고 있다.
④ 현재형 어미를 사용하여 시적 상황을 생생하게 보여 주고 있다.
⑤ 감각적 이미지*를 활용하여 시적 대상의 상황을 부각하고 있다.

*의인화: 사람이 아닌 것을 사람인 것처럼 표현하는 방법.

*향토적 분위기: 고향이나 시골의 정취가 느껴지는 듯한 분위기.

*감각적 이미지: 시의 내용으로 시각, 청각, 후각, 촉각, 미각이 연상되는 것

02

점층적 시상 전개

다음은 윗글에 대한 학생들의 대화이다. 괄호 안에서 알맞은 말을 고르시오.

03

보기 를 바탕으로 윗글을 감상한 것으로 적절하지 <u>않은</u> 것은?

> **보기**
>
> 이 작품이 창작된 1930년대는 20년 전부터 이어 온 일제의 경제 수탈이 더욱 심해진 시기였다. 이에 생계를 유지하기 어려워진 사람들은 가난에서 벗어나기 위해 고향을 떠나 다른 지역으로 이동하였다. 이 과정에서 가족들이 뿔뿔이 흩어지며 가족 공동체가 해체되는 아픔을 겪게 되었다.

① 큰 거미와 새끼 거미들은 비극적인 상황으로 인해 흩어진 가족을 상징한다.
② 1연에서 '나'가 '거미 새끼'를 '문밖으로 쓸어 버린' 행위는 일제의 경제 수탈로 인한 결과와 동일한 결과를 가져왔다.
③ '내 손에 오르기라도 하라'고 '손을 내어 미'는 행동에는 흩어진 거미 가족에 대한 화자의 연민이 담겨 있다.
④ '울고불고 할 이 작은 것'이 '나를 무서우이 달아나 버리'는 것은 가족이 흩어지게 된 원인이라고 할 수 있다.
⑤ '이 작은 것을 고이 보드러운 종이에 받어 또 문밖으로 버리'는 행위는 흩어진 가족을 다시 만나게 하려는 시도로 볼 수 있다.

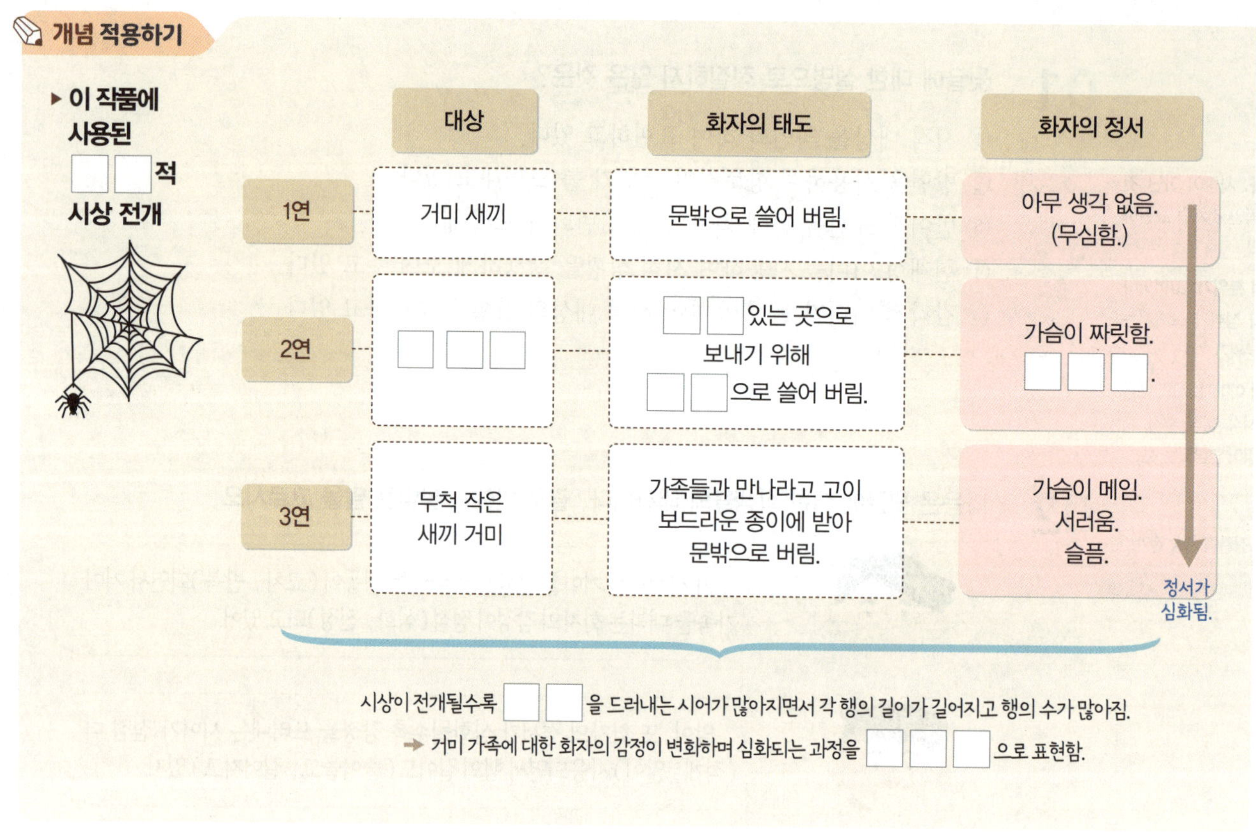

🔍 작품 한눈에   수라 | 백석

한줄평 ▶ 거미 가족에 대한 화자의 감정이 고조되는 과정을 통해 가족 공동체가 깨진 시대의 아픔을 노래한 시

화자와 시적 상황

- **화자**: '나'
- **시적 대상**: □□
- **시적 상황**: 화자가 거미 가족을 차례대로 문밖으로 쓸어 버림.
- **화자의 정서**: 거미를 쓸어 버리는 행위를 반복하면서 무심함, □□□, 슬픔, 안타까움, 미안함, 연민의 정서가 드러남.

표현

- **행위의 반복**: 거미를 문밖으로 버리는 화자의 반복된 행위를 통해 시상이 전개됨.
- **점층법**: 거미 가족을 대하는 화자의 감정이 점층적으로 고조되며 시상이 전개됨.
- **의인화**: 시적 대상인 '거미 가족'을 '울고불고할 작은 것', '엄마', '누나', '형' 등의 시어를 활용하여 의인화하여 표현함.

공간적·시간적 배경

- **공간적 배경**
  - 문밖, 찬 밖: 춥고 위험한 공간이자 해체된 □□ □□이 다시 만날 수 있는 공간
- **시간적 배경**
  - 차디찬 밤: 일제 강점이라는 부정적인 시대 상황을 상징적으로 드러냄(일제의 경제 수탈로 가족 공동체가 해체됨.).

주제: 가족 공동체의 해체에 대한 안타까움과 가족에 대한 그리움

🔬 어휘 확인

[1~5] 다음에서 설명하는 어휘가 무엇일지 주어진 낱자를 활용하여 쓰시오.

1 사상이나 감정, 세력 따위가 한창 무르익거나 높아짐.

2 강이나 바다, 호수 따위의 물의 깊이.

3 오래 버티거나 배겨 냄.

4 ① 혀끝을 찌를 듯이 알알한 느낌이 있다.
② 상처나 살갗 따위가 찌르는 듯이 아프다.
③ 마음이 몹시 고통스럽다.

5 강제로 빼앗음.

🏛 어휘 특강

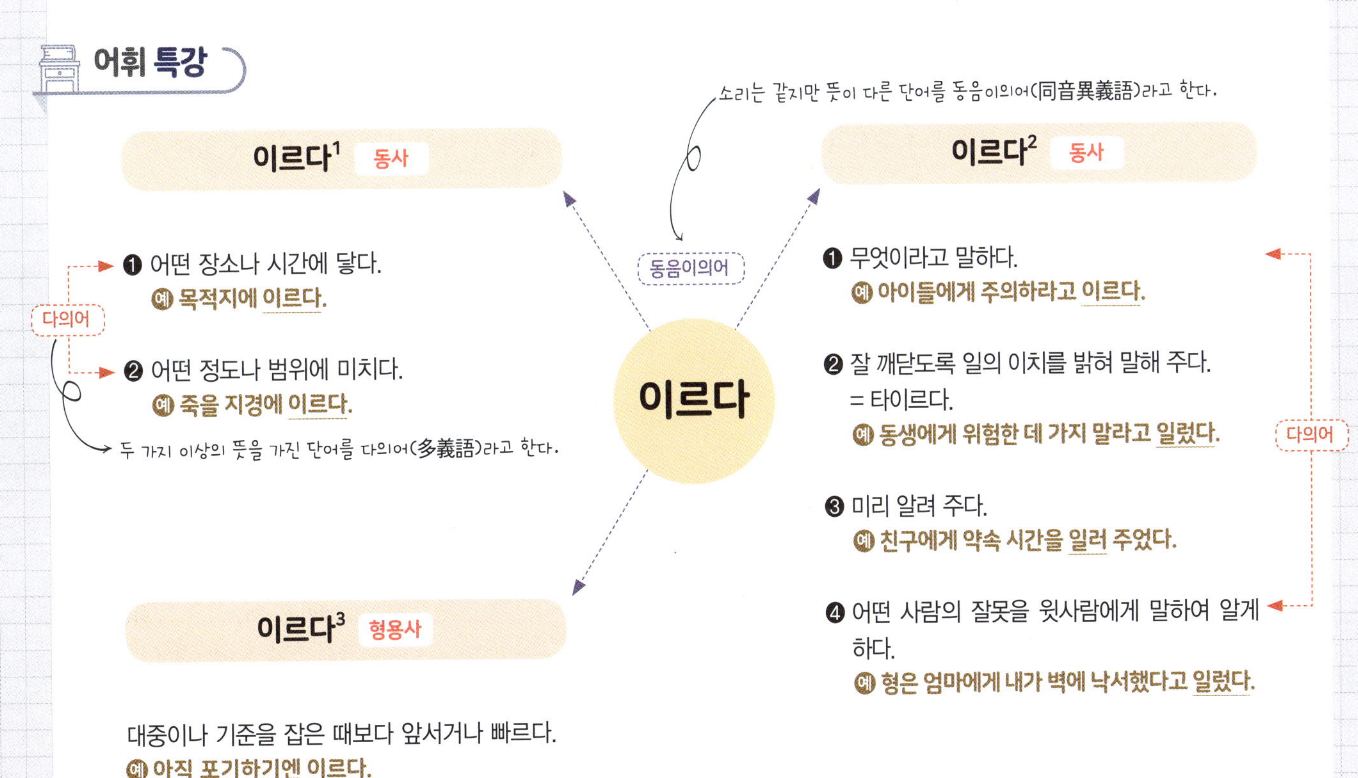

대중이나 기준을 잡은 때보다 앞서거나 빠르다.
예 아직 포기하기엔 이르다.

선경 후정 / 기승전결

필수 개념 ❶ 선경 후정

- 선경 후정[먼저 선(先) + 경치 경(景) + 뒤 후(後) + 뜻 정(情)]은 경치를 먼저 보여 준 다음 정서를 드러내는 거야.
- 다시 말해, **앞부분에서 먼저 자연 풍경이나 사물에 대한 묘사를 한 다음, 뒷부분에서 화자의 정서를 제시하는 방식으로 시를 전개**하는 거지.
- 선경 후정은 한시에서 많이 사용되는 시상 전개 방법이야. 물론 다른 고전 시가나 현대시에도 자주 등장해.

*펄펄: 크고 힘차게 날거나 뛰는 모양의 의태어.

*황조: 꾀꼬리.

펄펄* 나는 저 꾀꼬리는
암수 다정히 노니는데
외로워라, 이내 몸은
그 누구와 함께 돌아가리.

– 유리왕, 〈황조*가〉

선경 후정 이해하기

1. 화자는 무엇을 보고 있어? ________________________
2. 화자의 정서가 단적으로 드러나는 시어는 뭐야? ________________________
3. 이 시의 1~4행을 '화자가 대상을 바라보는 부분'과 '화자의 감정이 드러난 부분'으로 나눠 보자. ________________________

윗글에 대한 설명으로 적절하지 <u>않은</u> 것은?

① 선경 후정의 방식으로 시상을 전개하고 있다.
② 1, 2행에서는 꾀꼬리 한 쌍의 정다운 모습을 묘사하고 있다.
③ 3, 4행에서는 홀로 쓸쓸히 돌아가야 하는 화자의 외로움을 드러내고 있다.
④ 화자의 처지와 대비되는 자연물의 모습은 화자의 정서를 심화하고 있다.
⑤ 1, 2행에서 화자의 정서를 드러낸 다음, 3, 4행에서 자연 풍경을 묘사하고 있다.

개념 적용하기

▶ 이 작품에 나타난 선경 후정

선경(1, 2행)	암수가 정답게 노니는 □□□의 모습	□□의 모습을 묘사함.
□□ (3, 4행)	홀로 쓸쓸히 돌아가야 하는 화자의 외로움	화자의 □□를 드러냄.

화자의 정서와 □□되는 자연물의 모습을 제시함으로써 화자의 쓸쓸한 처지와 외로운 정서를 효과적으로 표출함.

필수 개념 ❷ 기승전결

- 기승전결[일어날 기(起) + 받들 승(承) + 구를 전(轉) + 맺을 결(結)]은 '시작 → 발전 → 전환 → 끝맺음'하는 방식으로, 주로 한시를 지을 때 사용되는 시상 전개 방식이지만, 현대시에서도 찾아볼 수 있어.
- 다시 말해, **'기'에서 시상을 제시하며 시를 시작**하고, **'승'에서 그것을 이어받아 시상을 발전**시킨 다음, **'전'에서 시상을 더 심화하거나 전환**하고, **'결'에서 시상을 마무리하며 끝맺는 방식으로 시를 전개**하는 거지.

---

*소소리바람: 이른 봄에 살 속으로 스며드는 듯한 차고 매서운 바람.

*치날리다: 치키다. 위로 향하여 끌어 올리다.

*까칠하다: 야위거나 메말라 살갗이나 털이 윤기가 없고 조금 거칠다.

*여울지다: 여울(물살이 세게 흐르는 곳)을 이루다.

*수척하다: 몸이 몹시 야위고 마른 듯하다.

*갈갈이: 갈래갈래.

*듣다: 눈물, 빗물 따위의 액체가 방울져 떨어지다.

돌에 / 그늘이 차고,

따로 몰리는 / 소소리바람*.

앞섰거니 하여 / 꼬리 치날리어* 세우고,

종종 다리 까칠한* / 산새 걸음걸이.

여울지어* / 수척한* 흰 물살,

갈갈이* / 손가락 펴고.

멎은 듯 / 새삼 듣는* 빗낱

붉은 잎 잎 / 소란히 밟고 간다.

– 정지용, 〈비〉

📎 기승전결 이해하기

1. 이 시의 화자는 무엇을 보고 있는 것일까? _______________________

2. 이 시를 크게 4개의 부분으로 나눌 수 있어? O ☐   X ☐

윗글에 대한 설명으로 적절하지 <u>않은</u> 것은?

① 기승전결의 시상 전개 방식으로 비 내리는 풍경을 표현하고 있다.

② 1, 2연에서는 비 내리기 직전의 모습을 표현하며 시상을 제시하고 있다.

③ 3, 4연에서는 비가 내리기 시작하는 모습을 표현하며 시상을 발전시키고 있다.

④ 5, 6연에서는 빗물이 모여 흐르는 모습을 표현하며 시상을 심화하고 있다.

⑤ 7, 8연에서는 소란스럽게 내리던 비가 그치는 모습을 표현하며 시상을 끝맺고 있다.

✏️ 개념 적용하기

▶ 이 작품에 나타난 기승전결

기(1, 2연)	비가 내리기 직전의 모습	시상 ☐☐
☐(3, 4연)	빗방울이 떨어지는 모습	발전
전(5, 6연)	☐☐이 모여 흘러가는 모습	심화
결(7, 8연)	비가 그치는 듯하다 다시 내리는 모습	마무리

기승전결의 방식으로 비 내리는 과정에 따라 시상을 전개하여 구성의 완결성과 안정감을 줌.

선경 후정 / 기승전결

화자는 지금 어떤 상황을 보고, 또 어떤 느낌을 받고 있을까?

보리타작 | 정약용

[가]
　㉠새로 거른 막걸리 젖빛처럼 뿌옇고
　㉡큰 사발에* 보리밥, 높기가 한 자*로세.
　㉢밥 먹자 도리깨* 잡고 마당에 나서니
　검게 탄 두 어깨 햇볕 받아 번쩍이네.

[나]
　옹헤야* 소리 내며 발맞추어 두드리니
　삽시간*에 보리 낟알* 온 마당에 가득하네.
　㉣주고받는 노랫가락 점점 높아지는데
　보이느니 지붕 위에 보리 티끌뿐이로다.

[다]
　그 기색 살펴보니 즐겁기 짝이 없어
　마음이 몸의 노예 되지 않았네.

[라]
　낙원이 먼 곳에 있는 게 아닌데
　㉤무엇하러 벼슬길에 헤매고 있으리요.

*사발: 사기로 만든 국그릇이나 밥그릇.

*한 자: 자는 길이의 단위. 한 자는 약 30.3cm에 해당함.

*도리깨: 곡식의 낟알을 떠는 데 쓰는 농기구.

*옹헤야: 영남 지방에서 널리 불리는 일노래의 하나. 보리타작할 때 도리깨질하면서 부르는 노래이다.

*삽시간: 매우 짧은 시간.

*낟알: 껍질을 벗기지 아니한 곡식의 알.

기출 변형

01 윗글을 다음과 같이 나타낼 때, ⓐ와 ⓑ에 들어갈 내용을 바르게 묶은 것은?

선경 후정

대상	화자의 깨달음
ⓐ	ⓑ

	ⓐ	ⓑ
①	보리타작을 하는 농민	노동을 통한 보람과 즐거움
②	힘든 노동을 하는 백성	계층 갈등의 해결 원리
③	가난한 삶을 사는 사람	가난을 극복하는 지혜
④	벼슬길을 걷는 양반	농촌 생활의 즐거움
⑤	노동요를 부르는 농민	음악과 노동의 조화

기출 변형

02 [가]~[라]에 대한 설명으로 적절하지 <u>않은</u> 것은?

선경 후정 / 기승전결

① [가]: 보리타작을 시작하기 전의 상황을 묘사하고 있다.
② [나]: 보리타작하는 역동적인 모습을 감각적으로 묘사하고 있다.
③ [가], [나]: 화자는 보리타작을 하는 농민들의 모습을 관찰하고 있다.
④ [다]: [가], [나]에 나타난 농민들의 모습에서 긍정적인 삶의 자세를 깨닫고 있다.
⑤ [라]: [가]~[다]에서 얻은 깨달음을 바탕으로 세속과 단절하려는 의지를 드러내고 있다.

03 윗글에 대한 설명으로 적절하지 <u>않은</u> 것은?

① ㉠: 직유법*을 사용하여 대상을 시각적으로 표현하고 있다.
② ㉡: 과장법*을 사용하여 대상에 대한 부정적인 인상을 표현하고 있다.
③ ㉢: 농민들의 생활과 관련된 소재를 사용하여 사실감을 주고 있다.
④ ㉣: 청각적 이미지를 사용하여 열심히 노동하는 모습을 표현하고 있다.
⑤ ㉤: 설의법*을 사용하여 자기반성적 태도를 드러내고 있다.

*직유법: 어떤 대상을 다른 대상에 직접 빗대어 표현하는 방법.
*과장법: 실제 사실이나 사물보다 부풀려서 표현하는 방법.
*설의법: 의문문의 형식으로 말하고자 하는 것을 강조하여 표현하는 방법.

04 [라]에서 다음의 의미를 지니는 시어를 찾아 2음절로 쓰시오.

> • 몸과 마음이 조화된 참된 삶의 공간
> • 건강한 노동의 즐거움이 존재하는 공간
> • '벼슬길'과 대조적인 의미를 지니는 공간

▶ 이 작품에
나타난
☐☐
☐☐

선경(1~☐행) → ☐☐☐☐을 하는 농민들의 모습을 사실적이고 실감 나게 묘사함. → 타작마당의 전경 묘사

후정(☐~12행) → 농민들의 건강한 삶에서 깨달음을 얻고, 자신의 삶에 대해 ☐☐함. → 화자의 정서 제시

▶ 이 작품에
나타난
☐☐
☐☐

기(1~☐행) → 보리타작을 시작하기 전 농민들의 건강한 모습 → 시상 제시

승(☐~☐행) → 보리타작하는 마당의 역동적인 모습 → 발전

전(☐~10행) → ☐과 정신이 조화를 이룬 건강한 삶의 모습 → 전환

결(11~12행) → 벼슬길에서 헤매는 자신의 삶에 대한 ☐☐ → 마무리

선경 후정과 기승전결의 방식으로 시상을 전개하여 농민들의 건강한 노동을 통해 얻은 삶의 깨달음을 효과적으로 드러냄.

🔍 작품 한눈에

보리타작 | 정약용

한줄평 ▶ 보리타작하는 농민들의 건강한 삶의 모습을 통해 화자의 삶을 반성하는 시

화자와 시적 상황

- **화자**: 관찰자의 입장에서 농민들의 모습을 바라보고 있음.
- **시적 대상**: ☐☐☐☐을 하는 농민들
- **화자의 정서와 태도**
  - 보리타작을 하는 농민들의 몸과 마음이 조화된 건강한 삶을 ☐☐함.
  - 벼슬길을 헤매고 있는 자신의 삶에 대해 ☐☐함.

표현

- **일상적 소재**: '막걸리', '보리밥', '도리깨' 등과 같은 농민들의 삶과 관련된 일상적 소재를 사용함.
- **표현법**: 직유법(☐행), 과장법(2행), 설의법(☐행) 등의 표현법을 사용함.
- **감각적 이미지**: 시각적·청각적 이미지를 사용하여 생동감과 현장감을 줌.

대조적 의미의 시어

- ☐☐
  - 농민들의 건강한 노동의 즐거움(건강한 삶)이 존재하는 공간
  - 몸과 마음이 조화를 이룬 참된 삶의 공간
  - 소박한 현실 속에서 진정한 삶의 즐거움을 누릴 수 있는 공간
- ☐☐☐
  - 세속적인 욕망, 헛된 명분을 좇는 화자의 과거의 삶

주제: 농민들의 건강한 노동을 통해 얻은 삶의 깨달음.

[1~5] 어휘의 뜻풀이와 어휘 ㉠~㉤을 바르게 연결하시오.

[6~10] 예문의 (   ) 안에 들어갈 어휘 ㉠~㉤을 바르게 연결하시오.

뜻풀이	어휘	예문
1 서로 잘 어울림.	㉠ **기색**	**6** 도시의 ( )을 찍은 사진.
2 힘차고 활발하게 움직이는 것.	㉡ **조화**	**7** 움직임이 매우 ( )이다.
3 한눈에 바라보이는 전체의 경치.	㉢ **역동적**	**8** 모두가 ( )를 이룬 모습.
4 마음의 작용으로 얼굴에 드러나는 빛.	㉣ **전경**	**9** 그는 놀란 ( )이 전혀 없다.
5 사회적 지위가 비슷한 사람들의 층.	㉤ **계층**	**10** 우리 단체는 지역의 소외 ( )을 꾸준히 후원해 왔다.

🖥 어휘 **특강**

ⓑ 비슷한 말   ⓑ 반대말

ⓑ 나타나다
보이지 아니하던 어떤 대상의 모습이 드러나다.
예 뜻밖의 목격자가 나타났다.

ⓑ 사라지다
현상이나 물체의 자취 따위가 없어지다.
예 당장 내 눈앞에서 사라져라.

ⓑ 부각되다
어떤 사물이 특징지어져 두드러지게 되다.
예 깜깜한 밤에는 흰옷이 부각된다.

드러나다
가려 있거나 보이지 않던 것을 보이게 하다.
예 구름이 걷히자 산봉우리가 드러났다.

ⓑ 잠적하다
종적을 아주 숨기다.
예 회사 사정이 어려워지자 사장이 잠적했다.

ⓑ 노출되다
겉으로 드러나다.
예 방사능에 노출되다.

ⓑ 밝혀지다
드러나지 않거나 알려지지 않은 사실, 내용, 생각 따위가 드러나 알려지다.
예 경찰의 수사로 사건의 전모가 밝혀졌다.

04 일차

객관적 상관물 / 감정 이입

필수 개념 ❶ 객관적 상관물

- 객관적 상관물은 쉽게 말하면, **화자의 정서와 관련된 모든 대상물**을 뜻해.
- 그래서 범위가 매우 넓지. **화자의 감정을 드러내 주는 대상, 화자의 처지나 감정과 비슷하거나 대비되는 대상, 화자의 감정을 심화하는 대상, 화자에게 무언가를 생각나게 하는 대상** 등등이 모두 객관적 상관물이야.

그립다 / 말을 할까
하니 그리워

그냥 갈까
그래도 / 다시 더 한 번……

저 산에도 까마귀, 들에 까마귀,
서산*에는 해 진다고 / 지저귑니다.

앞 강물, 뒤 강물, / 흐르는 물은
어서 따라오라고 따라가자고
흘러도 연달아 흐릅디다려.

*서산: 서쪽에 있는 산.

– 김소월, 〈가는 길〉

📎 객관적 상관물 이해하기

1. 화자의 감정이 드러난 시어와 시구를 찾아보자. ____________
2. 화자에게 떠날 것을 재촉함으로써 화자의 정서를 심화하는 대상 2개를 찾아보자. ____________

윗글에 대한 설명으로 적절한 것은?

✏️ 개념 적용하기

▶ 이 작품에 나타난 객관적 상관물

화자
- 상황: 임과 [ ][ ]을 해야 함.
- 정서와 태도: 임을 그리워하며 이별을 망설임.

까마귀 → 화자에게 서산에 해 진다며 이별을 [ ][ ]함.

강물 → 화자에게 따라오라며 떠날 것을 재촉함.

'까마귀'와 '강물'은 임과 이별하는 화자의 안타까운 정서를 심화하는 [ ][ ][ ] 상관물로, 화자가 느끼는 아쉬움과 안타까움을 간접적으로 드러냄.

필수 개념 ② 감정 이입

- 이입[옮길 이(移) + 입(入)]은 **안으로 옮겨 넣는다**는 뜻이야.
- 감정 이입은 **화자의 정서를 다른 대상에 이입**하여 나타내는 것이지.
- 쉽게 말해, 감정 이입은 **화자가 자신의 감정을 다른 생명체나 감정을 가질 수 없는 사물에 옮겨 넣어 마치 그 대상이 그렇게 느끼고 생각하는 것처럼 표현**하는 방법이야.
- 앞서 배운 객관적 상관물 중에서 화자와 대상의 정서가 같다면 감정 이입이 된 대상이라고 할 수 있어.

*여의다: 이별하다.

*내 안: 내 마음.

*예놋다: 흐르는구나.

천만리 머나먼 길에 고운 님 여의옵고*
내 마음 둘 데 없어 냇가에 앉았으니
저 물도 내 안* 같아서 울어 밤길 예놋다*

– 왕방연

감정 이입 이해하기

1. '고운 님'을 여읜 화자의 마음이 어떨 거 같아? ____________

2. 감정을 가질 수 없는데 감정을 갖고 있는 것처럼 표현된 대상을 찾아 1음절로 써 보자. ____________

3. 2에서 찾은 대상의 정서와 화자의 정서는 같아? 같다 ☐ 다르다 ☐ → 같다: 감정 이입 O, 다르다: 감정 이입 X

윗글의 '물'에 대한 설명으로 적절하지 <u>않은</u> 것은?

① '물'은 화자가 자신의 슬픔을 이입한 대상물이다.
② 자연물인 '물'은 감정을 가진 존재로 표현되고 있다.
③ '물'은 화자와 동일한 정서를 지닌 것으로 표현되고 있다.
④ '물'은 임과 이별하고 온 화자를 위로하며 흘러가고 있다.
⑤ '물'은 화자의 정서를 드러내기 위해 사용된 객관적 상관물이다.

개념 적용하기

▶ 이 작품에 나타난 감정 이입

화자

- **상황**: 임과 ☐☐ 하고 오는 길에 냇가에 앉아 있음.
- **정서와 태도**: 이별을 슬퍼하며 안타까워함.

감정을 이입함. → ☐

울며 흘러감. → ☐☐

화자와 동일한 감정을 가지고 있는 듯이 표현됨.

'물'은 ☐☐☐☐의 대상임. 곧, 화자는 흐르는 물과 자신을 동일시함으로써 임과의 이별로 울고 싶은 슬픈 마음을 효과적으로 드러내고 있음.

객관적 상관물 / 감정 이입

화자는 어떤 상황에 처해 있을까?
그리고 그런 화자의 상황에서 '까
마귀'와 '기러기'는 어떤 존재일까?

길 | 김소월

어제도 하로밤*
나그네 집에
까마귀 까악까악 울며 새었소.

오늘은
또 몇 십 리
어디로 갈까.

산으로 올라갈까
들로 갈까
오라는 곳이 없어 나는 못 가오.

말 마소, 내 집도
정주 곽산*
차 가고 배 가는 곳이라오.

여보소 공중에
저 기러기
공중엔 길 있어서 잘 가는가?

여보소 공중에
저 기러기
열 십자 복판*에 내가 섰소.

갈래갈래 갈린 길
길이라도
내게 바이* 갈 길은 하나 없소.

* **하로밤:** 하룻밤.
* **정주 곽산:** 작가 김소월의 고향
  인, 평안북도 정주군 곽산면.
* **복판:** 일정한 공간이나 사물의
  한가운데.
* **바이:** 아주 전혀.

📘 기출 변형

01 윗글에서 화자의 정서를 심화하는 상황으로 적절하지 <u>않은</u> 것은?

① '오늘'도 정처 없이 '길'을 가야 함. 　　② '까마귀'와 떨어져 있음.
③ '오라는 곳'이 없음.　　④ '내 집'이 있어도 가지 못함.
⑤ 갈 곳 없이 '열 십자 복판'에 서 있음.

02 윗글에 대한 설명으로 적절하지 <u>않은</u> 것은?

① 'ㄱ, ㄹ' 음을 반복함으로써 운율감을 드러내고 있다.
② 자연물을 통해 화자의 심리와 처지를 드러내고 있다.
③ 의성어*를 통해 화자의 불안한 심리를 드러내고 있다.
④ 자문자답*의 형식으로 화자의 답답한 심정을 드러내고 있다.
⑤ 의문형 문장을 사용하여 화자의 단호한 의지를 드러내고 있다.

＊의성어: 사람이나 사물의 소리를 흉내 낸 말.

＊자문자답: 스스로 묻고 스스로 대답함.

객관적 상관물/
감정 이입

03 윗글의 '까마귀', '기러기'와 다음의 ⓐ, ⓑ를 유사한 역할을 하는 것끼리 연결하시오.

(1)　까마귀 •　　• 펄펄 나는 저 ⓐ꾀꼬리는 / 암수 다정히 노니는데
　　　　　　　　외로워라, 이내 몸은 / 그 누구와 함께 돌아가리.

– 유리왕, 〈황조가〉

(2)　기러기 •　　• ⓑ사슴의 무리도 슬피 운다. / 떨어져 나가 앉은 산 위에서
　　　　　　　　나는 그대의 이름을 부르노라. // 설움에 겹도록 부르노라.

– 김소월, 〈초혼〉

📘 기출

04 **보기** 를 참고하여 윗글을 감상한 내용으로 적절하지 <u>않은</u> 것은?

보기

　'길'은 목적지를 향한 길일 수도 있고, 원점으로 되돌아오는 길일 수 있으며, 지향점을 상실한 채 방황하는 길일 수도 있다. 이 작품은 이러한 길의 속성을 바탕으로 일제 강점기에 삶의 터전인 고향을 상실한 우리 민족의 비애를 길과 연결된 다양한 공간을 통해 형상화하고 있다.

① '나그네 집'에 '어제도' 머물렀던 것은 목적지를 잃은 화자의 방황이 계속되고 있음을 보여 준다고 할 수 있겠군.
② '들'은 삶의 터전인 고향을 잃어 어디로도 갈 수 없는 화자의 비애와 연관 지어 이해할 수 있겠군.
③ '정주 곽산'은 지향점이지만 '오라는 곳'이 아니라는 점에서 화자의 슬픔을 심화한다고 볼 수 있겠군.
④ '열 십자 복판'은 화자가 되돌아가고 싶은 원점으로서 화자의 갈등을 야기하는 공간이라고 할 수 있겠군.
⑤ '갈린 길'은 일제 강점기에 삶의 방향을 잃어버린 우리 민족의 모습을 상징적으로 보여 준다고 할 수 있겠군.

▶ 이 작품에 나타난 ☐☐☐ 상관물과 감정 이입

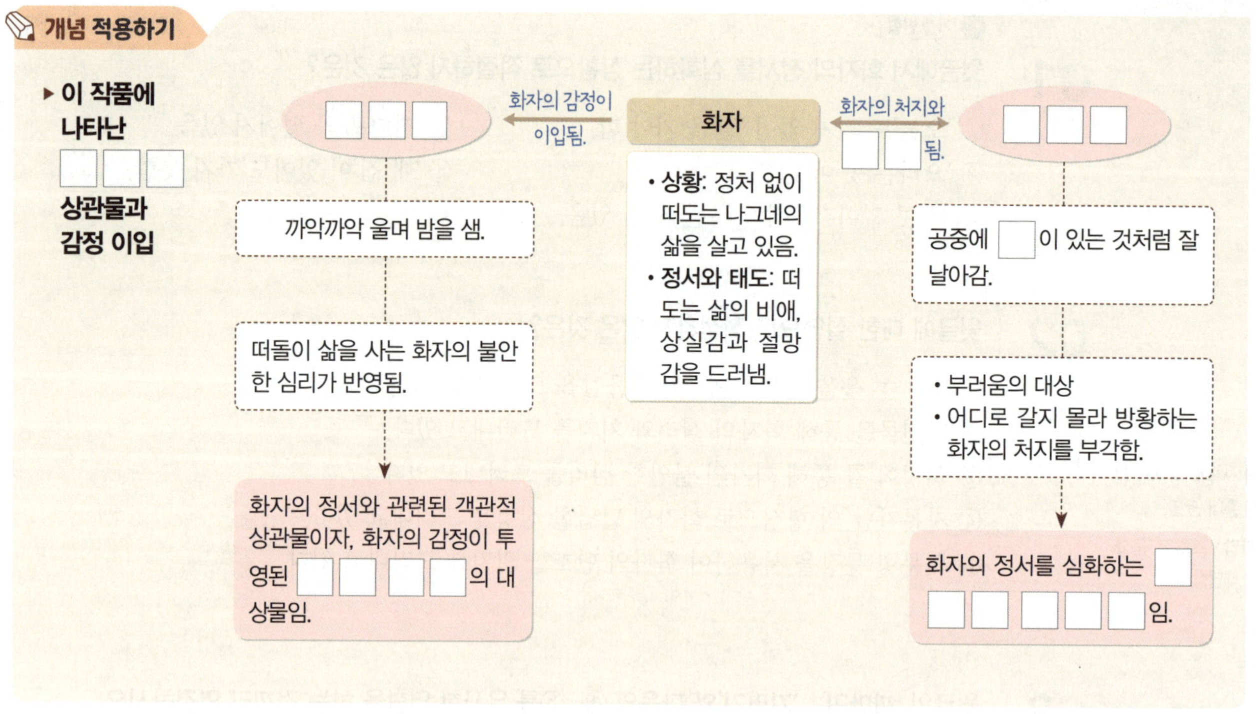

작품 한눈에　**길** | 김소월

한줄평 ▶ 정처 없이 떠도는 나그네의 삶과 비애를 그린 시

화자와 시적 상황	표현	시어
• **화자**: '나(나그네)' • **시적 상황**: 정처 없이 떠돌아다니는 ☐☐☐의 삶을 살고 있음. 갈 곳이 정해지지 않아 방향감을 상실한 채 '열 십자 ☐☐'에 서 있음. • **정서 및 태도**: 떠도는 삶의 비애와 상실감, 절망감을 드러내고 있음.	• ☐☐☐**의 사용**: '까악까악'이라는 까마귀의 울음소리를 사용하여 화자의 불안한 심리를 드러냄. • ☐☐☐☐**의 형식**: 2, 3연에서 스스로 묻고 대답하는 형식을 통해 갈 곳 없는 화자 자신의 처지에 대한 비애와 답답함을 드러냄. • **동일한 음운의 반복**: '갈래갈래 갈린 길', '길이라도', '갈 길은' 등에서 'ㄱ, ㄹ' 음을 반복하여 운율을 드러냄.	• ☐☐☐: 정처 없이 떠돌아다니는 화자의 처지로, 일제 강점하 고향을 상실한 우리 민족을 상징함. • **까마귀**: 화자의 불안한 심리가 반영된 감정 이입의 대상 • **기러기**: 화자의 처지와 대비되는 존재. 삶의 방향성을 지닌 존재 • ☐: 나그네의 떠도는 삶, 실향민의 비애를 상징하는 공간 • **열 십자 복판**: 갈 곳이 정해지지 않은 화자의 괴로운 처지를 나타냄.

주제: 정처 없이 떠도는 나그네의 삶과 비애

[1~5] 다음에서 설명하는 어휘가 무엇일지 사다리를 연결하고 주어진 낱자를 활용하여 쓰시오.

1 둘 이상의 것을 똑같은 것으로 봄

2 부모나 사랑하는 사람이 죽어서 이별하다.

3 슬퍼하고 서러워함. 또는 그런 것.

4 옮기어 들임.

5 자기와의 관계에서 벗어나 제삼자의 입장에서 사물을 보거나 생각하는 것.

ㄱ ㄱ ㅈ	ㅇ ㅇ ㄷ	ㅂ ㅇ	ㄷ ㅅ	ㅇ ㅇ

📚 **어휘 특강** **'까마귀'가 들어간 관용 표현**

관용 표현 → 둘 이상의 단어가 고정적으로 결합하여 새로운 의미를 만들어 낸 경우, 그 단어 구성을 이르는 말.

- **까마귀가 검어도 살은 희다[아니 검다]**: 사람을 평가할 때 겉모양만 보고 할 것이 아니라는 뜻으로 이르는 말.
  - 예 까마귀가 검어도 살은 희다고 그가 겉은 사나워 보여도 마음은 여린 사람이야.

- **까마귀 고기를 먹었나**: 잊어버리기를 잘하는 사람을 놀리거나 나무라는 말.
  - 예 얘가 까마귀 고기를 먹었나, 왜 이리 깜박깜박해?

- **까마귀 날자 배 떨어진다**: 아무 관계없이 한 일이 공교롭게도 때가 같아 어떤 관계가 있는 것처럼 의심을 받게 됨을 이르는 말. = 오비이락(烏 까마귀 **오** 飛 날 **비** 梨 배나무 **이** 落 떨어질 **락**).
  - 예 내가 온 것과 그 일은 아무 관계가 없어. 까마귀 날자 배 떨어진 격이라고.

- **까마귀가 아저씨 하겠다(= 까마귀와 사촌)**: 손발이나 몸에 때가 너무 많이 끼어서 시꺼멓고 더러운 것을 놀림조로 이르는 말.
  - 예 좀 씻고 살아라. 아주 까마귀가 아저씨 하겠다.

- **까마귀 밥이 되다**: 거두어 줄 사람이 없이 죽어 버려짐을 비유적으로 이르는 말.
  - 예 죽어서 까마귀 밥이 되기 싫으면 좀 베풀면서 살아라.

색채 이미지 / 동적·정적 이미지 / 상승·하강 이미지

필수 개념 ❶ 색채 이미지

- 색채[빛 색(彩) + 무늬 채(彩)] 이미지는 특정 색깔을 연상할 수 있는 시각적 이미지야.
- 색채 이미지는 빨강, 노랑, 파랑 등 색깔을 나타내는 말인 **색채어**를 통해 표현할 수도 있고, 바다나 노을처럼 **색깔을 떠올릴 수 있는 시어**를 통해서도 표현할 수 있어.
- '황금빛 보리밭'처럼 색채 이미지를 활용하여 대상을 표현하면 **대상의 인상을 선명하게 드러낼 수 있어!**

샤갈*의 마을에는 삼월에 눈이 온다.
봄을 바라고 섰는 사나이의 관자놀이에
새로 돋는 정맥*이 / 바르르 떤다.
바르르 떠는 사나이의 관자놀이*에
새로 돋은 정맥을 어루만지며
눈은 수천수만의 날개를 달고
하늘에서 내려와 샤갈의 마을의
지붕과 굴뚝을 덮는다.
삼월에 눈이 오면
샤갈의 마을의 쥐똥만 한 겨울 열매들은
다시 올리브빛으로 물이 들고
밤에 아낙들은 / 그해의 제일 아름다운 불을
아궁이*에 지핀다.

– 김춘수, 〈샤갈의 마을에 내리는 눈〉

*샤갈: 러시아 태생의 프랑스 화가.
*정맥: 정맥혈을 심장으로 보내는 순환 계통의 하나. 피의 역류를 막는 역할을 하며, 살갗 겉으로 퍼렇게 드러난다.
*관자놀이: 귀와 눈 사이의 맥박이 뛰는 곳. 그곳에서 맥박이 뛸 때 관자가 움직인다는 데서 나온 말이다.
*아궁이: 방이나 솥 따위에 불을 때기 위하여 만든 구멍.

색채 이미지 찾기

1. 색깔을 나타내거나 색깔을 떠올릴 수 있는 시어를 찾아보자. _______________________________________

윗글에 사용된 시어 중 색채 이미지가 나타나지 <u>않은</u> 것은?

① 눈　　　　　② 정맥　　　　　③ 사나이
④ 올리브빛　　⑤ 불

개념 적용하기

▶ 이 작품에 나타난 색채 이미지

| | 흰색 | ←→ | | 정맥 | 푸른색 |

색채의 대비

| | 녹색 |
| | 붉은색 |

눈이 내리는 가운데 느껴지는 봄의 생명감과 아름다움을 색채 대비를 통해 표현함.

필수 개념 ❷ 동적 · 정적 이미지와 상승 · 하강 이미지

- **동적 이미지**는 대상의 **움직임이 느껴지는** 이미지야. '달리다', '흐르다', '흔들리다'처럼 움직임이 나타나지. 이와 반대로 **정적 이미지**는 **움직임이 거의 느껴지지 않는** 이미지야. 가만히 멈추어 있는 느낌을 주지.
- **상승 이미지**는 '날아오르다', '떠오르다', '튀어 오르다'처럼 **위로 올라가는 듯한 느낌**이 드는 이미지야. 이와 반대로 **하강 이미지**는 '내리다', '떨어지다', '주저앉다'처럼 아래로 **내려가는 듯한 느낌**이 드는 이미지야.

저깃은 벽
어쩔 수 없는 벽이라고 우리가 느낄 때
그때 / 담쟁이는 말없이 그 벽을 ㉠오른다

물 한 방울 없고 씨앗 한 톨 살아남을 수 없는
저것은 절망의 벽이라고 말할 때
담쟁이는 서두르지 않고 앞으로 ㉡나아간다

한 뼘이라도 꼭 여럿이 함께 손을 잡고 ㉢올라간다
㉣푸르게 절망을 다 덮을 때까지
바로 그 절망을 잡고 놓지 않는다

저것은 넘을 수 없는 벽이라고 고개를 떨구고 있을 때
담쟁이 잎 하나는 담쟁이 잎 수천 개를 이끌고
결국 그 벽을 ㉤넘는다

– 도종환, 〈담쟁이〉

동적 · 정적 이미지와 상승 · 하강 이미지 찾기

1. '그 벽을 오른다'에 나타나는 이미지는? 동적 이미지 □ 정적 이미지 □ 상승 이미지 □ 하강 이미지 □
2. 위로 올라가거나 아래로 내려가는 듯한 느낌을 주는 시어를 찾아보자. ________________________

㉠~㉤ 중, 시어에 드러나는 이미지가 나머지와 다른 것은?

① ㉠   ② ㉡   ③ ㉢   ④ ㉣   ⑤ ㉤

개념 적용하기

▶ 이 작품에
 나타난
 동적 이미지,
 상승 이미지

담쟁이

동적 이미지
그 벽을 오른다, 앞으로 나아간다 손을 잡고 올라간다, 그 벽을 넘는다

상승 이미지
그 벽을 □□□ 손을 잡고 □□□□, 그 벽을 넘는다

동적 이미지와 상승 이미지를 사용하여 고난을 극복하는 담쟁이의 의지를 표현함.

색채 이미지 / 동적·정적 이미지 / 상승·하강 이미지

은은한 달빛이 비치는 텅 빈 무대에서 춤를 추는 여승의 모습이 어떠한 이미지로 나타나고 있을까?

승무 | 조지훈

ⓐ얇은 사(紗)* 하이얀 고깔*은
고이 접어서 나빌레라.*

파르라니 깎은 머리
박사(薄紗)* 고깔에 감추오고

두 볼에 흐르는 빛이
정작으로 ㉠고와서 서러워라.

ⓑ빈 대(臺)*에 황촉*불이 말없이 녹는 밤에
오동잎 잎새마다 달이 지는데

소매는 길어서 하늘은 넓고
ⓒ돌아설 듯 날아가며 사뿐히 접어 올린 외씨보선*이여.

까만 눈동자 살포시 들어
ⓓ먼 하늘 한 개 별빛에 모두오고

복사꽃 고운 뺨에 아롱질* 듯 두 방울이야
세사*에 시달려도 번뇌*는 별빛이라.

ⓔ휘어져 감기우고 다시 접어 뻗는 손이
깊은 마음속 거룩한 합장*인 양하고

이 밤사 귀또리도 지새는 삼경*인데
얇은 사(紗) 하이얀 고깔은 고이 접어서 나빌레라.

*사: 생사로 짠 얇고 가벼운 비단.

*고깔: 승려나 무당 또는 농악대들이 머리에 쓰는, 위 끝이 뾰족하게 생긴 모자.

*나빌레라: 나비 같구나.

*박사: 얇은 사(紗).

*대: 흙이나 돌 따위로 높이 쌓아 올려 사방을 바라볼 수 있게 만든 곳.

*황촉: 밀랍으로 만든 초.

*외씨보선: 오이씨처럼 볼이 조붓하고 갸름하여 맵시가 있는 버선.

*아롱지다: 아롱아롱한 점이나 무늬가 생기다.

*세사: 세상에서 일어나는 온갖 일.

*번뇌: 마음이 시달려서 괴로워함. 또는 그런 괴로움.

*합장: 두 손바닥을 합하여 마음이 한결같음을 나타냄.

*삼경: 하룻밤을 오경(五更)으로 나눈 셋째 부분. 밤 열한 시에서 새벽 한 시 사이.

01 윗글에 대한 설명으로 적절하지 <u>않은</u> 것은?

① 화자가 대상을 관찰하여 묘사하고 있다.
② 시간의 흐름에 따라 시상을 전개하고 있다.
③ 예스러운 느낌이 느껴지는 시어를 사용하고 있다.
④ 경어체*를 사용하여 화자의 의지를 강조하고 있다.
⑤ 수미상관*의 기법을 통해 구조적 안정감을 얻고 있다.

*경어체: 상대에 대하여 공손의 뜻을 나타내는 문체.

*수미상관: 머리와 꼬리가 서로 상관되는 방법이라는 뜻으로, 시의 처음과 끝에 같은 구절을 반복하여 배치하는 방법.

02 ㉠에 사용된 표현 방법이 쓰인 것은?

① 내 마음은 호수요
② 이것은 소리 없는 아우성
③ 구름에 달 가듯이 가는 나그네
④ 분수처럼 흩어지는 푸른 종소리
⑤ 흔들리지 않고 피는 꽃이 어디 있으랴

색채 이미지 /
동적·정적 이미지와
상승·하강 이미지

03 ⓐ~ⓔ에 대한 설명으로 적절하지 <u>않은</u> 것은?

① ⓐ: 색채 이미지를 활용하여 대상의 모습을 나타내고 있다.
② ⓑ: 시각적 이미지를 활용하여 고요한 분위기를 드러내고 있다.
③ ⓒ: 동적 이미지를 활용하여 승무의 춤 동작을 나타내고 있다.
④ ⓓ: 정적 이미지를 활용하여 승무를 정지한 모습을 나타내고 있다.
⑤ ⓔ: 하강 이미지를 활용하여 대상의 정서를 드러내고 있다.

🖊 주관식·서술형

04 윗글에서 춤을 추고 있는 여승의 시선과 연결되어, 그녀가 추구하는 세계를 상징적으로 나타낸 시어를 찾아 2음절로 쓰시오.

▶ 이 작품에 나타난 다양한 이미지

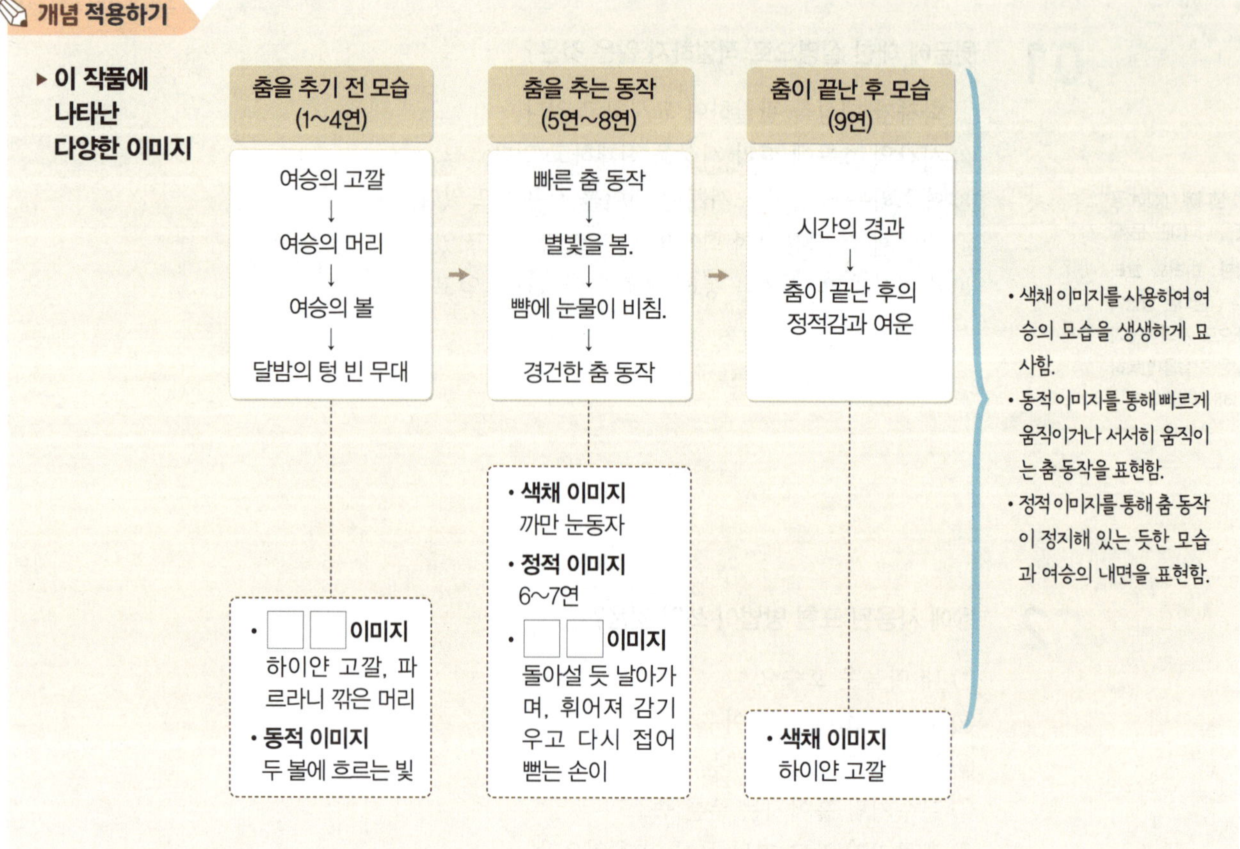

작품 한눈에 승무 | 조지훈

한줄평 ▶ 춤을 통해 삶의 번뇌를 종교적으로 승화하려는 여승의 모습을 그려낸 시

화자와 시적 상황

- **화자**: 승무를 추고 있는 여승을 관찰하는 사람
- **시적 상황**: 가을 달밤에 화자는 승무를 추면서 삶의 □□를 극복하려고 하는 여승의 모습을 바라보고 있음.
- **어조**: 예스러우면서 부드럽고 우아한 어조

표현 1-시적 허용과 수미상관

- **시적 허용**: '하이얀', '나빌레라', '파르라니', '감추오고', '모두오고', '감기우고' 등 맞춤법에 어긋난 표현을 일부러 사용하여 운율적 효과를 주고, 우아하고 예스러운 느낌을 드러냄.
- **□□□□**: 첫 연인 '얇은 사(紗) 하이얀 고깔은 고이 접어서 나빌레라.'를 마지막 연에 다시 반복하여 안정적인 느낌을 줌.

표현 2-역설법과 이미지

- **역설법**: '고와서 서러워라', '번뇌는 별빛이라'와 같이 의미상 모순이 나타나는 표현을 사용함.
- **다양한 이미지**: 색채 이미지('하이얀', '까만'), 시각적 이미지('잎새마다 달이 지는데'), 동적 이미지('돌아설 듯 날아가며', '뻗는') 등 감각적 이미지를 사용하여 시의 분위기를 조성함.

주제: 세속적 번뇌의 종교적 승화

[1~10] 보기 에서 어휘의 뜻풀이 또는 예문의 ( ) 안에 들어갈 어휘 ㉠~㉤을 찾아 쓰시오.

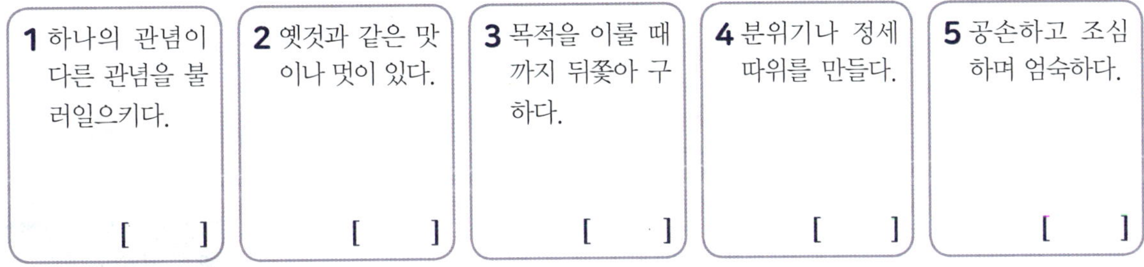

보기

㉠ 연상하다 ㉡ 추구하다 ㉢ 조성하다 ㉣ 예스럽다 ㉤ 경건하다

[뜻풀이]

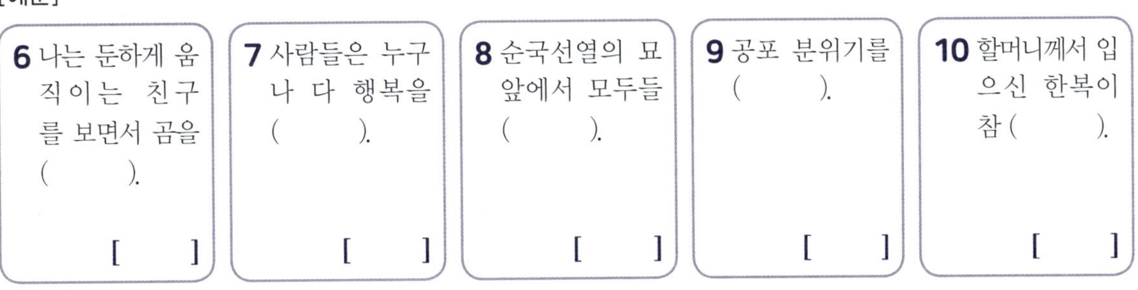

1 하나의 관념이 다른 관념을 불러일으키다.

[ ]

2 옛것과 같은 맛이나 멋이 있다.

[ ]

3 목적을 이룰 때까지 뒤쫓아 구하다.

[ ]

4 분위기나 정세 따위를 만들다.

[ ]

5 공손하고 조심하며 엄숙하다.

[ ]

[예문]

6 나는 둔하게 움직이는 친구를 보면서 곰을 ( ).

[ ]

7 사람들은 누구나 다 행복을 ( ).

[ ]

8 순국선열의 묘 앞에서 모두들 ( ).

[ ]

9 공포 분위기를 ( ).

[ ]

10 할머니께서 입으신 한복이 참 ( ).

[ ]

[11~15] 다음에서 설명하는 어휘가 무엇일지 주어진 낱자를 활용하여 쓰시오.

11 어떤 대상에 대하여 마음속에 새겨지는 느낌.

12 괴로움과 어려움을 아울러 이르는 말.

13 세상에서 일어나는 온갖 일.

14 마음이 시달려서 괴로워함. 또는 그런 괴로움.

15 시간이 지나감.

시의 감상 방법 : 내재적 관점 / 외재적 관점

필수 개념 ❶ 내재적 관점

감상의 근거는 작품 안에 있어!

- 내재[안 내(內) + 있을 재(在)]적 관점은 시를 쓴 '시인'이나 시가 쓰인 당시의 '시대 상황', 시를 읽는 '독자'라는 요소를 모두 지우고 **오로지 작품 자체에만 주목하여 시를 감상하는 방법**이야.
- 시 안에 들어 있는 감상의 근거로는 '**시의 화자, 대상, 시어, 운율, 표현법, 이미지, 어조**' 같은 것들이 있어.

'오—매 단풍 들것네.'
장광*에 골붉은* 감잎 날아와
누이는 놀란 듯이 치어다보며
'오—매 단풍 들것네.'

추석이 내일모레 기둘리리*
바람이 잦이어서* 걱정이리
누이의 마음아 나를 보아라
'오—매 단풍 들것네.'

– 김영랑, 〈오—매 단풍 들것네〉

*장광: 장독대.

*골붉다: 빛깔이 매우 붉다.

*기둘리리: '기다리리'의 의미를 가진 전라도 방언.

*잦이어서: '잦아서, 빈번해서'의 의미를 가진 전라도 방언.

내재적 관점 이해하기

1. 이 시는 반복법을 사용해서 운율감을 드러내고 있어. O ☐ X ☐
2. 1은 작품 감상의 근거가 어디에 있어? 작품 안 ☐ 작품 밖 ☐

다음 중 작품 자체에만 주목하여 윗글을 감상한 내용이 <u>아닌</u> 것은?

① 동일한 시행을 반복하여 운율감을 형성하고 있어.
② 시각적 이미지를 활용하여 계절감을 드러내고 있어.
③ 이 시의 화자는 누이를 따뜻한 시선으로 바라보고 있어.
④ 이 시에는 순수시를 지향했던 김영랑의 시 경향이 잘 나타나 있어.
⑤ '들것네', '기둘리리' 등 방언을 사용하여 토속적 분위기를 드러내고 있어.

개념 적용하기

▶ 이 작품을 내재적 관점에서 감상하기

화자	누이에게 걱정 말고 계절의 변화를 느끼라고 말하는 이
대상	닥쳐올 추석과 찬 바람이 부는 것을 걱정하는 ☐☐
시어, 정서	'오매', '들것네' 등 방언 사용, 토속적 정서
운율, 표현법	반복법 사용 → 운율감 형성
이미지	'☐☐', '골붉은 감잎' → 색채 이미지, 가을의 이미지

시의 ☐에 있는 요소를 중심으로 시를 감상하기

필수 개념 ❷ 외재적 관점

- **외재**[바깥 외(外) + 있을 재(在)]**적 관점**은 시를 쓴 '시인'이나 시가 쓰인 당시의 '시대 상황', 시를 읽는 '독자'처럼 **작품에 영향을 주는 외부 요소들을 중심으로 시를 감상하는 방법**이야.
- 시 바깥에 있는 감상의 근거로는 '**시인의 삶, 시인의 작품 경향, 시대적 상황, 사회적 배경, 독자가 얻은 깨달음이나 교훈**' 같은 것들이 있어.

> *삼각산: '북한산'의 다른 이름. 백운대, 인수봉, 만경대의 세 봉우리가 있어 이렇게 부른다.
>
> *용솟음치다: 물 따위가 매우 세찬 기세로 위로 나오다.
>
> *인경: 조선 시대에, 통행 금지를 알리거나 해제하기 위하여 치던 종.

그날이 오면 그날이 오면은
삼각산*이 일어나 더덩실 춤이라도 추고
한강 물이 뒤집혀 용솟음칠* 그날이
이 목숨이 끊기기 전에 와 주기만 할 양이면
나는 밤하늘에 날으는 까마귀와 같이
종로의 인경*을 머리로 들이받아 울리오리다.
두개골은 깨어져 산산조각이 나도
기뻐서 죽사오매 오히려 무슨 한이 남으오리까.

– 심훈, 〈그날이 오면〉 중에서

📎 외재적 관점 이해하기

1. 창작 시기가 일제 강점기라는 점을 고려하면, 조국의 광복에 대한 소망을 노래한 시야. O ☐ X ☐
2. 1은 작품 감상의 근거가 어디에 있어? 작품 안 ☐ 작품 밖 ☐

다음 중 작품의 감상 방법이 나머지와 <u>다른</u> 것은?

① 실제 독립운동에 앞장섰던 시인의 경험을 바탕으로 하고 있군.
② '밤하늘'은 일제 강점기의 견디기 힘든 시간을 의미하는 것이겠군.
③ 아마도 식민지 상황에서 조국의 광복에 대한 소망을 노래한 것 같아.
④ 이 시를 읽고 어려운 상황 속에서도 희망을 잃지 않아야 한다는 교훈을 얻게 되었어.
⑤ 비유법과 반복법을 사용하여 '그날'이 오기를 소망하는 화자의 마음을 강조하고 있군.

✏️ 개념 적용하기

▶ **이 작품을 외재적 관점에서 감상하기**

시대 상황과 관련지은 감상
- 이 시는 조국의 독립에 대한 열망을 노래하고 있어.
- 이 시의 '☐☐'은 조국 광복의 날을 의미해.

작품

독자와 관련지은 감상
- 이 시를 통해 자기를 희생하는 태도를 배울 수 있었어.

시인과 관련지은 감상
- 독립운동가였던 시인의 행적을 고려해 보면 '☐☐☐'는 시인의 선구자적 모습을 상징하는 것으로 볼 수 있어.

시의 ☐에 있는 요소를 중심으로 시를 감상하기

시의 감상 방법 : 내재적 관점 / 외재적 관점

여러 가지 관점으로 작품을 감상하면서 청포를 입고 찾아온 '손님'의 상징적 의미를 파악해 보자.

청포도 | 이육사

내 고장 칠월은
청포도가 익어 가는 시절

이 마을 전설이 주저리주저리* 열리고
먼 데 하늘이 꿈꾸며 알알이* 들어와 박혀

하늘 밑 푸른 바다가 가슴을 열고
흰 돛단배가 곱게 밀려서 오면

내가 바라는 손님은 고달픈 몸으로
청포*를 입고 찾아온다고 했으니

내 그를 맞아 이 포도를 따 먹으면
두 손은 함뿍* 적셔도 좋으련

아이야 우리 식탁엔 은쟁반에
하이얀 모시* 수건을 마련해 두렴

*주저리주저리: 물건이 어지럽게 많이 달린 모양.
*알알이: 한 알 한 알마다.
*청포: 푸른 색깔의 도포.
*함뿍: 물이 쪽 내배도록 젖은 모양.
*모시: 모시풀 껍질로 만든 천, 빛깔이 희며 여름 옷감으로 많이 쓰인다.

01 윗글에 대한 설명으로 적절하지 <u>않은</u> 것은?

① 청자를 설정하여 말을 건네는 말투를 사용하고 있다.
② 상징적 시어를 활용하여 주제 의식을 드러내고 있다.
③ 동일한 시구를 반복하여 시의 리듬감을 형성하고 있다.
④ 음성 상징어*를 사용하여 대상을 생생하게 나타내고 있다.
⑤ 푸른색과 흰색의 색채 대비를 통해 희망적인 느낌을 주고 있다.

*음성 상징어: 의성어나 의태어와 같이 소리나 모양, 움직임을 흉내 낸 말.

02 다음 중, 시어에 드러나는 색채 이미지가 나머지와 <u>다른</u> 것은?

① 하늘 ② 청포 ③ 바다
④ 청포도 ⑤ 은쟁반

시의 감상 방법:
내재적 관점 /
외재적 관점

03 다음은 윗글을 읽고 난 후의 학생들의 감상이다. 내재적 관점에 해당하는 것은?

① 나는 손님을 맞이하는 화자의 모습을 통해 원하는 것을 기다리는 자세에 대한 깨달음을 얻게 되었어.
② 이 시는 일제 강점기에 발표되었어. 그러므로 이 시에는 조국 독립의 소망과 믿음이 담겨 있다고 할 수 있어.
③ 시인이 독립운동가였다는 점을 고려하면 이 시에서 '손님'은 독립운동을 함께할 애국지사를 의미한다고 볼 수 있어.
④ 이 시는 청포도라는 상징적인 시어와 의태법, 의인법을 활용해서 평화롭고 풍요로운 삶에 대한 소망을 노래하고 있어.
⑤ 이 시는 한시의 '기-승-전-결' 형식이 나타나는데, 이는 시인이 어릴 때부터 할아버지에게 한문을 배운 것과 관련이 깊어.

04 윗글에서 '풍요롭고 평화로운 고향의 삶'을 상징하는 시어를 찾아 쓰시오.

▶ **이 작품을 다양한 관점에서 감상하기**

시대 상황과 관련지은 감상

이 시는 일제 강점기 이전의 평화로운 시절을 꿈꾸며 조국의 광복에 대한 소망과 믿음을 나타내고 있어.

외재적 관점 → **☐☐과 관련지은 감상**

- 이 시가 한시의 형식을 띠는 것은 시인이 어렸을 때부터 한문을 배운 것과 관련이 있어.
- 시인이 독립운동가였다는 점을 고려하면 '손님'은 독립운동을 함께할 애국지사를 의미한다고 볼 수 있어.

작품 내재적 관점

- 이 시의 화자는 풍요롭고 평화로운 삶을 소망하고 있어.
- 상징적인 시어와 의인법, 의태법을 사용하여 화자의 소망을 드러내고 있어.
- ☐☐과 푸른색의 색채 이미지가 선명하게 대비되고 있어.
- 음성 상징어를 사용해서 고향의 모습을 감각적으로 표현하고 있어.

외재적 관점 → **☐☐가 받은 영향과 관련지은 감상**

- 이 시는 바람직한 기다림의 자세를 보여 준다는 점에서 우리의 삶을 반성하게 해.
- 누군가가 이 시의 화자처럼 나를 정성스럽게 기다려 준다면 얼마나 좋을까?
- 나에게 있어서 손님 같은 존재는 누구일까?

🔍 **작품 한눈에**

청포도 | 이육사

한줄평 ▶ 상징적 소재와 색채 이미지를 활용하여 광복에 대한 염원을 노래한 시

화자와 시적 상황

- **화자와 청자**: 화자 – '나' 청자 – '☐☐', 가상의 청자
- **시적 상황**: 화자는 간절한 마음으로 청포를 입고 오실 손님을 기다리고 있음.
- **태도**: 예언자적 태도, 손님이 올 것을 확신하는 태도가 드러남.

표현

- **의태법**: '주저리주저리', '함뿍'과 같은 음성 상징어를 사용하여 생동감을 나타냄.
- **☐☐법**: '푸른 바다가 가슴을 열고'에서 바다를 의인화함.
- **색채 대비**: ☐☐과 ☐☐☐의 색채 대비를 통해 평화로운 고향의 모습과 화자의 기대, 희망을 강조함.

시어의 상징적 의미

- **청포도**: 마을의 역사, 사람들의 삶과 꿈, 희망을 품고 있는 것으로, 풍요로움과 평화를 상징함.
- **손님**: 화자가 간절히 기다리는 것으로, 조국의 ☐☐ 혹은 독립투사를 상징함.

↓

주제: 조국 광복에 대한 소망과 믿음

📖 정답 및 해설 14쪽

[1~6] 보기 의 글자들을 조합하여 다음 뜻풀이에 해당하는 단어를 만드시오.

보기

복	확	요
향	광	대
비	신	점
경	관	소

1 빼앗긴 주권을 도로 찾음. →

2 사물의 성립이나 효력 발생 따위에 꼭 필요한 성분이나 조건 →

3 굳게 믿음. 또는 그런 마음. →

4 두 가지의 차이를 밝히기 위하여 서로 맞대어 비교함. →

5 현상이나 사상, 행동 따위가 어떤 방향으로 기울어짐. →

6 사물이나 현상을 관찰할 때, 그 사람이 보고 생각하는 태도나 방향. →

어휘 **특강** ## 사람들이 자주 틀리는 표기

※ ☑ 체크한 것이 맞는 표기임.

☐ 설레임	☑ 설렘	☐ 금새	☑ 금세
☐ 날으는	☑ 나는	☐ 넓직한	☑ 널찍한
☐ 어떻해	☑ 어떡해	☐ 들어나다	☑ 드러나다
☐ 틈틈히	☑ 틈틈이	☐ 아니예요	☑ 아니에요
☐ 오랫만에	☑ 오랜만에	☐ 왠만하면	☑ 웬만하면
☐ 몇일 동안	☑ 며칠 동안	☐ 그리고 나서	☑ 그러고 나서
☐ 정답을 맞추다	☑ 정답을 맞히다	☐ 가능한 빨리	☑ 가능한 한 빨리

향가 / 고려 가요

필수 개념 ❶ 향가

- 향가[시골 향(鄕) + 노래 가(歌)]는 **신라 때부터 고려 초까지 불렸던 우리나라 고유의 노래**야. 그런데 이때는 한글이 창제되기 전이어서 향가는, 한자의 음과 뜻을 빌려 우리말을 적는 방법인 **향찰로 기록**됐어.
- 형식은 4구체(4행), 8구체(8행), 10구체(10행)로 나뉘어. 이 중에서 10구체 향가는 작품 전체를 세 부분으로 나눌 수 있는데, 마지막 부분(9행, 10행)인 **낙구**는 반드시 **감탄사**로 시작하는 형식적 특징이 있어.
- 향가는 승려나 귀족이 많이 지었기 때문에 **불교적인 색채가 짙은 노래가 많아.**

생사(生死)* 길은
예 있으매 머뭇거리고,
나는 간다는 말도
몯다 이르고 어찌 갑니까.
어느 가을 이른 바람에
이에 저에 떨어질 잎처럼,
한 가지에 나고 / 가는 곳 모르온저.
아아, 미타찰(彌陀刹)*에서 만날 나
도(道) 닦아 기다리겠노라.

– 월명사, 〈제망매가〉

*생사: 삶과 죽음을 아울러 이르는 말.
*미타찰: 아미타 부처님이 살고 계시는 서쪽의 극락 세계.

🔖 향가의 특징 찾기

1. 낙구의 첫머리는 감탄사로 시작되고 있어? O ☐ X ☐
2. 불교와 관련된 시어를 찾아보자. ___________________________

윗글의 갈래에 대한 설명으로 적절하지 않은 것은?

① 삼국 시대에 시작되어 고려 초까지 창작되었다.
② 10구체 향가의 낙구는 반드시 감탄사로 시작되었다.
③ 몇 개의 연으로 나뉘는 분연체의 형식으로 되어 있다.
④ 불교와 관련된 내용을 담은 작품들이 많이 창작되었다.
⑤ 한자의 뜻과 음을 빌려 우리말을 적는 표기로 기록되었다.

✏️ 개념 적용하기

▶ **이 작품에 나타난 향가의 특징**

노래의 형식

3단 구성
- 1구~4구: 누이의 죽음에 대한 안타까움
- 5구~8구: 누이의 죽음에서 느끼는 삶의 허무함
- 9구~10구(낙구): 불교적 믿음을 통한 재회의 다짐
  - 첫머리에 ☐☐☐ '아아'가 나타남.

- 향가의 완성 형태인 ☐구체 형식의 향가임.
- 불교적인 성격을 지님.

노래의 내용

- 이 시의 화자는 누이의 ☐☐으로 인한 슬픔을 불교적 믿음으로 승화하고 있음.
- 불교의 극락세계를 의미하는 시어 '미타찰'을 사용함.

필수 개념 ❷ 고려 가요

- 고려 가요[가(歌) + 노래 요(謠)]는 **고려 때 평민들이 부르던 노래**야. 그래서 대부분이 언제 만들어졌는지, 작가가 누구인지 알 수 없어.
- 고려 가요는 남녀 간의 사랑, 이별의 슬픔, 자연에 대한 동경 등 **평민들의 소박하고 다양한 감정을 솔직하게 표현**했어.
- 고려 가요는 몇 개의 연으로 나누어져 있는 **분연체 형식**의 노래가 많아. 각 연의 끝에 **후렴구**가 반복적으로 붙어 있는 것도 특징적이지. 그리고 **3음보**를 기본으로 **3(3글자)·3(3글자)·2(2글자)조의 음수율**이 많이 나타나.

살어리 살어리랏다 청산*애 살어리랏다
멀위*랑 다래랑 먹고 청산애 살어리랏다
얄리얄리 얄랑셩 얄라리 얄라

우러라 우러라 새여 자고 니러* 우러라 새여
널라와* 시름 한* 나도 자고 니러 우니노라
얄리얄리 얄랑셩 얄라리 얄라

– 작자 미상, 〈청산별곡〉 중에서

***청산**: 풀과 나무가 무성한 푸른 산.
***멀위**: '머루'의 옛말.
***자고 니러**: 자고 일어나.
***널라와**: 너보다.
***시름 한**: 시름 많은.

📎 고려 가요의 특징 찾기

1. '살어리 살어리랏다'는 세 마디로 끊어 읽히는 3음보의 율격이 나타난다. O ☐ X ☐
2. 특별한 의미 없이 반복되면서 운율감을 드러내는 구절을 찾아보자. ______________

윗글의 특징으로 적절하지 <u>않은</u> 것은?

① 3·3·2조의 3음보 운율이 나타나 있다.
② 특별한 의미를 갖지 않는 후렴구가 붙어 있다.
③ 몇 개의 연으로 나누어지는 분연체로 되어 있다.
④ 자연에 대한 동경과 삶의 고뇌를 표현하고 있다.
⑤ 한자어를 주로 사용하여 현학적인 분위기를 드러내고 있다.

✏️ 개념 적용하기

▶ **이 작품에 나타난 고려 가요의 특징**

노래의 형식
- 분연체: 몇 개의 연으로 구성되어 있음.
- ☐☐☐ , 3·3·2조의 율격: 살어리 ∨ 살어리 ∨ 랏다
  (3 3 2)
- ☐☐☐ : '얄리얄리 얄랑셩 얄라리 얄라' → 경쾌한 운율감 형성, 연을 구분해 줌.

노래의 내용
- 이상향이자 현실의 도피처인 ☐☐ 을 동경한 고려인의 삶의 고뇌와 슬픔이 드러나 있음.
- 아름다운 우리말로 소박한 감정을 꾸밈없이 표출함.

- 고려 가요의 형태적 특징이 잘 나타남.
- 고려 시대 평민들의 삶의 애환을 진솔하게 표현함.

향가 / 고려 가요

고려 시대의 사람들은 사랑하는 사람을 떠나 보내는 마음을 어떠한 노래로 표현했을까?

가시리 | 작자 미상

가시리 가시리잇고 나는*
버리고 가시리잇고 나는
㉠위 증즐가 대평셩대(大平盛代)*

날러는 어찌 살라 하고
버리고 가시리잇고 나는
위 증즐가 대평셩대(大平盛代)

잡사와* 두어리마나는
선하면* 아니 올세라
위 증즐가 대평셩대(大平盛代)

설온* 님 보내옵나니 나는
가시는 듯 돌아오소서 나는
위 증즐가 대평셩대(大平盛代)

*나는: 특별한 의미가 없 이 운율을 맞추기 위해 사 용하는 여음.

*대평셩대: 태평성대. 어진 군주가 다스리는 걱정없 고 평화로운 시대.

*잡사와: 잡아서, 붙잡아.

*선하면: 서운하면.

*설온: 서러운.

고려 가요

*a-a-b-a의 구조: 전체 네 마디 중에서 같은 뜻의 말이 세 차례 반복되고, 셋째 마디는 다른 말이 오는 구조

01 윗글에 대한 설명으로 적절하지 <u>않은</u> 것은?

① 작가와 정확한 창작 시기를 알 수 없다.
② 3 · 3 · 2조의 4음보 운율이 나타나고 있다.
③ 임과 이별한 화자의 슬픔이 드러나고 있다.
④ 1연에서 a-a-b-a의 구조*가 나타나고 있다.
⑤ 분위기와 어울리지 않는 후렴구가 사용되고 있다.

02 윗글에 나타난 화자의 정서 변화로 가장 적절한 것은?

① 애원 → 원망 → 체념 → 소망
② 원망 → 체념 → 소망 → 좌절
③ 좌절 → 체념 → 원망 → 소망
④ 그리움 → 원망 → 용서 → 좌절
⑤ 좌절 → 그리움 → 애원 → 체념

03 윗글과 보기 의 화자를 비교하여 이해한 내용으로 가장 적절한 것은?

> 보기
>
> 나 보기가 역겨워 / 가실 때에는
> 말없이 고이 보내 드리우리다.
>
> 영변에 약산 / 진달래꽃
> 아름 따다 가실 길에 뿌리우리다.
>
> 가시는 걸음 걸음 / 놓인 그 꽃을
> 사뿐히 즈려밟고 가시옵소서.
>
> 나 보기가 역겨워 /가실 때에는
> 죽어도 아니 눈물 흘리우리다.
>
> – 김소월, 〈진달래꽃〉

① 윗글은 〈보기〉와 달리 이별의 아픔을 완전히 극복하고 있다.
② 윗글은 〈보기〉와 달리 이별의 이유를 자신에게 돌리고 있다.
③ 〈보기〉는 윗글과 달리 임이 반드시 돌아올 것이라 믿고 있다.
④ 윗글과 〈보기〉는 모두 이별의 상황을 결국 받아들이고 있다.
⑤ 윗글과 〈보기〉는 모두 이별의 상황을 적극적으로 거부하고 있다.

✍ 주관식·서술형

고려 가요

04 윗글의 형식과 관련하여 ⊙의 기능이 무엇인지 간단하게 쓰시오.

▶ 이 작품에
나타난
☐☐
☐☐의
특징

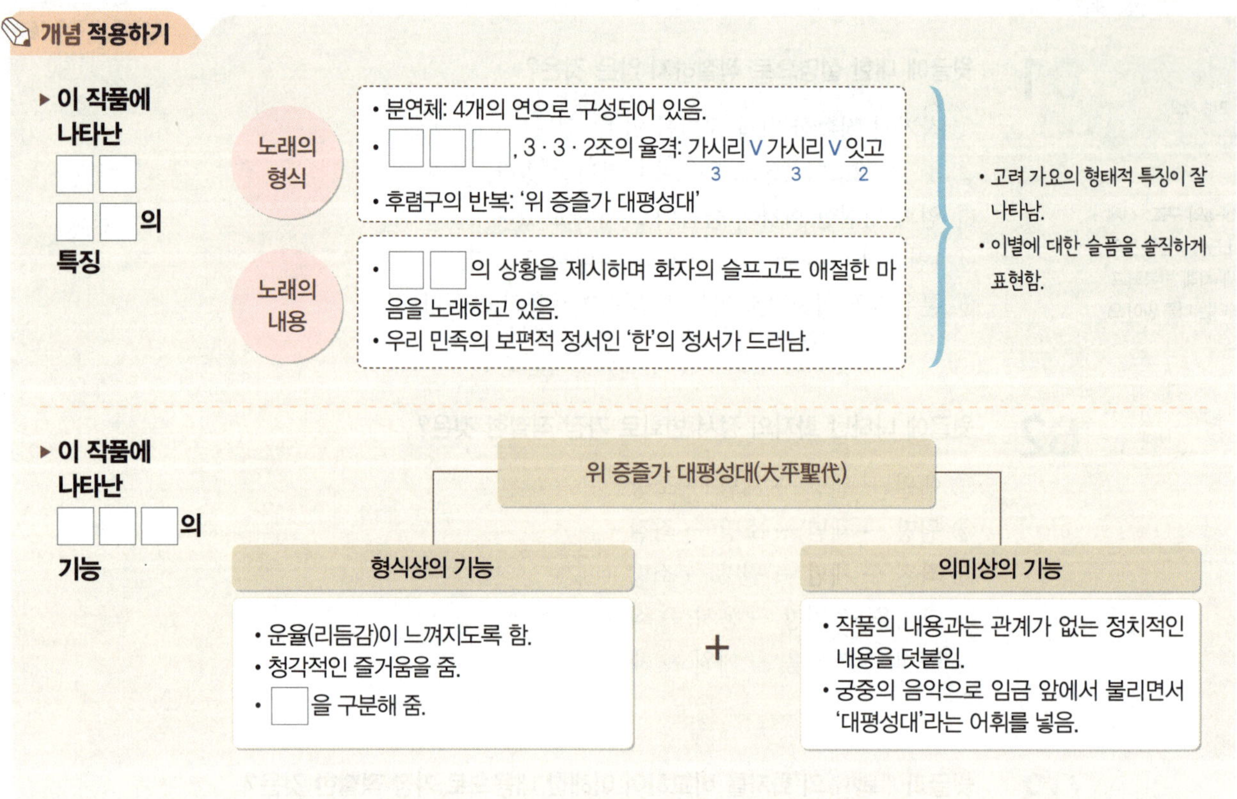

노래의 형식
• 분연체: 4개의 연으로 구성되어 있음.
• ☐☐☐, 3 · 3 · 2조의 율격: 가시리 ∨ 가시리 ∨ 잇고
  　　　　　　　　　　　　　　　3　　　　3　　　2
• 후렴구의 반복: '위 증즐가 대평성대'

노래의 내용
• ☐☐의 상황을 제시하며 화자의 슬프고도 애절한 마음을 노래하고 있음.
• 우리 민족의 보편적 정서인 '한'의 정서가 드러남.

• 고려 가요의 형태적 특징이 잘 나타남.
• 이별에 대한 슬픔을 솔직하게 표현함.

▶ 이 작품에
나타난
☐☐☐의
기능

위 증즐가 대평성대(大平聖代)

형식상의 기능
• 운율(리듬감)이 느껴지도록 함.
• 청각적인 즐거움을 줌.
• ☐을 구분해 줌.

+

의미상의 기능
• 작품의 내용과는 관계가 없는 정치적인 내용을 덧붙임.
• 궁중의 음악으로 임금 앞에서 불리면서 '대평성대'라는 어휘를 넣음.

🔍 작품 한눈에　**가시리** | 작자 미상

한줄평 ▶ 평범한 시어를 간결하게 배치하여 이별의 슬픔을 표현한 고려 가요

화자와 시적 상황

• **화자**: 사랑하는 임과의 이별을 앞 둔 사람
• **시적 상황**: 임이 떠나가는 상황
• **어조**: 부드럽게 애원하는 듯한 여성적인 어조
• **정서**: 임과의 이별에서 느껴지는 슬픔과 한
• **태도**: 임과의 이별을 받아들이면서 ☐☐를 소망함.

표현 1-구조

• **분연체**:

1연	임에 대한 애원과 원망
2연	임에 대한 원망과 좌절
3연	떠나는 임에 대한 체념
4연	이별의 수용과 재회의 소망

• **a-a-b-a 구조**: '가시리 가시리잇
　　　　　　　　　　　　　　　　　　　a
고 나는 버리고 가시리잇고 나는'
　　　　b　　　　a

표현 2-여음과 후렴구

• **여음**: '나는' → 특별한 ☐☐ 없이 운율을 형성함.
• **후렴구**: '위증즐가 대평성대' → 운율을 형성하고 연을 구분해 줌. 노래의 내용과는 관련 없는 내용으로, 이 노래가 궁중에서 연주되었다는 것을 보여 줌.

↓　　　　　↓　　　　　↓

주제: 이별의 ☐☐과 재회에 대한 소망

[1~10] 보기 에서 어휘의 뜻풀이 또는 예문의 (　　) 안에 들어갈 어휘 ㉠~㉤을 찾아 쓰시오.

보기

| ㉠ 승화 | ㉡ 동경 | ㉢ 시름 | ㉣ 애환 | ㉤ 현학적 |

뜻풀이

1 어떤 현상이 더 높은 상태로 발전하는 일. [　　]

2 마음에 걸려 풀리지 않고 항상 남아 있는 근심과 걱정. [　　]

3 어떤 것을 간절히 그리워하여 그것만을 생각함. [　　]

4 슬픔과 기쁨을 아울러 이르는 말. [　　]

5 학식이 있음을 자랑하는 것. [　　]

예문

6 글이 너무 (　　)이어서 내용을 이해하기 어렵다. [　　]

7 슬픔과 괴로움이 음악으로 (　　)되었다. [　　]

8 이 글은 이산가족이 겪은 삶의 (　　)와/과 염원을 그리고 있다. [　　]

9 그녀는 어렸을 때부터 화려한 삶을 (　　)했다. [　　]

10 오빠가 무사히 돌아와 어머니의 (　　)이/가 사라졌다. [　　]

[11~15] 다음에서 설명하는 어휘가 무엇일지 사다리를 연결하고 주어진 낱자를 활용하여 쓰시오.

11 어떠한 것을 받아들임.

12 삶과 죽음을 아울러 이르는 말.

13 더없이 안락해서 아무 걱정이 없는 경우와 처지. 또는 그런 장소.

14 전에 없던 것을 처음으로 만들거나 제정함.

15 소원이나 요구 따위를 들어 달라고 애처롭게 사정하여 간절히 바람.

평시조 / 연시조 / 사설시조

필수 개념 ❶ 평시조

형식이 정해진 평범한 시조!

- **시조**는 고려 말부터 발달하여 조선 시대에 널리 유행한 시로, 지금도 창작되고 있는 **우리 고유의 정형시**야.
- 시조는 처음에는 주로 **사대부들**이나 **기녀**들이 지었는데, 조선 후기에 작가층이 확대되면서 형식과 내용이 한층 다양해졌어.
- 시조 중에서 **평시조**는 가장 **기본적이고 대표적인 형식의 시조**인데, **3장(초장, 중장, 종장) 6구 45자** 내외로 그 형식이 정해져 있어.
- 이 밖에도 **3·4조 또는 4·4조의 4음보**에, 마지막 장인 **종장의 첫 음보는 반드시 3음절로 고정**되어 있다는 특징이 있어.

*야광명월: 밤에 밝게 빛나는 달.

*일편단심: 한 조각의 붉은 마음이라는 뜻으로, 진심에서 우러나오는 변치 않는 마음을 이르는 말.

까마귀 눈비 맞아 희는 듯 검노매라
야광명월(夜光明月)*이 밤인들 어두우랴
임 향한 일편단심(一片丹心)*이야 변할 줄이 있으랴

— 박팽년

평시조의 특징 찾기

1. 초장, 중장, 종장의 3장으로 이루어져 있어? O □ X □
2. 종장의 첫 번째 음보는 몇 음절로 되어 있어? 2음절 □ 3음절 □

윗글의 갈래에 대한 설명으로 적절하지 <u>않은</u> 것은?

① 3장 6구 45자 내외로 구성되어 있다.
② 각 장은 4음보의 율격이 나타나 있다.
③ 창작 계층이 사대부 계층으로 제한되어 있다.
④ 마지막 장의 첫 음보는 3음절로 고정되어 있다.
⑤ 고려 시대에 만들어져서 지금까지도 창작되고 있다.

개념 적용하기

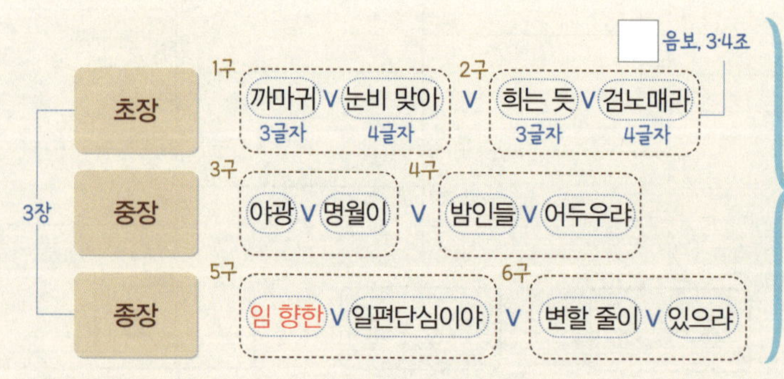

💡 필수 개념 ❷ 연시조와 사설시조

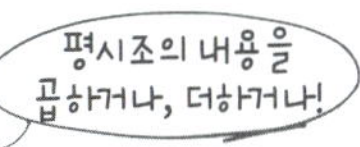

- **연시조**는 **평시조가 2수 이상 모여 한 편의 작품을 이룬 시조**야. 쉽게 말하면 몇 개의 연으로 구성된 시처럼 평시조가 2개 이상의 연을 이루고 있는 시조인 거지.
- **사설시조**는 우리가 배웠던 **평시조의 형태에서 초장이나 중장의 길이가 10글자 이상 길어진 시조**야. 내용이 길어지면서 형식이 자유로워졌지만, **대체로 4음보에 종장의 첫 음보는 3음절로 고정**되어 있어.
- 조선 후기에 지어진 사설시조는 대부분 **평민층에서 창작**되었는데, 그들의 **생활 감정이나 세태에 대한 풍자**가 솔직하게 표현되어 있어.

---

* **두엄**: 풀, 짚 또는 가축의 배설물 따위를 썩힌 거름.
* **백송골**: 매의 한 종류.
* **모쳐라**: '마침'의 옛말. 어떤 경우나 기회에 알맞게.
* **어혈**: 타박상 따위로 살 속에 피가 맺힘 또는 그 피.

두꺼비 파리를 물고 두엄* 위에 치달아 앉아
　건넛산 바라보니 백송골*이 떠 있거늘 가슴이 섬뜩하여
풀떡 뛰어 내닫다가 두엄 아래 자빠지거고
　모쳐라* 날랜 나일망정 어혈* 질 뻔하여라.

– 작자 미상

📎 사설시조의 특징 찾기

1. 평시조와 비교할 때 초장이나 중장의 글자 수가 길어졌어? O ☐ X ☐
2. (두꺼비 / 파리)를 우스꽝스럽게 묘사하여 강자 앞에서 비굴해지는 모습을 풍자하고 있다.

윗글에 대한 설명으로 가장 적절한 것은?

① 자연에 묻혀 살아가는 즐거움이 나타난다.
② 평시조가 2수 이상 모여 연을 이루고 있다.
③ 유교적으로 이상적인 삶의 모습을 다루었다.
④ 부정적 세태에 대한 풍자적 성격이 드러난다.
⑤ 평시조의 형식에서 종장이 10자 이상 늘어난 형태이다.

✏️ 개념 적용하기

▶ **이 작품에 나타난 사설시조의 특징**

형식
- 평시조의 틀에서 초장이나 중장의 글자 수가 10자 이상 늘어남.
- 초장, 중장, 종장의 3장 형식으로 구성되어 있으며, 종장의 첫 음보는 '☐☐☐'로, 3음절로 고정됨.

내용
- '두엄', 풀떡', '자빠지거고' 등 ☐☐들이 일상적으로 사용하는 어휘가 나타남.
- 탐관오리가 힘없는 백성을 괴롭히다가 자신보다 더 큰 권력자 앞에서 비굴해지는 모습을 풍자함.

- 평시조의 정형성이 파괴되어 길이가 길어짐.
- 조선 후기의 평민들의 세태에 대한 풍자가 솔직하게 표현됨.

평시조 / 연시조 / 사설시조

제목의 '훈민'은 '백성을 가르침.'이라는 뜻이다. 이 시조에서 작가가 백성들에게 권하고 있는 행동들은 무엇일까?

훈민가 | 정철

㉠어버이 사라실 제 섬길 일란 다하여라
지나간 후면 애닯다* 어찌하리
평생에 고쳐* 못할 일이 이뿐인가 하노라   〈제4수〉

마을 사람들아 옳은 일 하쟈스라*
사람이 되어나서 옳지 못하면
㉡마소*를 갓 고깔* 씌워, 밥 먹이나 다르랴   〈제8수〉

㉢오늘도 다 새거다 호미 메고 가쟈스라*
내 논 다 매거든 네 논 좀 매어 주마
올* 길에 뽕 따다가 누에 먹여 보쟈스라*   〈제13수〉

비록 못 입어도 남의 옷을 앗지* 마라
비록 못 먹어도 남의 밥을 비지* 마라
㉣한적곳* 때 실은* 후면 고쳐 씻기 어려우리   〈제14수〉

이고 진 저 늙은이 짐 풀어 나를 주오
나는 젊었거니 돌이라 무거울까
㉤늙기도 설워라커든 짐을 조차 지실까   〈제16수〉

*애닯다: 마음이 안타깝거나 쓰라리다.

*고쳐: 다시.

*하쟈스라: 하자꾸나.

*마소: 말과 소를 아울러 이르는 말.

*갓 고깔: 머리에 쓰는 모자인 갓과 고깔.

*가쟈스라: 가자꾸나.

*올: 오는.

*보쟈스라: 보자꾸나.

*앗지: 빼앗지.

*비지: 구걸하지.

*한적곳: 한 번만(이라도).

*실은: 묻은.

01

윗글의 형식상 특징으로 적절하지 <u>않은</u> 것은?

① 각 수는 4음보의 정형적 율격이 나타나 있다.
② 각 수의 종장의 첫 음보는 3음절로 고정되어 있다.
③ 평시조 여러 수가 모여 한 편의 작품을 이루고 있다.
④ 각 수는 초장, 중장, 종장의 3장 형식으로 구성되어 있다.
⑤ 평시조의 형식에서 중장의 길이가 10자 이상 길어지고 있다.

02

윗글에 대한 설명으로 적절한 것은?

① 이상적 세계에 대한 동경을 드러내고 있다.
② 윤리적 덕목들을 실천할 것을 권유하고 있다.
③ 사랑하는 대상을 향한 그리움을 부각하고 있다.
④ 웃음으로 고통을 극복하려는 태도를 보여 주고 있다.
⑤ 자연을 통해 인간이 본받아야 할 교훈을 드러내고 있다.

03

㉠~㉤에 대한 설명으로 적절하지 <u>않은</u> 것은?

① ㉠: 명령형 표현을 통해 부모에게 효도할 것을 강조하고 있다.
② ㉡: 설의적 표현을 통해 윤리 의식의 중요성을 부각하고 있다.
③ ㉢: 청유형 표현을 통해 농사일에 성실할 것을 권유하고 있다.
④ ㉣: 비유적 표현을 통해 잘못에 빠지지 말 것을 깨우치고 있다.
⑤ ㉤: 대구적 표현을 통해 서로 돕는 것의 중요성을 드러내고 있다.

04

〈제16수〉에서 작가가 중요하게 여기는 도덕적 가치가 무엇인지 쓰시오.

▶ 이 작품에 나타난 □□□의 특징

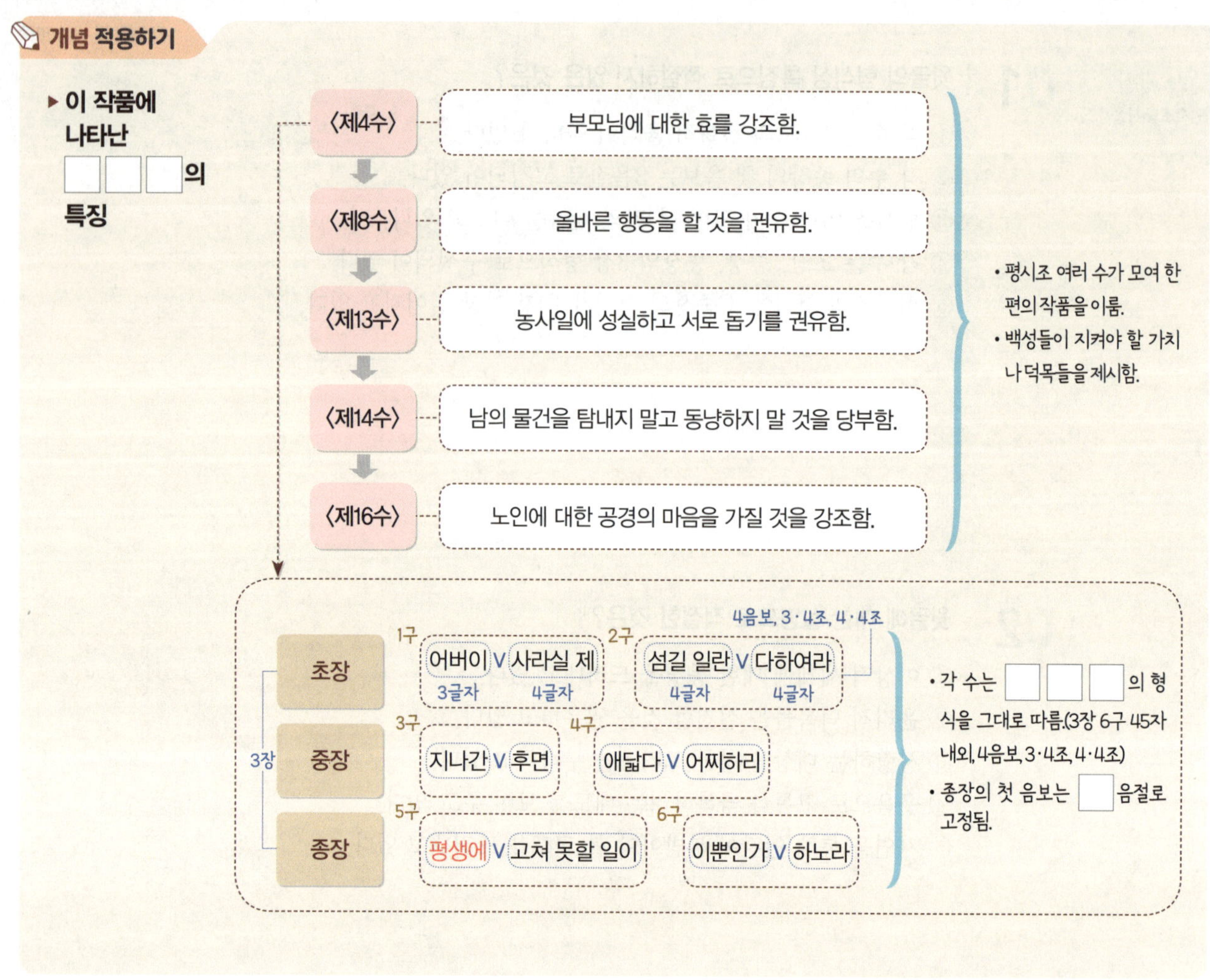

훈민가 | 정철

한줄평 ▶ 백성들이 실천해야 할 유교적 윤리를 쉽고 정감있게 표현한 시조

화자	표현	창작 의도
• **화자**: 백성들에게 유교적 윤리를 깨우쳐 주는 이 • **태도**: 백성들을 교화하고자 하는 계몽적, 교훈적, 설득적 태도를 지님. • **어조**: 명령형, □□□, 의문형 표현을 적절하게 활용하여 친근한 어조로 내용을 강조하며 효과적인 설득을 위해 노력함.	• **청유형 표현**: 종결 어미 '–쟈스라'를 사용하여 화자가 중요하게 생각하는 덕목의 실천을 부드럽게 권유함. • **명령형 표현**: 종결 어미 '–라'를 사용하여 백성들이 꼭 지켜야 할 기본 도리의 실천을 강조함. • **순우리말 사용**: 쉬운 우리말을 사용하여 백성들의 이해를 도움.	• **인간관계**: 부모와 자식, 형제, 부부, 친구 등 다양한 인간관계에서의 올바른 삶의 태도를 제시함. • **삶의 태도**: 부모님에 대한 효도, 농사일의 성실함, 노인 공경 등 다양한 상황에서의 윤리적 삶의 태도를 강조하고 있음.

주제: 유교적 □□의 실천을 권유함.

[1~5] 다음에서 설명하는 어휘가 무엇일지 주어진 낱자를 활용하여 쓰시오.

1 사람들의 일상생활, 풍습 따위에서 보이는 세상의 상태나 형편.

2 추구하고 실천해야 할 가치 항목.

3 공손히 받들어 모심.

4 어떤 일 따위를 하도록 권함.

5 가르치고 이끌어서 좋은 방향으로 나아가게 함.

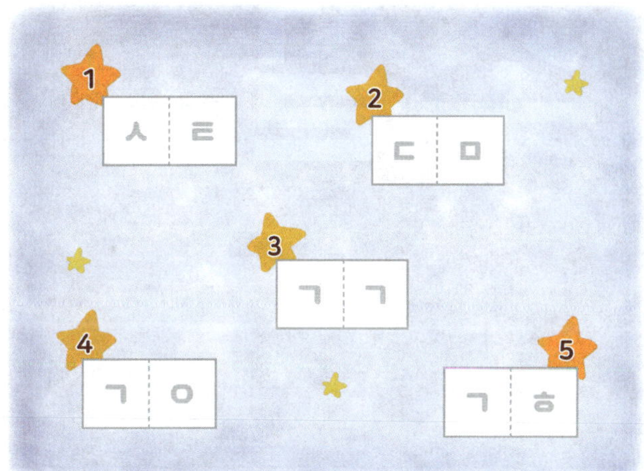

어휘 특강) '마음'과 관련된 한자 성어

일편단심 (一片丹心)	一 한 **일** 片 조각 **편** 丹 붉을 **단** 心 마음 **심** 진심에서 우러나오는 변치 아니하는 마음을 이르는 말. 예 신하들은 왕을 일편단심으로 섬겼다.
견물생심 (見物生心)	見 볼 **견** 物 물건 **물** 生 날 **생** 心 마음 **심** 어떠한 실물을 보게 되면 그것을 가지고 싶은 욕심이 생김. 예 견물생심이라고 백화점에 가기만 하면 무엇이든 사게 된다.
절치부심 (切齒腐心)	切 끊을 **절** 齒 이 **치** 腐 썩을 **부** 心 마음 **심** 몹시 분하여 이를 갈며 속을 썩임. 예 그는 이유 없이 매를 맞은 것이 분해 절치부심하였다.
수구초심 (首丘初心)	首 머리 **수** 丘 언덕 **구** 初 처음 **초** 心 마음 **심** 고향을 그리워하는 마음을 이르는 말. 예 수구초심이라고 나이가 드니 고향이 더 생각난다.
이심전심 (以心傳心)	以 써 **이** 心 마음 **심** 傳 전할 **전** 心 마음 **심** 마음과 마음으로 서로 뜻이 통함. 예 나와 내 친구는 이심전심으로 모든 것이 잘 통한다.

소설

필수 개념 미리학습 "소설"

소설을 이해하고 감상하는 데 꼭 필요한 필수 개념입니다. 찬찬히 뜻을 생각하며 읽어 보고 의미를 아는 개념이면 ☑ ✕ , 헷갈리거나
모르는 개념이면 ○ ☑ 에 표시해 보세요. 지금은 ○ ☑ 에 많이 표시해도 괜찮아요. 이제부터 하나하나 배워 갈 거니까요!

"소설"이란?

현실 세계에 있음 직한 일을 작가가 상상하여 꾸며 쓴 산문 문학 ○ ✕

소설 구성의 3요소
- **인물** — 소설 속에 등장하는 사람 ○ ✕
- **사건** — 인물들 사이에 벌어지는 일 ○ ✕
- **배경** — 사건이 일어나는 시간과 공간 ○ ✕

서술자와 시점

* **서술자**: 소설에서 작가를 대신하여 독자에게 이야기를 들려주는 사람 ○ ✕

* **시점**: 서술자가 소설 속 인물이나 사건을 바라보는 위치와 시각 ○ ✕

1인칭
- **1인칭 주인공 시점** 작품 속 주인공인 '나'가 자신의 이야기를 하는 시점 ○ ✕
- **1인칭 관찰자 시점** 작품 속 주변 인물인 '나'가 관찰자의 입장에서 주인공의 이야기를 하는 시점 ○ ✕

3인칭
- **전지적 작가 시점** 작품 밖의 서술자가 전지전능한 위치에서 사건의 속 내용과 인물의 심리를 모두 알고 이야기하는 시점 ○ ✕
  → 모든 일을 다 알고 다 행할 수 있음.
- **3인칭 관찰자 시점** 작품 밖의 서술자가 관찰자의 입장에서 작품 속 인물들의 행동이나 사건을 관찰하여 이야기하는 시점 ○ ✕

서술자의 태도

인물에 대한 태도
▶ 070쪽
- **긍정적 태도:** 서술자가 등장인물에 대해 옳다고 여기거나 인정하는 태도
  ex. 예찬적, 우호적, 공감적 태도 ○ ✕
- **부정적 태도:** 서술자가 등장인물에 대해 옳지 않다고 여기거나 반대하는 태도
  ex. 냉소적, 비판적 태도 ○ ✕

편집자적 논평 — 서술자가 작품 속에 개입하여 특정 사건이나 인물에 대해 자신의 의견을 밝히거나 평가하는 서술 ○ ✕ ▶ 072쪽

인물

역할에 따라

주동 인물　사건과 행동의 주체가 되는 인물　○ ｜ ×

반동 인물　주동 인물과 대립하여 갈등을 일으키는 인물　○ ｜ ×

성격 변화에 따라

평면적 인물　처음부터 끝까지 성격이 변하지 않는 인물　○ ｜ ×

입체적 인물　환경이나 상황에 따라 성격이 변하는 인물　○ ｜ ×

성격에 따라

전형적 인물　특정 시대, 특정 부류나 계층을 대표하는 인물　○ ｜ ×

개성적 인물　특정 시대, 특정 부류나 계층과 상관없이 독자적인 성격을 가진 인물　○ ｜ ×

제시 방법에 따라

직접 제시　서술자가 인물의 성격이나 심리를 직접 설명해 주는 방법　○ ｜ ×

간접 제시　인물의 성격이나 심리를 인물의 말과 행동, 외양 묘사를 통해 보여 주는 방법　○ ｜ ×

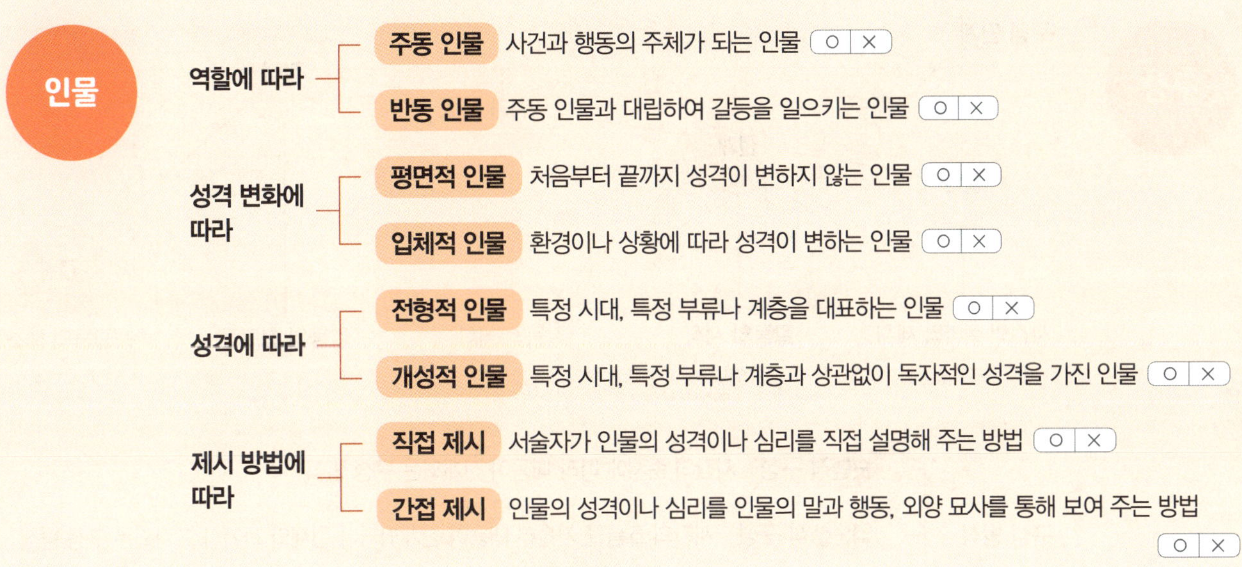

인물의 말하기 방식

직설적 말하기　자신의 생각이나 감정을 직접적으로 드러내면서 말하는 방식　○ ｜ ×　▶ 080쪽

우회적 말하기　자신의 생각이나 감정을 간접적으로 돌려서 말하는 방식　○ ｜ ×　▶ 080쪽

고사를 인용하여 말하기　옛날부터 전해 오는 유명한 이야기를 자신의 말 속에 끌어다 써서 말하는 방식　○ ｜ ×　▶ 082쪽

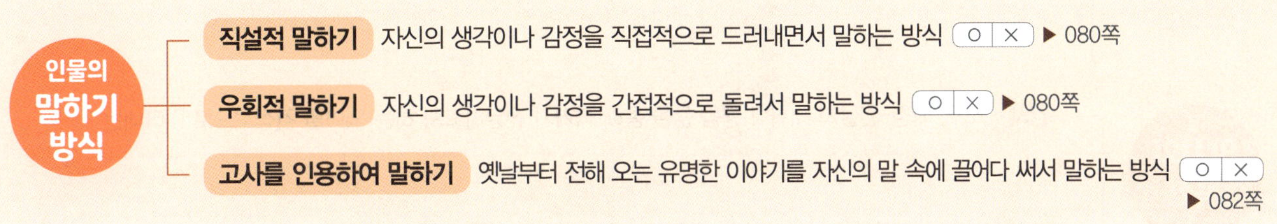

서술 방식

서술　서술자가 인물, 사건, 배경 등을 독자에게 직접 설명하는 방식　○ ｜ ×

대화　등장인물들이 주고받는 말을 그대로 보여 주는 방식　○ ｜ ×

묘사　서술자가 인물, 사건, 배경 등을 그림 그리듯이 구체적으로 표현하는 방식　○ ｜ ×

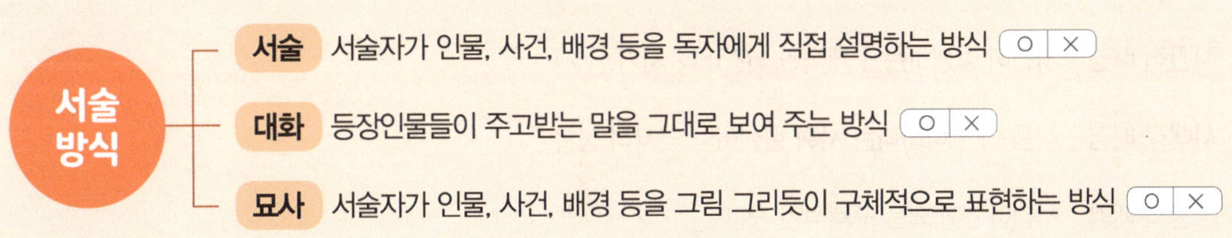

서술상 특징

해학　대상을 우습게 그림으로써 대상에 대한 호감과 연민을 일으키는 표현 방법　○ ｜ ×　▶ 090쪽

풍자　대상을 조롱하거나 우습게 그림으로써 대상을 간접적으로 비판하는 표현 방법　○ ｜ ×　▶ 090쪽

반어　실제로 표현하고자 하는 의도와 반대되는 말로 표현하는 방법　○ ｜ ×　▶ 092쪽

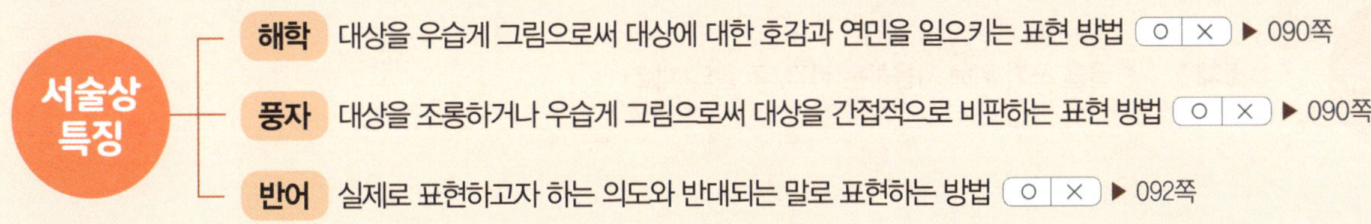

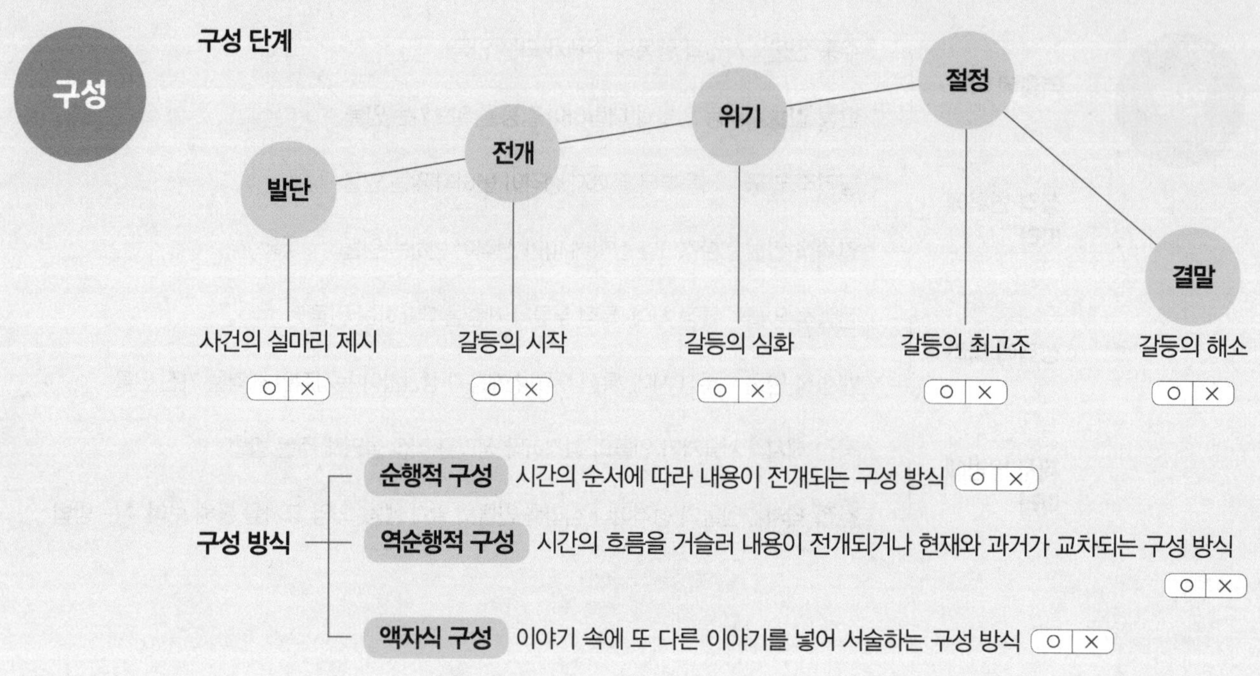

구성

구성 단계

절정 — 위기 — 전개 — 발단 — 결말

발단	전개	위기	절정	결말
사건의 실마리 제시	갈등의 시작	갈등의 심화	갈등의 최고조	갈등의 해소
○ ×	○ ×	○ ×	○ ×	○ ×

구성 방식

순행적 구성 시간의 순서에 따라 내용이 전개되는 구성 방식 ○ ×

역순행적 구성 시간의 흐름을 거슬러 내용이 전개되거나 현재와 과거가 교차되는 구성 방식 ○ ×

액자식 구성 이야기 속에 또 다른 이야기를 넣어 서술하는 구성 방식 ○ ×

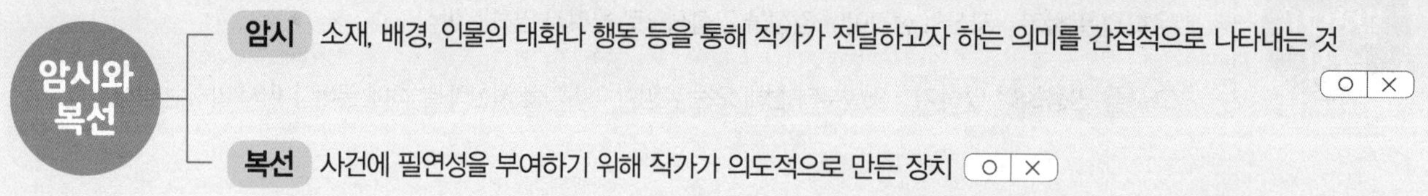

암시와 복선

암시 소재, 배경, 인물의 대화나 행동 등을 통해 작가가 전달하고자 하는 의미를 간접적으로 나타내는 것 ○ ×

복선 사건에 필연성을 부여하기 위해 작가가 의도적으로 만든 장치 ○ ×

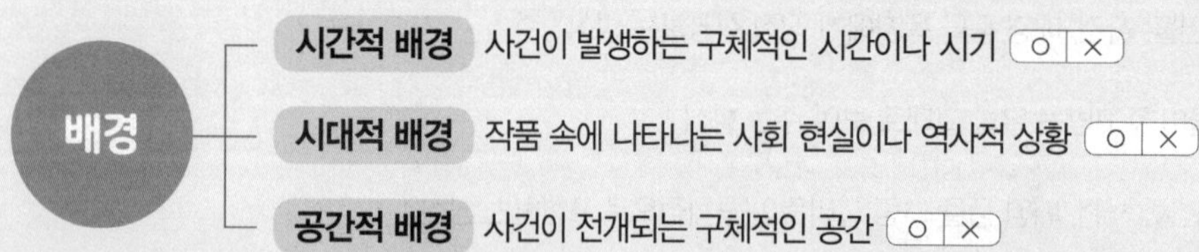

배경

시간적 배경 사건이 발생하는 구체적인 시간이나 시기 ○ ×

시대적 배경 작품 속에 나타나는 사회 현실이나 역사적 상황 ○ ×

공간적 배경 사건이 전개되는 구체적인 공간 ○ ×

소재

소재 — 글을 쓰기 위해 사용하는 글감, 즉 글의 재료 ○ ×

| **내재적 관점** | 작품을 구성하는 내용이나 형식, 표현 등 작품 자체에만 주목하여 작품을 감상하는 방법 |

○ X ▶ 100쪽

| **외재적 관점** | 작가, 시대, 독자 등 작품의 외적 요인과 관련지어 작품을 감상하는 방법 ○ X ▶ 102쪽

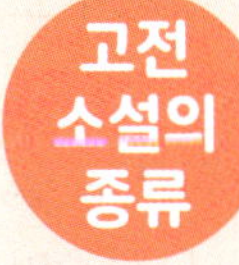

＊고전 소설: 보통 조선 시대부터 갑오개혁 이전(19세기 이전)까지 창작된 소설을 이름. ○ X

판소리계 소설 — 판소리 사설이 말로 전해지다가 글로 기록되면서 소설로 정착한 것 ○ X ▶ 110쪽
리듬감이 형성되는 문체, 서술자의 편집자적 논평과 독자에게 말을 건네는 듯한 말투, 장면의 극대화, 이중적인 언어 사용, 해학적인 표현, 음성 상징어의 적극적인 사용 등의 특징을 보임.

영웅 소설 — 영웅의 일생을 다룬 소설 ○ X ▶ 112쪽
'고귀한 혈통 → 기이한(비정상적인) 잉태 또는 출생 → 비범한 능력 → 어린 시절의 위기 → 조력자와의 만남 → 성장 후의 위기 → 위기 극복과 행복한 결말'이라는 영웅의 일대기적 구성을 보임.

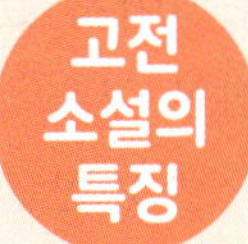

권선징악 — 착한 일을 권장하고 악한 일을 나무라며 주의를 줌. ○ X ▶ 120쪽
'권선징악'과 '인과응보(행동한 대로 대가를 치른다는 뜻)'의 교훈이 착한 사람의 '행복한 결말'로 이어지며 고전 소설의 주제를 형성함.

전기성 — 전해져 내려오는 기이한 성질 또는 세상에서 일어나기 힘든 성질 ○ X ▶ 122쪽
전기성을 통해 문제 상황을 해결하기도 하고, 권선징악과 같은 교훈적인 주제를 더욱 강조하기도 함.

인물에 대한 서술자의 태도 / 편집자적 논평

필수 개념 ❶ 인물에 대한 서술자의 태도

서술자가 그 인물을 어떻게 생각하냐면 말이지……

- **서술자**는 소설에서 작품의 인물, 사건, 배경에 관한 **이야기를 독자에게 전달하는 사람**이야.
- 서술자는 **인물이나 사건에 대해 특정한 태도**를 드러내기도 하는데, 서술자가 인물이나 사건에 대해 어떤 태도를 취하느냐 따라 작품의 주제나 분위기가 달라질 수 있으므로 서술자의 태도에 주목해서 소설을 읽는 것이 중요해.
- 서술자는 작가를 대신해 이야기를 전달하는 사람이라서 **작가의 의도, 가치관** 등에 따라 인물이나 사건에 대한 서술자의 태도가 달라질 수 있어. 이러한 서술자의 태도는 크게 **긍정적 태도**와 **부정적 태도**로 나눌 수 있어.

전체 줄거리

우선 그 첫 번째 예술가

담백하고 구수한 맛이 환상적인 김밥을 만드는 김밥 아줌마는 오직 김밥을 마는 일에 최선을 다한다. 심지어 김밥을 말 때 누가 보고만 있어도 화를 낸다. 그만큼 최선을 다하기에 그이의 김밥은 '작품'이다.

그 두 번째 예술가

빵떡모자 아저씨는 일 년 내내 거의 빠짐없이 하루에 두 차례씩 주홍 트럭을 몰고 와 야채를 판다. 그는 최고의 품질만을 고집하면서 자신이 파는 물건에 대한 자부심이 엄청나다. 그렇기에 그는 분명 예술가이다.

[앞부분의 줄거리] '나'는 북한산 자락에 둘러싸인, 예술가들을 많이 만날 수 있는 동네에 살고 있다. '나'는 자신에게 감동을 준 두 명의 예술가들을 소개하고자 한다.

우선 그 첫 번째 예술가

그이는 늘 흰 가운을 입고 있다. 그리고 여자이다. 이렇게 말하면 여류* 조각가를 상상할지도 모르겠다. 아니, 그 짐작이 맞을지도 모른다. 그이가 빚어내는 작품도 일종의 조각이라면 조각일 수도 있다.

그이는 매일 아침 9시에 일터로 나와서 다시 저녁 9시가 되면 가운을 벗고 집으로 돌아간다. 일터에서의 그이는 다소 무뚝뚝하고 뻣뻣하다. 남하고 싱거운 소리를 나누는 일도 거의 없다. 잘 웃지도 않는다. 오히려 늘 화를 내고 있는 것처럼 보이기도 한다.

그런 얼굴로 그이는 늘 일을 하고 있다. 그이가 만드는 작품은 불티나게 팔리고 있으므로 하기야 쉴 틈도 많지 않다. 묵묵히 일만 하고 있는 그이를 우리는 '김밥 아줌마'라고 부른다. 따라서 그이가 만드는 작품은 자연히 김밥이라는 이름을 가지고 있다. 하지만 그이의 김밥은 보통의 김밥과는 아주 다르다. 언제 먹어도 그이만이 낼 수 있는 담백하고 구수한 맛이 사람을 끌어당긴다. 그이의 김밥은 절대 맛을 속이지 않는다.

김밥 아줌마는 작품을 만들 때 사람들이 보고 있으면 막 화를 낸다. 누군가 쳐다보면 마음이 흔들려서 실패작만 나온다는 것이다. 김밥을 말고 있을 때는 누가 무슨 말을 해도 들은 척을 하지 않는다. 한 번 더 말을 시키면 여지없이 성질을 내며 일손*을 놓아 버린다. 그이는 파는 일엔 전혀 관심이 없고 오직 김밥을 만드는 그 행위에만 몰두해* 있는 사람처럼 보인다.

언젠가 나도 무심히 김밥 마는 것을 구경하고 있다가 당했다. 쳐다보고 있으니까 김밥 옆구리가 터지는 실수를 다 한다고 신경질을 내는 그이가 무서워서 주문한 김밥을 싸는 동안 멀찌감치 떨어져 있었다. 그러나 집에 돌아와서 먹어 본 김밥은 그이에게 당한 것쯤이야 까맣게 잊어버리고도 남을 만큼 그 맛이 환상적이었다. 그 김밥은 돈 몇 푼의 이익을 위해 말아진 그런 김밥이 아니었다. 나는 그래서 그이의 김밥을 서슴지* 않고 '작품'이라 부른다.

— 양귀자, 〈길모퉁이에서 만난 사람〉

*여류: 어떤 전문적인 일에 능숙한 여자를 이르는 말.

*일손: 일하는 손. 또는 손을 놀려 하는 일.

*몰두하다: 어떤 일에 온 정신을 다 기울여 열중하다.

*서슴다: 결단을 내리지 못하고 머뭇거리며 망설이다.

인물에 대한 서술자의 태도 파악하기

1. 서술자는 누구의 이야기를 하고 있어? '나' ☐ '그이' ☐
2. 서술자는 그 인물을 어떻게 바라보고 있어? 긍정적으로 ☐ 부정적으로 ☐

윗글에 나타난 서술자의 태도로 적절하지 <u>않은</u> 것은?

① '그이'가 만든 김밥은 절대 맛을 속이지 않는다고 생각한다.

② '그이'가 만든 김밥을 '작품'이라고 부르며 그 맛을 예찬한다.

③ '그이'가 김밥을 제대로 팔지 못하는 상황을 안타깝게 여긴다.

④ '그이'가 김밥 만들기에 온 정신을 쏟는 것을 긍정적으로 본다.

⑤ '그이'가 김밥 마는 것을 예술가가 작품을 만드는 것과 비교한다.

개념 적용하기

▶ **이 작품에 나타난 서술자의 태도**

예찬적, 우호적, 긍정적 →

서술자 = '나'	등장인물 = 그이
자신이 사는 동네와 그 동네에 사는 사람들의 삶을 자세히 관찰함.	김밥을 팔면서도 경제적 이익보다는 김밥 만드는 일 자체를 중요하게 여김.

→ 서술자인 '☐'가 등장인물인 '☐☐(김밥 아줌마)'가 김밥을 말 때 보이는 진지한 모습에 ☐☐☐ 태도를 보임.

개념 확장하기

인물에 대한 태도의 효과 및 종류

서술자가 인물에 대해 어떤 태도를 보이느냐에 따라 독자가 인물에 대해 느끼는 바가 달라짐. (서술자의 긍정적 태도 제시 ⇨ 독자가 인물에 대해 긍정적으로 수용함. / 서술자의 부정적 태도 제시 ⇨ 독자가 인물에 대해 부정적으로 수용함.)

• 긍정적 태도에는 예찬적, 의지적, 우호적, 공감적 태도 등이 있음.

• 부정적 태도에는 냉소적, 적대적, 풍자적, 비판적 태도 등이 있음.

인물에 대한 서술자의 태도 / 편집자적 논평

필수 개념 ❷ 편집자적 논평

> 나 작품 밖 서술잔데, 내가 한마디 할게!

- **전지적 작가 시점의 소설**에서는 작품 밖 서술자가 작품 속의 **사건이나 인물에 대해 자신의 의견을 밝히거나 평가하기도 하는데**, 이를 **편집자적 논평**이라고 해. 이때 '**편집자**'는 작품 밖 서술자를 말해.
- 편집자적 논평은 **주로 고전 소설에서 나타나지만**, 현대 소설에서 나타나기도 해.
- 서술자는 대개 선한 인물에게는 긍정적인 평가를, 악한 인물에게는 부정적인 평가를 내리지.
- 편집자적 논평은 소설의 전개에 별다른 영향을 끼치지 않아. 즉 **그 부분을 빼더라도 이야기의 전개에는 아무런 영향이 없어.**

전체 줄거리

남원 부사의 아들 이몽룡과 퇴기 월매의 딸 성춘향은 사랑에 빠져 부부의 연을 맺는다. 그러던 중 몽룡이 아버지를 따라 한양으로 가게 되면서 둘은 이별하게 된다. 새로 부임한 남원 부사 변학도는 춘향에게 수청을 강요하고, 이를 거부한 춘향은 모진 매를 맞고 옥에 갇힌다. 한편 장원 급제하여 암행어사가 된 몽룡은 변학도의 생일날 어사출두를 하여 변학도를 파직하고 춘향을 구한다. 춘향 모녀와 함께 한양으로 간 몽룡은 춘향을 정실부인으로 맞아 행복하게 산다.

***수청**: 아녀자나 기생이 높은 벼슬아치에게 몸을 바쳐 시중을 들던 일.

***절개**: 지조와 정조를 깨끗하게 지키는 여자의 품성.

***수절**: 정절(여자의 곧은 절개)을 지킴.

***명관**: 정치를 잘하여 이름이 난 관리.

***객사**: 관리들을 대접하고 묵게 하던 숙소.

***오얏꽃**: 자두꽃. 여기서는 이 도령을 의미함.

***위엄**: 존경할 만한 위세가 있어 점잖고 엄숙함. 또는 그런 태도나 기세.

"저 계집은 무슨 죄를 지었는가?"

형리가 아뢰기를,

"기생 월매의 딸인데 본관 사또에게 수청*을 들라고 하였는데, 절개*를 지킨다면서 수청을 들지 않고 사또에게 험악한 말을 하여 옥에 갇힌 춘향이로소이다."

어사또 분부하되,

"너같이 미천한 인간이 수절*한다고 나라의 관리를 욕보였으니 살기를 바라겠느냐? 죽어 마땅하지만, 내 수청을 들면 살려 주마."

춘향이 기가 막혀,

"내려오는 사또마다 빠짐없이 명관*이로구나! 어사또 들으시오. 층층이 높은 절벽 높은 바위가 바람이 분들 무너지며, 푸른 솔 푸른 대나무 눈이 온들 변하리까. 그런 말 마옵시고 그냥 나를 죽이시오."

하면서 향단이에게,

"향단아, 서방님 혹시 어디 계신가 살펴보아라. 어젯밤 옥에 오셨을 때 간절히 당부했는데 어디를 가셨는지, 나 죽는 줄도 모르는가?"

어사또 다시 분부하되,

"얼굴을 들어 나를 보라."

하시니, 춘향이 고개를 들어 어사또를 살펴보니 ㉠어젯밤에 거지꼴로 찾아왔던 낭군, 어사또로 뚜렷이 앉아 있구나. 웃음 반 울음 반으로

"얼씨구나 좋을씨고, 어사 낭군 좋을씨고. 남원 읍내 가을 들어 죽을 지경 되었더니, 객사*에 봄이 들어 봄바람에 핀 오얏꽃*이 날 살린다. 꿈이냐 생시냐, 꿈을 깰까 염려로다."

한참 이리 즐거워할 적에 ㉡춘향 모 뒤늦게 달려와 끝없이 즐거워하는 말을 어찌 말로 설명하랴. ㉢춘향의 높은 절개가 빛을 보게 되었으니 어찌 아니 좋을쏜가?

어사또 남원의 일을 마무리하고 춘향 모녀와 향단이를 서울로 데려갈 때, ㉣위엄*과 차림새가 빛이 나니 세상 사람들이 누가 아니 칭찬하랴. 춘향이 남원을 떠날 때, ㉤비록 귀한 신분 되었건만 고향을 이별해야 하니 한편으로는 기쁘고 한편으로는 슬프지 아니하랴.

– 작자 미상, 〈춘향전〉

📎 편집자적 논평 찾기

1. 서술자가 작품 밖에 있어? O ☐ X ☐ → O: 3인칭 시점, X: 1인칭 시점
2. 서술자의 판단이나 평가, 의견이 드러나 있어? O ☐ X ☐ → O: 편집자적 논평, X: 편집자적 논평이 아님.

윗글의 ㉠~㉤ 중에서 [보기] 와 관련이 <u>없는</u> 것은?

> **보기**
>
> 고전 소설에는 작품 밖의 서술자가 작중 상황에 개입하여 등장인물이 처한 상황이나 작중 사건에 대해 자신의 생각을 밝히거나 평가하기도 한다.

① ㉠   ② ㉡   ③ ㉢   ④ ㉣   ⑤ ㉤

✏️ 개념 적용하기

▶ 이 작품에 나타난 편집자적 논평

춘향
- 서방님이 암행어사가 되어 돌아옴.
- 억울하게 목숨을 잃을 위기에서 벗어남.
- 신분의 제약을 벗어나 '이몽룡'과 부부의 연을 맺고 귀한 신분이 됨.

(작품 속 인물들의 **상황**)

춘향 모(월매)
- 죽을 위기에 처한 딸이 곤경에서 벗어남.
- 딸과 함께 서울로 가게 됨.

이몽룡
- 절개를 지킨 '춘향'과 부부의 인연을 맺음.
- 춘향 모녀와 향단이를 데리고 서울로 감.

전지적 작가 시점의 서술자

서술자의 평가가 나타난 부분
- 어찌 말로 설명하랴.
- 어찌 아니 좋을쏜가?
- 세상 사람들이 누가 아니 칭찬하랴.
- 한편으로는 기쁘고 한편으로는 슬프지 아니하랴.

➡ 작품 밖에 있는 서술자가 작품 속 인물들이 처한 상황에 대해
평가하는 ☐☐☐☐☐☐이 드러남.

🖨 개념 확장하기

서술자의 개입과 편집자적 논평

- '서술자의 개입'은 서술자가 작품 속에 등장해 자신의 목소리를 드러내는 것으로, 편집자적 논평은 서술자가 개입하는 방식 중의 하나임.
- '서술자의 개입'의 종류

  ① 인물이나 상황에 대해 평가하기(편집자적 논평) 예 도화동 남녀노소 뉘 아니 슬퍼하리. 〈심청전〉

  ② 감정 드러내기 예 태자가 마지못하여 약을 받아 마시니, 불쌍하다! 〈김진옥전〉

  ③ 독자에게 직접 말을 건네기 예 추월이 거동 보소 〈이춘풍전〉

  ④ 서사(이야기)의 흐름 끊기 예 어찌된 일인지 모르겠구나. 다음 회를 보시라. 〈옥루몽〉

09 일차 · 인물에 대한 서술자의 태도 / 편집자적 논평

엄청나게 비싼 비단잉어들을 사서 자신의 집 정원 연못에 풀어놓는 총수를 바라보는 유자의 심정은 어떠했을까?

📖 **전체 줄거리**

발단 유자는 생각이 깊고 성품이 곧으며 자기주장이 뚜렷한 인물로, 어릴 때부터 적극적인 성격이었다.

전개 유자는 청년 시절에 정치인의 밑에서 일하고 군대에서 사주를 봐주며 도사 노릇을 하는 등 독특한 행적을 보였다.

위기 재벌 총수의 운전기사로 일하던 유자는 총수의 사치스러운 생활에 반감을 드러내다가 회사의 '노선 상무'로 좌천된다.

절정 유자는 회사의 교통사고 처리를 맡아 난처한 일들을 처리하면서도 따뜻한 인간미를 보여 준다.

결말 종합 병원 원무 실장이 된 유자는 민주화 운동을 하다가 다친 사람들을 도운 일로 퇴직한 뒤 병으로 세상을 떠난다.

***딴따라**: '연예인'을 낮잡아 이르는 말.

***총수**: 어떤 집단의 우두머리.

***고뿔**: '감기'를 일상적으로 이르는 말.

***객고**: 객지에서 겪은 고생.

***조시**: 몸의 상태, 건강 상태를 의미하는 일본어.

***부룻쓰, 지루박**: 블루스와 지르박. 춤의 종류.

***배참**: 꾸지람을 듣고 그 화풀이를 다른 데다 함.

***의뭉**: 겉으로는 어리석은 것처럼 보이면서 속으로는 엉큼함.

유자소전 | 이문구

위기 비단잉어들은 화려하고 귀티 나는 맵시로 보는 사람마다 탄성을 자아내게 하였으나, 그는 처음부터 흘기눈을 떴다. 비행기를 타고 온 수입 고기라서가 아니었다. 그 회사 직원의 몇 사람 치 월급을 합쳐도 못 미치는 상식 밖의 몸값 때문이었다.

"대관절 월매짜리 고기간디 그려?" / 내가 물어보았다.

"마리당 팔십만 원씩 주구 가져왔댜."

그 회사 직원들의 봉급 수준을 모르기에 내 월급으로 계산을 해 보니, 자그마치 3년 4개월 동안이나 봉투째로 쌓아야 겨우 한 마리 만져 볼까 말까 한 값이었다.

"웬 늠으 잉어가 사람버덤 비싸다나?" / 내가 기가 막혀 두런거렸더니,

"보통 것은 아닐러먼그려. 뺄어낸메네또(베토벤)라나 뭬라나를 틀어 주면 그 가락대루 따러서 허구, 차에코풀구싶어(차이콥스키)라나 뭬라나를 틀어 주면 또 그 가락대루 따러서 허구, 좌우간 곡을 틀어 주는 대루 못 추는 춤이 읎는 순전 딴따라*고기닝께. 물고기두 꼬랑지 흔들어서 먹구 사는 물고기가 있다는 건 이번에 그 집에서 츰 봤구먼."

그런데 이 비단잉어들이 어제 새벽에 떼죽음을 한 거였다. 자고 일어나 보니 죄다 허옇게 뒤집어진 채로 떠 있는 것이었다.

총수*가 실내화를 꿴 발로 뛰어나왔지만 아무 소용없는 일이었다.

"어떻게 된 거야?"

한동안 넋 나간 듯이 서 있던 총수가 하고많은 사람 중에 하필이면 유자를 겨냥하며 물은 말이었다.

"글쎄유, 아마 밤새에 고뿔*이 들었던 개비네유."

유자는 부러 딴청을 하였다.

"뭐야? 물고기가 물에서 감기 들어 죽는 물고기두 봤어?"

총수는 그가 마치 혐의자나 되는 것처럼 화풀이를 하려 드는 것이었다.

그는 비위가 상해서,

"그야 팔자가 사나서 이런 후진국에 시집와 살라니께 여러 가지루다 객고*가 쌓여서 조시*두 안 좋았을 테구……. 그런 디다가 부룻쓰*구 지루박*이구 가락을 트는 대루 디립다 춰 댔으니께 과로해서 몸살끼두 다소 있었을 테구……. 본래 받들어서 키우는 새끼덜일수록이 다다 탈이 많은 법이니께……."

그는 시멘트의 독성을 충분히 우려내지 않고 고기를 넣은 것이 탈이었으려니 하면서도 부러 배참*으로 의뭉*을 떨었다.

㉠"하는 말마다 저 말 같잖은 소리……. 시끄러 이 사람아."

총수는 말 가운데 어디가 어떻게 듣기 싫었는지 자기 성질을 못 이기며 돌아섰다.

01 윗글에 대한 설명으로 적절하지 <u>않은</u> 것은?

① 사투리를 활용하여 작중 상황을 사실적으로 제시하고 있다.
② 작품 밖에 있는 서술자가 사건을 객관적으로 전달하고 있다.
③ 우스꽝스러운 표현을 사용하여 독자의 웃음을 유발하고 있다.
④ 상징적 소재를 활용하여 인물의 성격과 심리를 보여 주고 있다.
⑤ 인물들 간의 대화를 통해 인물들 사이의 갈등을 드러내고 있다.

인물에 대한 서술자의 태도

02 윗글의 등장인물에 대한 서술자의 태도로 가장 적절한 것은?

① 맡은 일을 제대로 해내지 못한 '유자'를 비난하고 있다.
② '유자'를 대하는 총수의 태도를 우호적으로 여기고 있다.
③ '유자'의 말과 행동을 통해 총수의 사치를 비판하고 있다.
④ 총수를 보는 태도가 긍정적이었다가 부정적으로 변하고 있다.
⑤ 비단잉어들의 죽음으로 인해 상심한 총수의 심정에 공감하고 있다.

03 ㉠에 나타난 총수의 태도를 속담으로 표현할 때, 가장 적절한 것은?

① 도둑이 제 발 저리다
② 고양이 목에 방울 단다
③ 고래 싸움에 새우 등 터진다
④ 종로에서 뺨 맞고 한강에서 눈 흘긴다
⑤ 열 길 물속은 알아도 한 길 사람의 속은 모른다

🖊 주관식·서술형

04 다음 빈칸에 들어갈 알맞은 말을 쓰시오.

*등신불: 사람의 크기와 같게 만든 불상.

*정화수: 이른 새벽에 길은 우물물.

*불기: 부처에게 올릴 밥을 담는 놋그릇.

*향완: 제사 때에 향을 담는 사발.

*원당: 소원을 빌기 위하여 세운 집.

*참배: 신이나 부처에게 절함.

*불두: 부처의 머리.

*결가부좌: 부처의 앉는 법식으로 좌선할 때 앉는 방법의 하나.

*공수하다: 항공기를 이용하여 사람이나 우편물, 짐 따위를 옮기다.

*항마촉지: 왼손은 무릎 위에 두고 오른손은 내리어 땅을 가리킴.

*음복하다: 제사를 지내고 난 뒤 제사에 쓴 음식을 나누어 먹다.

*금강역사: 불교의 용맹한 신. 주로 절 문의 좌우에 세워둠.

*대자대비: 넓고 커서 끝이 없는 부처와 보살의 자비. 특히 관세음보살이 중생을 사랑하고 불쌍히 여기는 마음을 이른다.

위기 총수는 자택에도 불당을 두고 있었다. 자택의 불당은 저만치 떨어진 후원에 있었다. 정원이 웬만한 초등학교의 운동장보다도 너른데다 잘 가꾼 정원수가 가득하여 살림집인 본채에서는 잘 보이지도 않는 외진 곳이기도 하였다.

불당은 여느 암자들처럼 불단에 황금색의 등신불*을 모시고 있었으나, 불상 주변에는 정화수*를 올리는 불기*와 향완*이 하나씩, 그리고 양쪽에 풍물의 한 가지인 날라리를 거꾸로 세운 듯한 촛대뿐으로, 재벌가의 불당치고는 썩 정갈하고 소박한 편이라고 할 만하였다.

그런 반면에 총수는 불상이나 불단에 먼지 하나라도 앉으면 큰일 나는 줄 알고 청소 한 가지는 하루도 거르는 날이 없도록 엄히 다루고 있었다.

이 불당의 청소를 맡고 있던 것이 유자였다. 총수를 출근시키기 전에는 손이 놀고 있기도 했지만, 그보다는 총수를 모시고 국립 공원에 있는 원당*을 자주 왕래하여, 절에서 하는 불교 의식이나 풍속에 대해서는 누구보다 익숙했던 것이 청소를 맡게 된 이유였다.

총수는 어슴새벽에 일어나면서 일변 불당에 참배*를 하는 것이 일과의 시작이었다.

유자는 총수가 참배 오기 전에 사다리를 오르내리며 불두*에서 결가부좌*까지 융으로 만든 마른행주로 불상의 먼지를 거두었고, 불단을 훔치고 촛불을 써 놓은 다음 전날 제주도에서 공수해* 온 약수로 정화수를 갈아 올리는 것이 일과의 시작이었다.

그날도 그렇게 하고 있었다.

불상의 먼지를 찍어 내려오던 그의 손이 항마촉지*한 손등에 이르렀는데, 파리똥인지 뭔지 마른행주로는 냉큼 지워지지 않는 것이 있었다.

행주에 물을 축여 오려면 넓은 정원을 가로질러 본채까지 다녀와야 할 텐데, 그렇게 지체하다가는 십중팔구 총수가 나타나기 전에 청소를 마치지 못하기가 쉬웠다. 불단의 정화수를 쓸 수도 없었다. 묵은 정화수는 총수 부인이 손수 식구대로 컵에 나누어 온 가족이 음복하듯이* 마시게 하고 있어서 조금이라도 축낼 수가 없는 것이었다.

그가 차량을 다루던 버릇으로 자기도 모르게 툅 하고 마른행주에 침을 뱉어서 막 파리똥을 지우려던 순간이었다.

"야야, 저런 천하에 몹쓸……."

돌아다볼 것도 없이 총수의 호통이었다. 총수가 소리 없이 나타나서 청소하는 것을 지켜보고 있었던 것이다.

총수의 호령이 이어지고 있었다.

"너 너…… 너 오늘부터 내 집에서 당장 나가."

[A] ┌ 총수가 큰 절마다 정문의 문간에 좌우로 험악하게 서 있는 금강역사*의 눈을 해 가지고 명령하면서도 '내 회사'가 아니라 '내 집'에서 나가라고 한 것은, 거듭 생각해 보아도 대자대비*하신 부처님의 굽어살피심이라고 아니 할 수가 없었다.

05 윗글의 서술상 특징으로 적절하지 <u>않은</u> 것은?

① 작중 상황과 중심 사건을 요약적으로 제시하고 있다.
② 인물의 행동을 통해 성격을 간접적으로 제시하고 있다.
③ 공간적 배경을 묘사하여 해학적* 분위기를 조성하고 있다.
④ 시간의 순행적인 흐름*에 따라 중심 사건을 전개하고 있다.
⑤ 인물의 표정을 비유적으로 제시하여 정서를 강조하고 있다.

*해학적: 익살스러운 말이나 행동이 있는 것

*순행적인 흐름: 순행적 구성. 시간의 흐름이 자연적으로 흘러가는 구성 방식.

06 윗글의 인물에 대한 설명으로 적절하지 <u>않은</u> 것은?

① '유자'는 총수를 출근시키기 전에 매일 아침마다 불당을 청소하였다.
② '유자'는 차량에 이물질이 묻으면 자신의 침을 이용해 닦기도 하였다.
③ '총수'는 평소 불당에 절을 올린 뒤에야 본격적인 일과를 시작하였다.
④ '총수'는 자신의 집 후원에 있는 불당을 비교적 소박하게 꾸며 놓았다.
⑤ '총수 부인'은 불단에 정화수를 올리고, 일부는 식구들과 나누어 마셨다.

07 [A]에 대한 설명으로 가장 적절한 것은?

편집자적 논평

① 서술자가 종교를 핑계로 유자를 구박하는 총수를 비판하고 있다.
② 서술자가 직접 경험한 사건을 객관적인 입장에서 서술하고 있다.
③ 서술자가 유자에게 일어난 일에 대해 주관적인 평가를 하고 있다.
④ 서술자가 총수의 시각에서 사건을 서술하여 독자의 이해를 돕고 있다.
⑤ 서술자가 억울하게 누명을 쓴 유자의 심리를 짐작해서 제시하고 있다.

🖉 주관식·서술형

08 다음은 윗글의 제목과 구성에 대한 설명이다. ㉠과 ㉡에 들어갈 알맞은 말을 각각 쓰시오.

*행적: 평생 동안 한 일이나 업적.

> '유자소전'은 '유자의 행적*을 기록한 짧은 전(傳)'이라는 뜻이다. 여기에서 '(㉠)'이란 남들에게 교훈이 될 만한 인물의 행적을 기록하고, 그에 대한 서술자의 논평을 덧붙이는 전통적인 문학 갈래이다. 이러한 의미대로 이 작품은 (㉡)를 시대가 기려야 할 바람직한 인물로 여기며, 그의 성품과 행적을 몇 개의 일화를 통해 제시하고 있다.

▶ 이 작품에
나타난
서술자의 태도

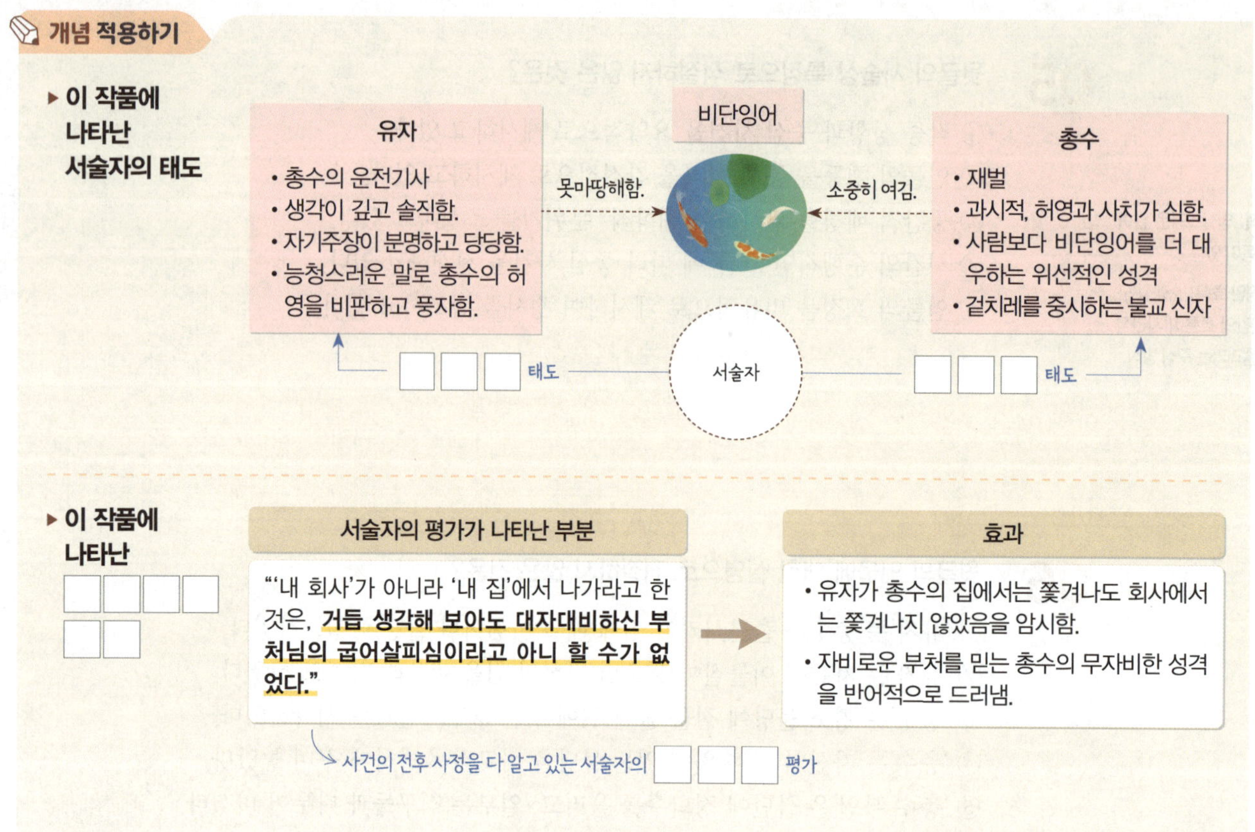

▶ 이 작품에
나타난
□□□□
□□

서술자의 평가가 나타난 부분	효과
"'내 회사'가 아니라 '내 집'에서 나가라고 한 것은, **거듭 생각해 보아도 대자대비하신 부처님의 굽어살피심이라고 아니 할 수가 없었다.**"	• 유자가 총수의 집에서는 쫓겨나도 회사에서는 쫓겨나지 않음을 암시함. • 자비로운 부처를 믿는 총수의 무자비한 성격을 반어적으로 드러냄.

사건의 전후 사정을 다 알고 있는 서술자의 □□□ 평가

🔍 작품 한눈에 **유자소전** | 이문구

한줄평 ▶ 유자(유재필)이라는 양심적이고 인정 있는 인물의 삶을 '전'의 양식을 빌려 보여 준 소설

주요 사건

• **총수의 운전기사**: 재벌 총수가 수입한 □□□□□가 죽자 유자가 그것을 안주 삼아 끓여 먹음.
• **노선 상무**: 유자는 회사의 교통사고 처리를 전담하면서 가해자와 피해자 모두에게 도움을 주려 함.
• **병원 원무 실장**: 민주화 운동을 하다가 다친 사람들을 유자가 무료로 치료해 주다가 사표를 냄.

소재 및 배경

• **비단잉어**: 1970년대 상류층의 □□□과 사치를 보여 주며, 총수의 위선적인 모습을 드러내는 소재
• **불상**: 겉으로 보이는 것을 중시하는 총수의 성격을 보여 주면서, 유자가 총수의 운전기사에서 해고되는 계기가 되는 소재
• **총수의 집**: 총수 식구 외에 그들의 삶을 보조하는 많은 사람들이 지내는 공간

구성 및 서술상 특징

• **□의 형식**: '인물 소개 – 인물의 행적 – 인물에 대한 논평'의 구조를 취함. 행적 부분은 여러 일화를 삽화 형식으로 나열함.
• **판소리 사설투 문체**: 등장인물을 논평하기도 하며(편집자적 논평), 풍자하기도 함.
• **방언 사용**: 토속적이고 향토적인 분위기 형성, 작중 상황에 □□□을 부여함.

주제: 유자의 인격적 됨됨이와 물질 만능주의에 빠진 현대 사회 □□

[1~10] 보기 에서 어휘의 뜻풀이 또는 예문의 (　　) 안에 들어갈 어휘 ㉠~㉤을 찾아 쓰시오.

보기

| ㉠ 몰두 | ㉡ 논평 | ㉢ 개입 | ㉣ 예찬 | ㉤ 반어적 |

뜻풀이

1　자신과 직접적인 관계가 없는 일에 끼어듦.　　　　　　　　　[　　]

2　어떤 글이나 말 또는 사건 따위의 내용에 대하여 논하여 비평함.　　[　　]

3　어떤 일에 온 정신을 다 기울여 열중함.　　　　　　　　　　[　　]

4　표현의 효과를 높이기 위하여 실제와 반대되게 말을 하는 것.　　[　　]

5　무엇이 훌륭하거나 좋거나 아름답다고 찬양함.　　　　　　　　[　　]

예문

6　선생님의 말씀에는 (　　　) 표현이 많아서 진심을 모르겠다.　　[　　]

7　왜 그가 그림 그리는 일에 (　　　)을/를 했는지 알 것 같다.　　[　　]

8　제삼자의 (　　　)(으)로 일은 더 복잡해졌다.　　　　　　　　[　　]

9　환경 단체는 댐 건설에 반대하는 (　　　)을/를 발표하였다.　　[　　]

10　그녀는 한복을 선이 아름다운 옷이라고 (　　　)하였다.　　　[　　]

어휘 특강

비 비슷한 말　　반 반대말

비 발생하다
어떤 일이나 사물이 생겨나다.
예 화재가 발생하지 않도록 주의해야 한다.

반 사라지다
현상이나 물체의 자취 따위가 없어지다.
예 보름달이 구름 속으로 사라졌다.

생기다
없던 것이 새로 있게 되다.
예 얼굴에 흉터가 생겼다.

비 내키다
하고 싶은 마음이 생기다.
예 오늘은 별로 기분이 내키지 않는다.

반 없어지다
사람이나 사물 또는 어떤 사실이나 현상 따위가 어떤 곳에 자리나 공간을 차지하고 존재하지 않게 되다.
예 주변에서 사람들이 없어져 갔다.

비 생성하다
사물이 생겨나다. 또는 사물이 생겨 이루어지게 하다.
예 바람의 힘으로도 전기 에너지를 생성한다.

반 소멸하다
사라져 없어지다.
예 산불로 산림의 절반이 소멸했다.

직설적·우회적 말하기 / 고사를 인용하여 말하기

필수 개념 ❶ 직설적·우회적 말하기

- 소설 속 인물들은 '**말**'을 통해서 자신의 생각을 드러내. 그리고 그 생각을 잘 전달하기 위해서 여러 가지 방법을 사용하는데, 이를 **말하기 방식**이라고 해.
- **직설적 말하기**는 자신의 생각이나 감정을 **직접 드러내는 말하기 방법**이고, **우회적 말하기**는 자신의 생각이나 감정을 간접적으로 **돌려서 말하는 방법**이야.
- 직설적으로 말하면 말하고자 하는 바를 명확하게 전달할 수 있지만, 듣는 사람이 감정을 상할 수 있어. 반면에 우회적으로 말하면 듣는 사람이 감정을 상하지 않지만, 말하고자 하는 바가 제대로 전달되지 않을 수 있어.
- 인물의 말하기 방식에 따라서 인물들 간의 **갈등이 심해질 수도, 갈등이 해소될 수도 있다**는 걸 기억해 두자!

📖 전체 줄거리

자원봉사를 하고 온 '나'가 휴식을 취하는 도중 위층에서 소음이 들려온다. '나'는 인터폰을 통해 경비원에게 위층 집에 주의를 줄 것을 요청하지만 소리는 멈추지 않는다. 화가 난 '나'는 인터폰으로 위층 집에 직접 항의하지만 위층 사람은 도리어 화를 낸다. 실내용 슬리퍼를 들고 위층 집을 찾은 '나'는 소음이 휠체어 때문이었음을 알고는 부끄러움을 느낀다.

위층의 소리는 멈추지 않았다. 드르륵거리는 소리에 머리카락 올이 진저리*를 치며 곤두서는 것 같았다. 철없고 상식 없는 요즘 젊은 엄마들이 아이들에게 집 안에서 자전거나 스케이트보드 따위를 타게도 한다는데 아무래도 그런 것 같았다. 인터폰의 수화기를 들자 경비원의 응답이 들렸다. 내 목소리를 알아채자마자 길게 말꼬리를 늘이며 지레 짚었다. 귀찮고 성가셔하는 표정이 눈앞에 역력히 떠올랐다.

"위층이 또 시끄럽습니까? 조용히 해 달라고 말씀드릴까요?"

잠시 후 인터폰이 울렸다.

"충분히 주의하고 있으니 염려 마시랍니다."

경비원의 전갈*이었다. 염려 마시라고? 다분히 도전적인 저의*가 느껴지는 전언*이었다. 게다가 드륵드륵 소리는 여전하지 않은가? 이젠 한판 싸워 보자는 얘긴가. 나는 인터폰을 들어 다짜고짜 909호를 바꿔 달라고 말했다. 신호음이 서너 차례 울린 후에야 신경질적인 젊은 여자의 응답이 들렸다.

[A]
"아래층인데요. 댁이 그런 식으로 말할 건 없잖아요? 나도 참을 만큼 참았다고요. 공동 주택에는 지켜야 할 규칙들이 있잖아요? 난 그 소리 때문에 병이 날 지경이에요."

"여보세요. 난 날아다니는 나비나 파리가 아니에요. 내 집에서 맘대로 움직이지도 못하나요? 해도 너무하시네요. 이틀거리*로 전화를 해 대시니 저도 피가 마르는 것 같아요. 절더러 어쩌라는 거예요?"

"하여튼 아래층 사람 고통도 생각하시고 주의해 주세요."

나는 거칠게 수화기를 내려놓았다.

"뻔뻔스럽긴. 이젠 순 배짱이잖아?"

소리 내어 욕설을 퍼부어도 화가 가라앉지 않았다. 그렇다고 언제까지 경비원을 사이에 두고 '하랍신다', '하신다더라' 하며 신경전*을 펼 수도 없는 일이었다.

— 오정희, 〈소음 공해〉

*__진저리__: 차가운 것이 몸에 닿거나 무서움을 느낄 때에, 또는 오줌을 눈 뒤에 으스스 떠는 몸짓

*__전갈__: 사람을 시켜 말을 전하거나 안부를 물음. 또는 전하는 말이나 안부.

*__저의__: 겉으로 드러나지 아니한, 속에 품은 생각.

*__전언__: 말을 전함. 또는 그 말.

*__이틀거리__: 이틀마다.

*__신경전__: 말이나 행동으로써 상대편의 신경을 자극하는 일. 또는 그런 싸움.

🔗 직설적·우회적 말하기 찾기

> 1. '나'는 '위층'의 소음에 어떻게 대처하고 있어? 회유 ☐ 항의 ☐ 협박 ☐
> 2. '나'는 자신의 생각을 어떻게 표현하고 있을까? 직접적으로 ☐ 간접적으로 ☐

[A]에 나타난 '나'의 말하기 방식으로 적절한 것은?

① 상대방에게 소음에 주의해 달라고 부드럽게 타이르고 있다.
② 자신이 소음을 참아 왔다는 사실을 간접적으로 드러내고 있다.
③ 상대빙에게 조용히 해 달라는 의사를 직설저으로 나타내고 있다.
④ 상대방의 마음을 헤아리면서 소음을 줄여 달라고 요청하고 있다.
⑤ 자신이 소음으로 고통받고 있다는 것을 상대방에게 숨기고 있다.

📝 개념 적용하기

▶ 이 작품에 나타난 인물들의 말하기 방식

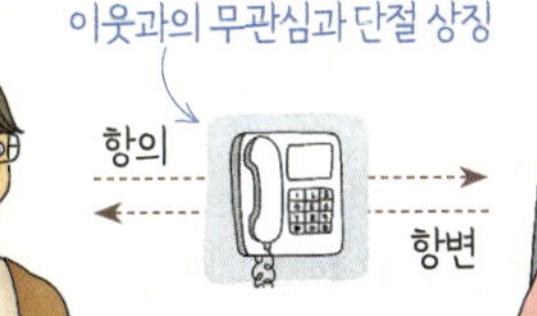

> ➡ '나'와 위층 사람은 모두 서로의 처지나 상황은 고려하지 않은 채 자신의 감정만을 ☐☐☐으로 표현하며 다툼.

🖨 개념 확장하기

인물의 다양한 말하기 방식

- **감정에 호소하기**: 다른 사람이 어떤 일에 참여하도록 마음이나 감정에 하소연하며 말하는 방식
- **단정적으로 말하기**: 자신의 뜻이나 생각을 딱 잘라서 단호하게 판단하고 결정하여 말하는 방식
- **권위에 기대어 말하기**: 사회적으로 인정받고 영향력을 끼칠 수 있어서 상대방이 수긍할 수 있는 힘에 기대어 말하는 방식
- **상황을 가정하여 말하기**: 아직 일어나지 않은 일을 임시로 정해 두고, 그 상황의 결과를 예측하여 말하는 방식

10일차 직설적·우회적 말하기 / 고사를 인용하여 말하기

필수 개념 ② 고사를 인용하여 말하기

- **고사**[옛 고(古) + 일 사(事)]는 **옛날부터 전해오는 유명한 이야기**를 말해.
- '동병상련', '유비무환'처럼 우리가 익히 알고 있는 '고사성어'도 바로 '고사'인 **옛이야기**에서 유래한 말이야.
- 어떤 상황을 표현할 때, 옛날부터 전해오는 유명한 이야기나 그 이야기를 표현하는 말을 인용하면 말한 내용의 신뢰도와 **설득력을 높일 수 있어.**
- 주로 고전 소설에서 인물들이 **자신의 주장을 강조**하거나 상대방이 **자신의 의견에 따르도록** 하기 위해 **고사를 인용**하여 말하는 방법을 사용해.

전체 줄거리

아름다운 화왕을 보기 위해 모든 꽃이 모여든다. 장미와 백두옹은 화왕을 서로 모시겠다고 한다. 화왕은 장미와 백두옹 중 어떤 이를 취할 것이냐를 두고 갈등하다가 백두옹의 충언을 듣고 자신의 잘못을 깨닫는다.

***맹자:** 중국 전국 시대의 사상가.

***풍당:** 중국 한나라 때의 어진 정치가.

***낭서:** 중요하지 않은 국가의 일에 종사하는 관리.

가 어떤 이가 꽃의 왕에게 말했습니다.

"두 명이 왔는데 어느 쪽을 붙들고 어느 쪽을 버리시겠습니까?"

"사내의 말도 일리가 있지만 어여쁜 여자는 얻기가 어려운 것이니 이 일을 어떻게 할까?"

그러자 사내가 왕 앞에 다가섰습니다.

[A] "저는 대왕이 총명하여 일의 이치를 잘 분별할 줄 알고 왔더니, 지금 보니 그렇지 않군요. 무릇 임금 된 사람치고 간사한 자를 가까이하지 않고 정직한 자를 멀리하지 않는 이가 적습니다. 이 때문에 맹자*는 불우하게 일생을 마쳤으며, 풍당*은 낭서* 정도로 지내다 흰머리가 되었습니다. 옛날부터 도리가 이러하였거늘 저인들 어찌하겠습니까?"

– 설총, 〈화왕계〉

전체 줄거리

선비 유영이 안평 대군의 집터에서 술을 마시다가 잠이 들고, 운영과 김 진사를 만나 그들의 슬픈 사랑 이야기를 듣게 된다. 그들이 금지된 사랑을 하다가 죽음을 맞게 된다는 이야기였는데, 유영이 잠을 깨니 운영과 김 진사의 일을 기록한 책만 남아 있었다.

***이비:** 순임금의 두 왕비인 아황과 여영.

***목왕:** 중국 주나라의 임금.

***항우:** 중국 진나라 말기의 장수.

***운우지정:** 남녀가 매우 가깝게 사귀는 것을 이르는 말.

나 자란이 대군에게 말했습니다.

[B] "오늘의 일은 죄가 헤아릴 수 없을 정도로 크니, 마음속에 품은 생각을 어떻게 감히 속이겠습니까? 저희들은 모두 천한 여자로, 아버지가 순(舜)임금도 아니며, 어머니는 이비*도 아닙니다. 그러니 남녀 간의 애정이 어찌 유독 저희들에게만 없겠습니까? 임금인 목왕*도 매번 훌륭한 궁전에서 누리는 즐거움을 생각했고, 영웅인 항우*도 장막 속에서 눈물을 참지 못했는데, 대군께서는 어찌 운영만이 유독 운우지정*이 없다고 하십니까?"

제가 대군에게 말했습니다.

"대군의 은혜는 산과 같고 바다와 같습니다. 그런데도 정절을 굳게 지키지 못한 것이 저의 첫 번째 죄입니다. 지난날 제가 지은 시가 대군께 의심을 받게 되었는데도 끝내 사실대로 아뢰지 못한 것이 저의 두 번째 죄입니다. 죄 없는 사람들이 저 때문에 함께 죄를 입게 된 것이 저의 세 번째 죄입니다. 이처럼 세 가지 큰 죄를 짓고서 무슨 면목으로 살겠습니까? 만약 죽음을 늦춰 주실지라도 저는 마땅히 스스로 목숨을 끊을 것입니다. 대군의 결정만 기다립니다."

– 작자 미상, 〈운영전〉

🔗 고사를 인용한 말하기 찾기

1. 인물의 대화에서 역사 속 인물이 제시되고 있어? **가** O☐ X☐ **나** O☐ X☐
2. 그 인물과 관련된 옛이야기나 그 이야기를 표현하는 말이 나타난 부분을 찾아보자.

   가 ____

   나 ____

[A]와 [B]의 말하기 방식의 공통점으로 가장 적절한 것은?

① 상대방을 은근히 비웃고 놀리면서 자기를 과시하고 있다.

② 자신의 불쌍한 처지를 내세우며 동정심에 호소하고 있다.

③ 자신의 목적을 이루기 위해 상대방의 마음에 드는 말을 쓰고 있다.

④ 부드러운 분위기를 만들기 위해 유머를 섞어 재미있게 말하고 있다.

⑤ 역사 속 인물과 관련된 고사를 인용하여 자신의 의견을 전달하고 있다.

✏️ 개념 적용하기

▶ **가**, **나** 에 나타난 인물의 말하기 방식

가 의 대화에 나타난 고사

- 맹자: 전국 시대의 제후들은 부국강병에만 관심이 있었기 때문에 인정에 바탕을 둔 맹자의 이론을 채택하지 않았고 맹자는 끝내 자신의 뜻을 펼치지 못함.
- 풍당: 한나라 사람으로, 90여 세까지 겨우 낭관이라는 낮은 벼슬을 함. 한나라의 황제인 '문제'가 그와 대화를 나누어 보고 그의 사람됨을 알게 되었지만, 그가 너무 늙어 소용이 없었다고 함.

'☐☐'의 말에 담긴 의도는?
더 이상 맹자와 풍당과 같이 임금에게 외면당한 인재가 있어서는 안 됩니다.

나 의 대화에 나타난 고사

- 목왕: 주나라 임금으로, 그는 아름다운 궁전에서 곤륜산의 선녀인 서왕모와 만나 함께 노느라 자신의 나라로 돌아가는 것을 잊었다는 이야기가 전해짐.
- 항우: 진나라 사람으로, 그가 해하(垓下)라는 지방에서 한나라 군사에게 포위되었을 때, 노래를 지어서 당대의 절세미인인 우미인과 함께 부르면서 눈물을 흘렸다고 함.

'☐☐'의 말에 담긴 의도는?
남녀 사이의 애정과 그로 인해 얻는 즐거움은 누구에게나 있는 보편적인 일입니다.

➡ '사내'와 '자란'은 모두 역사 속 인물들의 이야기를 ☐☐하여 자신의 ☐☐을 제시함.

직설적·우회적 말하기 / 고사를 인용하여 말하기

범은 사람들의 존경을 받는 선비를 꾸짖고, 선비들이 다스리는 인간 사회를 비난한다. 범은 왜 그랬을까?

📖 **전체 줄거리**

발단 어느 고을에 존경받는 유학자인 북곽 선생과 과부로 수절 중이나 성이 다른 다섯 아들을 둔 동리자가 있었다.

전개 북곽 선생과 동리자가 깊은 밤에 밀회를 즐기고 있는데, 동리자의 다섯 아들이 북곽 선생을 여우로 의심하여 방으로 쳐들어온다.

위기 동리자의 다섯 아들을 피해 달아나던 북곽 선생이 똥 구덩이에 빠진다.

절정 북곽 선생 앞에 범이 나타나 유학자와 인간 세상의 위선을 꾸짖는다.

결말 범이 떠나자 북곽 선생은 또다시 위선적인 모습으로 돌아와 농부에게 자기변명을 한다.

호질 | 박지원

발단 정나라 땅의 어느 고을에 벼슬을 달갑게 여기지 않는 선비가 살고 있었는데, 북곽 선생이라고 불리는 이였다. 그는 나이 마흔에 손수 교정*해 낸 책이 만 권이었고, 아홉 가지 유교 경전*을 자세히 설명하여 다시 쓴 책이 일만 오천 권이나 되었다. 임금이 그의 뜻을 아름답게 여기고, 제후들이 그의 이름을 존경하였다.

그 고을 동쪽에는 아름다운 과부가 살았는데, 그 이름을 동리자라고 하였다. 임금이 그의 절개를 갸륵하게 여기고, 제후들도 그의 어질고 정숙한 태도를 높이 평가하였다. 그래서 그 마을을 '동리과부지려(동리자가 사는 마을)'라고 이름 지어 주기도 하였다. 이처럼 동리자는 수절*을 잘하는 과부로 알려져 있었지만, 실제로는 다섯 아들의 성(姓)이 저마다 달랐다.

전개 어느 날 그 아들 다섯 명이 이상하다는 듯이 이야기를 나누었다.

"㉠지금 강 북쪽에서는 새벽닭이 울고, 강 남쪽에서는 샛별이 반짝이는 시간이야. 그런데 이 시간에 어머니 방에서 다른 사람 목소리가 나. 자세히 들어 보면 북곽 선생 목소리 같지 않아?"

"네 말을 들으니 그런 것 같기도 하다. 한번 확인해 보자."

그러고는 형제 다섯이 번갈아 동리자가 지내는 방의 문틈으로 방 안을 엿보았다. 그 때 방 안에서 동리자가 북곽 선생에게,

"오랫동안 선생의 덕을 사모하였습니다. ㉡오늘 밤에는 선생님께서 글 읽으시는 소리를 듣고 싶습니다."

라고 청하고 있었다. 이에 북곽 선생은 옷깃을 가다듬고 점잖게 앉아 시를 읊었다.

원앙새는 병풍에 그려져 있고,
반딧불이 날아다니는데 잠 못 이뤄
저기 저 가마솥 세발솥*은
무엇을 본떠서 만들었나, 흥이 나는구나.

이 모습을 본 다섯 아들이 서로 소곤대었다.

㉢"《예기》라는 책에 이르기를 '과부의 집 문에는 함부로 들어서지 않는다.'라고 하였는데, 북곽 선생 같이 점잖은 분이 과부 방에 있을 리 없어."

㉣"나도 그런 것 같아. 얼마 전에 우리 마을의 성문이 헌 것은 여우가 구멍을 내었기 때문이라고 하는 말을 들었는데, 혹시 여우가 아닐까?"

"맞아. 여우가 천 년을 묵으면 조화*를 부려 사람 흉내를 낸다고 하더라. 그러니 저건 틀림없이 여우란 놈이 북곽 선생으로 둔갑한 걸 거야."

그들이 서로 의논하였다.

㉤"들으니 여우의 머리를 얻으면 큰 부자가 되고, 여우의 발을 얻으면 대낮에도 그림자를 감출 수 있으며, 여우의 꼬리를 얻으면 누구에게나 사랑받을 수 있다고 하더라. 그러니 우리가 저 여우를 잡아서 나누어 가지는 게 어떨까?"

---

*교정: 출판물의 글자나 글귀를 검토하여 바르게 정하는 일.

*경전: 유학의 성현(聖賢)이 남긴 글.

*수절: 정절(여자의 곧은 절개.)을 지킴.

*세발솥: 다리가 세 개 달린 솥.

*조화: 어떻게 이루어진 것인지 알 수 없을 정도로 신통하게 된 일. 또는 일을 꾸미는 재간.

01 윗글에 대한 설명으로 적절한 것은?

① 현재와 과거를 교차하여 인물이 처한 상황을 강조하고 있다.
② 상황을 사실적으로 묘사하여 현실의 비극성을 드러내고 있다.
③ 서술자가 개입하여 작중 상황에 대해 주관적 논평을 하고 있다.
④ 비현실적인 배경 묘사를 통해 환상적인 분위기를 조성하고 있다.
⑤ 등장인물의 행동을 통해 인물의 성격을 간접적으로 제시하고 있다.

직설적·우회적
말하기 / 고사를
인용하여 말하기

＊**고서**: 아주 오래전에 간
행된 책. 주로 한문으로
쓴 책들을 이른다.

02 ㉠~㉤에 나타난 말하기 방식으로 적절하지 <u>않은</u> 것은?

① ㉠: 현재 시간을 언급하며 이상한 일이 생겼음을 알리고 있다.
② ㉡: 자신의 본심을 숨긴 채 은근히 북곽 선생을 유혹하고 있다.
③ ㉢: 고서＊를 인용하여 북곽 선생이 방 안에 있음을 확신하고 있다.
④ ㉣: 상대방의 말에 동의하면서 자신의 의견을 제시하고 있다.
⑤ ㉤: 출처가 불분명한 말을 인용하며 형제들에게 제안하고 있다.

---

03 윗글의 '북곽 선생'과 '동리자'를 모두 평가한 말로 가장 적절한 것은?

① 사람들에게 안하무인(眼下無人)으로 행동하는 인물이다.
② 세상에 알려진 것과 달리 표리부동(表裏不同)한 인물이다.
③ 다른 사람의 힘을 빌려 호가호위(狐假虎威)하는 인물이다.
④ 상대방의 말에 엉뚱하게 동문서답(東問西答)하는 인물이다.
⑤ 물질적인 욕심을 버리고 안분지족(安分知足)하는 인물이다.

주관식·서술형

04 윗글에서 다음의 설명에 해당하는 소재를 찾아 2음절로 쓰시오.

＊**세속적**: 세상의 일반적인
풍속을 따르는. 또는 그런
것.

전체 줄거리

발단 어느 고을에 존경받는 유학자인 북곽 선생과 과부로 수절 중이나 성이 다른 다섯 아들을 둔 동리자가 있었다.

▼

전개 북곽 선생과 동리자가 깊은 밤에 밀회를 즐기고 있는데, 동리자의 다섯 아들이 북곽 선생을 여우로 의심하여 방으로 쳐들어온다.

▼

위기 동리자의 다섯 아들을 피해 달아나던 북곽 선생이 똥구덩이에 빠진다.

▼

절정 북곽 선생 앞에 범이 나타나 유학자와 인간 세상의 위선을 꾸짖는다.

▼

결말 범이 떠나자 북곽 선생은 또다시 위선적인 모습으로 돌아와 농부에게 자기변명을 한다.

위기 북곽 선생을 여우로 여긴 ㉠다섯 아들은 여우를 잡기 위해 동리자의 방을 한꺼번에 우르르 들이닥쳤다. ㉡방에 있던 북곽 선생은 몹시 놀라서 도망쳤는데, 그런 와중에도 마을 사람들이 자기를 알아볼까 겁이 났다. 그래서 ㉢목을 두 다리 사이로 쑤셔 박고는 마치 도깨비처럼 춤추고 낄낄거렸다. 그런 꼴로 동리자 집을 나와 서둘러 도망치다가 그만 벌판의 구덩이에 빠져 버렸다. 하필이면 그 구덩이에는 거름*으로 쓰기 위한 똥이 가득 차 있었다.

북곽 선생이 똥구덩이에서 간신히 기어올라 머리를 내밀고 바라보니 뜻밖에 범이 길을 가로막고 앉아 있는 것이 아닌가.

절정 북곽 선생을 본 범은 ㉣오만상을 찌푸리고 구역질을 하면서 코를 감싸고 말했다.

"어이쿠, 이 선비 냄새 한번 엄청나게 구리구나."

북곽 선생은 머리를 조아리며 앞으로 엉금엉금 기어 나와, 범에게 세 번 절하고 꿇어앉았다. 그리고 고개를 쳐들어 범을 올려다보며 겸손한 태도로 말하였다.

"범님의 덕이야말로 참으로 훌륭하십니다. 덕이 높은 사람은 범님의 변화를 본받고, 사람들의 왕이 된 자는 범님의 걸음을 배웁니다. 또한 자식 된 자는 범님의 효성*을 규범으로 받들고, 부하를 거느리고 전쟁터를 누비는 장수는 범님의 위엄*을 익힙니다. 범님의 거룩한 이름이 신령스러운 용과 짝이 되어, 한 분은 바람을 일으키고 한 분은 구름을 일으키시니, 저 같은 천한 인간은 감히 범님의 아랫자리에 서서 범님을 우러러볼 뿐입니다."

㉤이 말을 들은 범은 큰소리로 꾸짖었다.

"내 곁에 가까이 오지 마라. 내 오래전부터 선비는 아첨꾼*이라고 들었는데 과연 그 말이 맞구나. 네가 평소에 천하의 나쁜 짓을 죄다 나에게 덮어씌우더니, 이제 사정이 급해지자 내 눈앞에서 낯간지러운 아첨을 떠는구나. 너의 그 말을 누가 곧이곧대로 듣겠느냐?"

범은 말을 이었다.

"천하의 원리*는 하나뿐이다. 우리 범의 본성이 악한 것이라면 너희 인간의 본성도 악할 것이요, 너희 인간의 본성이 선한 것이라면 우리 범의 본성도 선할 것이다. 너 같은 선비가 하는 천 가지 만 가지 소리는 오륜*에서 벗어난 것이 없고, 백성들에게 반드시 지켜야 한다고 경계하고 권하는 말은 항상 사강*에 들어맞는다. 그런데 인간들이 많이 사는 곳에는 벌을 받아 코가 베이고, 발꿈치를 잘리고, 얼굴에다 먹물을 들인 자들이 많다. 이들은 모두 오륜을 지키지 못한 자들이 아니냐? 인간 세계에서는 죄인을 묶는 포승줄과 얼굴에 죄명을 새기는 먹실*, 형벌을 내리기 위한 도구를 매일 같이 바쁘게 사용하면서도 죄악을 없애지 못하는구나. 우리 범의 세계에서는 원래 그런 형벌이 없으니, 이로 보면 범의 본성이 인간의 본성보다 어진 것이 아니냐?"

---

*거름: 식물이 잘 자라도록 땅을 기름지게 하기 위하여 주는 물질. 똥, 오줌, 썩은 동식물, 광물질 따위가 있다.

*효성: 마음을 다하여 부모를 섬기는 정성.

*위엄: 존경할 만한 위세가 있어 점잖고 엄숙함. 또는 그런 태도나 기세.

*아첨꾼: 아첨(남의 환심을 사거나 잘 보이려고 알랑거리는 말이나 행동.)을 잘하는 사람을 낮잡아 이르는 말.

*원리: 사물의 근본이 되는 이치.

*오륜: 유학에서, 사람이 지켜야 할 다섯 가지 도리.

*사강: 예절, 의리, 청렴, 부끄러움을 아는 태도.

*먹실: 먹물을 묻히거나 칠한 실.

05

⊙~⑩ 중, 다음 밑줄 친 부분의 예로 적절한 것은?

＊**우화**: 인격화한 동식물이나 기타 사물을 주인공으로 하여 그들의 행동 속에 풍자와 교훈의 뜻을 나타내는 이야기.

> 〈호질〉은 박지원이 쓴 우화＊ 소설로, 지배 계층이 제 역할을 못했던 조선 후기의 세태를 풍자하고 있다. 특히 사회적인 권위를 지닌 대상을 우스꽝스럽게 묘사하는 희화화의 방법을 사용하여 풍자의 효과를 극대화하고 있다.

① ⊙   ② ⓛ   ③ ⓒ   ④ ⓔ   ⑤ ⑩

06

직설적·우회적 말하기

'범'과 '북곽 선생'의 말하기 방식에 대한 설명으로 적절하지 <u>않은</u> 것은?

① 범은 의문형 문장을 통해 자신의 말이 옳음을 강조하고 있다.
② 북곽 선생은 공손한 태도로 자기 자신을 낮추어 말하고 있다.
③ 범은 북곽 선생이 했던 일을 직설적으로 지적하며 꾸짖고 있다.
④ 범은 범과 인간이 갈등하게 된 원인을 우회적으로 드러내고 있다.
⑤ 북곽 선생은 비슷한 의미를 지닌 문장을 나열하며 아부하고 있다.

07

윗글과 〔보기〕를 비교하여 감상한 내용으로 적절하지 <u>않은</u> 것은?

＊**백송골**: 매의 한 종류.
＊**어혈**: 타박상 따위로 살 속에 피가 맺힘. 또는 그 피.
＊**비속어**: 격이 낮고 속된 말.
＊**우의적**: 다른 사물에 빗대어 비유적인 뜻을 나타내거나 풍자하는. 또는 그런 것.

〔보기〕

> 두꺼비 파리를 물고 두엄 위에 치달아 안자
> 건넛산 바라보니 백송골＊이 떠 있거늘 가슴이 섬뜩하여 풀떡 뛰어 내닫다가 두엄 아래 자빠지거고
> 모쳐라 날랜 나일망정 어혈＊ 질 뻔하여라.

① 윗글은 〈보기〉와 달리 비속어＊를 활용하여 현실감을 높이고 있군.
② 〈보기〉는 윗글과 달리 백성을 괴롭히는 탐관오리를 비판하고 있군.
③ 윗글과 〈보기〉는 모두 우의적＊ 방식으로 주제 의식을 드러내고 있군.
④ 윗글과 〈보기〉는 모두 부정적 대상의 행동을 묘사하여 풍자하고 있군.
⑤ 윗글과 〈보기〉는 모두 다급한 상황에 처한 대상의 모습이 나타나고 있군.

08

🖋 주관식·서술형

유학자에 대한 부정적 인식을 감각적 이미지로 표현하고 있는 범의 말을 찾아 쓰시오.

▶ **이 작품에 나타난 인물들의 말하기 방식**

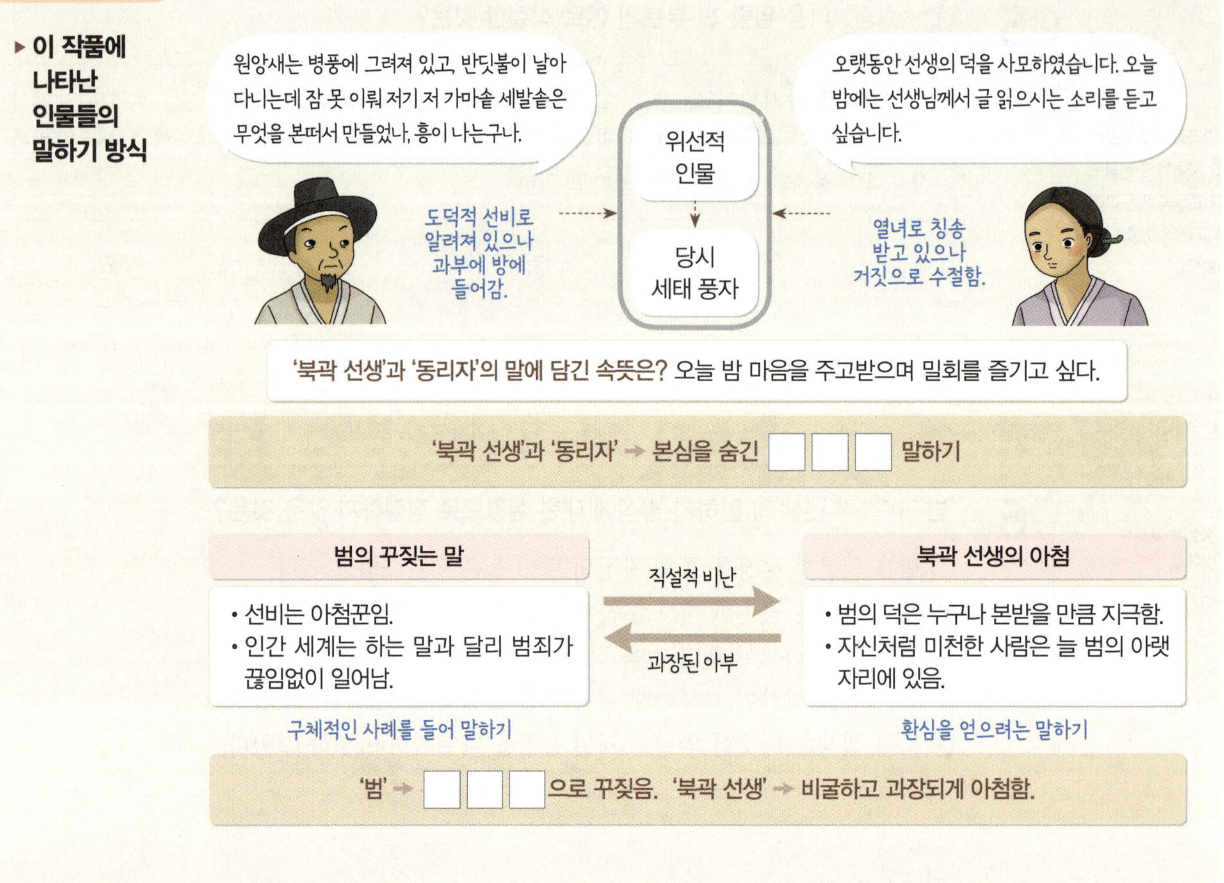

'북곽 선생'과 '동리자'의 말에 담긴 속뜻은? 오늘 밤 마음을 주고받으며 밀회를 즐기고 싶다.

'북곽 선생'과 '동리자' ➡ 본심을 숨긴 ☐☐☐ 말하기

범의 꾸짖는 말		북곽 선생의 아첨
• 선비는 아첨꾼임. • 인간 세계는 하는 말과 달리 범죄가 끊임없이 일어남.	직설적 비난 → ← 과장된 아부	• 범의 덕은 누구나 본받을 만큼 지극함. • 자신처럼 미천한 사람은 늘 범의 아랫자리에 있음.
구체적인 사례를 들어 말하기		환심을 얻으려는 말하기

'범' ➡ ☐☐☐으로 꾸짖음. '북곽 선생' ➡ 비굴하고 과장되게 아첨함.

🔍 **작품 한눈에** **호질** | 박지원

한줄평 ▶ 신령한 범이 위선적인 유학자와 부도덕한 인간 세상을 꾸짖는 소설

사건

• **북곽 선생과 동리자의 만남**: 고매한 선비로 소문난 북곽 선생과 열녀로 소문난 과부 동리자가 새벽이 가까운 밤에 몰래 만남.

• **북곽 선생과 범의 만남**: 북곽 선생이 범을 만나자 비굴하게 아첨하지만 범에게 꾸짖음을 당함.

• **북곽 선생과 농부의 만남**: 범이 가 버린 뒤 농부를 만난 북곽 선생이 본래의 위선적 모습을 보임.

소재 및 배경

• **삽입시**: 동리자를 은근히 유혹하는 내용의 시로, ☐☐ ☐☐의 위선을 보여 줌.

• **여우**: 북곽 선생이 둔갑술을 부리는 여우처럼 이중적인 모습을 지니고 있음을 암시하며, 다섯 아들들의 어리석음을 드러냄.

• ☐: 북곽 선생으로 대변되는 유학자들의 위선과 허위를 고발하는 존재로, 작가를 대변함.

구성 및 서술상 특징

• **해학**: 북곽 선생이 우스꽝스러운 도깨비 같은 모습을 한 채 도망치는 장면과 똥구덩이에 빠지는 장면 등의 해학적인 상황을 통해 부정적 인물을 희화화함.

• **우의적 수법**: 범을 의인화하여 당시의 부도덕한 지배층을 비판함.

• **인간 세계와 범의 세계의 대비**: 범의 세계와 인간 세계를 대비하여 인간의 위선과 부도덕함을 강조함.

주제: 유학자의 ☐☐적인 모습과 인간 사회의 부도덕성 비판

[1~10] 보기 에서 어휘의 뜻풀이 또는 예문의 (　　) 안에 들어갈 어휘 ㉠~㉤을 찾아 쓰시오.

보기

| ㉠ 항의하다 | ㉡ 인용하다 | ㉢ 호소하다 | ㉣ 아첨하다 | ㉤ 고려하다 |

[뜻풀이]

1 억울하거나 딱한 사정을 남에게 간곡히 알리다.

[　　]

2 남의 말이나 글을 자신의 말이나 글 속에 끌어 쓰다.

[　　]

3 생각하고 헤아려 보다.

[　　]

4 남의 환심을 사거나 잘 보이려고 알랑거리다.

[　　]

5 못마땅한 생각이나 반대의 뜻을 주장하다.

[　　]

[예문]

6 그는 눈물을 흘리며 자신의 억울함을 (　　).

[　　]

7 나는 학과를 선택할 때 나의 적성을 (　　).

[　　]

8 선수들은 주심의 잘못된 심판에 (　　).

[　　]

9 김 부장은 신임 회장에게 벌써부터 (　　).

[　　]

10 책에서 좋은 구절을 뽑아 (　　).

[　　]

어휘 특강

소리는 같지만 뜻이 다른 단어를 동음이의어(同音異義語)라고 한다.

빠지다¹ 동사　◄┄┄ 동음이의어 ┄┄►　**빠지다²** 동사

빠지다

빠지다¹

다의어

❶ 박힌 물건이 제자리에서 나오다.
예 목구멍에서 가시가 **빠지다**.

❷ 속에 있는 액체나 기체 또는 냄새 따위가 밖으로 새어 나가거나 흘러 나가다.
예 방에 냄새가 **빠지다**.

❸ 살이 여위다.
예 얼굴의 살이 쏙 **빠지다**.

빠지다²

다의어

❶ 물이나 구덩이 따위 속으로 떨어져 잠기거나 잠겨 들어가다.
예 웅덩이에 **빠지다**.

❷ 곤란한 처지에 놓이다.
예 위험에 **빠지다**.

❸ 그럴듯한 말이나 꾐에 속아 넘어가다.
예 사기꾼의 꾐에 **빠지다**.

두 가지 이상의 뜻을 가진 단어를 다의어(多義語)라고 한다.

11
일차

필수 개념

해학 / 풍자 / 반어

필수 개념 ❶ 해학과 풍자

'웃음'으로 안아주기   '웃음'으로 비판하기

- **해학**[어울릴 해(諧) + 희롱할 학(謔)]과 **풍자**[욀 풍(諷) + 찌를 자(刺)]는 모두 인물이나 상황을 우스꽝스럽게 나타내서 웃음을 이끌어 내는 표현 방식이야.
- 해학과 풍자는 대개 상황을 그대로 드러내지 않고 **과장**하거나, 인물의 모습을 **우스꽝스럽게 묘사**하거나, 사실과 다르게 **왜곡**하는 방식으로 웃음을 만들어 내.
- 그럼 해학과 풍자는 같은 개념일까? 답은 NO! 둘은 모두 **웃음을 유발**하지만 **웃음의 성격은 다르게 나타나**.
- 해학은 **대상에 대한 공감과 연민**이, 풍자는 **대상에 대한 공격과 비판**이 나타나는 웃음을 만들어 낸다구!

📖 **전체 줄거리**

'나'는 점순이와 혼례를 하고 싶으나 장인어른은 점순이의 키를 핑계로 혼례를 계속 미룬다. 점순이가 혼례를 부추기자 '나'는 장인어른과 몸싸움까지 벌이지만, 장인의 회유에 넘어가 다시 일터로 나간다.

＊**내외**: 남의 남녀 사이에 서로 얼굴을 마주 대하지 않고 피함.

＊**치성**: 신이나 부처에게 지성으로 빎. 또는 그런 일.

가 언젠가는 하도 갑갑해서 자를 가지고 덤벼들어서 그 키를 한번 재 볼까 했다마는 우리는 장인님이 내외＊를 해야 한다고 해서 마주 서 이야기도 한마디 하는 법 없다. 우물길에서 어쩌다 마주칠 적이면 겨우 눈어림으로 재 보고 하는 것인데 그럴 적마다 나는 저만침 가서

"제—미, 키두!"

하고 논둑에다 침을 퉤 뱉는다. 아무리 잘 봐야 내 겨드랑(다른 사람보다 좀 크긴 하지만) 밑에서 넘을락 말락 밤낮 요 모양이다.

개, 돼지는 푹푹 크는데 왜 이리도 사람은 안 크는지, 한동안 머리가 아프도록 궁리도 해 보았다. 아하, 물동이를 자꾸 이니까 뼉다귀가 옴츠러드나 부다, 하고 내가 넌즛넌즈시 그 물을 대신 길어도 주었다. 뿐만 아니라, 나무를 하러 가면 서낭당에 돌을 올려놓고

"점순이의 키 좀 크게 해 줍소사. 그러면 담엔 떡 갖다 놓고 고사드립죠니까."

하고 치성＊도 한두 번 드린 것이 아니다. 어떻게 돼 먹은 킨지 이래도 막무가내니……

– 김유정, 〈봄·봄〉

📖 **전체 줄거리**

강원도에 사는 양반이 환곡을 갚지 못하자, 부자는 양반의 환곡을 갚아 주는 대신 양반의 신분을 산다. 군수는 부자에게 양반의 신분을 사고파는 증서를 써 주겠다고 하는데, 증서의 내용을 본 부자는 양반이 도둑과 같다고 말하면서 양반이 되기를 포기한다.

＊**감사**: 조선 시대에 둔, 각 도의 으뜸 벼슬.

＊**환곡**: 조선 시대에, 각 고을에서 봄에 백성들에게 곡식을 꾸어 주고 가을에 이자를 붙여 거두던 일. 또는 그 곡식.

나 강원도 감사＊가 정선 고을을 돌아보다가 환곡＊ 장부를 조사하고 크게 노하였다.

"어떤 놈의 양반이 나라의 곡식을 축냈단 말이냐?"

감사는 그 양반을 잡아 가두라고 명했다. 군수는 그 양반이 가난해서 빚을 갚지 못하는 것을 딱하게 여겨 차마 가두지는 못하였다. 그러나 군수도 양반의 빚을 해결할 방법은 없었다.

양반은 빚을 갚을 길이 없어서 밤낮으로 울기만 하였다. 그의 아내가 양반을 몰아붙였다.

"당신은 평소에 글 읽기만 좋아하더니, 환곡을 갚는 데는 전혀 도움이 안 되는구려. 쯧쯧, 양반이라니……, 한 푼어치도 안 되는 그놈의 양반!"

– 박지원, 〈양반전〉

📎 해학과 풍자 파악하기

1. 인물을 과장하거나 우스꽝스럽게 나타내는 표현이 나와?　가 O□ X□　나 O□ X□
2. 인물을 통해 유발되는 웃음이 비판적 성격을 띠고 있어?　가 O□ X□　나 O□ X□

가, **나**에 대한 설명으로 맞는 것을 【보기】에서 2개 골라 그 기호를 쓰시오. (　,　)

【보기】

ⓐ **가**: 어리숙한 인물을 서술자로 내세워 웃음을 유발하고 있다.
ⓑ **가**: 유사한 발음의 단어를 이용하여 재미있게 표현하고 있다.
ⓒ **가**: 순박한 인물의 부정적 모습을 직접적으로 비판하고 있다.
ⓓ **나**: 인물의 모습을 우스꽝스럽게 드러내 웃음을 유발하고 있다.
ⓔ **나**: 무능한 인물에 대한 서술자의 연민의 태도가 나타나고 있다.

✏️ 개념 적용하기

▶ **가**에 나타난 해학의 내용과 표현 방식

- 개, 돼지는 푹푹 크는데 왜 이리도 사람은 안 크는지
- 아하, 물동이를 자꾸 이니까 뼉다귀가 옴츠러드나 부다

1인칭 주인공 '나'의 어리숙한 모습

'나' = 서술자 = 주인공

점순이와 혼인시켜 준다는 말만 믿고 3년 7개월 동안 머슴과 같은 데릴사위 노릇을 함.

- "제―미, 키두!"
- "점순이의 키 좀 크게 해 줍소사. 그러면 담엔 떡 갖다 놓고 고사드립죠니까."

비속어와 토속적 사투리의 사용

순박하고 어리숙한 '나'의 모습을 우스꽝스럽게 나타냄. ➡ '나'를 [　][　]적으로 제시함.

▶ **나**에 나타난 풍자의 내용과 표현 방식

양반 = 주인공
- 환곡을 갚을 능력이 없어 울기만 함.
- 현실적 문제에 대한 대처 능력이 부족함.

아내
- 글 읽기가 빚을 갚는 데 도움이 안 된다고 생각함.
- 양반의 경제적인 무능력을 못마땅해함.

무능한 양반의 모습을 우스꽝스럽게 나타냄. ➡ '양반'을 [　][　]적으로 제시함.

해학 / 풍자 / 반어

필수 개념 ② 반어

- **반어[되돌릴 반(反) + 말씀 어(語)]**는 말하고자 하는 뜻이나 속마음과 반대로 말하는 **표현 방식**이야. 국어 시험을 망쳐 점수가 엉망인 학생이 "이야~ 점수가 기막히게 잘 나왔네."라고 하는 것처럼 말이지.
- 반어가 사용되었는지 알려면 그런 **표현이 사용된 상황을 두루 살펴봐야 해**. 속뜻이 숨겨져 있어서 겉으로 드러난 내용만으로는 그 의도를 쉽게 짐작하기 힘들거든.
- 반어를 활용하면 있는 그대로 말하는 것보다 **강한 인상**을 줄 수 있을 뿐만 아니라, 그 안에 담긴 **진심을 강조**할 수 있어.
- 또 사용하는 맥락에 따라서는 **대상을 비꼬거나 비판하는 뜻을 담을 수도 있다는** 것 기억해 둬!

📖 전체 줄거리

인력거꾼인 김 첨지는 앓아누운 아내를 두고 일을 하러 나선다. 김 첨지는 빗속에 여러 손님을 태워다 주고 돈을 많이 번다. 김 첨지는 귀가를 미루고 친구를 만나 술을 마신다. 술에 취한 김 첨지는 설렁탕을 사 들고 집에 가지만 아내의 죽음을 확인하고 매우 슬퍼한다.

***인력거꾼**: 인력거(사람이 끄는, 바퀴가 두 개 달린 수레)를 끄는 일을 직업으로 하는 사람.

***눈결**: 마음이 눈에 드러난 상태.

***교원**: 각급 학교에서 학생을 가르치는 사람을 통틀어 이르는 말.

***양복쟁이**: 양복 입은 사람을 낮잡아 이르는 말.

***댓바람**: 아주 이른 시간.

***재수가 옴 붙다**: 재수가 아주 없음을 이르는 말.

***백동화**: 백통화(구리와 니켈의 합금으로 만든 돈.)의 원말.

***모주**: 술지게미에 물을 타서 뿌옇게 걸러낸 탁주.

이날이야말로 동소문 안에서 인력거꾼* 노릇을 하는 김 첨지에게는 오래간만에도 닥친 운수 좋은 날이었다. 문안에(거기도 문밖은 아니지만) 들어간답시는 앞집 마마님을 전찻길까지 모셔다드린 것을 비롯으로 행여나 손님이 있을까 하고 정류장에서 어정어정하며 내리는 사람 하나하나에게 거의 비는 듯한 눈결*을 보내고 있다가 마침내 교원*인 듯한 양복쟁이*를 동광학교까지 태워다 주기로 되었다.

첫 번에 삼십 전, 둘째 번에 오십 전 — 아침 댓바람*에 그리 흉치 않은 일이었다. 그야말로 재수가 옴 붙어서* 근 열흘 동안 돈 구경도 못 한 김 첨지는 십 전짜리 백동화* 서 푼, 또는 다섯 푼이 찰깍하고 손바닥에 떨어질 제 거의 눈물을 흘릴 만큼 기뻤다. 더구나 이날 이때에 이 팔십 전이란 돈이 그에게 얼마나 유용한지 몰랐다. 컬컬한 목에 모주* 한 잔도 적실 수 있거니와 그보다도 앓는 아내에게 설렁탕 한 그릇도 사다 줄 수 있음이다.

(중략)

남편은 아내의 머리맡으로 달려들어 그야말로 까치집 같은 환자의 머리를 꺼들어 흔들며,

"이년아, 말을 해, 말을! 입이 붙었어? 이년!"

"……."

"으응, 이것 봐, 아무 말이 없네."

"……."

"이년아, 죽었단 말이냐, 왜 말이 없어?"

"……."

"으응, 또 대답이 없네. 정말 죽었나 보이."

이러다가 누운 이의 흰창이 검은창을 덮은, 위로 치뜬 눈을 알아보자마자,

"이 눈깔! 이 눈깔! 왜 나를 바라보지 못하고 천장만 보느냐? 응."

하는 말끝엔 목이 메었다. 그러자 산 사람의 눈에서 떨어진 닭똥 같은 눈물이 죽은 이의 뻣뻣한 얼굴을 어룽어룽 적신다. 문득 김 첨지는 미친 듯이 제 얼굴을 죽은 이의 얼굴에 한데 비비대며 중얼거렸다.

"설렁탕을 사다 놓았는데 왜 먹지를 못하니, 왜 먹지를 못하니? 괴상하게도 오늘은 운수가 좋더니만……."

– 현진건, 〈운수 좋은 날〉

📎 반어 파악하기

> 1. 상황과 어울리지 않는 표현이 나와? O ☐ X ☐
> 2. 그 표현의 표면적 의미가 상황과 반대되는 뜻을 지니고 있어? O ☐ X ☐

윗글의 제목인 '운수 좋은 날'에 대한 설명으로 적절하지 <u>않은</u> 것은?

① 실질적으로는 아내가 죽은 불행하고 비참한 날이라는 의미이다.
② 표면적으로는 행운이 계속되어 돈을 많이 번 날이라는 의미이다.
③ 김 첨지의 기쁨이 한순간에 슬픔으로 변해 버린 상황을 나타낸다.
④ 아내의 죽음으로 끝나 버린 결말의 비극성을 강조하는 역할을 한다.
⑤ 아픈 아내를 귀찮게 여기는 김 첨지의 속마음을 간접적으로 드러낸다.

✏️ 개념 적용하기

▶ 이 작품에
　나타난 반어와
　그 효과

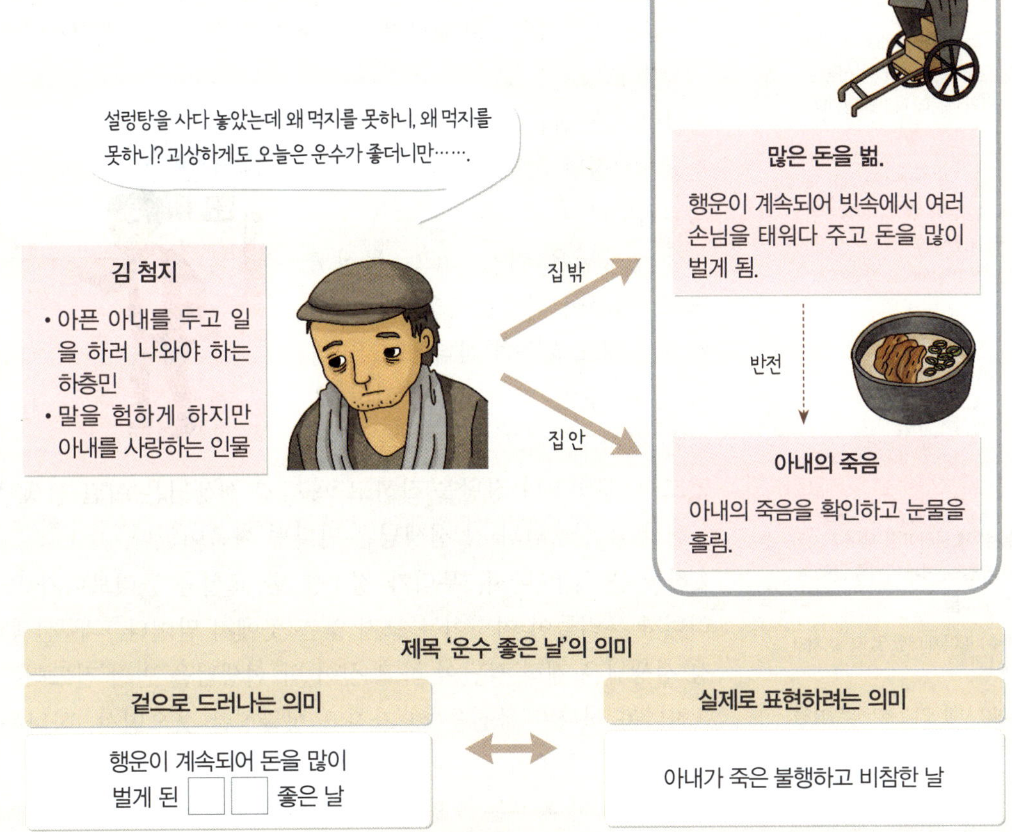

제목 '운수 좋은 날'의 의미	
겉으로 드러나는 의미	실제로 표현하려는 의미
행운이 계속되어 돈을 많이 벌게 된 ☐ ☐ 좋은 날	아내가 죽은 불행하고 비참한 날

➡ 계속되는 행운 뒤에 큰 불행이 닥치는 반전과 제목에 나타난 ☐ ☐ 적 표현을 통해 현실의 비극성을 강화하고 주제를 강조함.

우리말의 사용이 금지되었던 일제 강점기에 지식인인 학교 선생님은 어린 학생들에게 과연 어떤 모습을 보여야 할까?

📖 전체 줄거리

발단 '박 선생님'은 키가 작고 얼굴이 크며 성격이 사나운데, '강 선생님'은 키도 크고 성격이 순하다.

▼

전개 '박 선생님'은 늘 일본말을 쓰며 학생들에게도 일본말을 쓸 것을 강요하는데, '강 선생님'은 되도록 조선말을 쓴다.

▼

위기 일제가 패망하고 조선이 광복을 맞이하자 '박 선생님'이 기가 죽는다.

▼

절정 광복 이후 교장 선생님이 된 '강 선생님'이 '박 선생님'의 모함 때문에 파면을 당한다.

▼

결말 '강 선생님'을 이어 교장 선생님이 된 '박 선생님'이 미국을 찬양하자 '나'는 '박 선생님'을 이상하다고 생각한다.

---

*혈서: 제 몸의 피를 내어 자기의 결심, 청원, 맹세 따위를 글로 씀. 또는 그 글.

*척수: 길이에 대한 몇 자 몇 치의 셈.

*낙방: 시험, 모집, 선거 따위에 응하였다가 떨어짐.

*정기: 생기 있고 빛이 나는 기운.

*매부리코: 매부리와 같이 코끝이 아래로 삐죽하게 숙은 코.

*너부룻하다: '너부죽하다'의 방언. 조금 넓고 평평한 듯하다.

*하학: 학교에서 그날의 수업을 마침.

이상한 선생님 | 채만식

발단 우리 박 선생님은 참 이상한 선생님이었다.

[A]
박 선생님은 생긴 것부터가 무척 이상하게 생긴 선생님이었다. 키가 한 뼘밖에 안 되어서 뼘생 또는 뼘박이라는 별명이 있는 것처럼, 박 선생님의 키는 키 작은 사람 가운데에서도 유난히 작은 키였다. 일본 정치 때에, 혈서*로 지원병을 지원했다 체격 검사에 키가 제 척수*에 차지 못해 낙방*이 되었다면, 그래서 땅을 치고 울었다면, 얼마나 작은 키인지 알 일이다.

그런 작은 키에 몸집은 그저 한 줌만 하고. 이 한 줌만 한 몸집, 한 뼘만 한 키 위에 깜짝 놀랄 만큼 큰 머리통이 위태위태하게 올라앉아 있다. 그래서 박 선생님 또 하나의 별명은 대갈장군이라고도 했다.

머리통이 그렇게 큰 박 선생님의 얼굴은 어떻게 생겼느냐 하면, 또한 여느 사람과는 많이 달랐다.

뒤통수와 앞이마가 툭 내솟고, 내솟은 좁은 이마 밑으로 눈썹이 시꺼멓고, 왕방울 같은 두 눈은 부리부리하니 정기*가 있고도 사납고, 코는 매부리코*요, 입은 메기입으로 귀밑까지 넓죽 째지고, 목소리는 쇠꼬챙이로 찌르는 것처럼 쨍쨍하고.

이런 대갈장군인 뼘생 박 선생님과 아주 정반대로 생긴 이가 강 선생님이었다.

강 선생님은 키가 크고, 몸집도 크고, 얼굴이 너부룻하고*, 얼굴이 검기는 해도 순하여 사나움이 든 데가 없고, 눈은 더 순하고, 허허 웃기를 잘하고, 별로 성을 내는 일이 없고, 아무하고나 장난을 잘하고……. 강 선생님은 이런 선생님이었다.

뼘박 박 선생님과 강 선생님은 만나면 싸움이었다.

하학*을 하고 나서, 우리가 청소를 한 교실을 둘러보다가 또는 운동장에서(그러니까 우리들이 여럿이는 보지 않는 곳에서 말이다.) 두 선생님이 만난다 치면, 강 선생님은 괜히 장난이 하고 싶어 박 선생님을 먼저 건드리곤 했다.

하나는 커다란 몸집을 해 가지고 싱글싱글 웃으면서, 하나는 한 뼘만 한 키에 그 무섭게 큰 머리통을 한 얼굴을 바싹 대들고는 사나움이 졸졸 흐르면서, 그렇게 마주 서서 싸우는 모양은 마치 큰 수캐와 조그만 고양이가 마주 만난 형국이었다.

전개 다른 학교에서도 다 그랬을 테지만 우리 학교에서도 그때 말로 '국어'라던 일본 말, 그 일본 말로만 말을 하게 하고 엄마 아빠 할 적부터 배운 조선말은 아주 한 마디도 쓰지 못하게 했다.

01 윗글에 대한 설명으로 적절한 것은?

① 서술자가 사건에 개입하여 사건에 대해 평가하고 있다.
② 다양한 인물들의 경험을 삽화 형식으로 나열하고 있다.
③ 세밀한 외양 묘사를 통해 인물의 성격을 부각하고 있다.
④ 인물의 긍정적인 모습을 강조하여 주제를 드러내고 있다.
⑤ 감각적 표현을 통해 공간적 배경을 환상적으로 그리고 있다.

02 윗글의 내용과 일치하지 <u>않는</u> 것은?

① 강 선생님은 장난을 좋아하고 화를 내는 법이 별로 없다.
② 박 선생님과 강 선생님은 만날 때마다 티격태격하는 사이다.
③ 박 선생님은 일본 군대에 지원하였으나 키가 작아 떨어졌다.
④ 박 선생님은 키와 몸집이 유난히 작은데 머리는 유난히 크다.
⑤ 박 선생님은 학교에서 강 선생님만 만나면 먼저 시비를 건다.

해학과 풍자

*왜곡: 사실과 다르게 해석하거나 그릇되게 함.
*연민: 불쌍하고 가련하게 여김.

03 보기 를 참고할 때, [A]에 대한 이해로 적절하지 <u>않은</u> 것은?

> 보기
>
> 대상의 특정한 면을 과장하거나 왜곡*해서 표현하면 웃음을 유발할 수 있다. 이때 웃음은 대상의 성격에 따라 대상에 대한 비판의 기능을 하기도 하고, 대상에 대한 연민*의 정서를 자극하기도 한다. 한편, 어떤 인물의 외모나 성격, 또는 사건을 의도적으로 우스꽝스럽게 묘사하는 것을 희화화라고 한다.

① 대상의 특징을 과장하여 인상 깊게 제시하고 있군.
② 대상의 생김새를 활용하여 대상을 희화화하고 있군.
③ 대상을 우스꽝스럽게 표현하여 웃음을 유발하고 있군.
④ 대상의 약점을 언급하며 연민의 정서를 드러내고 있군.
⑤ 대상의 행동을 통해 성격을 간접적으로 제시하고 있군.

🖎 주관식·서술형

04 서술자가 '박 선생님'을 평가한 말을 찾아 2어절로 쓰시오.

📖 **전체 줄거리**

발단 '박 선생님'은 키가 작고 얼굴이 크며 성격이 사나운데, '강 선생님'은 키도 크고 성격이 순하다.

▼

전개 '박 선생님'은 늘 일본 말을 쓰며 학생들에게도 일본 말을 쓸 것을 강요하는데, '강 선생님'은 되도록 조선말을 쓴다.

▼

위기 일제가 패망하고 조선이 광복을 맞이하자 '박 선생님'이 기가 죽는다.

▼

절정 광복 이후 교장 선생님이 된 '강 선생님'이 '박 선생님'의 모함 때문에 파면을 당한다.

▼

결말 '강 선생님'을 이어 교장 선생님이 된 '박 선생님'이 미국을 찬양하자 '나'는 '박 선생님'을 이상하다고 생각한다.

전개 학교에서고 학교 밖에서고 조선말로 말을 하다 선생님한테 들키는 날이면 경치는* 판이었다. 선생님들 중에서도 제일 심하게 밝히는 선생님이 뼘박 박 선생님이었다. 교장 선생님이나 다른 일본 선생님은 나무라기만 하고 마는 수가 있어도, 뼘박 박 선생님만은 절대로 용서가 없었다.

나도 여러 번 혼이 나 보았다.

한번은 상준이 녀석과 어떡하다 쌈이 붙었는데 둘이 서로 부둥켜안고 구르면서 이 자식아, 저 자식아, 죽어 봐, 때려 봐, 하면서 한참 때리고 제기고* 하는 참이었다.

그런데, 느닷없이

"고랏! 조셍고데 겡까 스루야쓰가 이루까(이놈아! 조선말로 쌈하는 녀석이 어딨어)." 하면서 구둣발길로 넓적다리를 걷어차는 건, 정신없는 중에도 뼘박 박 선생님이었다.

(중략)

결말 뼘박 박 선생님은 미국을 침이 마르도록 칭찬했다. 이 세상에 미국같이 훌륭한 나라가 없고, 미국 사람같이 훌륭한 백성이 없다고 했다. 우리 조선은 미국 덕분에 해방이 되었으니까 미국을 누구보다도 고맙게 여기고, 미국이 시키는 대로 순종해야 하느니라고 했다.

우리가 혹시 말끝에 "미국 놈……."이라고 하면, 뼘박 박 선생님은 단박 붙잡아다 벌을 세우곤 하였다. 전에 "덴노헤이까 바가(천황 폐하 망할 자식)!"라고 한 것만큼이나 엄한 벌을 주었다.

"이놈아 아무리 미련한 소견*이기로, 자아 보아라. 우리 조선을 독립을 시켜 주느라구 자기 나라 백성을 많이 죽여 가면서 전쟁을 했지. 그래서 그 덕에 우리 조선이 왜놈의 압제*에서 벗어나서 독립이 되질 아니했어? 그뿐인감? 독립을 시켜 주구 나서두 우리 조선 사람들 배 아니 고프구 편안히 잘 살라고 양식이야, 옷감이야, 기계야, 자동차야, 석유야, 설탕이야, 구두야, 무어 죄다 골고루 가져다주지 않어? 그런데 그런 고마운 사람들더러, 미국 놈이 무어야?"

벌을 세우면서 뼘박 박 선생님은 이렇게 꾸짖곤 하였다.

우리는 뼘박 박 선생님더러 미국에도 덴노헤이까가 있느냐고 물었다. 미국에 덴노헤이까가 있지 않고서야 그렇게 일본의 덴노헤이까처럼 우리 조선 사람을 친아들과 같이 사랑하고, 우리 조선 사람들이 잘살도록 근심을 하며, 온갖 물건을 가져다주고 할 이치가 없기 때문이었다(해방 전에 뼘박 박 선생님은, 덴노헤이까는 우리 조선 사람들을 일본 사람들과 같이 사랑하고, 우리 조선 사람들이 잘 살기를 근심하신다고 늘 가르쳐 주곤 했다.).

뼘박 박 선생님은 미국에는 덴노헤이까는 없고, 덴노헤이까보다 훌륭한 '돌멩이'라는 양반이 있다고 대답했다.

우리는 그럼 이번에는 그 '돌멩이'라는 훌륭한 어른을 위하여 '미국 신민노 세이시(미국 신민 서사)'를 부르고, 기미가요(일본의 국가) 대신 돌멩이 가요를 부르고 해야 하나 보다고 생각했다.

아무튼 뼘박 ㉠박 선생님은 참 이상한 선생님이었다.

***경치다:** 혹독하게 벌을 받다.

***제기다:** 팔꿈치나 발꿈치 따위로 지르다.

***소견:** 어떤 일이나 사물을 살펴보고 가지게 되는 생각이나 의견.

***압제:** 권력이나 폭력으로 남을 꼼짝 못 하게 강제로 누름.

05 윗글의 서술자에 대한 설명으로 적절하지 <u>않은</u> 것은?

① 박 선생님의 부정적인 면모를 부각하고 있다.
② 박 선생님의 행동을 관찰하여 제시하고 있다.
③ 상황 판단이 미숙한* 초등학생인 어린아이이다.
④ 박 선생님의 심리를 분석해서 직접 서술하고 있다.
⑤ 어리숙하고 순진하여 독자의 웃음을 유발하고 있다.

*미숙하다: 일 따위에 익숙하지 못하여 서투르다.

해학과 풍자

06 윗글에 대한 감상으로 가장 적절한 것은?

① 자신이 할 일을 충실하게 수행하는 지식인의 모습을 보여 주고 있군.
② 힘으로 다른 나라를 침범하여 식민지로 만든 강대국을 비판하고 있군.
③ 개인적 이익을 위해 기회주의적 태도를 보이는 지식인을 풍자하고 있군.
④ 일본과 미국 사이에서 갈팡질팡하는 우리 민족의 상황을 보여 주고 있군.
⑤ 이념* 대립으로 혼란스러웠던 광복 직후의 상황을 반어적으로 비꼬고 있군.

*이념: 이상적인 것으로 여겨지는 생각이나 견해.

07 윗글에 나타난 '박 선생님'의 태도를 평가할 속담으로 가장 적절한 것은?

① 지렁이도 밟으면 꿈틀한다
② 원숭이도 나무에서 떨어진다
③ 말 한마디에 천 냥 빚도 갚는다
④ 간에 붙었다 쓸개에 붙었다 한다
⑤ 열 번 찍어 안 넘어가는 나무 없다

주관식·서술형

08 '나'가 ㉠처럼 생각하는 이유를 조건 에 맞게 한 문장으로 쓰시오.

조건

- 광복 전의 태도와 광복 후의 태도를 대조적으로 쓸 것.
- '박 선생님이'를 주어로 하는 완결된 문장으로 쓸 것.

▶ 이 작품에
나타난
☐☐

→ '뻠생', '뻠박', '대갈장군' 등으로 부정적인 인물을 ☐☐☐☐☐☐ 묘사하여 웃음을 유발함.

→ 어리숙하고 순진한 어린아이의 시선을 보여 줌으로써, ☐☐을 유발하고 풍자의 효과를 높임.

🔍 작품 한눈에 **이상한 선생님** | 채만식

한줄평 ▶ 민족의식을 망각한 채 기회주의적 태도를 보이는 인물을 풍자한 소설

사건	소재 및 배경	구성 및 서술상 특징
• '나'와 친구가 싸우다가 조선말을 사용했다는 이유로 '박 선생님'에게 매우 혼남. • 민족의식이 있었던 '강 선생님'이 교장이 되었으나 '박 선생님'의 모함으로 물러남. • '박 선생님'은 광복 전에는 ☐☐을 찬양하다가 광복 후에는 ☐☐을 찬양함.	• **일본어와 영어**: 일제 강점기에는 친일을 하고, 광복 후 미군정하에는 친미를 하는 '박 선생님'의 태도를 드러내는 소재임. • **일제 강점기**: 우리말 사용이 금지되고 민족정신이 억압당했던 시기 • **광복 후**: 미군의 영향력 아래 놓여 있으면서, 이념 대립이 심했던 시기	• **희화화**: '박 선생님'의 외모와 행동을 우스꽝스럽게 묘사함. • **풍자의 기법**: 부정적 인물인 '박 선생님'을 ☐☐하여 웃음을 유발하고 효과적으로 비판함. • **어리숙한 서술자**: 순진한 ☐☐ ☐☐를 서술자로 내세워 부조리하고 기회주의적인 어른들의 세계를 부각함.

↓ ↓ ↓

주제: 기회주의적인 삶의 태도 비판

 어휘 확인

[1~5] 어휘의 뜻풀이와 어휘 ㉠~㉤을 바르게 연결하시오.

[6~10] 예문의 (　　) 안에 들어갈 어휘 ㉠~㉤을 바르게 연결하시오.

뜻풀이	어휘	예문
1 남의 감정이나 의견에 대하여 자기도 그렇다고 느낌.	㉠ 왜곡	**6** 그의 글은 독자에게 많은 (　　)을/를 얻었다.
2 권력이나 폭력으로 남을 꼼짝 못 하게 강제로 누름.	㉡ 공감	**7** (　　)된 역사를 바로잡았다.
3 어떤 일이나 사물을 살펴보고 갖게 되는 생각이나 의견.	㉢ 소견	**8** 우리는 여러 민족의 (　　)을/를 잘 이겨 냈다.
4 사람이나 사물의 겉모습. 또는 그 됨됨이.	㉣ 면모	**9** 그는 인간적인 (　　)을/를 갖췄다.
5 사실과 다르게 해석하거나 그릇되게 함.	㉤ 압제	**10** 이번 안건에 대해 각자의 (　　)을/를 말해 주세요.

🏛 어휘 특강　　비슷하지만 헷갈리기 쉬운 어휘

한참 ^{부사}	VS	한창 ^{부사}

한참 [부사]

❶ 어떤 일이 상당히 오래 일어나는 모양.
　예 그는 밝은 달을 <u>한참</u> 쳐다보았다.

❷ 수효나 분량, 정도 따위가 일정한 기준보다 훨씬 넘게.
　예 일이 <u>한참</u> 잘못되었나 보다.

한창 [부사]

어떤 일이 가장 활기 있고 왕성하게 일어나는 모양. 또는 어떤 상태가 가장 무르익은 모양.
　예 사람들이 <u>한창</u> 붐빌 시간이다.

소설의 감상 방법: 내재적 관점 / 외재적 관점

필수 개념 ❶ 내재적 관점

- 앞서 06일차에서 내재적 관점에 대해 공부한 거, 기억나니? **내재적 관점**은 **작품 안에 있는 요소만으로 작품을 감상하는 방법**이지? 소설을 내재적 관점으로 감상한다는 건, 소설을 쓴 '작가'나 소설에 반영된 '시대 상황', 소설을 읽는 '독자' 등 작품 외적인 요소를 완전히 제외하고, **작품 자체에만 초점을 두고 감상하는 거야.**
- 좀 더 구체적으로 얘기하면, **소설의 인물이나 사건, 배경, 구성, 시점, 문체, 제목, 소재, 표현 기법 등 작품의 내적인 요소를 중심으로 소설을 파악하고 이해**하는 것이 내재적 관점에 따른 감상이야.

📖 전체 줄거리

장돌뱅이인 허 생원과 조 선달, 동이는 대화로 가는 길을 동행하게 되고, 도중에 허 생원은 과거 성 서방네 처녀와의 추억을 이야기한다. 동이는 자신의 성장 내력과 어머니에 대해 이야기하고, 그것을 들은 허 생원은 동이가 자신의 아들일 수 있다고 생각하다 발을 헛디뎌 개울에 빠진다. 동이의 등에 업혀 냇물을 건넌 허 생원은, 동이의 어머니가 있는 제천으로 가기로 마음먹고, 그가 자신처럼 왼손잡이임을 확인한다.

* **백중**: 불교에서의 큰 명절 중 하나. 음력 7월 15일.

* **투전**: 노름.

* **일신**: 자기 한 몸.

* **귀에 못이 박히다**: '같은 말을 여러 번 듣다.'라는 뜻의 관용구.

* **가제**: 갓 이제 막.

* **흐붓이**: 흐뭇하고 뿌듯한 느낌으로.

* **대궁**: 식물의 줄기를 뜻하는 '대'의 방언.

* **확적히**: 정확히.

* **객줏집**: 예전에, 길 가는 나그네들에게 음식을 팔고 잠자리를 제공하던 집.

* **토방**: 방에 들어가는 문 앞에 좀 높이 편평하게 다진 흙바닥.

* **일색**: 뛰어난 미인.

젊은 시절에는 알뜰하게 벌어 돈푼이나 모아 본 적도 있기는 있었으나, 읍내에 백중*이 열린 해 호탕스럽게 놀고 투전*을 하고 하여 사흘 동안에 다 털어 버렸다. 나귀까지 팔게 된 판이었으나 애끓는 정분에 그것만은 이를 물고 단념하였다. 결국 도로아미타불로 장돌이를 다시 시작할 수밖에는 없었다.

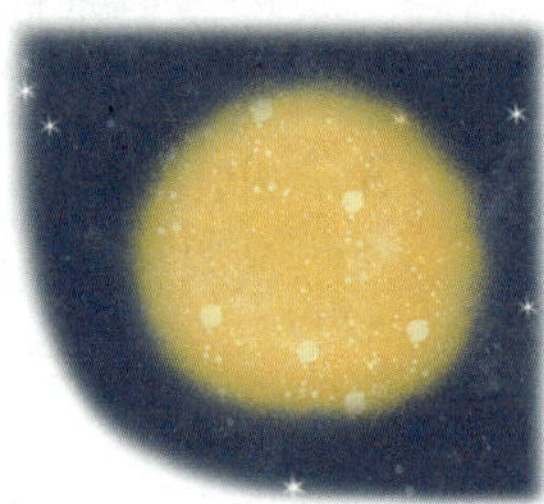

(중략)

일신*에 가까운 것이라고는 언제나 변함없는 한 필의 당나귀였다. 그렇다고는 하여도 꼭 한 번의 첫 일을 잊을 수는 없었다. 뒤에도 처음에도 없는 단 한 번의 괴이한 인연! 봉평에 다니기 시작한 젊은 시절의 일이었으나 그것을 생각할 적만은 그도 산 보람을 느꼈다.

"달밤이었으나 어떻게 해서 그렇게 됐는지 지금 생각해두 도무지 알 수 없어."

허 생원은 오늘 밤도 또 그 이야기를 끄집어내려는 것이다. 조 선달은 친구가 된 이래 귀에 못이 박히도록* 들어 왔다. 그렇다고 싫증을 낼 수도 없었으나, 허 생원은 시치미를 떼고 되풀이할 대로는 되풀이하고야 말았다. / "달밤에는 그런 이야기가 격에 맞거든."

조 선달 편을 바라는 보았으나, 물론 미안해서가 아니라 달빛에 감동하여서였다. 이지러는 졌으나 보름을 가제* 지난 달은 부드러운 빛을 흐붓이* 흘리고 있다. 대화까지는 칠십 리의 밤길. 고개를 둘이나 넘고 개울을 하나 건너고 벌판과 산길을 걸어야 된다. 길은 지금 긴 산허리에 걸려 있다. ㉠밤중을 지난 무렵인지 죽은 듯이 고요한 속에서 짐승 같은 달의 숨소리가 손에 잡힐 듯이 들리며, 콩 포기와 옥수수 잎새가 한층 달에 푸르게 젖었다. 산허리는 온통 메밀밭이어서 피기 시작한 꽃이 소금을 뿌린 듯이 흐붓한 달빛에 숨이 막힐 지경이다. 붉은 대궁*이 향기같이 애잔하고, 나귀들의 걸음도 시원하다. 길이 좁은 까닭에 세 사람은 나귀를 타고 외줄로 늘어섰다. 방울 소리가 시원스럽게 딸랑딸랑 메밀밭께로 흘러간다. 앞장선 허 생원의 이야기 소리는 꽁무니에 선 동이에게는 확적히* 는 안 들렸으나, 그는 그대로 개운한 제멋에 적적하지는 않았다.

"장 선 꼭 이런 날 밤이었네. 객줏집* 토방*이란 무더워서 잠이 들어야지. 밤중은 돼서 혼자 일어나 개울가에 목욕하러 나갔지. 봉평은 지금이나 그제나 마찬가지지. 보이는 곳마다 메밀밭이어서 개울가가 어디 없이 하얀 꽃이야. 돌밭에 벗어도 좋을 것을, 달이 너무도 밝은 까닭에 옷을 벗으러 물방앗간으로 들어가지 않았나. 이상한 일도 많지. 거기서 난데없는 성 시방네 처녀와 마주쳤단 말이네. 봉평서야 제일가는 일색*이었지."

— 이효석, 〈메밀꽃 필 무렵〉

🔖 **내재적 관점 이해하기**

> 1. ㉠에서는 (묘사 , 대화)의 서술 방식을 사용해 달밤 메밀밭의 풍경을 드러내고 있어.
>
> 2. 1은 작품 감상의 근거가 어디에 있어? 작품 안 ☐ 작품 밖 ☐

윗글의 시간적 배경인 '달밤'을 내재적 관점에서 감상한 내용이 <u>아닌</u> 것은?

① '허 생원'의 첫사랑 이야기를 아름답게 만들고 있군.

② 작중 상황에 서정적이고 낭만적인 분위기를 조성하고 있군.

③ '허 생원'이 젊은 시절의 추억을 회상하는 계기가 되고 있군.

④ 작품이 창작된 답답하고 암울한 시대적 상황을 반영하고 있군.

⑤ 과거의 상황과 현재의 상황에 공통적인 특성으로 부여되고 있군.

✏️ **개념 적용하기**

▶ **이 작품을
내재적
관점에서
감상하기**

작품 안에 있는
요소를 중심으로
감상하기!

인물
- ☐☐☐은 가족도 친척도 없는 장돌뱅이로, 젊은 시절 단 한 번의 낭만적인 추억을 소중하게 간직하고 살아가는 인물이야.
- 조 선달은 여러 번 들은 허 생원의 이야기를 싫은 내색 없이 계속 들어 주는 착하고 원만한 성격의 소유자야.

배경
- '달밤'은 단순한 시간적 배경이 아니라 서정적이고 낭만적인 분위기를 조성하고, 허 생원으로 하여금 과거의 추억을 ☐☐하게 하는 역할을 하고 있어.
- 공간적 배경은 메밀밭이 펼쳐져 있는 대화로 가는 산길이야.

시점
작품 밖에 있는 서술자가 인물의 속마음까지 알고 있으니 ☐☐☐ 작가 시점의 작품이야.

주제
이 작품은 장터를 떠돌며 살아가는 장돌뱅이의 고단한 삶과 인간 본연의 정을 그리고 있어.

소재
'☐☐'는 허 생원의 삶의 동반자이자, 외양이나 행동이 허 생원과 비슷하게 묘사되고 있어 허 생원의 삶이 투영된 존재로 볼 수 있어.

사건
장돌뱅이인 허 생원과 조 선달, 동이 세 사람이 다음 장터인 대화로 가는 밤길에, 허 생원이 젊은 시절 성 서방네 처녀와의 인연에 대해 이야기하고 있어.

표현
- 감각적인 표현과 시적인 문체를 통해 배경을 서정적으로 묘사하고 있어.
- '대궁' 등 방언과 '메밀밭'과 '산길' 등 시골의 정취가 느껴지는 어휘를 사용해 향토적인 분위기를 조성하고 있어.

소설의 감상 방법: 내재적 관점 / 외재적 관점

필수 개념 ❷   외재적 관점

감상의 근거는 작품 밖에 있어!

- **외재적 관점**은 작품 밖에 있는 요인, 곧 소설을 쓴 '작가'나 소설에 반영된 '시대 상황', 소설을 읽는 '독자'와의 관계 등을 중심으로 작품을 감상하는 방법이야.
- '문학은 시대의 거울이다.'라는 말, 들어 봤니? 이건 **문학 작품에 작가가 살고 있는 시대나 작품의 배경이 되는 시대의 모습이 반영**된다는 뜻이야. **소설에 반영된 시대 상황을 중심으로 감상**하면 작품을 폭넓게 이해할 수 있어.
- 그리고 **작가에 초점을 두고 감상**하는 건 **소설을 작가의 경험이나 사상, 감정, 작품 경향이 표현된 것으로 보고 작가의 삶과 관련지어 감상**하는 거야.
- **독자에 초점을 두고 감상**하는 방법도 있어. 독자는 문학 작품을 읽으면서 **감동**을 받거나 **깨달음**을 얻는데, **문학 작품에서 독자가 받은 이러한 영향을 중심으로 작품을 감상**하는 거야.

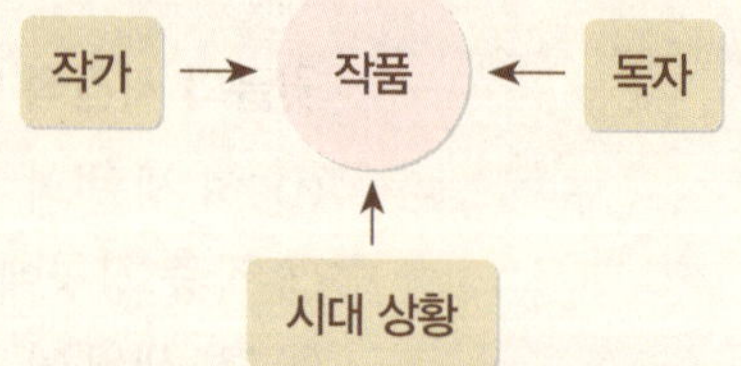

📖 전체 줄거리

6·25 전쟁 때 피란하다 어머니와 누이를 잃은 조평안 노인은 기억을 잃은 채 살다가 헤어진 남동생을 찾는다는 안나 리 여사와 만나게 된다. 안나 리의 질문에 무덤덤한 반응을 보이던 조평안은, 안나 리가 전쟁 당시의 상황을 이야기하자 고통스러운 반응을 보인다. 그렇게 대화를 나누던 중 둘은 오마니별에 대한 기억으로 서로 남매임을 확인한다.

＊**장정**: 나이가 젊고 기운이 좋은 남자.

＊**불문곡절**: 어찌 된 사정인지를 묻지 아니함.

＊**비하**: 업신여겨 낮춤.

＊**비일비재**: 같은 현상이나 일이 한두 번이나 한둘이 아니고 많음.

＊**풍**: 바람이 원인으로 작용한 병을 이르는 말. 중풍, 전신 마비, 언어 관란 따위의 증상을 이른다.

＊**봇물**: 둑을 쌓아 흘러가지 못하게 막아 놓은 물.

＊**격하다**: 기세나 감정 따위가 급하고 거세다.

＊**비탄**: 몹시 슬퍼하면서 탄식함. 또는 그 탄식.

"어머니와 우리가 피란 내려올 때, 지프차 타고 후퇴하던 미군들이 차에서 내리더니 피란민 대열에서 장정＊들만따로 골라내어 두 손을 들게 하여 한자리에 모아 놓고 불문곡절＊ 총 쏘아 죽인 걸 기억합니까? 그때 미군들이 겁먹은 장정들을 거칠게 다루며 외친 말을 나는 똑똑히 들었습니다. 미국에 가서야 그 말뜻을 알게 되었는데, 차마 입에 담을 수 없는 인간 비하＊의 욕설이었습니다. 인민군이 민간복으로 바꾸어 입고 피란민 대열에 섞여 있다고, 그들은 인간으로서는 차마 할 수 없는 그런 짓을 저질렀지요. 그때 미군을 보았던 게 생각납니까?"

안나 리 여사 말을 줄리 선생이 통역하자 황 이장이 중절모를 든 손을 내저으며 불끈 나섰다.

"그건 이 여사가 잘못 알고 있는 겁니다. 어릴 때 당한 일이라 오해하고 있어요. 피란민 대열 속에 인민군이 민간인 복장을 한 채 총을 피란 보따리에 감추고 끼어 있다가 미군을 만나면 드르륵 갈겨 댔대요. 그런 일이 비일비재＊하자 미군들은 불시에 또 그런 변을 당할까 봐 피란민 대열만 만나면 잔뜩 겁먹어……."

황 이장 말을 귀 기울여 듣던 조 씨가 벌린 입을 다물지 못한 채 풍＊ 맞은 듯 떨어 댔다. 무릎에 얹힌 손까지 심한 경련을 일으키더니, 갑자기 머리를 흔들며 소리쳤다.

"아니요. 피란 나오다…… 난 못 봤어요. 정말 못 봤구, 아무것도 몰라요!"

(중략)

"별 보구 내 뭐라 말했어?"

봇물＊이 터진 듯 안나 리 여사 입에서 자연스럽게 한국말이 터졌고 낮춤말을 썼다. 그네가 팔걸이 쥔 손에 얼마나 힘을 주었던지 휠체어가 흔들렸다.

"오마니별, 거기 있어……."

허공을 보는 조 씨 입에서 꿈결이듯 그 말이 흘러나왔고 눈동자가 뿌옇게 풀어졌다.

손수건으로 입을 막아 격한＊ 감정을 다스리던 안나 리 여사의 비탄＊이 터진 것은 그 순간이었다.

"오마니별을 알다니! 내 동생이 틀림없어!"

– 김원일, 〈오마니별〉

🔖 외재적 관점 이해하기

> 1. 이 작품에는 6 · 25 전쟁 당시의 피란민들의 상황이 반영되어 있어.   O ☐   X ☐
>
> 2. 1은 작품 감상의 근거가 어디에 있어?   작품 안 ☐   작품 밖 ☐

다음 중 윗글을 외재적 관점에서 감상한 것은?

> 66 이 작품에는 전쟁과 분단이 빚어낸 민족의 고통을 중요한 문제로 다루는 작가의 작품 세계가 잘 드러나 있어. ············· ① 99

> 66 '오마니별'은 리 여사와 조 씨 두 사람만이 알고 있는 것으로, 두 사람이 남매라는 사실이 밝혀지는 계기가 되는 소재야. ····· ② 99

✏️ 개념 적용하기

▶ **이 작품을 외재적 관점에서 감상하기**

작품 밖에 있는 요소를 중심으로 감상하기!

☐☐☐☐ 과 관련지은 감상

〈작품에 반영된 시대 상황〉

전쟁 당시
- 많은 사람들이 피란을 함.
- 인민군이 피란민으로 위장하기도 하고, 이에 미군이 피란민을 학살하기도 함.

전쟁 이후
- 많은 이산가족과 전쟁고아가 발생함.
- 당시 경험 때문에 많은 사람들이 오랜 시간이 지난 후까지도 고통을 받고 있음.

이 작품에는 6 · 25 전쟁으로 인해 오랜 시간이 지난 후까지도 고통받고 있는 사람들의 모습이 잘 반영되어 있어.

☐☐ 와 관련지은 감상

〈작가 김원일의 삶과 작품 경향〉
- 전쟁 중 아버지가 월북해 홀어머니 밑에서 성장함.
- 사회주의 운동을 하다 월북한 아버지로 인해 고통을 겪음.
- 혼란스러웠던 해방 직후의 시대상과 6 · 25 전쟁으로 인한 분단의 비극을 다룬 작품을 주로 써 '분단 작가'로 불림.
- 문학을 통해 사회 문제에 적극 참여함.

☐☐으로 인한 이산가족의 아픔을 그린 이 작품은 분단의 비극을 다룬 작품을 주로 써 온 작가의 작품 경향이 잘 드러나 있어.

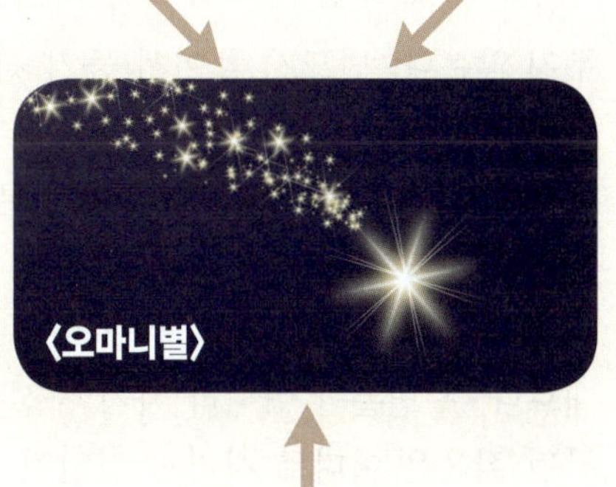

☐☐가 받은 영향과 관련지은 감상
- 리 여사가 헤어진 가족을 찾기 위해 애쓰는 모습을 보니 전쟁으로 인해 아직까지도 고통받고 있을 이산가족들이 생각나 가슴이 아파.
- 이 작품을 읽으니 어떤 경우에도 전쟁은 막아야 한다는 사실을 다시 한번 절실히 느꼈어.

소설의 감상 방법 : 내재적 관점 / 외재적 관점

이인국 박사는 급변하는 시대에 어떻게 대응하며 살아왔을까?

📖 **전체 줄거리**

발단 외과 전문의 이인국 박사는 미 대사관의 브라운과 만날 시간을 맞추려고 회중시계를 꺼냈다가 과거를 회상한다.

▼

전개 일제 강점기에 이인국 박사는 잠꼬대까지 일본어로 할 정도로 철저한 친일파로 행세하여 영화를 누리며 산다.

▼

위기 광복 후 이인국 박사는 감방에 갇히나 소련군 장교 스텐코프의 혹을 수술해 주고는 위기에서 벗어나 친소파로 돌변한다.

▼

절정 1·4 후퇴 때 월남한 이인국 박사는 친미 행위를 한다.

▼

결말 대사관에서 브라운을 만난 이인국 박사는 고려청자를 그에게 선물하고 목적을 달성한다.

＊**왜정:** 일본이 침략하여 강점하고 다스리던 정치.

＊**월남:** 북쪽에서 삼팔선이나 휴전선의 남쪽으로 넘어옴.

＊**수복:** 잃었던 땅이나 권리 따위를 되찾음.

＊**환:** 우리나라의 옛 화폐 단위.

＊**호가하다:** 팔거나 사려는 물건의 값을 부르다.

＊**도심지:** 도시의 중심이 되는 구역.

＊**반려:** 짝이 되는 동무.

＊**홍안:** 붉은 얼굴. 젊어서 혈색이 좋은 얼굴을 이름.

＊**월삼 17석:** 미국 '월섬'이라는 시계 회사에서 만든, 보석이 17개 박힌 시계라는 뜻.

＊**축도:** 어떤 것의 내용이나 속성을 작은 규모로 유사하게 지니고 있는 것을 비유적으로 이르는 말.

꺼삐딴 리 | 전광용

발단 그의 고객은, 왜정＊ 시대는 주로 일본인이었고, 현재는 권력층이 아니면 재벌의 셈속에 드는 축이어야만 했다.

그의 일과는 아침에 진찰실에 나오자 손가락 끝으로 창틀이나 탁자 위를 훑어 무테안경 속 움푹한 눈으로 응시하는 일에서 출발한다.

이때 손가락 끝에 먼지만 묻으면 불호령이 터지고, 간호원은 하루 종일 원장의 신경질에 부대껴야만 한다. / 아무튼 그의 단골 고객들은 그의 정결한 결벽성에 감탄과 경의를 표해 마지않는다.

1·4 후퇴 시 청진기가 든 손가방 하나를 들고 월남＊한 이인국 박사다. 그는 수복＊되자 재빨리 셋방 하나를 얻어 병원을 차렸다. 그러나 이제는 평당 50만 환＊을 호가하는＊ 도심지＊에 타일을 바른 2층 양옥을 소유하게 되었다. 그는 자기 전문인 외과 외에 내과, 소아과, 산부인과 등 개인 병원을 집결시켰다. 운영은 각자의 주머니 셈속이었지만, 종합 병원의 원장 자리는 의젓이 자기가 차지하고 있다.

이인국 박사는 양복 조끼 호주머니에서 십팔금 회중시계를 꺼내어 시간을 보았다. / 2시 40분!

미국 대사관 브라운 씨와의 약속 시간은 이십 분밖에 남지 않았다. 이 시계에도 몇 가닥의 유서 깊은 이야기가 숨어 있다. 이인국 박사는 시계를 볼 때마다 참말 '기적'임에 틀림없었던 사태를 연상하게 된다.

왕진 가방과 함께 38선을 넘어온 피란 유물의 하나인 시계. 가방은 미군 의사에게서 얻은 새것으로 갈아매어 흔적도 없게 된 지금, 시계는 목숨을 걸고 삶의 도피행을 같이 한 유일품이요, 어찌 보면 인생의 반려＊이기도 한 것이다.

밤에 잘 때에도 그는 시계를 머리맡에 풀어 놓거나 호주머니에 넣은 채로 버려두지 않는다. 반드시 풀어서 등기 서류, 저금통장 등이 들어 있는 비상용 캐비닛 속에 넣고야 잠자리에 드는 것이었다. 거기에는 또 그럴 만한 연유가 있었다. 이 시계는 제국 대학을 졸업할 때 받은 영예로운 수상품이다. 뒤쪽에는 자기 이름이 새겨져 있다.

그 후 삼십여 년, 자기 주변의 모든 것이 변하여 갔지만 시계만은 옛 모습 그대로다. 주변뿐만 아니라 자기 자신은 얼마나 변한 것인가. 이십대 홍안＊을 자랑하던 젊음은 어디로 사라진 것인지 머리카락도 반백이 넘었고 이마의 주름은 깊어만 간다. 일제 시대, 소련군 점령하의 감옥 생활, 6·25 사변, 삼팔선, 미군 부대, 그동안 몇 차례의 아슬아슬한 죽음의 고비를 넘긴 것인가.

'월삼 17석＊'

우여곡절 많은 세월 속에서 아직도 제시간을 유지하는 것만도 신기하다. 시간을 보고는 습성처럼 째각째각 소리에 귀 기울이는 때의 그의 가느다란 눈매에는 흘러간 인생의 축도＊가 서리는 것이었다.

01 윗글의 서술상의 특징으로 가장 적절한 것은?

① 일제 강점기 계층 간의 갈등을 중심으로 이야기를 전개하고 있다.
② 인물의 외양을 자세히 묘사하여 성격을 간접적으로 제시하고 있다.
③ 외부 이야기와 내부 이야기가 교차하는 액자식 구성*을 보이고 있다.
④ 전지적 서술자가 부분적으로 작중 인물의 시각을 빌려 서술하고 있다.
⑤ 시대상과 관련된 구체적인 일화*들을 나열하며 사건을 진행하고 있다.

*액자식 구성: 이야기 속에 하나 또는 그 이상의 이야기가 들어 있는 구성.

*일화: 세상에 널리 알려지지 아니한 흥미 있는 이야기.

02 윗글의 내용과 일치하지 <u>않는</u> 것은?

① 이인국 박사의 병원을 찾는 고객은 사회적으로 상류 계층이다.
② 이인국 박사의 병원 관리에 대해 단골 고객들은 만족하고 있다.
③ 이인국 박사는 자기처럼 달라져 버린 시계를 보며 안타까워한다.
④ 이인국 박사는 제국 대학을 졸업할 때 시계를 수상품으로 받았다.
⑤ 이인국 박사는 살면서 몇 번이나 죽을 고비를 넘긴 외과 의사이다.

소설의 감상 방법: 내재적 관점

🔖 기출 변형

03 보기 를 참고하여 윗글을 내재적 관점에서 감상한 내용으로 적절하지 <u>않은</u> 것은?

> **보기**
>
> 　소설에 등장하는 소재들은 작품의 시간적·공간적 배경을 제시하거나 사건을 구성하는 과정에서 중요한 역할을 한다. 또한 독자에게 인물에 대한 부가 정보를 전달함으로써 작품 이해를 심화하는 기능을 한다.

① '먼지'는 이인국 박사가 결벽성과 꼼꼼한 성격을 지니고 있음을 보여 주는군.
② '2층 양옥'은 월남한 이인국 박사가 경제적으로 성공했음을 보여 주는군.
③ '회중시계'는 역사적으로 급변하는 시대를 살아온 이인국 박사의 삶을 함축하는군.
④ '왕진 가방'은 고향을 떠나온 피란민의 고단함과 고향에 대한 그리움을 형상화한 것이군.
⑤ '비상용 캐비닛'은 만일의 상황에 대비하는 이인국 박사의 주도면밀함을 보여 주는군.

✍️ 주관식·서술형

04 윗글에서 다음의 설명에 해당하는 소재를 찾아 4음절로 쓰시오.

> • 등장인물의 삶의 분신이자, 인물이 살아온 삶을 보여 주는 물건
> • 등장인물이 과거를 회상하게 되는 매개체

전개 무엇을 생각했던지 그는 움찔 자리에서 일어났다. 그러고는 벽장문을 열었다. 안쪽에 손을 뻗쳐 액자 틀을 끄집어내었다.

'국어 상용*의 가(家)'

해방되던 날 떼어서 집어넣어 둔 것을 그동안 깜박 잊고 있었다.

그는 액자 틀 뒤를 열어 음식점 면허장 같은 두터운 모조지를 빼내어 글자 한 자도 제대로 남지 않게 손끝에 힘을 주어 꼼꼼히 찢었다.

이 종잇장 하나만 해도 일본인과의 교제에 있어서 얼마나 떳떳한 구실을 할 수 있었던 것인가. ㉠야릇한 미련 같은 것이 섬광*처럼 머릿속을 스쳐 갔다.

환자도 일본 말 모르는 축은 거의 오는 일이 없었지만 ㉡대외 관계는 물론 집 안에서도 일체 일본 말만을 써 왔다. 해방 뒤 부득이 써 오는 제 나라 말이 오히려 의사 표현에 어색함을 느낄 만큼 그에게는 거리가 먼 것이었다.

마누라의 솔선수범하는 내조지공*도 컸지만 애들까지도 곧잘 지켜 주었기에 이 종잇장을 탄 것이 아니던가. 그것을 탄 날은 온 집안이 무슨 경사나 난 것처럼 기뻐들 했었다.

"잠꼬대까지 국어로 할 정도가 아니면 이 영예로운* 기회야 얻을 수 있겠소." 하던 국민 총력 연맹 지부장의 웃음 띤 치하* 소리가 떠올랐다.

그 순간, 자기 자신은 ㉢아이들을 소학교*부터 일본 학교에 보낸 것을 얼마나 다행으로 여겼던 것인가.

(중략)

위기 이인국 박사는 그때나 지금이나 자기의 처세* 방법에 대하여 절대적인 자신을 가지고 있다.

[A]

"얘, 너 ㉣그 노어* 공부를 열심히 해라."

"왜요?"

아들은 갑자기 튀어나오는 아버지의 말에 의아를 느끼면서 반문했다.

"야 원식아, 별수 없다. 왜정 때는 그래도 일본 말이 출세를 하게 했고 이제는 노어가 또 판을 치지 않니. 고기가 물을 떠나서 살 수 없는 바에야 그 물속에서 살 방도를 궁리해야지. 아무튼 그 노서아 말* 꾸준히 해라."

아들은 아버지의 말에 새삼스러이 자극을 받는 것 같진 않았다.

"내 나이로도 인제 이만큼 뜨내기* 회화쯤은 할 수 있는데, 새파란 너희 낫세*로야 그걸 못 하겠니."

"염려 마세요, 아버지……."

아들의 대답이 그에게는 믿음직스럽게 여겨졌다.

이인국 박사는 심각한 표정으로 말을 이었다.

"어디 코 큰 놈이라구 별것이겠니, 말 잘해서 진정이 통하기만 하면 그것들두 다 그렇지……."

이인국 박사는 끝내 스텐코프 소좌의 배경으로 요직*에 있는 당 간부의 추천을 받아 ㉤아들의 소련 유학을 결정짓고야 말았다.

*상용: 일상적으로 씀. '국어 상용의 가'는 일본어를 일상적으로 사용하는 집안이라는 의미임.

*섬광: 순간적으로 강렬히 번쩍이는 빛.

*내조지공: 안에서 도와주는 공. 아내가 집안일을 잘 다스려 남편을 돕는 일을 비유하는 말.

*영예롭다: 영예(영광스러운 명예)로 여길 만하다.

*치하: 남이 한 일에 대하여 고마움이나 칭찬의 뜻을 표시함.

*소학교: '초등학교'의 전 용어.

*처세: 사람들과 사귀며 살아감. 또는 그런 일.

*노어, 노서아 말: '러시아어'를 뜻함.

*뜨내기: 어쩌다가 간혹 하는 일.

*낫세: 나쎄. 그만한 나이를 속되게 이르는 말.

*요직: 중요한 직책이나 직위.

기출 변형

05 보기 의 선생님의 질문에 대한 대답으로 가장 적절한 것은?

보기

선생님: 소설 〈꺼삐딴 리〉는 서술의 초점이 전적으로 주인공에게 맞춰진 인물 소설이에요. 서술자는 다양한 방식으로 이인국이라는 인물의 부정적 속성을 형상화하면서 이를 통해 독자에게 바람직한 삶의 방식을 성찰하게 하고 있죠. 자, 그러면 이 글에서 서술자가 [A]를 통해 형상화하려는 부정적 속성은 무엇일까요?

---

① 과거에 집착하는 전근대적인 가치관
② 안정적이지 못하고 심하게 예민한 정서
③ 현실을 외면한 채 허황한 꿈을 좇는 태도
④ 부정적인 상황에 순응해 버리는 소극적인 성격
⑤ 시류의 변화에 따라 개인적 이익을 꾀하는 태도

**소설의 감상 방법:
내재적 관점 /
외재적 관점**

06 보기 의 관점에서 윗글을 감상한 내용으로 적절한 것은?

보기

소설은 창작 당시의 시대상이 반영된다는 점에서 시대를 비춰 주는 거울이라고 할 수 있다.

---

① 이인국이 살아남기 위해 끊임없이 외국어를 공부한 노력만큼은 인정해야겠군.
② 민족의 격동기에 이인국처럼 지식인의 사회적 책무를 저버린 사람이 많았겠군.
③ 작가는 이 작품처럼 전후 사회의 모순을 고발하는 작품들을 여러 편 발표했어.
④ 현실 상황이 아무리 좋지 않더라도 적어도 이인국처럼 행동하지는 않아야겠어.
⑤ 현재와 과거를 반복적으로 교차하는 방식으로 중심인물의 삶을 보여 주고 있어.

07 ㉠~㉤ 중, '이인국 박사'의 처세 방법과 거리가 먼 것은?

① ㉠   ② ㉡   ③ ㉢   ④ ㉣   ⑤ ㉤

주관식·서술형

08 '이인국 박사'가 일제 강점기에 적극적으로 친일을 했음을 알려 주는 증표를 찾아 쓰시오.

▶ 이 작품을 ☐☐☐ 관점에서 감상하기

현재	☐☐ ①	과거 ②	과거 ③	☐☐
미국행을 위해 브라운을 찾음.	일제 강점하에 서의 행적	광복 직후 북한 에서의 행적	전쟁 직후 남한 에서의 행적	브라운에게 미국행을 청탁함.

- 이 작품은 현재와 과거를 넘나드는 역순행적 구성을 취하고 있어.
- 현재에서 과거를 회상할 때마다 매개체 역할을 하는 ☐☐☐☐는 역사적 흐름에 따른 이인국의 삶을 드러내는 소재야.

▶ 이 작품을 ☐☐☐ 관점에서 감상하기 – 시대 상황과 관련지은 감상

☐☐ 강점 말기	광복 직후 소련군 주둔	6·25 전쟁 후 남한
• 표창장을 받을 정도로 일본어를 사용함. • 자식들을 일본 학교에 보냄. → 친일파	• 북한에 주둔해 통치하던 소련(러시아)의 말을 배움. • 아들을 소련에 유학 보냄. → 친소파	• 영어를 배워 미국 대사관 직원에게 청탁함. • 딸을 미국에 유학 보냄. → 친미파

개인적 이익을 위해 기회주의적인 태도를 보이는 주인공 ☐☐☐의 모습은 당대 사회 지도층과 지식인의 부패한 행태를 반영하고 있어.

🔍 작품 한눈에

꺼삐딴 리 | 전광용

한줄평 ▶ 현대사의 격동기마다 그에 맞춰 기회주의적인 태도로 개인적 이익을 추구한 지식인의 모습을 풍자한 소설

사건	소재 및 배경	구성 및 서술상 특징
• **일제 강점 시절의 진료 거부**: 가난한 조선인 사상범의 치료를 거부함. • **광복 직후 수감**: ☐☐ 행위로 광복 직후에 민족 반역자로 몰려 수감되었으나 소련군 장교의 혹을 수술해 주고 풀려남. • **미국 대사관 직원에게 청탁**: 보물급인 고려청자를 뇌물로 바치며 자신의 미국행을 청탁함.	• **회중시계**: 이인국의 친일 이력을 상징하면서 과거를 ☐☐하게 하는 매개체 역할을 함. • **'박사'라는 호칭**: 이인국이 사회적 책무를 지닌 지식인이자 사회 지도층임을 암시함. • **제목인 '꺼삐딴 리'**: '꺼삐딴'은 영어의 '캡틴(captain)'에 해당하는 러시아어로, 이인국의 삶을 풍자함.	• ☐☐☐☐적 구성: '현재 → 과거 → 현재'를 오가는 구성으로 인물의 삶의 모습을 효과적으로 보여 줌. • **몽타주 기법**: 현재 시점에서 과거와 현재의 상황을 단편적으로 교차하여 제시함. • **풍자의 기법**: 이인국의 기회주의적 모습을 통해 이기적인 지식인·사회 지도층을 풍자적으로 ☐☐함.

주제: 자신의 이익을 위해 변절을 일삼는 기회주의자의 삶 비판

[1~5] 다음에서 설명하는 어휘가 무엇일지 주어진 낱자를 활용하여 쓰시오.

1 몹시 슬퍼하면서 탄식함. 또는 그 탄식.

2 사람들과 사귀며 살아감. 또는 그런 일.

3 같은 현상이나 일이 한두 번이나 한둘이 아니고 많음.

4 일관된 입장을 지니지 못하고 그때그때의 일이 되어 가는 형편에 따라 이로운 쪽으로 행동하는 경향.

5 ① 인공을 가하지 아니한 본디 그대로의 자연. ② 본디 생긴 그대로의 타고난 상태.

어휘 특강 '한 번'과 '한번'의 차이

'한 번'으로 띄어 쓰는 경우	VS	**'한번'으로 붙여 쓰는 경우**

'번'이 차례나 횟수를 나타내는 경우에는 띄어 쓴다.

예
- (한 번 / 한번), 두 번! 총 두 번했어.
- (한 번 / 한번) 실패하더라도 두 번, 세 번 다시 도전하자.

'한번'을 '두 번', '세 번'으로 바꾸어 뜻이 통하면 '한 번'으로 띄어 쓰고, 그렇지 않으면 '한번'으로 붙여 쓴다.

지난 어느 때나 기회, 시험 삼아 시도하는 경우, 기회가 있는 어떤 때를 나타내는 경우, 어떤 행동이나 상태를 강조하는 경우, 일단 한 차례를 나타내는 경우에는 붙여 쓴다.

예
- (한 번 / 한번)은 그런 일도 있었지.
- 맛이 어떤지 (한 번 / 한번) 먹어 봐.
- 우리 집에 (한 번 / 한번) 놀러 오세요.
- 너, 말 (한 번 / 한번) 잘했다.
- (한 번 / 한번) 물면 절대 놓지 않는다.

판소리계 소설 / 영웅 소설

필수 개념 ① 판소리계 소설

- 판소리가 뭔지 알지? 판소리에서 소리꾼이 늘어놓는 말이나 이야기를 판소리 사설이라고 하는데, 이 **판소리 사설이 말로 전해지다가 글로 기록되면서 소설로 정착**한 것이 **판소리계 소설**이야.
- 사람들 앞에서 공연을 하던 판소리가 소설로 변한 것이기 때문에 **판소리계 소설은 산문인데도 판소리의 특징을 지니고** 있어.
- 대표적인 것이 부분적으로 **리듬감이 형성**되고, 서술자가 마치 판소리의 소리꾼같이 **독자에게 말을 건네거나 편집자적 논평을 하면서 사건을 전달**하는 거야. 그리고 재미있는 장면에서는 **열거와 대구 등의 방법을 사용해 일부러 길게 늘여서 서술**하기도 하지. 또 한 작품 안에서 **양반 계층이 쓰는 한자어와 평민 계층이 쓰는 상스러운 말을 모두 사용**하기도 하고, **해학**적인 면도 강해.

📖 전체 줄거리

어느 추운 겨울, 굶주린 장끼와 까투리 부부가 먹을 것을 찾아 헤매던 중 콩 한 알을 발견한다. 장끼가 콩을 먹으려 하자 까투리는 먹지 말라고 말린다. 까투리의 말을 무시하고 콩을 먹으려던 장끼는 결국 덫에 걸리고, 죽어가며 까투리에게 수절할 것을 요구한다. 그러나 까투리는 장끼의 장례에 문상을 온 홀아비 장끼와 만나 재혼한다.

＊**장목**: 꿩의 꽁지깃.

＊**고패**: 꿩 잡는 덫에 목을 조르게 되어 있는 쇠.

＊**통감**: 중국의 역사책.

＊**양약이 고구나 이어병이요, 충언이 역이나 이어행이라**: 좋은 약은 입에 쓰나 병에는 이롭고, 옳은 말은 귀에 거슬리나 행실에는 이롭다.

＊**호환**: 호랑이에게 당하는 화.

＊**눈청**: '눈망울'의 방언. 눈동자가 있는 곳.

＊**동자부처**: 눈동자에 비치어 나타난 사람의 형상.

＊**곰방대**: 칼로 썬 담배를 피우는 데에 쓰는 짧은 담뱃대.

＊**감발하다**: 먼 길을 걷기 위해 발에 무명천을 감다.

장끼란 놈 거동 보소. 콩 먹으러 들어갈 제 열두 장목＊ 펼쳐 들고 꾸벅꾸벅 고개 조아 조츰조츰 들어가서 반달 같은 혀뿌리로 들입다 꽉 찍으니 두 고패＊ 둥그레지며 머리 위에 치는 소리 와지끈 뚝딱 푸드득 변통 없이 치었구나.

까투리 하는 말이,

"저런 광경 당할 줄 몰랐던가, 남자라고 여자의 말 잘 들어도 집안을 망치고, 여자의 말 안 들어도 몸을 망치네."

까투리 거동 볼작시면, 넓디넓은 자갈밭에 짧은 머리 풀어놓고 당굴당굴 뒹굴면서 가슴 치고 일어앉아 잔디풀을 쥐어 뜯어 애통해하고 두 발을 땅땅 구르면서 성을 무너뜨릴 듯 절통해한다. 아홉 아들 열두 딸과 친구 벗님네들이 불쌍하다 탄식하며 조문 와서 소리 내어 슬피 우니 이 어찌 가련치 아니하리오.

까투리 슬픈 중에 하는 말이,

"달 밝은 빈산에 두견새 소리 슬픈 회포 더욱 섧다. 『통감』＊에 이르기를, 양약이 고구나 이어병이요, 충언이 역이나 이어행이라＊ 하였으니, 자네도 내 말 들었으면 이런 변 당할쏜가, 답답하고 불쌍하다. 우리 부부 좋은 금실 누구더러 말할쏘냐. 슬피 서서 통곡하니 눈물은 못이 되고 한숨은 폭우 된다. 가슴에 불이 붙네. 이내 평생 어이할꼬."

아직 숨이 끊어지지 않은 장끼 거동 볼작시면, 덫 밑에 엎드려서,

"에라 이년 요란하다. 호환＊을 미리 알면 산에 갈 이 뉘 있으리. 항상 미련이 먼저고 때를 놓치는 것이 뒷일이라. 죽은 놈이 탈 없이 죽으랴."

(중략)

장끼란 놈 하는 말이,

"맥은 그러하나 눈청＊을 살펴보소. 동자부처＊ 온전한가?"

까투리 하는 말이,

"이제는 속절없네. 저편 눈에 동자부처 첫새벽에 떠나가고 이편 눈에 동자부처 지금에 떠나려고 보자기에 짐을 싸고 곰방대＊ 붙여 물고 낡은 버선 감발하네＊."

– 작자 미상, 〈장끼전〉

판소리계 소설 이해하기

1. 윗글을 읽을 때 리듬감이 느껴지는 부분이 있어? O ☐   X ☐
2. 인물이나 상황에 대한 작품 밖 서술자의 판단이나 평가가 제시된 부분이 있어? O ☐   X ☐

윗글에 대한 설명으로 적절하지 <u>않은</u> 것은?

① 부분적으로 4·4조의 음수율과 4음보의 율격을 형성하고 있다.
② 작품 밖 서술자가 독자에게 말을 건네며 사건을 전달하고 있다.
③ 작품 밖 서술자가 작중 상황에 대한 주관적인 논평을 하고 있다.
④ 한자어와 비속어를 모두 사용하는 이중적 언어 사용을 보이고 있다.
⑤ 장끼가 죽어 가는 모습을 사실적으로 그려 독자의 감정을 자극하고 있다.

개념 적용하기

▶ 이 작품에 나타난 판소리계 소설의 특징

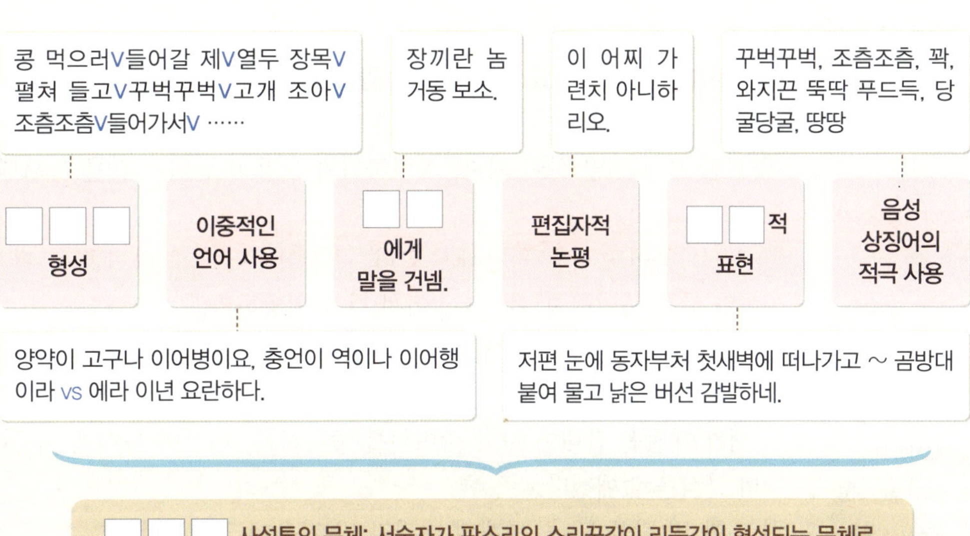

개념 확장하기

▶ 주요 판소리계 소설의 형성 과정

	판소리의 근원이 된 설화	→ 판소리	→ 판소리계 소설	→ 신소설
춘향전	열녀 설화, 암행어사 설화 등	춘향가	춘향전	옥중화
심청전	효녀 지은 설화, 거타지 설화 등	심청가	심청전	강상련
흥부전	방이 설화, 박 타는 처녀 설화	흥부가	흥부전	연의 각
토끼전	구토 설화	수궁가	토끼전	토의 간

판소리계 소설 / 영웅 소설

필수 개념 ❷ 영웅 소설

슈퍼맨 같은 영웅의 통쾌한
활약상이 펼쳐지다!

- 고전 소설은 보통 조선 시대부터 갑오개혁 이전, 그러니까 19세기 이전에 쓰인 소설을 말해.
- 고전 소설에는 여러 종류가 있는데, 그중에서도 **영웅 소설**은 말 그대로 **영웅의 일생을 다룬 소설**이야. 미국 마블 사의 영화에 나오는 아이언맨 같은 뛰어난 능력을 지닌 주인공의 활약상이 그려지지.
- 대부분의 영웅 소설은 고귀한 혈통과 뛰어난 능력을 지닌 주인공이 위기를 극복하고 승리자가 되는 이야기의 흐름을 보여. 이 흐름은 '**고귀한 혈통 → 기이한(비정상적인) 잉태 또는 출생 → 비범한 능력 → 어린 시절의 위기 → 조력자와의 만남 → 성장 후의 위기 → 위기 극복과 행복한 결말**'로 정리할 수 있어. 이걸 **영웅의 일대기적 구성**이라고 해. 영웅이 태어나서 죽을 때까지의 삶을 다루는 거지. 소설에 따라 이 중에서 한두 가지가 빠지거나 살짝 다르게 전개되는 경우도 있지만, 전체적인 이야기 흐름은 비슷해.

📖 전체 줄거리

홍길동은 능력이 뛰어나지만 서얼이라는 신분 때문에 천대를 받다 집을 나온다. 이후 길동이 활빈당이라는 무리를 이끌고 탐관오리의 재물을 빼앗자, 임금은 길동을 잡으려 하지만, 실패한다. 임금이 길동을 병조 판서로 임명하니 소원을 이룬 길동은 조선을 떠나 율도국의 왕이 되어 이상적인 정치를 펼친다.

*판서: 조선 시대의 높은 벼슬.

*본처: '아내'를 첩(정식 아내 외에 데리고 사는 여자.)에 상대하여 이르는 말.

*적자: 본처가 낳은 아들.

*시비: 곁에서 시중을 드는 계집종.

*서얼: 서자(양반과 양민 여성 사이에서 낳은 아들.)와 얼자(양반과 천민 여성 사이에서 낳은 아들.)를 아울러 이르는 말.

*태기: 아이를 밴 기미.

*비범하다: 보통 수준보다 훨씬 뛰어나다.

*정벌: 적 또는 죄 있는 무리를 무력으로써 침.

*태평성대: 어진 임금이 잘 다스리어 태평한 세상이나 시대.

가 조선 시대에 홍 판서*는 두 아들을 두었는데, 하나는 이름이 인형으로 본처* 유 씨가 낳은 적자*이고, 다른 하나는 이름이 길동으로 시비* 춘섬이 낳은 서얼*이다.

나 홍 판서가 길동을 낳기 전에 꿈을 꾸었다. 갑자기 우레와 벼락이 진동하며 청룡이 수염을 거꾸로 하고 공을 향하여 달려들기에, 놀라 깨니 한바탕 꿈이었다. 마음속으로 크게 기뻐하여 생각하기를,

'내 이제 용꿈을 꾸었으니 반드시 귀한 자식을 낳으리라.'

다 과연 그날부터 태기*가 있어 열 달 만에 길동을 낳았는데, 생김새가 비범하였다*. 길동이 점점 자라 여덟 살이 되자, 총명하기가 보통이 넘어 하나를 들으면 백 가지를 알 정도였다.

라 "너는 죽어도 나를 원망하지 말라. 초란이 무당으로 하여금 홍 판서와 의논하게 하고, 어린 너를 죽이려 한 것이니, 어찌 나를 원망하랴."

칼을 들고 달려드는 특재를 보자, 길동은 분함을 참지 못해 도술로 특재의 칼을 빼앗아 들고 호통을 쳤다.

"네가 재물을 탐내어 사람 죽이기를 좋아하니, 너같이 도리에 어긋나는 놈은 죽여 뒷날의 근심을 없애겠다."

하고 한 번 칼을 드니, 특재의 머리가 방 가운데 떨어졌다.

마 임금이 홍길동의 활빈당 무리를 잡아야 한다고 전국 각지에서 올라오는 문서를 보고 크게 놀라 말하기를,

"이 도둑은 용맹과 술법이 매우 뛰어나 잡기가 어려우리라."

하고 군사들을 보내 길동을 잡으라 하였다.

바 길동은 서얼 출신인 자신에게 병조 판서를 내리면 조선을 떠나겠다고 하였다. 임금은 고심 끝에 길동에게 병조 판서 벼슬을 내렸다. 이에 길동은 임금에게 감사 인사를 드리고는 공중으로 사라졌다. 조선을 떠난 길동은 오랫동안 눈여겨보았던 율도국을 정벌*하여 왕이 되었다. 길동이 나라를 다스린 지 삼 년 만에 산에는 도적이 없고, 길에서는 떨어진 물건이 있어도 주워 가지지 않으니, 태평성대*라고 할 만하였다.

– 허균, 〈홍길동전〉

영웅 소설 이해하기

1. 윗글의 주인공 홍길동은 뛰어난 능력을 갖고 있어? O ☐ X ☐
2. 홍길동의 삶은 영웅의 일대기적 구성을 보이고 있어? O ☐ X ☐

보기 에 제시된 영웅의 일대기적 구성을 참고할 때, **가**~**바**에서 확인할 수 <u>없는</u> 것은?

보기

고귀한 혈통 → 기이한 잉태 또는 출생 → 비범한 능력 → 어린 시절의 위기 → 조력자와의 만남 → 성장 후의 위기 → 위기 극복과 행복한 결말

① 고귀한 혈통　　　② 비범한 능력　　　③ 어린 시절의 위기
④ 조력자와의 만남　　⑤ 위기 극복과 행복한 결말

개념 적용하기

▶ 이 작품에 나타난 영웅 소설의 특징

영웅의 일대기적 구성	홍길동의 일대기
고귀한 ☐☐	이름난 양반 가문의 아들로 태어남.
기이한(비정상적인) 잉태와 출생	상서로운 꿈을 꾼 뒤 잉태되었으나, 서얼로 태어남.
비범한 능력	어려서부터 총명하고 도술과 무술 능력이 뛰어남.
어린 시절의 ☐☐	홍 판서의 첩 초란이 뛰어난 능력을 가진 길동을 시기해 해치려 자객을 보냄.
조력자와의 만남	자객을 물리치고 집을 나가 활빈당이 될 도적 무리를 만나 그들의 우두머리가 됨.
성장 후의 위기	활빈당을 이끌고 탐관오리의 재물을 빼앗아 백성들에게 나눠 주자, 임금이 길동을 체포하라고 명령함.
위기 ☐☐과 행복한 결말	도술을 이용해 위기에서 벗어난 후 임금에게 벼슬을 받고는 율도국으로 가 왕이 되어 다스림.

영웅의 일대기적 구성을 보이며, 주인공 홍길동이 위기를 극복하고 승리하는 과정을 담은 전형적인 ☐☐ 소설임.

13 일차 · 판소리계 소설 / 영웅 소설

자라는 토끼를 만나기도 전에 호랑이를 만나 잡아먹힐 위기에 처했어. 군데군데 발견되는 판소리계 소설의 특징을 확인하며, 과연 자라가 이 위기를 어떻게 벗어날지 읽어 보자.

📖 전체 줄거리

발단 병이 든 남해 용왕은 토끼의 간이 약이 된다는 말을 듣고 토끼의 간을 구하기 위해 자라를 육지로 보낸다.

전개 육지에 도착한 자라가 천신만고 끝에 토끼를 만나 높은 벼슬을 주겠다는 말로 토끼를 유혹하고, 자라의 말에 속은 토끼는 자라를 따라 수궁에 간다.

위기 수궁에 도착한 토끼는 자신의 배를 갈라 간을 꺼내려는 용왕을 만나 죽을 위기에 처한다.

절정 토끼는 꾀를 내어 간을 육지에 두고 왔다고 하여 죽을 위기를 모면하고, 용왕은 자라에게 토끼와 함께 육지로 나가서 간을 찾아오도록 명령한다.

결말 육지로 올라온 토끼는 자라를 조롱하고, 간 대신 자신의 똥을 준다. 자라가 토끼 똥을 가지고 수궁에 가 용왕에게 먹이자 용왕의 병이 낫는다.

---

*영물: 신령스러운 물건이나 짐승.

*산군: '호랑이'를 달리 이르는 말.

*대한: 크게 일어난 가뭄.

*촌수: 친족 사이의 멀고 가까운 정도를 나타내는 수. 또는 그런 관계.

*객사: 객지(자기 집을 멀리 떠나 임시로 있는 곳)에서 죽음.

*백호: 호랑이로 형상화된, 서쪽 방위를 지키는 신령을 상징하는 짐승을 이름.

토끼전 | 작자 미상

전개 자라 묻는 말이, / "그대는 뉘라 하오?"

호랑이 기가 막혀,

"네가 내 근본을 알려 하느냐? 나는 산신 가운데 영물*이요, 짐승 가운데 우두머리 산군*이라. 이름을 호랑이라 하니 너는 무엇이냐?"

자라 엉겁결에, / "소인은 자라로소이다."

호랑이 듣더니,

"옳다, 좋다. 내 평소에 자라탕 먹기를 원하였는데 오늘 만났구나. 통째로 삼키면 배 속에 들어가 저절로 자라탕이 되리로다. 어흥, 좋다. 자라라니 반갑도다."

칠 년 대한* 가뭄 만나 빗발 보고 반기는 듯, 구 년 홍수 장맛날에 햇빛 보고 반기는 듯, 천리 타향에서 벗을 만난다고 반기는 듯, 부모 여읜 어린아이 친척 보고 반기는 듯, 이십에 시집 못 간 노처녀가 신랑 보고 반기는 듯, 삼십 전에 홀아비 되어 과부 보고 좋아하듯, 한창 이리 좋아할 때, 자라가 자라탕이란 말은 못 듣고 반갑다는 말만 듣고 속마음에, '이런! 나를 보고 저리 좋아하니 나하고 촌수*가 있나 보다.' 하고, / "그대 나와 몇 촌이나 되오?"

호랑이 이른 말이, / "네가 자라라니 내 배 속과 촌수가 있느니라."

"그러면 먹는다는 말이오?" / "먹어도 통째 삼키겠다."

"옳다, 잘 죽는다. 자라 아니오." / "그러면 무엇이냐?" / "남생이요."

"남생이면 더욱 좋다. 흰 구름 청산 구름 안개 속에 분별없이 다니더니 다리에 습진이 심하여 명의에게 물어보니 남생이가 마땅하다 하기에 한번 보기를 원하였더니라."

"그러면 남생이도 아니오." / "그러면 무엇이냐?" / "두꺼비로다."

"그러면 더욱 좋다. 너를 삶아 술에 타 먹으면 담 걸리는 데 즉효로다."

자라가 기가 막혀 우는 말이,

"못 보겠네, 못 보겠네, 병든 용왕 못 보겠네. 나의 충성 부족던가, 나의 정성 부족던가? 객사* 신세 자라 팔자 이 아니 불쌍한가? 밝은 하늘 감동하여 백호*를 죽여 주오. 애고애고 설운지고."

(중략)

자라 생각하되, '왕명을 받들고 만 리 밖에 나와 이 지경을 당하니, 한번 죽어지면 죽을 것도 없는 것이라. 먹지 못할 것이 없이 몽땅 잡아먹는다 하니, ㉠내 한번 고깃값이나 하리라.' 하고 모진 마음을 굳게 먹고,

"어따, 네가 내 근본을 알려느냐?"

하며 호랑이의 앞턱을 냅다 물고 매달리니, 호랑이, / "애고 놓아라, 아니 먹으마."

01 윗글에 대한 설명으로 적절하지 <u>않은</u> 것은?

① 산문*에 부분적으로 운문*적 요소가 섞인 문장을 사용하고 있다.
② 서술자가 전지적인 입장에서 인물의 속마음까지 전달하고 있다.
③ 서술자가 독자에게 마치 판소리의 소리꾼같이 말을 건네고 있다.
④ 유사한 내용을 열거하며 간단한 내용을 길게 늘여 서술하고 있다.
⑤ 사건 전개 과정에서 웃음을 유발하는 해학적 요소가 드러나 있다.

02 윗글의 내용과 일치하지 <u>않는</u> 것은?

① 자라는 처음 만난 호랑이를 자신과 먼 친척으로 오해하였다.
② 자라는 호랑이의 의도를 알자 자신의 정체를 숨기려 하였다.
③ 호랑이는 자라를 좋은 먹을거리로 여겼다가 결국 포기하였다.
④ 자라는 용왕의 명령을 받고 육지에 나왔다가 호랑이를 만났다.
⑤ 호랑이는 자신의 지위를 언급하며 자라를 달콤한 말로 꾀었다.

03 ㉠에 담긴 '자라'의 심리를 가장 잘 표현한 것은?

① 죽음은 피할 수 없으니 마음이나 편히 먹자.
② 죽을 때 죽더라도 한번 덤벼들기나 해 보자.
③ 어차피 죽을 것이니 저 놈 소원이나 풀어 주자.
④ 이왕 죽게 되었으니 보상이나 두둑이 받아 내자.
⑤ 육지까지 와서 토끼도 못 보고 죽다니 안타깝고 슬프다.

04 다음은 윗글이 발전되어 온 과정을 정리한 것이다. ㉮과 ㉯에 들어갈 말을 차례대로 쓰시오.

판소리계 소설

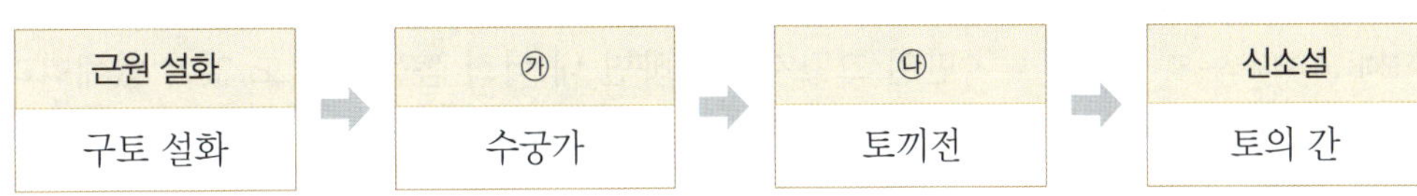

오랑캐를 무릎 꿇린 박씨의 통쾌한 한 판승! 영웅 소설의 주인공답게 신기한 도술을 부리는 박씨의 모습을 상상하며 읽어 보자.

📖 **전체 줄거리**

발단 조선 인조 때 이시백의 아버지는 박 처사의 청혼을 받아들여 이시백과 박씨를 혼인시킨다.

▼

전개 이시백이 박씨의 외모가 추하다는 이유로 박씨를 멀리하자, 박씨는 후원에 피화당을 짓고 그곳에서 홀로 지낸다.

위기 박씨는 뛰어난 능력으로 이시백을 급제시키고 신이한 재주를 드러내지만 이시백은 여전히 박씨를 멀리한다. 그러나 이후 박씨가 허물을 벗고 절세미인으로 탈바꿈하자 이시백은 지난날을 사과한다.

절정 용골대가 이끄는 청나라 대군이 조선을 침략하자 조정은 항복하지만, 박씨는 뛰어난 능력을 발휘하여 오랑캐를 물리치고는 왕대비를 구한다.

결말 전쟁이 끝난 뒤 임금은 박씨의 공을 치하하고, 박씨와 이시백은 행복한 여생을 보낸다.

＊**시비**: 곁에서 시중을 드는 계집종.

＊**도원수**: 예전에 전쟁이 났을 때 군사에 관한 일을 통괄하던 임시 무관 벼슬.

＊**진법**: 전투를 수행하기 위하여 진(군사들의 대열을 배치한 것)을 치는 방법.

＊**장안**: 수도라는 뜻으로, '서울'을 이르는 말.

＊**주렴**: 구슬 따위를 꿰어 만든 발.

＊**왕대비**: 살아 있는 선대 임금의 비.

＊**대군**: 왕의 적자(본처가 낳은 아들.)에게 주던 작위(벼슬과 지위.).

＊**군마**: 군대에서 쓰는 말.

＊**백배사례하다**: 거듭 절을 하며 고맙다는 뜻을 나타내다.

박씨전 | 작자 미상

절정 시비＊ 계화가 들은 체 아니하고 크게 꾸짖어 말하기를, "네 동생이 내 칼에 죽었으니, 너 또한 목숨이 내 손에 달렸으니 어찌 가소롭지 아니리오."

용골대가 화를 참지 못하고 호령하여, "일시에 활을 당겨 쏘라." 하니, 화살이 무수히 많았으나 하나도 피화당 근처에도 가지 못하는지라. 용골대 아무리 분한들 어찌하리오.

용골대가 조선 도원수＊ 김자점을 불러 말하기를, "네 군사를 몰아 박 부인과 계화를 사로잡아 들이라." 하니, 자점이 대포 한 발을 쏘고 군사를 몰아 피화당을 에워싸니, 문득 박씨가 주문으로 쳐 둔 진법＊이 변하여 백여 길 함정이 되는지라.

용골대가 이를 보고 꾀를 내어, 군사로 하여금 피화당 사방 십 리를 깊이 파고 화약을 많이 부은 뒤, "너희가 아무리 천 가지로 변화하는 방법이 있은들 이제 어찌하리오." 하고 군사들에게 호령하여 일시에 불을 놓으니, 화약 터지는 소리가 천둥같이 나며 장안＊ 삼십 리에 불길이 가득하더라.

이때, 박씨가 주렴＊을 드리우고 부채를 쥐어 불을 향해 부치니, 불길이 오랑캐 진을 덮쳐 오랑캐의 장수와 병졸들이 타 죽고 밟혀 죽으며 남은 군사는 살기 위해 다 도망하는지라.

용골대가 어찌할 수 없어, "이미 조선 왕의 항복 문서를 받아 큰 공을 세웠거늘, 부질없이 조그만 계집을 시험하다가 공연히 장수와 병졸만 다 죽였으니, 어찌 원통치 않으리오." 하고 군대를 돌려 돌아갈 제, 왕대비＊와 세자, 대군＊이며 장안의 여인들을 데리고 가는지라.

박씨가 시비 계화로 하여금 외쳐 말하기를, "무지한 오랑캐야, 너희 왕 놈이 무식하여 지난날 은혜를 베푼 우리 조선을 침범하였지만, 우리 왕대비는 데려가지 못하리라. 만일 그런 뜻을 두면 너희들을 결코 본국으로 돌려보내지 않으리라."

(중략)

이윽고 공중으로 두 줄기 무지개 일어나며, 모진 비가 천지를 뒤덮을 듯이 내리며, 으스스한 바람이 불더니 흰 눈이 날리고, 얼음이 얼어 군마＊의 발굽이 땅에 붙어 한 걸음도 옮기지 못하는지라. 용골대를 비롯한 오랑캐 장수들이 매우 두려워하며 아무리 생각하여도 모두 죽을 것 같은지라. 어쩔 수 없이 투구를 벗고 창을 버린 뒤, 피화당 앞에 나아가 무릎을 꿇고 애걸하기를, "부인의 말대로 왕대비는 아니 모셔 갈 것이니, 부디 살려 주옵소서."

박씨가 주렴 안에서 꾸짖어 말하기를, "너희들을 모두 죽일 것이로되, 하늘의 뜻을 생각하고 용서하거니와, 너희 놈이 본디 간사하여 용서받지 못할 죄를 지었으나 이번에는 살려 보내나니, 우리 세자와 대군을 부디 편안하게 모셔 가라. 만일 그렇지 아니하면 내 너희 놈들을 씨도 없이 없애리라."

이에 오랑캐 장수들이 백배사례하더라.＊

05 윗글에 대한 설명으로 적절하지 <u>않은</u> 것은?

① 사건 전개 과정에서 비현실적 요소가 나타나고 있다.
② 사건이 일어난 시간 순서대로 이야기가 전개되고 있다.
③ 서술자가 개입하여 작중 상황에 대해 논평을 하고 있다.
④ 산문임에도 운문과 같은 리듬감이 형성되는 부분이 있다.
⑤ 비범한 능력을 지닌 주인공이 영웅적 활약을 펼치고 있다.

06 윗글의 내용과 일치하는 것은?

① 김자점은 용골대에게 피화당을 공격하는 방법을 알려 주었다.
② 박씨는 항복하는 오랑캐군을 하늘의 뜻을 생각하여 죽이지 않았다.
③ 용골대와 그의 동생은 모두 박씨에게 덤비다 시비 계화에게 죽었다.
④ 용골대는 불을 이용한 공격이 실패하자 화살로 피화당을 공격하였다.
⑤ 박씨는 조선의 백성들을 구하기 위해 돌아가는 오랑캐군을 공격하였다.

영웅 소설

🔖 기출 변형

07 보기 를 참고하여 윗글을 감상한 내용으로 적절하지 <u>않은</u> 것은?

> **보기**
>
> 〈박씨전〉은 병자호란의 패전을 있는 그대로 받아들이고 싶지 않았던 조선 사람들의 욕망에 따라 패전의 고통을 안겼던 실존 인물 용골대를 물리치는 장면을 중심으로 허구화되었다. 이 작품의 특이한 점은 여성 영웅 소설이라는 것인데, 이는 병자호란 때 나라를 지키지 못한 조선 관리들의 무능함과 남성 중심 사회에 대한 비판 의식이 반영된 것으로 볼 수 있다.

① 장안의 여인들이 오랑캐에게 끌려가는 장면은 병자호란 당시 조선 백성들이 당한 고통을 드러내는 것으로 볼 수 있다.
② 용골대에게 조선 도원수인 김자점이 복종하며 따르는 장면은 당시 조선 관리들의 무능함을 드러내는 것으로 볼 수 있다.
③ 용골대가 장수와 병졸들의 죽음에 탄식하는 장면은 그들의 죽음의 책임을 박씨에게 돌리는 무책임한 모습으로 볼 수 있다.
④ 오랑캐 장수들이 박씨를 두려워하며 애걸하는 장면은 패전을 받아들이고 싶지 않았던 당시 사람들의 마음이 반영된 것으로 볼 수 있다.
⑤ 박씨가 뛰어난 능력으로 오랑캐를 물리치는 장면은 여성의 능력을 부각함으로써 남성 중심 사회를 비판하려는 생각이 드러난 것으로 볼 수 있다.

✍️ 주관식·서술형

영웅 소설

08 보기 의 빈칸에 들어갈 말을 차례대로 쓰시오.

> **보기**
>
> 〈박씨전〉은 박씨라는 비범한 능력을 지닌 인물이 국가의 위기 상황에서 영웅적 활약상을 보여 위기를 ☐☐한 후 행복한 여생을 보낸다는, ☐☐의 ☐☐☐☐적 구성을 보인다.

▶ 〈토끼전〉에
나타나는
판소리계
소설의 특징

□□□ 형성	장면의 극대화	□□적 표현
"못 보것네∨못 보것네.∨병든 용왕∨못 보것네.//나의 충성∨부족던가,∨나의 정성∨부족던가?//~ 애고애고∨설운지고."	칠 년 대한 가뭄 만나 빗발 보고 반기는 듯, ~ 삼십 전에 홀아비 되어 과부 보고 좋아하듯	'이런! 나를 보고 저리 좋아하니 나하고 촌수가 있나 보다.' 하고, ~ "네가 자라라니 내 배 속과 촌수가 있느니라."
비슷한 구절의 반복, 4·4조, 4음보	열거와 대구를 통한 장면의 극대화	웃음 유발

➡ 판소리 사설투의 문체로 이야기를 흥겹고 재미있게 전달함.

▶ 〈박씨전〉에
나타나는
영웅 소설의
특징

비범한 능력의 주인공	위기 상황	위기 □□
주인공 □□는 도술을 하는 등 비범한 능력을 지닌 영웅적인 인물임.	용골대가 이끄는 오랑캐군이 쳐들어와 나라(조선)가 위기에 처함.	박씨는 시비 계화와 함께 비범한 능력을 발휘하여 오랑캐를 물리치고 왕대비를 구함.

➡ 뛰어난 능력을 지닌 영웅이 적을 물리치고 나라를 위기에서 구함.

🔍 작품 한눈에 **토끼전** | 작자 미상

한줄평 ▶ 헛된 욕심을 경계하며 위기를 극복할 지혜의 필요성을 보여 주는 판소리계 소설

사건	소재 및 배경	구성 및 서술상 특징
• **자라가 호랑이를 속임.**: 호랑이를 만난 자라가 호랑이 사냥을 나왔다고 겁주자 호랑이가 속아 넘어감. • **자라가 토끼를 속임.**: 자라가 토끼의 간을 빼앗기 위해 본심을 숨긴 채 온갖 감언이설로 토끼를 꾐. • **토끼가 용왕을 속임.**: □을 육지에 두고 왔다는 토끼의 꾀에 용왕이 속아 넘어감.	• **토끼의 '간'**: 인물 간 갈등의 원인. 권력의 착취로부터 끝까지 지켜야 할 민중의 삶을 상징함. • **육지(산속)와 바다(수궁)**: '□□'는 피지배 계층의 서민 사회를 상징하고, '□□'는 지배 계층의 귀족 사회를 상징함. 공간이 달라짐에 따라 토끼와 자라의 처지와 태도가 변화함.	• **대립적인 인물 구도**: 토끼 vs 용왕·자라의 대립 구도를 보임. • **□□□□ 사설체**: 판소리의 흔적으로 운율(리듬감)과 해학성을 지님. • **서민 의식의 반영**: 토끼가 용왕과 자라를 조롱하며 달아남. → 어리석은 지배 계층에 대한 피지배 계층의 비판 의식이 반영됨.

주제: ① 위기 극복의 지혜와 헛된 욕심에 대한 경계(토끼의 입장) ② 임금에 대한 충성(자라의 입장) ③ 부정하고 무능한 집권층에 대한 비판과 풍자(용왕의 입장)

한줄평 ▶ 주인공 박씨가 비범한 능력을 발휘하여 오랑캐를 물리치는 여성 영웅 소설

사건

- **박씨의 변신**: 추한 외모였던 박씨가 가정 내에서 천대를 받다가 허물을 벗고 아름다운 모습으로 변신함. → 1차 위기를 겪는 영웅과 그 극복 과정
- **오랑캐의 침략**: 나라의 위기이자 영웅의 2차 위기
- **오랑캐의 격퇴**: 박씨의 영웅적 기상과 비범한 능력으로 오랑캐를 물리침. → 위기 극복

소재 및 배경

- **피화당**: '화를 피하는 집'이라는 뜻으로, 박씨가 허물을 벗는 공간이자, 오랑캐에 맞서 승리를 거두는 공간임. 곧, 박씨의 뛰어난 능력이 드러나는 공간임.
- **허물**: 박씨가 영웅으로서 겪어야 하는 통과 의례를 상징함.
- **시대적 배경(전쟁 상황)**: 실제 역사인 □□□□을 배경으로 하여 박씨의 영웅적 활약상을 드러냄.

구성 및 주제 의식

- **구성**: ① 가정 내 갈등을 다룬 전반부와 국가의 위기 상황을 다룬 후반부로 나뉨. ② 박씨가 비범한 능력으로 고난을 극복하고 행복한 결말을 맞는 □□의 일대기 구성
- **당대 의식 반영**: ① 병자호란의 패배에 대한 치욕과 고통을 심리적으로 극복하고자 함. ② □□의 능력을 부각함으로써 남성 중심 사회에 대해 비판하고자 함.

주제: ① 박씨 부인의 영웅적 활약상 ② 병자호란의 패배로 인한 치욕과 고통의 심리적 극복

어휘 확인

정답 및 해설 43쪽

[1~5] 보기 에서 어휘의 뜻풀이의 (   ) 안에 들어갈 어휘 ㉠~㉤을 찾아 쓰시오.

보기

| ㉠ 혈통 | ㉡ 치하 | ㉢ 무능 | ㉣ 거동 | ㉤ 유발 |

뜻풀이

1 남이 한 일에 대하여 고마움이나 칭찬의 뜻을 표시함. 주로 윗사람이 아랫사람에게 함. [   ]

2 어떤 일을 해결하는 능력이 없음. [   ]

3 몸을 움직임. 또는 그런 짓이나 태도. [   ]

4 어떤 것이 다른 일을 일어나게 함. [   ]

5 같은 핏줄의 계통. [   ]

권선징악 / 전기성

필수 개념 ❶ 권선징악

- 권선징악[권할 권(勸) + 착할 선(善) + 혼날 징(懲) + 악할 악(惡)]은 **착한 일을 권장하고 악한 일을 나무라며 주의를 준다**는 뜻이야.
- 고전 소설이 옛날이야기라고 재미만 추구할 것 같지? 근데 고전 소설은 재미뿐만 아니라 삶의 교훈도 담고 있어. 고전 소설에 나타나는 교훈은 대개 **착하게 살아야 한다는 '권선징악'**이야. 이건 **착한 일을 한 사람은 복을 받고 악한 일을 한 사람은 벌을 받는 결말을 통해 이루어져.**
- 권선징악과 함께 따라 나오는 **'인과응보'**와 **'행복한 결말'**도 기억해 두면 좋아. 인과응보는 쉽게 말해 행동한 대로 대가를 치른다는 거야. 권선징악과 인과응보의 교훈이 자연스럽게 착한 사람의 행복한 결말로 이어지는 이야기 흐름을 보이며 고전 소설의 주제를 형성해.

📖 전체 줄거리

나쁜 놀부와 착한 흥부 형제가 살았는데, 형 놀부는 가난한 동생 흥부를 도와주지 않고 구박한다. 어느 날, 흥부가 다친 제비를 치료해 주자 제비가 박씨를 물어다 주고, 그 박씨를 심어 난 박 속에서 많은 재물이 나와 흥부는 큰 부자가 된다. 이에 놀부는 멀쩡한 제비 다리를 부러뜨려 흥부를 따라 하지만, 박 속에서 나쁜 것들이 나와 재산을 빼앗고 벌을 내린다. 이 소식을 들은 흥부는 놀부를 도와주고, 이후 형제는 화목하게 산다.

[앞부분의 줄거리] 심술궂은 형 놀부가 착한 동생 흥부를 쫓아내고 부모님의 유산을 독차지한다. 가난한 흥부는 놀부에게 도움을 청하지만 놀부 부부에게 매만 맞는다. 어느 날 흥부는 다리가 부러진 제비 새끼를 정성껏 치료해 주고, 제비는 그 보답으로 박씨를 물어다 준다. 박씨를 심어 박이 익자 흥부는 박 속으로 죽을 끓여 먹기 위해 아내와 함께 박을 타기 시작한다.

슬근슬근* 타 놓으니 뜻밖에 박통 안에서 난데없는 궤* 둘이 나오거늘, 흥부 깜짝 놀라,
"복 없는 놈은 계란에도 뼈가 있다고, 어떤 놈이 박속은 긁어 먹고 남의 세간* 박살 낸 귀신 상자를 넣었구나. 이것 다 버리고 천리만리 도망합세."
흥부 아내 이르는 말이, / "죄 없으면 괜찮으니 자세히 살펴보오."
자세히 살펴보니 금색의 큰 글씨로 '흥부 열어 보시오.'라고 뚜렷이 적혔거늘. 궤를 열어 보니 한 궤에는 돈이 가득, 또 한 궤에 쌀이 가득,
"애고 여기 쌀 들었다."
비워 내고 재어 보니 쌀이 서 말이요 돈이 삼십 냥, 그 돈으로 반찬 사고 그 쌀로 밥을 지어 배불리 먹고 궤를 다시 돌아보니, 도로 쌀이 가득하고 도로 돈이 가득하니,
"허허 그 궤 미치겄다."
돌아섰다 비워 내고 돌아섰다 비워 내고, 하루를 비워 내니 쌀이 삼천칠백 석, 돈이 삼만 칠천 냥, 하루 내에 얻은 세간 석숭*이를 부러워할쏘냐. 흥부 부부 주리다가 양식 많이 얻은 김에 밥을 많이 하여 어찌들 먹었던지, 흥부 아내 배는 배꼽을 만지려면 선반의 것 만지듯 하고, 흥부는 배꼽에 거울 놓고 망건* 쓰기 좋게 불렀구나.

*슬근슬근: 물체가 서로 맞닿아 가볍게 스치며 자꾸 비벼지는 모양.

*궤: 물건을 넣도록 나무로 네모나게 만든 그릇.

*세간: 집안 살림에 쓰는 온갖 물건.

*석숭: 중국 진(晉)나라의 큰 부자.

*망건: 상투를 튼 사람이 머리카락을 걷어 올려 흘러내리지 않도록 머리에 두르는 그물처럼 생긴 물건

[뒷부분의 줄거리] 타는 박마다 재물이 쏟아져 나와 흥부는 큰 부자가 된다. 이 소식을 들은 놀부는 더 큰 부자가 되고 싶은 마음에 멀쩡한 제비 다리를 일부러 부러뜨려서 자신도 흥부를 따라 해 보지만, 오히려 박 속에서 온갖 나쁜 것들이 나와 놀부의 재산을 모두 빼앗는다.

– 작자 미상, 〈흥부전〉

📎 **권선징악 이해하기**

1. 흥부는 (착한 , 악한) 사람이고, 놀부는 (착한 , 악한) 사람이야.
2. 결국 흥부는 (복 , 벌)을 받고, 놀부는 (복 , 벌)을 받아.

윗글에 대한 설명으로 적절하지 <u>않은</u> 것은?

① 착한 흥부가 부자가 되는 행복한 결말을 보이고 있다.
② 독자에게 착하게 살라는 권선징악의 교훈을 전달하고 있다.
③ 제비는 착한 행동을 한 흥부에게 복을 주는 역할을 하고 있다.
④ 선악의 행동에 따라 복과 벌을 받는 인과응보의 모습을 보이고 있다.
⑤ 흥부의 아내는 선악을 판단하여 흥부가 올바른 길을 가도록 이끌고 있다.

🖊 **개념 적용하기**

▶ **이 작품에
나타난
권선징악**

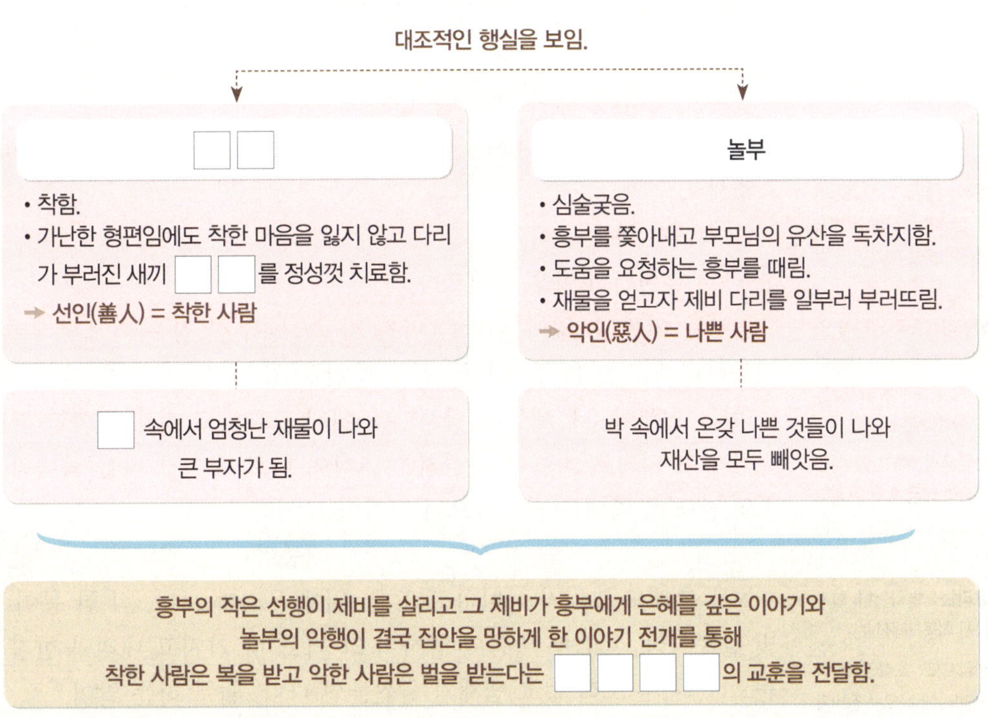

🖨 **개념 확장하기**

▶ **고전 소설 속
대립적 인물**

- 대부분의 고전 소설에는 **전형적인 선인(착한 사람)과 전형적인 악인(나쁜 사람)이 등장하여 대립 구도를 형성**함.
- 선과 악의 판단 기준은 부모에 대한 효심이나, 나라에 대한 충성심, 형제간의 우애와 같은 유교적 덕목임.
- 소설의 전반부에는 악인이 선인을 괴롭히는 이야기가 전개되고, 후반부는 악인이 벌을 받고 선인이 행복하게 되는 이야기가 전개됨. 이런 **인물의 대립 구도 역시 결국 악인이 벌을 받거나 선인이 상을 받는 결말로 마무리되어 권선징악의 주제를 드러내며 교훈을 줌.**

권선징악 / 전기성

필수 개념 ❷ 전기성

- 전기성[전할 전(傳)＋기이할 기(奇)＋성질 성(性)]은 **전해져 내려오는 기이한 성질** 또는 **세상에서 일어나기 힘든 성질**이라는 뜻이야.
- 고전 소설을 읽다 보면 흔히 주인공이 도술을 부려 악당을 물리치거나, 귀신과 만나 사랑에 빠지거나, 용궁으로 가거나 하는 **신비롭고 환상적인 장면과 비현실적인 사건**이 일어나. 현실에서 일어나기 힘든 이러한 **비현실적인 상황 설정을 전기성**이라고 해.
- 전기성을 통해 인물의 뛰어난 능력을 드러내며 문제 상황을 해결하기도 하고, 권선징악과 같은 교훈적인 주제를 더욱 강조할 수 있지.

놀부 또 박 한 통을 따 가지고 내려와서 째보를 달래되,

"이번 박은 겉으로 봐도 아주 좋으니 바삐 타 보세."

하며, 타는데 ㉠박 속에서 우레* 같은 소리 진동하며 비로다 비로다 하니, 놀부 어찌할 줄 모르고 박 타기를 멈추니, 박 속에서 또 불러 이르되,

"무슨 거래를 이다지 하는가. 나는 비로다."

놀부 더욱 겁을 내어 하는 말이,

"비라 하니 무슨 비온지? 당나라의 양귀비*오니까, 순임금의 이비*니까? 이름을 알려 주시오."

박 속에서 하는 말이,

"나는 유현덕의 아우 장비로다."

놀부는 어쩔 수 없이 ㉡박을 마저 타고 보니, 한 장수 나오되 얼굴은 검고 구레나룻이 가득하며 고리눈*을 부릅뜨고, 투구에 갑옷 입고 장팔사모*를 들고 내달으며*,

"이놈 놀부야, 네 세상에 나서 부모에게 불효하고 형제 불화할 뿐만 아니라 여러 가지 죄악*이 많기로 하늘이 무심치 아니하여 나로 하여금 너를 죽이라 명하여 왔거니와 너의 잔명*을 죽여도 쓸데없으니 견디어 보아라."

(중략)

놀부 그래도 그치지 아니하고 또 집 위에 올라가 보니, 박 한 통이 있되 빛이 누르고 불빛 같은지라. ㉢놀부 마음이 동하여 그 박을 따 가지고 내려와 한참 타다가 귀를 기울여 들으니, 아무 소리 없고 냄새가 물씬물씬 나니, 놀부 하는 말이,

"이 박은 농익어 썩은 박이로다."

하고 계속 박을 타니, ㉣홀연 박 속에서 거센 바람이 일어나며 똥 줄기 나오는 소리 산천*이 진동하는지라. 온 집안이 매우 놀라 대문 밖으로 나와 문틈으로 엿보니, ㉤된똥·물찌똥·진똥·마른 똥 여러 가지 똥이 마구 나와 집 위까지 쌓이는지라. 놀부 놈이 기가 막혀 발을 동동 구르며 탄식한다.

"부자가 될 양으로 박을 심었다가 많은 재산을 다 없애고 전후에 없는 고생과 매 맞은 일이며 끝에 와서는 온 집안이 이리되니 이런 분하고 원통한 일이 어디 있으리오."

－ 작자 미상, 〈흥부전〉

*우레: 천둥. 뇌성(천둥이 칠 때 나는 소리.)과 번개를 동반하는 대기 중의 방전 현상.

*양귀비: 중국 당나라 임금인 현종의 아내. 아름답고 춤과 음악에 뛰어났으며 총명하였다고 함.

*순임금의 이비: 중국 전설상의 임금 순의 두 왕비인 아황과 여영을 이르는 말.

*고리눈: 놀라거나 화가 나서 휘둥그레진 눈.

*장팔사모: 소설인 〈삼국지연의〉에 나오는 장비가 쓴 무기로, 길고 날 끝부분이 뱀처럼 구부러진 창.

*내닫다: 갑자기 밖이나 앞쪽으로 힘차게 뛰어나가다.

*죄악: 죄가 될 만한 나쁜 짓.

*잔명: 얼마 남지 아니한 쇠잔한 목숨.

*산천: 산과 강을 아울러 이르는 말.

📎 전기성 이해하기

1. 놀부가 탄 박에서 나온 인물은? _______________________

2. 놀부가 마지막으로 탄 박에서 나온 것은? _______________________

3. 현실에서 실제로 박을 타면 1과 2의 것들이 나올 수 있을까? 있다 ☐ 없다 ☐   → 있다: 전기성 X, 없다: 전기성 O

윗글의 ㉠~㉤ 중 전기성이 드러난 것으로 볼 수 <u>없는</u> 것은?

① ㉠   ② ㉡   ③ ㉢   ④ ㉣   ⑤ ㉤

📒 개념 적용하기

▶ **이 작품에 나타난 전기성**

놀부의 악행

• 부모에게 불효
• ☐☐ 불화
• 여러 가지 죄악이 많음.
→ 전형적인 ☐☐

재물 기대 →
← **악행 응징**

박

• 박 속에서 소설 속 인물인 장비가 나와 놀부를 혼내 줌.
• 박 속에서 여러 가지 ☐이 마구 나와 집 위까지 쌓임.
→ 비현실적인 소재

놀부가 탄 박에서 〈삼국지연의〉라는 소설에 등장하는 장비가 나와 놀부를 혼내고, 또 다른 박에서는 온갖 똥이 쏟아져 나와 놀부의 집을 뒤덮어 버리는 상황이 전개되는 비현실적인 상황 설정, 곧 ☐☐☐을 통해 악인을 징계함.

🖨 개념 확장하기

▶ **고전 소설의 또 다른 특징**

사건 전개의 우연성	사건 전개가 반드시 그렇게 되어야 할 이유 없이 우연히 이루어짐. 우연성은 사건 전개의 개연성은 떨어뜨리지만, 독자의 흥미를 자극하는 효과가 있음.
재자가인형 인물	'재자가인'은 재주 있는 남자와 아름다운 여자를 아울러 이르는 말임. 고전 소설의 주인공은 평범한 인물들도 있지만, 대체로 뛰어난 재주와 아름다운 외모를 두루 갖춘 재자가인형 인물임.
전형적·평면적 인물	• 어떤 계층이나 집단의 공통적 속성을 드러내거나 대표하는 인물이 등장함. • 이야기의 전개 과정에서 대체적으로 처음의 성격이 변하지 않는 평면적인 인물이 등장하여, 인물 간 선악의 대립 구도를 펼침.

권선징악 / 전기성

아버지를 위해 자신의 목숨을 바친 심청이의 지극한 효심을 생각하며 읽어 보자.

📖 **전체 줄거리**

발단 심 봉사가 젖동냥으로 키운 심청은 자라서 아버지를 극진히 모신다.

전개 심 봉사는 눈을 뜰 수 있다는 중의 말에 공양미 삼백 석을 시주할 것을 약속한다.

위기 공양미를 마련하기 위해 자신을 제물로 팔아 인당수에 뛰어든 심청은 용왕의 도움으로 인간 세계로 돌아온다.

절정 천자는 심청을 아내로 맞이하고, 황후가 된 심청은 심 봉사를 찾고자 맹인 잔치를 연다.

결말 맹인 잔치에서 심청과 만난 심 봉사는 눈을 뜨게 되고, 이후 심청과 심 봉사는 행복하게 살아간다.

***낱:** 여럿 가운데 따로따로인. 아주 작거나 가늘거나 얇은 물건을 하나하나 세는 단위.

***광풍:** 미친 듯이 사납게 휘몰아치는 거센 바람.

***뱃사공:** 배를 부리는 일을 직업으로 하는 사람.

***고사:** 나쁜 운은 없어지고 풍요와 행운이 오도록 섬기는 신에게 음식을 차려 놓고 비는 제사.

***참군, 승지, 빈랑, 감찰왕, 수찬, 한림, 수문장, 청령 사령:** 여러 벼슬 이름.

***백관:** 모든 벼슬아치.

심청전 | 작자 미상

위기 "심청은 시각이 급하니 어서 바삐 물에 들라."

심청이 거동 보소. 두 손을 모으고 일어나서 하느님께 비는 말이,

"비나이다, 비나이다, 하느님께 비나이다. 제가 죽는 일은 조금도 서럽지 않아도, 병든 아버지 깊은 한을 생전에 풀려고 이 죽음을 당하오니 하느님은 감동하사 어두운 아비 눈을 뜨게 하여 주옵소서."

눈물지며 하는 말이,

"여러 뱃사람님네 평안히 가옵시고, 억십만 금 이익 남겨 물가를 지나거든 나의 혼백 불러내어 제사나 지내 주오."

하며, 안색을 변치 않고 뱃전에 나서 보니 티 없이 푸른 물은 월러렁 콸넝 뒤둥구리 굽이쳐서 물거품 들끓는데, 심청이 기가 막혀 뒤로 벌떡 주저앉아 뱃전을 다시 잡고 기절하여 엎드린 모습은 차마 보지 못할 지경이다.

심청이 다시 정신 차려 할 수 없어 일어나서 치마폭을 뒤집어쓰고, 종종걸음으로 물러섰다 바닷속에 몸을 던지며,

"애고 애고, 아버지 나는 죽소."

뱃전에 한 발이 잘못 걸려 거꾸로 풍덩 빠지니, 꽃 같은 몸이 풍랑에 휩쓸리고 밝은 달이 물속에 잠기어 넓은 바닷속에 곡식 낱*이 빠진 것 같았다. 곧 물결은 잔잔해지고 광풍*은 잦아지며, 맑은 하늘 푸른 안개 해 뜨는 동쪽처럼 날씨가 좋아졌다. 뱃사공* 하는 말이,

"고사*를 지낸 후에 날씨가 좋아지니 심 낭자 덕 아니신가?"

(중략)

이때 심 낭자는 넓은 바다에 뛰어들어 죽은 줄로 알았는데, 무지개 영롱하고 향내가 코를 찌르며 맑은 피리 소리 은근히 들리기에 어쩐 일인지 모를 적에, 옥황상제께서 인당수 용왕과 사해 용왕, 염라대왕에게 일일이 명을 내리셨다.

"내일 하늘이 내린 효녀 심청이가 그곳에 갈 것이니 몸에 물 한 점 묻지 않게 할 것이며, 만일 모시기를 실수하면 사해 용왕은 천벌을 주고 염라대왕은 쫓아낼 것이니, 수정궁으로 모셔 들여 삼 년 받들고 단장하여 세상으로 돌려보내라."

명을 내리니 사해 용왕과 염라대왕이 모두 다 놀라 두려워하며, 무수한 바다의 장군과 군사들이 모여들 적에, 참군* 별주부, 승지* 도미, 빈랑* 낙지, 감찰왕* 잉어며, 수찬* 송어와 한림* 붕어, 수문장* 메기, 청령 사령* 자가사리, 승지 북어, 삼치 갈치 수군 백관*과 백만 물고기 병사며, 무수한 선녀들은 백옥 가마를 마련하여 그때를 기다리니, 과연 옥 같은 심 낭자가 물로 뛰어들기에 선녀들이 받들어 가마에 태웠다. 심 낭자 정신을 차려 하는 말이,

"속세의 비천한 인간으로 어찌 용궁의 가마를 타오리까?"

하니 여러 선녀들이 말하기를,

"옥황상제 분부가 엄하시니 만일 타시지 않으시면 우리 용왕이 죄를 면치 못하실 것이니 사양치 마시고 타옵소서."

01 윗글의 내용과 일치하지 <u>않는</u> 것은?

① 심청은 아버지를 보지 못하고 죽는 것을 한탄하였다.
② 뱃사공은 바다가 잔잔해진 것을 심청의 덕으로 여겼다.
③ 심청은 물에 빠진 직후에 자신이 죽었다고 생각하였다.
④ 옥황상제는 앞으로 심청에게 일어날 일을 언급하였다.
⑤ 용궁 사람들은 바닷속에서 심청이 오기를 기다리고 있었다.

02 윗글에 대한 설명으로 적절하지 <u>않은</u> 것은?

① 부모에 대한 지극한 정성과 효심을 형상화하고 있다.
② 의성어를 활용하여 공간을 생동감 있게 묘사하고 있다.
③ 초월적 존재의 개입으로 사건이 새롭게 전환되고 있다.
④ 선인과 악인의 대립 구도를 통해 사건이 전개되고 있다.
⑤ 사람을 제물로 바치는 당시의 불합리한 풍속이 드러나 있다.

전기성

03 윗글에서 〔보기〕의 ㉠에 해당하는 것은?

〔보기〕

　고전 소설에서는 현실에서는 도저히 일어날 수 없는 비현실적인 사건이 나타나기도 하는데, 이를 ㉠전기적 요소라고 한다.

① 인당수의 물이 거세게 굽이쳐서 물거품이 들끓는 상황
② 심청이 인당수에 뛰어들려다 기가 막혀 주저앉아 기절하는 상황
③ 심청이 깊은 바다에 빠졌는데 죽지 않고 선녀들의 마중을 받는 상황
④ 심청이 스스로 물결이 세차고 물거품이 들끓는 바닷속으로 뛰어드는 상황
⑤ 뱃사람들이 냉정한 태도로 심청에게 바닷물 속으로 뛰어들라고 재촉하는 상황

🖐 주관식·서술형

04 다음 빈칸에 들어갈 말을 윗글에서 찾아 4어절로 쓰시오.

📖 **전체 줄거리**

발단 심 봉사가 젖동냥으로 키운 심청은 자라서 아버지를 극진히 모신다.

▼

전개 심 봉사는 눈을 뜰 수 있다는 중의 말에 공양미 삼백 석을 시주할 것을 약속한다.

▼

위기 공양미를 마련하기 위해 자신을 제물로 팔아 인당수에 뛰어든 심청은 용왕의 도움으로 인간 세계로 돌아온다.

▼

절정 천자는 심청을 아내로 맞이하고, 황후가 된 심청은 심 봉사를 찾고자 맹인 잔치를 연다.

▼

결말 맹인 잔치에서 심청과 만난 심 봉사는 눈을 뜨게 되고, 이후 심청과 심 봉사는 행복하게 살아간다.

결말 이때 심 황후 여러 날을 맹인 잔치하며 맹인 명부*를 아무리 보아도 심 씨 맹인이 없으니 탄식하시며,

"아버지를 뵈려고 이 잔치를 열었는데 보지 못하였으니, 내가 인당수에 빠져 죽은 줄로 아시고 애통*하여 죽으셨나? 몽은사 부처님이 영험하시어* 그새 눈을 떠서 맹인 부류에서 빠지셨는가? 잔치는 오늘이 끝이니 직접 나가 보리라."

하시고 후원에 몸소 나가셔서 잔치를 주관하고 맹인들에게 옷 한 벌씩 내어 주니 맹인이 다 감사 인사를 올리는데, 문득 문밖에 맹인 하나가 있으니 황후 신하를 시켜 물으시되, / "어떠한 맹인이오?"

심 봉사 겁을 내어,

"소인은 집도 절도 없이 빌어먹으며 떠돌아다녀 맹인 명부에도 들지 못하고 제 발로 왔습니다."

[A]

황후 반기시어, / "가까이 들라."

하시니, 심 봉사 아무것도 모른 채 겁을 내며 궁 안으로 들어가 계단 아래 섰으니, 얼굴은 몰라볼 정도로 변하고 백발이 가득하더라. 황후는 삼 년을 용궁에서 지냈으니 부친 얼굴이 가물가물하여 물으시길,

"처자가 있느냐?" / 심 봉사 엎드려 눈물을 흘리면서 말하기를,

"오래전에 아내를 여의고 태어난 지 칠 일 만에 어미 잃은 딸 하나 있었는데, 눈 어두운 중에 어린 자식을 품에 품고 동냥젖을 얻어 먹이며 겨우겨우 길러 내었습니다. 갓난아이가 점점 자라서는 효행이 옛사람을 앞설 정도가 되더니, 요망한* 중이 와서 공양미* 삼백 석을 시주하면* 제 눈을 뜨리라 하니, 딸아이가 이를 듣고, 저도 모르게 남경 뱃사람들에게 스스로를 삼백 석에 팔아 인당수 제물로 빠져 죽었사오니, 그때 십오 세라. 저는 눈도 뜨지 못하고 자식만 잃었사오니, 자식 팔아먹은 놈이 이 세상에 살아 본들 쓸데없사오니 죽여 주옵소서."

황후 울먹이며 그 말을 자세히 들으시매, 정녕 부친인 줄 알았으되, 부녀간 천륜*에 어찌 그 말씀이 그치기를 기다리랴마는 자연 말을 만들자 하니 그런 것이었다.

심 봉사 말을 마치자, 황후 버선발로 뛰어 내려와 부친을 안고,

"아버지, 제가 인당수에 빠져 죽었던 심청이오."

심 봉사 깜짝 놀라, / "이게 웬 말이냐?"

하더니, 어찌 반갑던지 뜻밖에 두 눈에서 딱지 떨어지는 소리가 나면서 두 눈이 활짝 밝아지니, 자리를 가득 채운 맹인들이 심 봉사 눈 뜨는 소리에 일시에 눈들이 희번덕 짝짝, 갈치 새끼 밥 먹이는 것 같은 소리를 내며 눈을 뜨니 많은 소경이 밝은 세상을 보게 되더라. 잔치에 먼저 참여하고 돌아가 집 안에 있

는 소경, 계집 소경도 눈이 다 밝아지고, 배 안의 맹인 배 밖의 맹인 반소경 청맹과니*까지 모조리 다 눈이 밝아지니, 모든 맹인에게는 천지개벽*이더라.

*명부: 어떤 일에 관련된 사람의 이름, 주소, 직업 따위를 적어 놓은 장부.

*애통: 슬퍼하고 가슴 아파함.

*영험하다: 바라는 바를 들어주는 신령한 힘이 있다.

*요망하다: 요사스럽고 망령되다.

*공양미: 절에서 공양(부처 등에게 음식 등을 바치는 일. 또는 그 음식.)에 쓰는 쌀.

*시주하다: 절이나 승려에게 물건을 바치다.

*천륜: 부모와 자식 간에 하늘의 인연으로 정하여져 있는 사회적, 혈연적 관계.

*청맹과니: 겉으로 보기에는 눈이 멀쩡하나 앞을 보지 못하는 눈. 또는 그런 사람.

*천지개벽: 자연계에서나 사회에서 큰 변동이 일어남을 비유적으로 이르는 말.

05 윗글에 대한 이해로 적절하지 <u>않은</u> 것은?

권선징악 / 전기성

① 극적이고 비현실적인 상황을 통해 행복한 결말을 구현하고 있다.
② 재자가인형의 영웅적 주인공이 인물 간의 갈등 상황을 해결하고 있다.
③ 효를 실천한 심청이 복을 받는 모습을 통해 권선징악의 교훈을 주고 있다.
④ 황후의 눈에 띈 문밖에 있던 맹인이 심 봉사라는 우연성이 드러나고 있다.
⑤ 아버지를 위해 희생한 심청이 황후가 된 인과응보의 상황이 나타나고 있다.

06 보기 의 ㉠～㉤ 중, 윗글에 대한 설명으로 적절한 것끼리 바르게 묶인 것은?

***우화**: 식물이나 동물, 또는 물체를 의인화하여 그들의 행동 속에 풍자와 교훈의 뜻을 나타내는 이야기.

> **보기**
>
> ㉠ 우화*적 기법을 사용하여 현실 세계를 풍자하고 있다.
> ㉡ 시대적 배경을 구체적으로 묘사하여 현실감을 주고 있다.
> ㉢ 음성 상징어를 활용하여 상황을 해학적으로 표현하고 있다.
> ㉣ 시간의 역순행적 구성을 통해 사건을 입체적으로 그리고 있다.
> ㉤ 등장인물의 말을 통한 과거 행적의 요약적 제시가 나타나고 있다.

① ㉠, ㉡　　② ㉡, ㉢　　③ ㉢, ㉣　　④ ㉢, ㉤　　⑤ ㉣, ㉤

(🔖 기출 변형)

07 [A]에 대한 설명으로 가장 적절한 것은?

① '황후'가 있는 궁에 '심 봉사'가 들어가는 과정을 묘사하여 딸을 만나러 가는 '심 봉사'의 마음을 드러내고 있다.
② '심 봉사'에게 가족에 관한 질문을 함으로써 '황후'가 '심 봉사'의 정체를 확인할 수 있는 계기가 마련되고 있다.
③ '심 봉사'가 부인이 일찍 죽게 된 이유를 눈물을 흘리며 말함으로써 '심 봉사'의 힘들었던 삶이 드러나고 있다.
④ '심 봉사'가 딸에게 그녀의 의지와는 무관한 선택을 강요함으로써 결국 영원히 이별하게 된 과정을 말하며 자책하고 있다.
⑤ '심 봉사'가 아버지임을 알아차린 '황후'가 '심 봉사'의 말이 끝나기 전에 자신이 딸임을 밝힘으로써 재회의 기쁨을 강조하고 있다.

(✋ 주관식·서술형)

08 보기 의 설명에 해당하는 공간을 윗글에서 찾아 3음절로 쓰시오.

> **보기**
>
> • 인물이 보다 나은 삶을 살기 위해 거쳐야 할 시련의 공간
> • 심청이 심 봉사와 함께 가난하게 사는 현실적인 이야기가 펼쳐지는 전반부와, 환상적·전기적인 이야기가 펼쳐지는 후반부 사이의 전환점이 되는 공간

▸ 이 작품에
나타난
☐☐☐☐

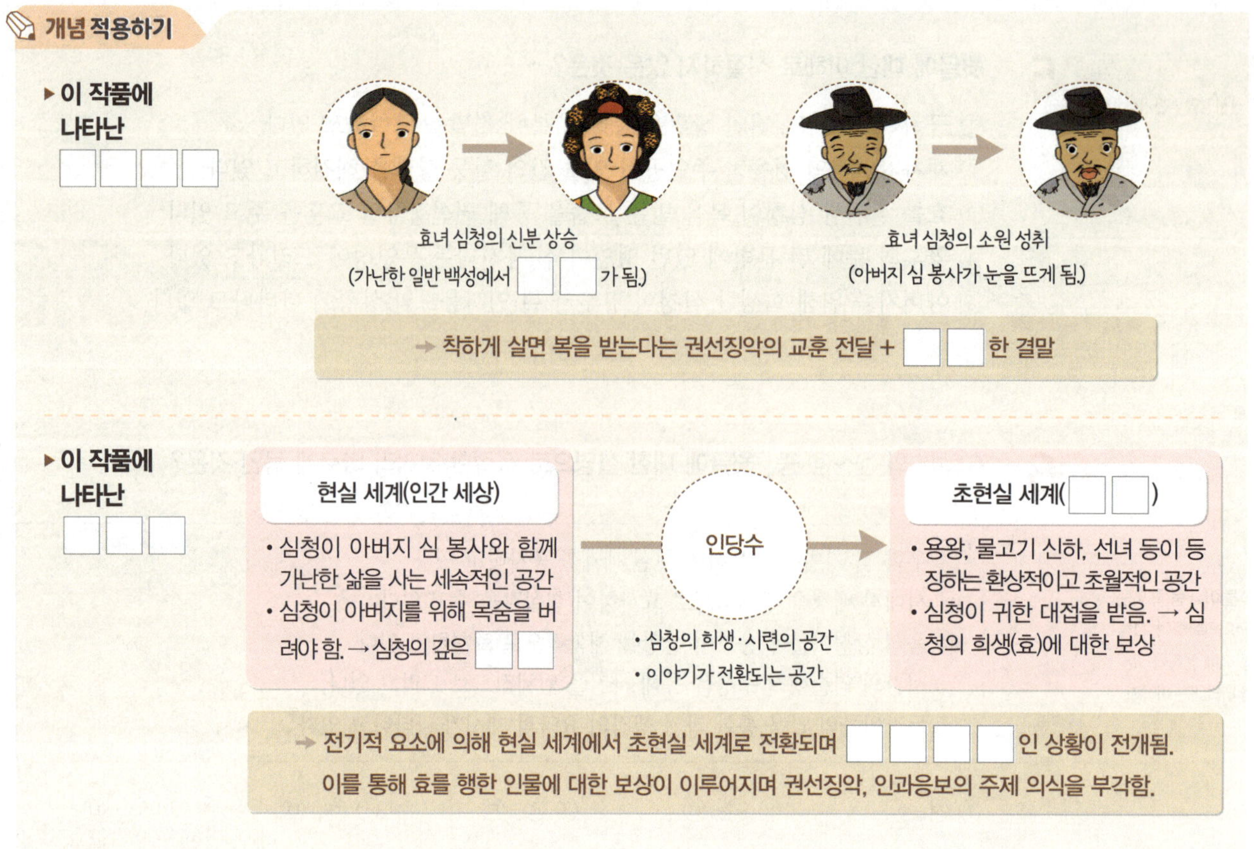

▸ 이 작품에
나타난
☐☐☐

현실 세계(인간 세상)		초현실 세계(☐☐)
• 심청이 아버지 심 봉사와 함께 가난한 삶을 사는 세속적인 공간 • 심청이 아버지를 위해 목숨을 버려야 함. →심청의 깊은 ☐☐	인당수 • 심청의 희생·시련의 공간 • 이야기가 전환되는 공간	• 용왕, 물고기 신하, 선녀 등이 등장하는 환상적이고 초월적인 공간 • 심청이 귀한 대접을 받음. → 심청의 희생(효)에 대한 보상

→ 전기적 요소에 의해 현실 세계에서 초현실 세계로 전환되며 ☐☐☐☐인 상황이 전개됨. 이를 통해 효를 행한 인물에 대한 보상이 이루어지며 권선징악, 인과응보의 주제 의식을 부각함.

🔍 작품 한눈에   **심청전** | 작자 미상

한줄평 ▸ 아버지를 위해 자신의 목숨을 바친 심청을 통해 효(孝) 사상을 강조한 판소리계 소설

사건

- **심청의 가난한 삶**: 당대 민중의 힘겨운 삶을 드러냄.
- **☐☐☐에 몸을 던진 심청**: 심청의 효심이 부각되며, 이후 심청은 용궁에서 귀한 대접을 받다 현실 세계로 다시 돌아옴.
- **황후가 된 심청과 눈을 뜬 심 봉사**: 효심이 지극한 주인공이 어려움을 극복하고 복을 받는 행복한 결말

소재 및 배경

- **공양미 삼백 석**: 심청이 시련을 겪게 되는 계기이자, 결과적으로 심 봉사가 눈을 뜨게 되는 시초
- **인당수**: ① 인물이 보다 나은 삶을 살기 위해 거쳐야 할 ☐☐의 공간 ② 이야기의 전환점 역할을 하는 공간
- **용궁**: 심청의 희생에 대한 ☐☐이 이루어지는 공간

구성 및 서술상 특징

- **이중적 구성**: 심청이 효를 행하는 전반부와 전기성을 바탕으로 그에 대한 보상이 이루어지는 후반부로 이야기가 나뉨. → 주제 의식 강조
- **일대기적 구성**: 심청의 출생부터 성장 이후까지의 과정을 시간의 순행적 흐름에 따라 제시함.
- **판소리 사설투의 문체**: 판소리 사설이 정착한 ☐☐☐☐ 소설의 특징을 지니며 해학성을 유발함.

↓

주제: 부모에 대한 지극한 효심. 인과응보

정답 및 해설 48쪽

[1~5] 다음에서 설명하는 어휘가 무엇일지 사다리를 연결하고 주어진 낱자를 활용하여 쓰시오.

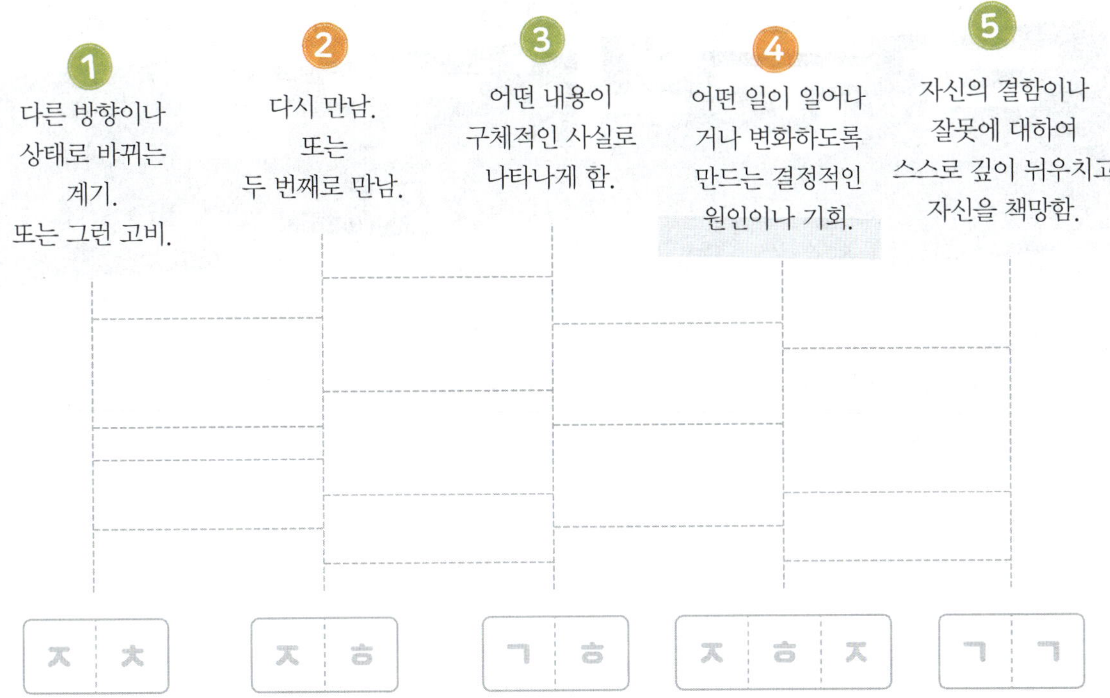

어휘 특강 '효'와 관련된 한자 성어

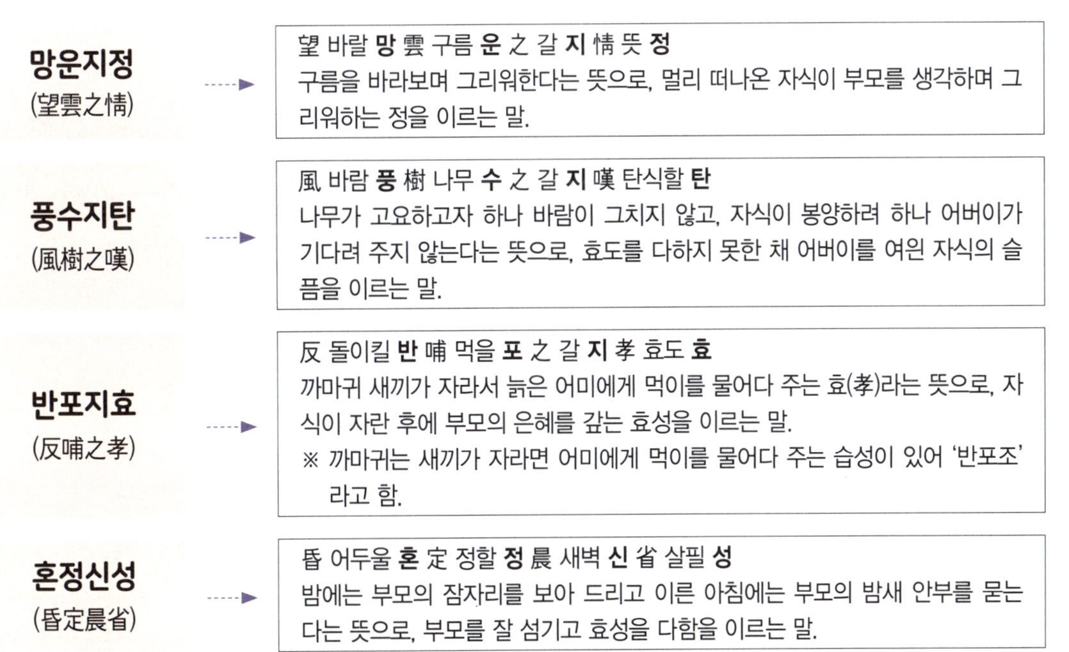

망운지정
(望雲之情)

望 바랄 **망** 雲 구름 **운** 之 갈 **지** 情 뜻 **정**
구름을 바라보며 그리워한다는 뜻으로, 멀리 떠나온 자식이 부모를 생각하며 그리워하는 정을 이르는 말.

풍수지탄
(風樹之嘆)

風 바람 **풍** 樹 나무 **수** 之 갈 **지** 嘆 탄식할 **탄**
나무가 고요하고자 하나 바람이 그치지 않고, 자식이 봉양하려 하나 어버이가 기다려 주지 않는다는 뜻으로, 효도를 다하지 못한 채 어버이를 여읜 자식의 슬픔을 이르는 말.

반포지효
(反哺之孝)

反 돌이킬 **반** 哺 먹을 **포** 之 갈 **지** 孝 효도 **효**
까마귀 새끼가 자라서 늙은 어미에게 먹이를 물어다 주는 효(孝)라는 뜻으로, 자식이 자란 후에 부모의 은혜를 갚는 효성을 이르는 말.
※ 까마귀는 새끼가 자라면 어미에게 먹이를 물어다 주는 습성이 있어 '반포조'라고 함.

혼정신성
(昏定晨省)

昏 어두울 **혼** 定 정할 **정** 晨 새벽 **신** 省 살필 **성**
밤에는 부모의 잠자리를 보아 드리고 이른 아침에는 부모의 밤새 안부를 묻는다는 뜻으로, 부모를 잘 섬기고 효성을 다함을 이르는 말.

극 문학·수필

극 문학·수필을 이해하고 감상하는 데 꼭 필요한 필수 개념입니다. 찬찬히 뜻을 생각하며 읽어 보고 의미를 아는 개념이면 ☑ ×, 헷갈리거나 모르는 개념이면 ○ ☑ 에 표시해 보세요. 지금은 ○ ☑ 에 많이 표시해도 괜찮아요. 이제부터 하나하나 배워 갈 거니까요!

"극 문학"이란?

무대 공연이나 상영을 목적으로 하는 문학. 희곡, 시나리오 등이 있음. ○ ×

극 문학의 구성 요소

* **희곡**: 연극 상연을 하기 위해 쓴 대본 ○ ×

희곡의 구성 요소

- **해설** — 희곡의 처음 부분에서 배경, 인물, 무대 장치 등을 소개하는 글 ○ ×
- **지시문** — 인물의 표정이나 행동, 무대 효과와 장치 등을 지시하는 글 ○ ×
- **대사** — 등장인물이 하는 말 ○ ×

* **시나리오**: 영화나 드라마 촬영을 위해 쓴 대본 ○ ×

시나리오의 구성 요소

- **장면 표시** — S#(scene number). 장면 번호 ○ ×
- **해설** — 시나리오의 처음 부분에서 때와 장소, 배경, 인물 등을 소개하는 글 ○ ×
- **지시문** — 인물의 표정이나 행동, 카메라 기법, 영상 편집 기술 등을 지시하는 글 ○ ×
- **대사** — 등장인물이 하는 말 ○ ×

극 문학의 갈등과 구성 단계

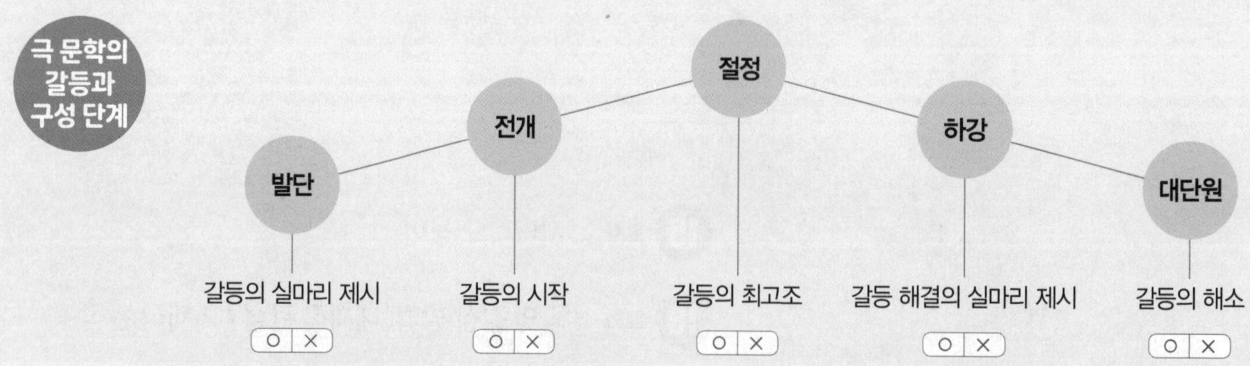

희곡의 특징

- **무대 상연의 문학** — 무대 상연을 전제로 하기 때문에 시간적·공간적 제약을 받음. [○ | ×]
- **대사와 행동의 문학** — 인물의 대사와 행동을 통해 사건이 전개됨. [○ | ×]
- **현재형의 문학** — 관객의 눈앞에서 벌어지는 사건을 표현함. [○ | ×]
- **대립과 갈등의 문학** — 인물 간의 갈등과 해소 과정을 주된 내용으로 함. [○ | ×]

시나리오의 특징

희곡과 시나리오의 비교 [○ | ×]

		희곡	시나리오
차이점	목적	연극 상연	영화, 드라마 상영
	단위	막, 장	장면(scene)
	제약	• 시간적·공간적 제약 있음. • 등장인물의 수에 제약 있음.	• 희곡에 비해 제약 덜 받음.
공통점		• 서술자의 개입 없이 인물의 대사와 행동으로 사건을 전달함. • 인물 간의 갈등과 그 해소 과정을 주된 내용으로 함.	

시나리오 용어

시나리오 용어 카메라 촬영과 영상 편집을 위해 시나리오에 사용하는 특수한 용어 [○ | ×] ▶ 136쪽

극 문학의 감상 방법

- **내재적 관점** 작품을 구성하는 내용이나 형식, 표현 등 작품 자체에만 주목하여 작품을 감상하는 방법 [○ | ×] ▶ 144쪽
- **외재적 관점** 작가, 시대, 독자 등 작품의 외적 요인과 관련지어 작품을 감상하는 방법 [○ | ×] ▶ 146쪽

"수필"이란?

글쓴이의 생각이나 체험 등을 정해진 형식이나 내용의 제한 없이 자유롭게 쓴 글 ☐ ○ ☐ × ☐

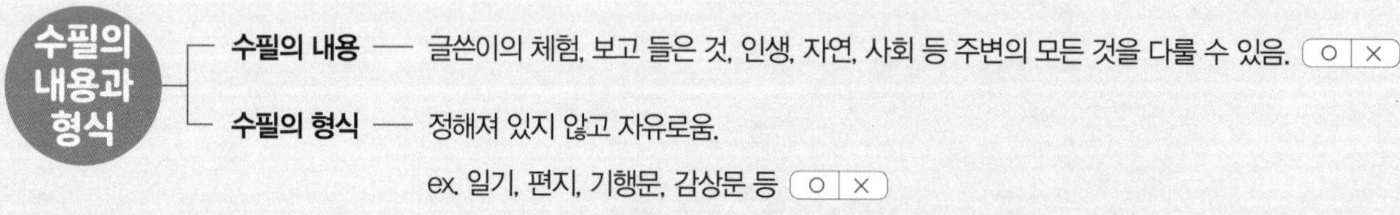

수필의 내용과 형식

- **수필의 내용** — 글쓴이의 체험, 보고 들은 것, 인생, 자연, 사회 등 주변의 모든 것을 다룰 수 있음. ☐ ○ ☐ × ☐
- **수필의 형식** — 정해져 있지 않고 자유로움.
  ex. 일기, 편지, 기행문, 감상문 등 ☐ ○ ☐ × ☐

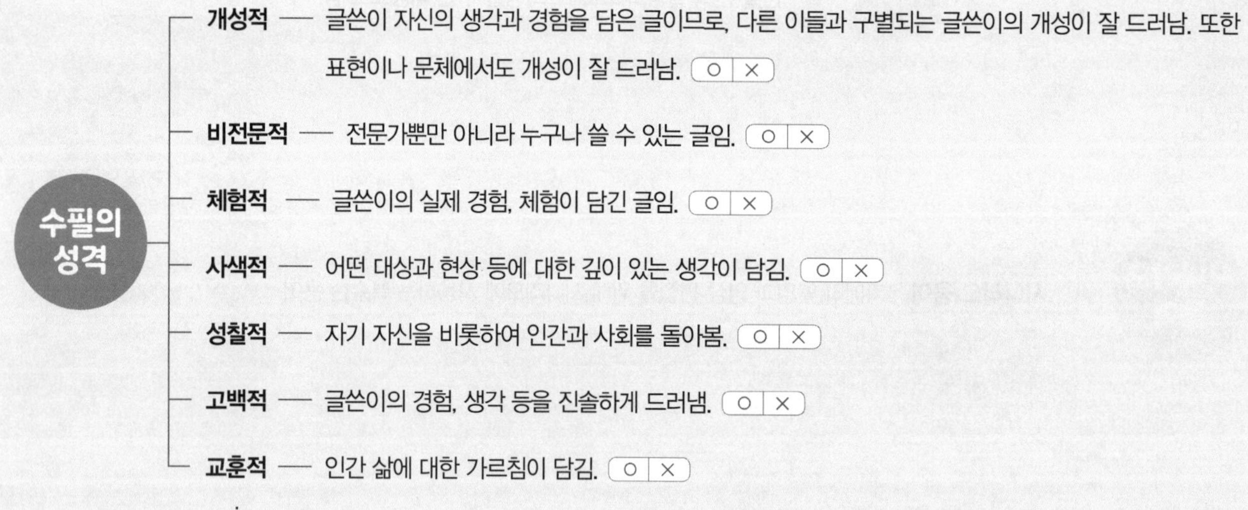

수필의 성격

- **개성적** — 글쓴이 자신의 생각과 경험을 담은 글이므로, 다른 이들과 구별되는 글쓴이의 개성이 잘 드러남. 또한 표현이나 문체에서도 개성이 잘 드러남. ☐ ○ ☐ × ☐
- **비전문적** — 전문가뿐만 아니라 누구나 쓸 수 있는 글임. ☐ ○ ☐ × ☐
- **체험적** — 글쓴이의 실제 경험, 체험이 담긴 글임. ☐ ○ ☐ × ☐
- **사색적** — 어떤 대상과 현상 등에 대한 깊이 있는 생각이 담김. ☐ ○ ☐ × ☐
- **성찰적** — 자기 자신을 비롯하여 인간과 사회를 돌아봄. ☐ ○ ☐ × ☐
- **고백적** — 글쓴이의 경험, 생각 등을 진솔하게 드러냄. ☐ ○ ☐ × ☐
- **교훈적** — 인간 삶에 대한 가르침이 담김. ☐ ○ ☐ × ☐

수필의 종류

경수필 — 일상생활에서 일어나는 사소한 일을 소재로 글쓴이의 개인적인 느낌과 생각을 표현한 글 (O / X)

중수필 — 사회적·시사적 문제와 같은 무거운 주제에 대해 글쓴이가 논리적이고 이성적으로 쓴 글 (O / X)

수필의 감상

▶ 154쪽

- 글쓴이의 경험과 깨달음, 인생관, 가치관 등 글쓴이의 개성을 파악하면서 작품 감상하기 (O / X)

- 글쓴이의 경험과 깨달음, 인생관, 가치관 등 감상의 내용을 나의 삶과 연관 지어 내면화하기 (O / X)

- 작품에 사용된 어휘, 표현상 특징, 문체 등 문장에 나타나는 개성을 파악하면서 작품 감상하기 (O / X)

고전 수필의 갈래

▶ 160쪽

*** 고전 수필:** 갑오개혁 이전까지 지어진 한문 수필과 한글 수필 (O / X)

내간체 수필 — 여성들이 주고받던 편지의 문체인 내간체로 표현된 수필로, 관념성과 규범성에서 벗어나 일상적 체험과 느낌을 표현한 글 (O / X)

설(說) — 사물의 이치를 풀이하고 의견을 덧붙여 서술하는 형식의 글로, 일상생활의 경험을 바탕으로 독자들에게 깨달음을 주는 교훈적인 글 (O / X)

시나리오 용어

필수 개념 　시나리오 용어

- **시나리오는 영화나 드라마 촬영을 목적으로 쓴 대본**이야. 시나리오를 바탕으로 카메라로 촬영하고 그렇게 촬영한 장면들을 편집해야 하기 때문에, 시나리오에는 다음과 같은 **특수한 시나리오 용어**가 사용돼.

S#	장면 번호(Scene Number). 촬영이나 편집의 편의를 고려해 각 장면에 붙이는 숫자
O.L.	오버랩(Over Lap). 화면을 자연스럽게 겹치게 하면서 장면을 바꾸는 것
C.U.	클로즈업(Close Up). 장면이나 인물의 특정 부분을 집중적으로 확대하여 찍는 것
PAN.	팬(Panning). 한 장소에서 카메라 위치는 고정한 채 카메라를 상하좌우로 이동하여 찍는 것

📖 전체 줄거리

두루미는 시의 발전을 위한 '프로젝트 오케스트라' 이벤트를 악장으로서 관리하다가 지원금을 사기당하고, 단원들은 모두 떠난다. 다시 모집된 단원들은 아마추어이거나 음악을 관둔 사람뿐이다. 오케스트라의 지휘자인 강마에는 단원들의 실력에 실망하여 관두려다 우여곡절 끝에 다시 맡아 단원들을 훈련시킨다. 강마에와 단원들은 여러 가지 갈등을 겪으며 서로를 이해하게 되고, 결국 공연을 성공리에 마친다.

㉠S# 17. 성당 오케스트라 연습실 (밤)

무표정한 얼굴로 들어오는 강마에. 첫 상견례*다.

루미, 눈치 보다가 꽃 들고 나서면 단원들, 와아— 뜨겁게 환영의 박수 치는.

(PAN.) 건우는 뻐딱하게 팔짱 끼고 앉아 있고, 문자질만 하는 이든은 갑용 흘끔 보더니 옆으로 의자 살짝 떨어지게 옮긴다.

강마에, 그런 단원들 흘끔 보는 듯 마는 듯하더니, 마치 지휘하다 연주를 끝내듯 가볍게 손 휘두르며 주먹 쥔다. / 순간, 홀린 듯 박수와 환호 일제히 뚝! 자기도 모르게 그치는 단원들.

루미: (최대한 예쁘게 보이려고 애쓰는) 먼 길 와 주셔서 감사합니다 선생님. 전 음악의 도시 기획자이자 오케스트라 악장*, 두루미라고 합…… (하는데)

강마에(O.L.): (기분 안 좋은) 왜 이렇게 연습을 오밤중에 하는 겁니까.

루미: 아, 그게, 프로젝트 오케스트라잖아요. 다들 다른 델 뛰고 계시는 분들이라…….

강마에: (꿈틀!) 그럼 이건…… 아르바이튼가요?

루미: (당황해서) 아…… 아뇨, 본업이죠. 근데 아직 정리들이 안 끝나서…….

강마에(O.L.): (느낌, 털썩 의자 앉아 팔짱 끼며) 튜닝*.

아 예, 물러나는 루미, 악기 들고 목관*부터 시작합니다—! 갑용 오보에로 A음 불면, 튜닝 시작하는……. / 강마에 눈길(C.U.), 갑자기 매서워지는가 싶더니 갑용, 이든, 준서에게 시선 팍팍— 꽂힌다. (PAN.)

이어 금관* 튜닝 시작하고, 용기 뿌우— 하고 불자 날카롭게 보는 강마에. / 현악* 튜닝 시작하고 희연 등 켜기* 시작하자마자 드륵—! 거칠게 의자를 차고 일어나는 강마에!

단원들, 놀라 보고…….

– 홍진아, 홍자람, 〈베토벤 바이러스〉

*상견례: 서로 공식적으로 만나 보는 예.

*악장: 음악 연주 단체의 우두머리.

*튜닝: 악기의 음을 고르는 일. 조율.

*목관: 목관 악기. 나무로 만든 관악기.

*금관: 금관 악기. 쇠붙이로 만든 관악기.

*현악: 현악기. 줄을 켜거나 타서 소리를 내는 악기.

*켜다: 현악기의 줄을 활 따위로 문질러 소리를 내다.

시나리오 용어 이해하기

1. ㉠에는 이 장면에 해당하는 장면 번호와 장면의 시간적·공간적 배경이 제시되어 있어. O☐ X☐
2. 'PAN.', 'O.L.', 'C.U.'은 카메라 촬영과 편집을 고려하여 시나리오에서 사용하는 용어야. O☐ X☐

윗글에 쓰인 시나리오 용어와 그에 알맞은 설명을 바르게 연결하시오.

(1) PAN. ·

(2) O.L. ·

(3) C.U. ·

· ⓐ 화면을 자연스럽게 겹치게 하면서 장면을 바꾸는 것

· ⓑ 장면이나 인물의 특정 부분을 집중적으로 확대하여 찍는 것

· ⓒ 카메라 위치는 고정한 채 카메라를 상하좌우로 이동하여 찍는 것

개념 적용하기

▶ **이 작품에 사용된 시나리오 용어**

■ 장면 표시

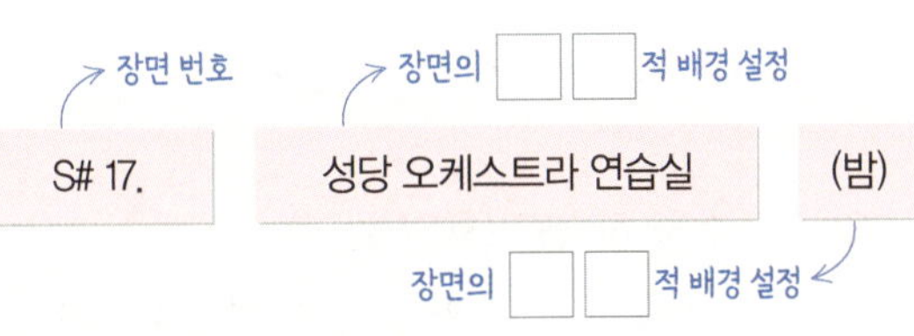

장면 번호 → | 장면의 ☐☐적 배경 설정
S# 17. | 성당 오케스트라 연습실 | (밤)
장면의 ☐☐적 배경 설정

■ 시나리오 용어

용어	효과
PAN.	팬 기법을 통해, ① 팔짱을 끼고 있는 건우의 모습과 문자를 보내는 이든의 행동을 차례대로 촬영하고, ② 악기 튜닝을 하는 단원들과 이를 바라보는 강마에의 모습을 차례대로 촬영하여 연습실의 상황을 생생하게 보여 줌.
☐.☐.	오버랩 기법을 통해, 두루미가 말하는 화면에 강마에가 말하는 화면을 겹치게 하면서 자연스럽게 장면을 바꾸어, 강마에가 두루미의 말을 끊고 자신의 말을 하는 것을 표현하며 강마에의 불편한 심리를 전달함.
C.U.	☐☐☐☐ 기법을 통해, 단원들을 바라보는 강마에의 매서운 눈길을 확대하여 촬영함으로써 단원들의 연주 실력에 대한 강마에의 심리(의심, 실망, 불만)를 전달함.

개념 확장하기

▶ **그 외 주요 시나리오 용어**

F.I.	페이드인(Fade In). 화면이 처음에 어둡다가 점차 밝아지는 것
F.O.	페이드아웃(Fade Out). 화면이 처음에 밝았다가 점차 어두워지는 것
Ins.	인서트(Insert). 화면과 화면 사이에 다른 화면을 끼워 넣는 것
L.S.	롱숏(Long Shot). 장면의 전체 모습이 화면에 모두 들어갈 수 있도록 찍는 것.
E.	효과음(Effect). 주로 화면 밖에서의 음향이나 대사에 의한 효과
NAR.	내레이션(Narration). 이야기 형식의 해설
Montage	몽타주. 따로따로 촬영한 여러 장면을 적절히 배합하여 하나의 긴밀한 장면으로 보여 주는 것

시나리오 용어

📖 전체 줄거리

발단 강원도 산골에 사는 17세의 홍연은 늦깎이 초등학생이다. 어느 날 홍연의 학교에 사범 학교를 갓 졸업한 21세의 총각 선생님 수하가 부임한다.

전개 홍연의 담임이 된 수하는 아이들을 열정적으로 가르치고, 이러한 수하를 홍연은 짝사랑하게 된다. 하지만 수하는 동료 교사인 은희를 짝사랑한다.

절정 은희에 대한 수하의 마음이 소문나고, 안타까운 마음으로 두 사람의 곁을 맴도는 홍연은 일기장을 통해 자신의 마음을 수하에게 드러내지만, 수하는 홍연을 제자로만 여기며 홍연의 마음을 외면한다.

하강 어느 날 은희는 학교를 그만두고 약혼자와 함께 유학을 떠나고, 은희가 떠나서 가슴 아파하는 수하를 보며 홍연은 희미한 기대를 품지만, 수하는 학교를 떠난다.

대단원 세월이 흐른 후 부부가 된 수하와 홍연은 낡은 엘피 음반을 들으며 과거를 회상한다.

* **박장대소:** 손뼉을 치며 크게 웃음.
* **엘피 음반:** 레코드판. 전축에 걸어 소리를 들을 수 있게 만든 동그란 판.
* **무마:** 분쟁이나 사건 따위를 어물어물 덮어 버림.
* **전축:** 노래(소리)를 재생하는 장치.
* **미묘하다:** 뚜렷하지 않고 야릇하고 묘하다.
* **재봉틀:** 바느질을 하는 기계.
* **의아하다:** 의심스럽고 이상하다.

내 마음의 풍금 | 하근찬 원작, 이영재 각색

[앞부분의 줄거리] 산골 마을의 17세 늦깎이 초등학생인 홍연은 21세의 총각 선생님 수하를 짝사랑한다. 하지만 수하는 동료 교사인 은희를 짝사랑한다. 어느 날 수하는 창틀 밖으로 나온 한 학생의 팔뚝을 꼬집는 장난을 치는데, 깜짝 놀라며 창밖으로 고개를 내민 학생은 홍연이다.

절정 **S# 51. 교무실 (오후)**

하나둘 교무실을 빠져나가거나 둘러앉아 잡담 중인 교사들. 수하, 공연히 은희 책상 주위를 맴돌며 적절한 기회를 노리다, 남은 교사들이 박장대소*하는 틈에 은희 책상 서류철 밑으로 엘피 음반*을 재빨리 밀어 넣는데, 과제물을 한 아름 안고 막 교무실을 들어서던 반장 순철에게 들킨다. 수하, 그런 자신의 행동을 무마*하느라 과장되게 순철의 머리를 쓰다듬으며 웃어 댄다.

홍연 ㉠(NAR.): 우리 선생님은 또 얼마나 인자하신지. 옆 반 애들은 호랑이 같은 담임 선생님에게 늘 벌벌 떨면서 우리 반을 무척 부러워한다. 아, 내일도 또 선생님이 옛날이야기를 해 주시면 얼마나 좋을까. 빨리 내일이 찾아왔으면 좋겠는데, 왜 이리 밤이 더디게 갈까?

S# 57. 수하 하숙방 (휴일 한낮)

수하, 은희가 준 엘피 음반을 정성껏 닦아 전축*에 걸고 두 눈 지그시 감고 감상한다. 자기 기분에 빠져 몸을 흔들다가 수북이 쌓인 반 아이들의 일기장 더미를 무너뜨린다. 수하, 일기장 다시 쌓다가 문득 손에 쥐어지는 ㉡홍연의 일기장. 수하, 문득 흥미 느끼고 읽기 시작하는데 ㉢낯을 붉히다, 헛웃음을 웃다가 하는 미묘한* 표정.

홍연(NAR.): ……오늘 선생님이 내 팔을 살짝 꼬집었다. 나는 너무나 뜻밖의 일에 얼굴이 홍당무처럼 붉어졌고, 어쩔 줄을 몰랐다. 집에 돌아오면서도 난 기분이 이상하고 또 이상했다. 선생님이 왜 내 팔을 꼬집었을까? 그게 무슨 뜻일까? 나는 지금도 그 생각을 하며 잠을 이루지 못하고 있다.

S# 62. 홍연네 안방 (밤)

홍연, 일기장을 편다. 일기장 끝에 또렷이 적혀 있는 수하의 연필 메모.

> *누구 딸인 줄도 모르고 그저 장난으로 그랬을 뿐이다. 아무 뜻도 없단다.*

곧 울음이라도 터질 얼굴을 하고 세차게 일기장을 덮는 홍연. 나란히 이부자리 속에 배 깔고 엎드려 어린이 잡지 "새벗"을 뒤적이는 남동생들 옆으로 파고 들어간다. 윗목에서 달달달 재봉틀*을 돌리던 홍연 모 의아해* 돌아보면, 이불을 머리까지 덮어쓰는 홍연. 잡지를 들척이던 홍일, 홍삼 중 하나가 방귀를 뀌자 서로 킥킥댄다. 홍연, 씩씩대며 세차게 발길질해 동생들을 이불 밖으로 모두 밀어낸다. 엎어진 채 방바닥으로 떠밀려 울음을 터뜨리는 홍일, 홍삼.

01 윗글을 영화로 제작한다고 할 때, 연출 계획으로 적절하지 <u>않은</u> 것은?

① S# 51에서는 자신의 행동을 순철에게 들켜 당황해하면서 과장된 행동과 웃음으로 얼버무리려는 수하의 모습을 보여 줘야겠어.

② S# 57에서는 홍연의 목소리를 통해 수하가 자신에게 관심이 있는 것으로 착각하는 홍연의 심리를 전달해야겠어.

③ S# 57에서는 홍연의 일기를 본 순간 마음이 흔들리며 홍연을 좋아하게 되는 수하의 모습을 보여 줘야겠어.

④ S# 62에서는 홍연의 행동을 의아해하는 홍연 모와, 홍연의 모습과는 대비가 되는 천진난만한 동생들의 모습을 보여 줘야겠어.

⑤ S# 62에서는 자신의 기대와는 다른 수하의 메모를 보고서 속상한 마음에 동생들에게 화풀이하는 홍연의 모습을 보여 줘야겠어.

시나리오 용어 **02** ㉠의 시나리오 용어와 그 활용 효과로 가장 적절한 것은?

① 몽타주: 작품의 비극적 결말을 암시하고 있다.

② 몽타주: 인물에게 다가올 운명을 암시하고 있다.

③ 내레이션: 인물의 내면 심리를 생생하게 전달하고 있다.

④ 내레이션: 인물 간의 갈등 상황을 요약해서 제시하고 있다.

⑤ 내레이션: 다가올 상황에 대한 반전의 계기가 나타나고 있다.

03 ㉡에 대한 이해로 가장 적절한 것은?

① 홍연과 수하의 갈등을 해소하는 매개체이다.

② 수하와 홍연의 사랑을 키워 주는 매개체이다.

③ 홍연과 수하의 갈등을 심화시키는 매개체이다.

④ 수하가 홍연의 마음을 알 수 있게 되는 매개체이다.

⑤ 수하와 홍연을 심리적으로 가깝게 해 주는 매개체이다.

시나리오 용어 **04** 보기 는 ㉢을 촬영하기 위한 계획이다. 괄호 안에 들어갈 시나리오 용어로 적절한 것은?

보기

㉢은 (   ) 기법으로 수하의 얼굴을 확대하여 촬영해서 일기장을 읽으며 자신을 좋아하는 홍연의 감정을 확인한 수하의 반응을 표정 변화를 통해 드러내야지.

① 효과음(E.)　　　　② 페이드인(F.I.)　　　　③ 롱숏(L.S.)
④ 인서트(Ins.)　　　　⑤ 클로즈업(C.U.)

주관식·서술형

05 윗글에서 은희에 대한 수하의 감정이 드러나는 소재를 찾아 2어절로 쓰시오.

전체 줄거리

발단 강원도 산골에 사는 17세의 홍연은 늦깎이 초등학생이다. 어느 날 홍연의 학교에 사범 학교를 갓 졸업한 21세의 총각 선생님 수하가 부임한다.

전개 홍연의 담임이 된 수하는 아이들을 열정적으로 가르치고, 이러한 수하를 홍연은 짝사랑하게 된다. 하지만 수하는 동료 교사인 은희를 짝사랑한다.

절정 은희에 대한 수하의 마음이 소문나고, 안타까운 마음으로 두 사람의 곁을 맴도는 홍연은 일기장을 통해 자신의 마음을 수하에게 드러내지만, 수하는 홍연을 제자로만 여기며 홍연의 마음을 외면한다.

하강 어느 날 은희는 학교를 그만두고 약혼자와 함께 유학을 떠나고, 은희가 떠나서 가슴 아파하는 수하를 보며 홍연은 희미한 기대를 품지만, 수하는 학교를 떠난다.

대단원 세월이 흐른 후 부부가 된 수하와 홍연은 낡은 엘피 음반을 들으며 과거를 회상한다.

＊**장광설:** 쓸데없이 번잡하고 길게 늘어놓는 말.

＊**풍각쟁이:** 시장이나 집을 돌아다니면서 노래를 부르거나 악기를 연주하며 돈을 얻으러 다니는 사람.

＊**엔간히:** 정도가 표준에 꽤 가깝게.

＊**새치름하다:** 조금 얌전하고 쌀쌀하여 시치미를 떼는 듯하다.

＊**단상:** 교단이나 강단 따위의 단 위.

＊**왈츠:** 3박자의 경쾌한 춤곡.

＊**달뜨다:** 마음이 흥분되어 가라앉지 않고 자꾸 어수선하게 들떠 움직이다.

전개 S# 41. 읍내 퇴근길 (해질녘)

멀리서 은희가 받쳐 든 우산 아래 자전거를 끌며 장광설＊을 늘어놓으며 수하가 다가온다.

수하: 음악과를 가 볼까 했었는데 웬 풍각쟁이＊냐면서 어르신들 반대가 엔간히＊ 거세야죠. 이젠 그저 듣는 걸루 만족할 뿐이죠…….

은희, 퍼붓는 빗줄기에도 아랑곳 않고 흙탕물 주위에 옹기종기 둘러앉아 검정 고무신을 접어 배를 만들어 노느라 신이 난 아이들에 시선이 가 있다.

수하: …… 너무 제 얘기만 했죠?
은희: 아뇨…… 저두……. / 수하: 네?
은희: 저두 음악 듣는 거 좋아해요. 한데 이곳이 워낙 외져 놔서 판 구하기가 여간 힘들어야죠. 그러다 보니 늘 몇 가지 듣는 곡만 듣곤 해요.
수하: 제가 엘피 좀 있는 편인데…… 우리 서로 바꿔 들을까요?

은희가 고개를 끄덕이자 좋아서 입이 떡 벌어지는 수하.

(중략)

수하: (급히 우산을 내밀며) 양 선생님! 그럼 이 우산이라도…….

말을 끝내기도 전에 종종걸음으로 내달리는 은희.

은희: 다음에 또 씌워 주세요!
수하: (ⓐ   ) 물론이죠! 그럼…… (소리 높여) 참, 엘피!

㉠은희가 길모퉁이를 돌아 사라질 때까지 아쉬운 듯 손 흔들던 팔을 그대로 들고 선 수하. 그런 수하를 전봇대 뒤에 숨어 새치름한＊ 표정으로 엿보고 선 계집애 홍연. 온몸이 비에 젖어 떨리고 입술까지 푸르르한 가운데 "앨프, 앨프……?" 되뇐다.

절정 S# 61. 운동장 (낮)

㉡단상＊ 위에서 시범을 보이는 양 선생과 수하를 따라 남녀 짝지어 왈츠＊를 배우는 홍연 등. 이마에 땀이 송송 밴 채 밝은 미소로 열심히 춤을 추는 은희에 수하의 달뜬＊ 표정. 두 사람을 부러운 눈으로 쳐다보다 서투른 아이들에게 공연히 화풀이하는 조명구 선생. ㉢꾀죄죄한 몽돌과 춤출 차례가 되면 손길이 닿지 않으려고 애쓰는 계집애들. ㉣범수와 짝이 되어 춤추는 홍연의 눈길에 부러움과 질투의 빛이 뒤섞여 있다.

홍연: ㉤선생님, 그때 왜 제 팔을 살짝 꼬집었습니까? 오늘도 전 그때 그 일을 잊을 수가 없습니다. 학교에서 공부를 할 때도, 집에 돌아올 때도 자꾸 그것만 생각납니다. 선생님, 그 뜻이 무엇인지요? 왜 제 팔을 꼬집으셨는지 말씀해 주세요. 생각하고 또 생각해 봐도 그 뜻을 확실히 알 수가 없어요.

06 윗글에 대한 설명으로 적절하지 <u>않은</u> 것은?

① 촬영을 위해 특수한 시나리오 용어를 사용하고 있다.
② 장면마다 시간적 배경과 공간적 배경을 설정하고 있다.
③ 대사와 행동을 통해 등장인물들의 감정이 전달되고 있다.
④ 지시문을 통해 등장인물의 행동이나 말투 등을 지시하고 있다.
⑤ 전체적으로 과거형 문장을 사용하여 시간의 흐름을 표현하고 있다.

07 윗글에 대한 이해로 가장 적절한 것은?

① S# 61과 달리 S# 41에는 은희에 대한 홍연의 부러움이 나타나 있다.
② S# 41과 달리 S# 61에는 은희를 좋아하는 수하의 모습이 나타나 있다.
③ S# 41과 S# 61에는 모두 은희에 대한 홍연의 질투심이 드러나 있다.
④ S# 41과 S# 61에는 모두 홍연에 대한 수하의 관심이 드러나 있다.
⑤ S# 41과 S# 61에는 모두 수하에 대한 홍연의 실망감이 드러나 있다.

08 ⓐ에 들어갈 지시문으로 적절하지 <u>않은</u> 것은?

① 환하게 웃으며   ② 기분 좋은 말투로   ③ 관심 없다는 듯이
④ 주먹손을 하며 신이 나서   ⑤ 당연하다는 듯이 호응하며

09 보기 의 촬영·편집 기법을 적용한 ㉠~㉤에 대한 연출 계획으로 적절하지 <u>않은</u> 것은?

보기

• 팬(PAN.): 카메라 위치는 고정한 채 카메라를 상하좌우로 이동하여 찍는 것
• 롱숏(L.S.): 장면의 전체 모습이 화면에 모두 들어갈 수 있도록 찍는 것
• 페이드아웃(F.O.): 화면이 처음에 밝았다가 점차 어두워지는 것
• 클로즈업(C.U.): 장면이나 인물의 특정 부분을 집중적으로 확대하여 찍는 것
• 내레이션(NAR.): 영화나 연극, 드라마 등에서 이야기 형식의 해설

① ㉠은 은희에게 손을 흔들고 있는 수하와, 그런 수하를 보는 홍연의 모습을 '팬' 기법으로 차례로 촬영하여 홍연의 애타는 마음을 보여 줘야겠어.
② ㉡은 '롱숏' 기법으로 촬영하여 단상 위에서 왈츠를 가르치는 선생님들과 왈츠를 배우는 학생들의 모습을 전체적으로 보여 줘야겠어.
③ ㉢은 '페이드아웃' 기법을 사용하여 몽돌과 닿지 않으려고 애쓰는 계집애들의 모습을 점차 어두워지게 처리하며 장면을 마무리해야겠어.
④ ㉣은 '클로즈업' 기법으로 촬영하여 은희와 함께 춤을 추는 수하를 바라보는 홍연의 얼굴을 확대하여 부러움과 질투가 뒤섞인 홍연의 심정을 드러내야겠어.
⑤ ㉤은 '내레이션' 기법을 사용하여 홍연의 목소리로 자신에 대한 수하의 마음을 알고 싶어 하는 간절한 심정을 드러내야겠어.

▶ 이 작품에
사용된
시나리오
용어

시나리오 용어	촬영 및 편집 방법과 그 효과	
☐☐☐.	팬(Panning). 한 장소에서 카메라 위치는 ☐☐한 채 카메라를 상하좌우로 이동하여 찍는 것	
	'팬' 기법을 통해, 은희에게 손을 흔들고 있는 수하와 그런 수하를 숨어서 지켜보는 홍연의 모습을 차례로 촬영하여 홍연의 애타는 마음을 보여 줌.	S#41
L.S.	롱숏(Long Shot). 장면의 ☐☐ 모습이 화면에 모두 들어갈 수 있도록 찍는 것	
	'롱숏' 기법을 통해, 단상 위 선생님을 따라 운동장에서 왈츠를 배우는 학생들의 전경을 촬영함.	S#61
C.U.	클로즈업(Close Up). 장면이나 인물의 특정 부분을 집중적으로 ☐☐하여 찍는 것	
	'클로즈업' 기법을 통해, 단상 위에서 춤을 추는 은희와 수하를 바라보는 홍연의 ☐☐을 확대하여 은희에 대해 부러움과 질투를 느끼는 홍연의 마음을 드러냄.	S#61
NAR.	☐☐☐☐(Narration). 이야기 형식의 해설	
	'내레이션' 기법을 통해, 자신에 대한 수하의 마음을 알고 싶어 하는 홍연의 간절한 ☐☐을 생생하게 전달함.	S#57, 61

🔍 작품 한눈에 **내 마음의 풍금** | 하근찬 원작, 이영재 각색

한줄평 ▶ 선생님을 짝사랑하는 17세 늦깎이 초등학생 소녀의 설렘을 잔잔하고 순수하게 그린 시나리오

사건

- ☐사랑: 강원도 산골 마을의 17세 늦깎이 초등학생 홍연은 학교에 새로 부임한 총각 선생님 수하를 짝사랑하지만, 수하는 같은 학교 교사인 은희를 짝사랑함.
- **질투와 부러움**: 홍연은 수하가 좋아하는 은희에게 부러움과 질투를 느끼며 안타까워함.
- **결혼**: 세월이 흐른 후 부부가 된 수하와 홍연이 과거를 회상함.

배경 및 소재

- **시간적 배경**: 1960년대
- **공간적 배경**: 강원도 어느 산골 마을의 초등학교
- ☐☐☐☐: 수하에 대한 홍연의 마음을 보여 주는 소재. 수하에게 홍연의 마음을 알게 하는 매개체
- **엘피 음반**: 수하와 은희가 친해지는 계기. 은희에 대한 수하의 마음을 전달하는 매개체

구성 및 서술상 특징

- **두 가지 짝사랑**: 수하에 대한 ☐☐의 짝사랑과 은희에 대한 ☐☐의 짝사랑을 중심으로 사건이 전개됨.
- **내레이션**: ① 홍연의 ☐☐☐ 내용을 홍연의 내레이션으로 직접 전달하여 홍연의 심리를 생생하게 드러냄. ② 시골 소녀의 솔직하고 순박한 감정 표현을 통해 웃음을 줌.

↓ ↓ ↓

주제: ☐☐☐의 순수한 설렘과 애틋한 마음

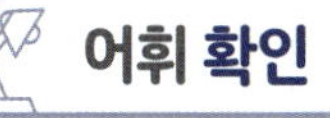

어휘 확인

[1~5] 다음에서 설명하는 어휘가 무엇일지 사다리를 연결하고 주어진 낱자를 활용하여 쓰시오.

[6~10] 다음에서 설명하는 어휘가 무엇일지 주어진 낱자를 활용하여 쓰시오.

6 같은 때.

7 이것저것을 일정한 비율로 한데 섞어 합침.

8 기뻐서 큰 소리로 부르짖음.

9 뚜렷하지 않고 야릇하고 묘하다.

10 온돌방에서 아궁이로부터 먼 쪽의 방바닥. 불길이 잘 닿지 않아 아랫목보다 상대적으로 차가운 쪽이다.

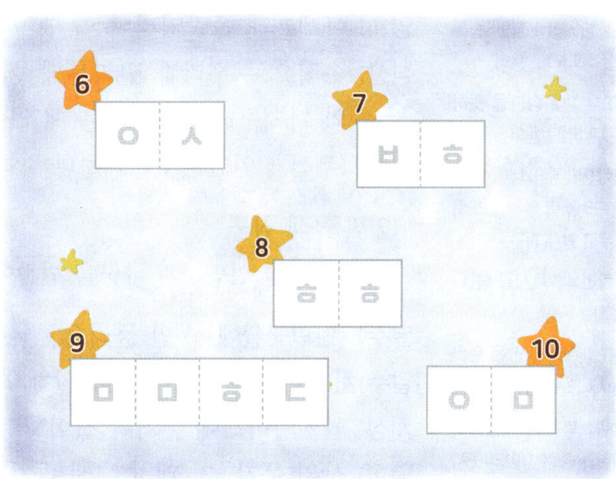

극의 감상 방법 : 내재적 관점 / 외재적 관점

> 작품 자체에만 주목!
> 감상의 근거는 작품 안에 있어!

💡 필수 개념 ❶ 내재적 관점

- **내재적 관점**은 **작품 자체에만 주목하여 작품을 감상**하는 거지? 곧, 작품을 쓴 '작가'나 작품에 반영된 '시대 상황', 작품을 읽는 '독자' 등 작품 외적인 요소는 고려하지 않고, **작품 안의 내용이나 형식, 표현 등만을 가지고 작품을 이해하고 감상**하는 방법이지. 극이라고 해서 시나 소설을 감상하는 것과 크게 다르지는 않아.
- 희곡이나 시나리오와 같은 극 문학에서 작품을 내재적 관점으로 감상하는 것은 주로 **극 문학만이 가지고 있는 구성이나 형식상의 특징을 비롯해 등장인물 간의 갈등 양상, 중요 소재와 제목의 의미, 표현 기법 등을 중심으로 작품을 파악**하는 거야.

📖 전체 줄거리

6 · 25 전쟁 중, 강원도 산골 마을인 동막골에 우연히 연합군 스미스와 국군 현철과 상상, 인민군 치성과 영희, 택기가 들어온다. 서로 대립하던 현철 일행과 치성 일행은 순박하고 인정 넘치는 마을 사람들에게 점차 동화되어 함께 어울려 지내게 된다. 그러던 어느 날 동막골을 적진으로 오인하여 폭격하려는 연합군의 계획을 알게 된 현철 일행과 치성 일행은, 자신들의 목숨을 바쳐 폭격 장소를 다른 곳으로 유도하여 동막골을 지켜 낸다.

***낙오**: 대열에서 처져 뒤떨어짐.

***대치하다**: 서로 맞서서 버티다.

***N.**: '밤(Night) 장면'을 뜻하는 시나리오 용어.

***INT.**: '실내 장면'을 뜻하는 시나리오 용어.

***평상**: 밖에다 내어 앉거나 드러누워 쉴 수 있도록 나무로 만든 가구.

***부락민**: 부락(시골 마을.)에 사는 사람.

***EXT.**: '실외 장면'을 뜻하는 시나리오 용어.

***상위**: 북한의 계급으로 대위와 중위 사이의 군사 칭호.

***전사**: 북한의 군사 칭호에서 맨 아래 직위.

[앞부분의 줄거리] 강원도 산골의 동막골 사람들은 전쟁 상황을 이해하지 못한 채 순박하게 살고 있다. 어느 날 연합군의 전투기가 추락하여 미군 조종사 스미스가 동막골에 들어오게 되고, 그 뒤로 부대에서 탈영한 국군 현철과 상상, 낙오*된 인민군 치성과 영희, 택기도 우연히 동막골에 들어와 마주치게 되면서 서로에게 총을 겨누며 대치한다.*

S# 22. 조종사가 누워 있는 방 N.* / INT.*

갑자기 소란스러워진 밖이 궁금한 조종사, 부상당한 몸을 간신히 움직여 머리로 문을 밀어낸다. / 겨우 열려진 틈으로 밖을 내다본다. "저건 또 뭐하는 짓들이지?"

평상* 위에 부락민*들이 죽 올라서 있는 이상한 행동을 보며 머리를 갸웃거리는 조종사.

S# 23. 다시 촌장 집 마당 N. / EXT.*

부락민들 사이사이로 간간이 보이는 적군의 모습들. 싸늘한 기운이 흐르고…….

영희: (겁에 질린 투로) 상위* 동지. 아니 군대 없대서 왔는데 결정하는 것마다 와 이렙네까?

치성: (이를 악문다.) ……!

택기: 열 발 안짝에 있습니다. 우린 셋이고 저게는 둘입니다. 확 까 치웁시다!

치성: 전사* 동무, 그냥 내 뒤에 있으라우!

영희: 아새끼래 쫄랑거리며 일 맨들디 말구 가만 좀 있수라우.

상상: 수적으로 우리가 밀리는데 어떡해요? 그르게 그냥 지나쳐 가자니까 왜 여기까지 와 가지구……. 난 되는 게 없어. 니미.

현철: (무섭게 인민군을 노려보다 소리 지른다.) 야!

인민군 셋 침묵.

마을 사람들 인민군과 국군을 번갈아 보다가…….

달수: (인민군들에게) 안 들려요? 부르는 거 같은데…….

달수 처: (현철에게) 우리한테 말해요. 전해 줄 테니.

치성: 와? 방아쇠에 손가락 집어넣었으면 땡겨야지. 다른 볼일 있네?

영희: 상위 동지. 거 괜히 세게 나기디 마시라요. 우린 총일도 없는데…….

현철: 여기서 이러지 말고 나가서 제대로 한번 붙자!

– 장진, 〈웰컴 투 동막골〉

🔖 내재적 관점 이해하기

1. 이 작품은 등장인물들의 대사와 행동으로 이야기가 전개되고 있어. O ☐ X ☐
2. 1은 작품 감상의 근거가 어디에 있어? 작품 안 ☐ 작품 밖 ☐

윗글을 내재적 관점에서 감상한 내용으로 볼 수 <u>없는</u> 것은?

① 주로 대사와 행동을 통해 인물의 심리가 간접적으로 드러나고 있어.

② '인민군', '국군', '연합군' 등은 6·25 전쟁이라는 시대적 상황을 반영하고 있어.

③ '영희'와 '치성'이 사용하고 있는 북한 사투리는 작품에 사실성을 더해 주고 있어.

④ 작품의 공간적 배경인 '동막골'은 국군과 인민군의 외적 갈등이 드러나는 공간이야.

⑤ 장면 번호(S#)가 제시되어 있는 것으로 보아 이 글은 영화를 촬영하기 위한 시나리오야.

✏️ 개념 적용하기

▶ **이 작품을 내재적 관점에서 감상하기**

작품 안에 있는 요소를 중심으로 감상하기!

시나리오의 갈래상 특징

• 'N.', 'INT.', 'EXT.'와 같은 시나리오 용어를 사용하여 장면에 대한 설정을 표현하고 있어.
• 인물들의 ☐☐ 와 ☐☐ 을 통해 인물들의 심리가 드러나고 사건이 전개되고 있어.
• '조종사가 누워 있는 방'에서 '촌장 집 마당'으로 ☐☐ 이 자유롭게 전환되고 있어.

공간적 배경

• 작품의 공간적 배경인 '☐☐☐'은 국군인 현철 일행과 인민군인 치성 일행의 외적 갈등이 드러나는 공간이야.
• 그러면서도 이후에는 그들이 협동하고 화합하는 모습이 그려져 '동막골'은 화해와 포용의 공간이기도 해.

사건

마을 사람들이 지켜보는 가운데 국군인 현철 일행과 인민군인 치성 일행이 서로에게 총을 겨누고 대치하는 상황이야.

주제

이 작품은 6·25 전쟁 중 산골 마을에 우연히 머물게 된 국군, 인민군, 연합군의 모습을 통해 이념을 넘어선 순수한 인간애를 그리고 있어.

등장인물

• 현철은 마을 사람들이 피해를 입을까 봐 염려하는 모습을 보이고 있어.
• ☐☐ 와 ☐☐☐ 는 군인들이 대치하는 상황을 이해하지 못한 채 엉뚱한 말을 하는 등 전쟁 상황을 모르는 순박한 모습을 보이고 있어.

표현

• '영희'와 '치성', '택기'가 사용하고 있는 북한 사투리는 작품에 사실성과 현장감을 더해 주고 있어.
• 군인들이 대치하는 상황에서 보이는 마을 사람들의 엉뚱한 대사와 행동은 희극적인 상황을 만들어 ☐☐ 을 유발하고 있어.

극의 감상 방법: 내재적 관점 / 외재적 관점

필수 개념 ② 외재적 관점

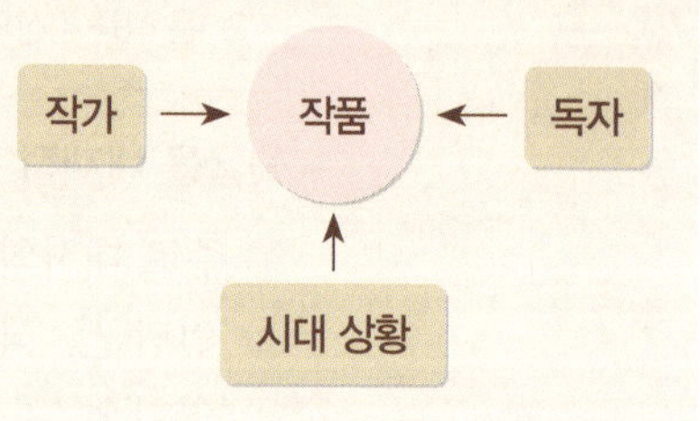

- **외재적 관점**은 작품을 쓴 '작가'나 작품에 반영된 '시대 상황', 작품을 읽는 '독자' 등 **작품 외적인 요소를 중심으로 작품을 감상**하는 거지?
- 극 문학을 외재적 관점으로 감상하는 것 역시 주로 작품의 주제를 통해 나타난 **'작가'의 가치관이나 작품 경향, 작품에 반영된 '시대 상황'이나 '사회 현실', 또 작품이 '독자'에게 미치는 영향이나 감동, 교훈 등을 파악**하여 작품을 이해하는 거야.

[앞부분의 줄거리] 강원도 산골 마을인 동막골에 우연히 국군과 인민군, 연합군이 들어오게 된다. 서로 대립하던 국군 현철 일행과 인민군 치성 일행은 순박하고 인정 넘치는 마을 사람들에게 점차 동화되어 함께 어울려 지내게 된다. 그러던 어느 날 동막골을 적진으로 잘못 판단해 폭격하려는 연합군의 계획을 알게 된 현철 일행과 치성 일행은 동막골을 지키기 위해 함께 폭격 장소를 다른 곳으로 유도하는 작전을 펼친다. 이 작전은 성공하지만, 인민군 병사 영희와 국군 병사 상상이 폭탄과 총에 맞아 죽는다.

S# 122. 산등성 N. / EXT.

그들을 향해 떨어지고 있는 거대한 포탄* 밑에서 서로를 보는 세 사람. 치성, 현철, 택기. 그렁그렁 눈물 맺힌 눈으로 행복한 미소를 짓고 있는 주인공들. "우리 잘한 거지?"

S# 123. 동막골 N. / EXT.

산 너머 먼 하늘에 섬광*이 일고 있다. 신비한 듯 보고 있는 동막골 사람들.
멍한 표정의 김 선생. 뒤돌아서며 욕지거리를 하는 노모. / 표정 없이 보는 촌장.
천진난만한 아이들이 깔깔거리며 뛰어다니는 평화로운 동막골.

S# 124. 숲 어딘가 N. / EXT.

그 자리에 주저앉아 소리도 내지 못하고 들풀을 쥐어뜯으며 울음을 터뜨리고 있는 스미스.
그 모습을 보는 한국군 2. (F.O.)

S# 125. 산등성 아침 EXT. (눈이 내린)

다음 날 아침. / 간밤에 내린 눈으로 전날 밤의 치열했던 흔적은 보이지 않는다. 간혹 허수아비만이 비죽 튀어나와 있다.
짙게 깔린 안개. / 안개 속에서 점차로 드러나는 형태들. 수색* 나온 토벌대*다.
폭격 지점으로 조심스럽게 이동하는 군홧발들.
문득, 그들 중 누군가의 시선. 눈 속에 파묻힌 인민군 군복이 얼핏 보인다.
그런데 그 옆에는 국군의 군복도 보인다.
알 수 없다는 듯 갸웃거리는 그의 표정에서 카메라 서서히 빠져 공중으로 올라간다.
여기에 나비 다섯 마리가 스윽 날아오른다.

– 장진, 〈웰컴 투 동막골〉

---

* **포탄:** 대포의 탄환. 대포알.
* **섬광:** 순간적으로 강렬하게 번쩍이는 빛.
* **수색:** 구석구석 뒤져 찾음.
* **토벌대:** 적을 무력으로 쳐 없애는 임무를 맡은 부대.

외재적 관점 이해하기

1. 자신을 희생한 군인들의 모습에서 전쟁이나 이념 갈등을 뛰어넘은 인간애가 느껴져 가슴이 뭉클했어. O ☐ X ☐

2. 1은 (작가 , 시대 상황 , 독자)을/를 중심으로 작품을 감상한 (내재적 , 외재적) 관점에 해당해.

다음 중 윗글을 외재적 관점에서 감상한 것은?

> " 동막골이 폭격을 당할 위기에 처한 상황은 전쟁 당시 연합군이 인민군을 소탕하기 위해 민간인 지역을 폭격했던 상황을 반영하고 있어. ……………………………… ①

> " S# 125에서 마지막에 날아오르는 '나비 다섯 마리'는 동막골 사람들을 위해 희생한 다섯 명의 군인들을 상징적으로 드러내는 소재야. ………………………………… ②

개념 적용하기

▶ 이 작품을 외재적 관점에서 감상하기

작품 밖에 있는 요소를 중심으로 감상하기!

☐☐☐☐ 과 관련지은 감상

당시의 상황: 1950년 9월, 맥아더 장군의 지휘로 연합군은 인천 상륙 작전에 성공하고, 이로 인해 남한에 고립된 인민군들은 목숨을 잃거나 깊은 산속으로 숨어듦. 연합군은 인민군 소탕을 위해 곳곳에 무차별 폭격을 하고, 그중에는 민간인 지역도 있었음.

- '폭격', 눈 속에 파묻힌 '군복'에서 6 · 25 전쟁 당시의 처참했던 상황을 알 수 있어.
- 동막골에 인민군 치성 일행이 들어온 것은 인천 상륙 작전이 성공하면서 인민군들이 산속으로 숨어들던 전쟁 당시의 상황이 반영된 거야.

☐☐ 와 관련지은 감상

작가 장진: 주로 유머와 재치가 넘치는 대사와 상황을 통해 웃음을 유발하면서도 그 안에 메시지를 충실히 담은 작품을 창작함.

- 전쟁과 대비되는 순진무구한 동막골 아이들의 모습은 이념 대립이 없는 평화로운 공동체에 대한 작가의 소망을 담고 있어.
- 심각한 상황에서 분위기에 맞지 않는 말을 해 웃음을 주는 마을 사람들의 모습은 유머와 재치가 가득한 작가의 작품 경향을 잘 보여 줘.

☐☐ 와 관련지은 감상

- 처음에는 적으로 만나 대립했지만 점차 따뜻한 인간애를 바탕으로 결국 동지애까지 느끼는 인물들의 모습에서 이념의 대립이 과연 필요한 것인가에 대한 의문이 들었어.
- 다른 사람을 위해 자신을 희생한 군인들의 모습을 보고 나는 과연 그런 삶을 살 수 있을까 하는 생각이 들어 대단하다고 느꼈어.
- 폭격 장소에 나비가 날아오르는 모습이 환상적으로 느껴지면서도 죽은 군인들의 모습과 겹쳐져 가슴이 아렸어.

대사와 행동을 통해 어떤 사건이 일어나고 있는지, 인물의 성격은 어떤지 파악하며 읽어 보자.

📖 **전체 줄거리**

발단 허영과 탐욕이 심한 맹 진사는 선도 보지 않고 명문가인 김 판서 댁 아들 미언과 자신의 딸 갑분을 혼인시키기로 약속하고는 우쭐댄다.

▼

전개 혼례식 전날 신랑 될 미언이 절름발이라는 소문을 들은 맹 진사 집은 발칵 뒤집힌다.

▼

절정 갑분이 절름발이에게 시집가지 않겠다고 하자, 맹 진사는 궁리 끝에 갑분 대신 몸종인 입분을 신부로 꾸며 혼례를 치르기로 한다.

▼

하강 혼례 당일 미언이 멀쩡하고 잘생긴 대장부임이 밝혀지지만, 예정대로 입분과 미언의 혼례가 치러진다.

▼

대단원 마음씨 착한 입분은 자신이 갑분이 아님을 미언에게 고백하며 용서를 빌지만, 미언은 신부 마음의 진정성을 확인하기 위해 자신이 거짓 소문을 내었다고 밝힌다.

＊**성사**: 일을 이룸. 또는 일이 이루어짐.

＊**지체**: 어떤 집안이나 개인의 사회적 신분이나 지위.

＊**의관**: 옷과 갓. 남자가 정식으로 갖추어 입는 옷차림.

＊**행랑방**: 대문의 양쪽이나 문간 옆에 있는 방.

＊**오곡백과**: 온갖 곡식과 과일.

＊**곡간**: 곡식을 보관해 두는 곳간.

＊**구중궁궐**: 겹겹이 문으로 막은 깊은 대궐.

＊**융숭하다**: 대하는 태도가 매우 정중하고 극진하다.

맹 진사 댁 경사 | 오영진

발단 맹 진사: 여! 아무도 없느냐. 아무도 없어? 허, 내가 어떤 길을 다녀왔다구 쥐새끼 한 마리 얼씬 않느냐. (사람들이 안에서 나온다.)

삼돌: ㉠에그 나리마님, 어느새 댕겨 오셨군입쇼.

맹 진사: 예끼, 이놈! 그래…… 마님 계시냐?

삼돌: 네, 가셨던 일 어찌나 되셨나 그렇잖아두 지금 안절부절…….

맹 진사: ㉡안절부절은 왜? 그런 걱정 말구 냉큼 나오시라고 그래.

　(삼돌 안으로 들어간다. 그와 스쳐 사랑에서 길보 뛰어나온다.)

길보: 에그, 나으리 어느새 댕겨 오셨어유?

맹 진사: 꼭두새벽에 도라지골을 떠났다.

길보: 그렇잖아두 가셨던 일이 어찌나 되셨나 큰 나리 마님허구 운산골 나리꺼정 오셔서…….

맹 진사: 운산골 나리? 오 숙부님께서도 오셨단 말이겠지? 그러면 그럴테지.

길보: 네, 가셨던 일 결과가 어찌나 되셨나 하구.

맹 진사: 계서두 안절부절들이냐? / 길보: 아, 그야…….

맹 진사: 에이, 걱정들두……. 나가 여쭤라. 곧 나아가 뵙겠다구.

길보: 그럼 거의 성사＊가 됐군입쇼. / 맹 진사: ㉢헛! 누가 나선 일인데.

(중략)

맹 진사: 저 때문에…… 이 애비 이 고생도 모르고…… 그나마 지체＊ 높은 김 판서 댁 며느리가 되느냐 못 되느냐 하는 상황에, 에이 조심성 없는 계집애 같으니라구. (한 씨와 유모 안에서 나온다.)

한 씨: 에그, 영감 듣자 오니 거의 성사시켜 가지구 오셨다지요?

맹 진사: 나왔소? / 한 씨: 그래, 근사하게 들어맞았어요?

맹 진사: 근사하게? (잔뜩 버티며 의관＊을 벗는다.)

한 씨: (의관을 받아 유모에게 넘기며) 자, 가셨던 일 얘기나 좀 하시구려. 그래, 어떻습니까?

맹 진사: ……에헴! / 한 씨: ㉣아이 갑갑해.

맹 진사: ……에헴, 놀라지 말어. 행랑방＊만 사십 칸, 에그그 삼십 칸이라니 사십 칸두 더 되겠던걸. 행랑방만 말이야, 행랑방만…… 알았어?

유모: ㉤아유머너나! 행랑방만 사십 칸, 이건 정말 어마어마하구먼입죠, 나리마님.

맹 진사: 거기다가 오곡백과＊가 가득 쌓인 곡간＊이 아마두 하나 둘 셋 넷…….

한 씨: 아마 대궐 같은 집인가 보구려.

맹 진사: 내게 대한 접대야말루 구중궁궐＊에서 나온 손님인 양 융숭하기＊ 이를 데 없구.

유모: 어쩌면…… 그런 집 구경이라도 한번 했으면…… 갑분 아가씨 시집갈 땐 이년이 꼭 모시고 가게 해 주셔요. 네? 나리마님.

01 윗글에서 알 수 있는 내용으로 적절한 것은?

① 유모는 김 판서 댁 사람들의 성격에 관심을 보이고 있다.
② 길보는 맹 진사가 김 판서 댁에 다녀온 사실을 모르고 있다.
③ 삼돌은 맹 진사에게 김 판서 댁의 상황을 전달해 주고 있다.
④ 맹 진사는 자신의 고생을 알아주는 딸에게 고마워하고 있다.
⑤ 한 씨는 맹 진사가 김 판서 댁에 다녀온 일의 결과를 궁금해하고 있다.

02 윗글을 연극으로 공연할 때, 연출자가 ㉠~㉤에 대해 조언할 내용으로 적절하지 <u>않은</u> 것은?

① ㉠은 맹 진사에게 허리를 숙이고 굽신거리는 동작을 취하며 말해 주세요.
② ㉡은 삼돌의 말을 끝까지 듣지 않고 중간에 자르는 느낌이 들도록 말해 주세요.
③ ㉢은 우쭐해 하면서 자랑스러움이 드러나도록 거만한 표정으로 말해 주세요.
④ ㉣은 맹 진사의 태도에 답답해하는 느낌을 살려 말해 주세요.
⑤ ㉤은 맹 진사의 말을 믿지 않으며 조롱하는 듯한 말투로 말해 주세요.

03 윗글을 내재적 관점에서 감상한 내용으로 볼 수 <u>없는</u> 것은?

극의 감상 방법:
내재적 관점/
외재적 관점

① 등장인물들의 대사를 중심으로 이야기가 전개되고 있어.
② 지시문을 통해 상황에 맞게 등장인물들의 동작을 지시하고 있어.
③ 맹 진사를 '나리마님', '나으리' 등으로 부르는 삼돌과 길보의 대사를 통해 맹 진사가 양반임을 알 수 있어.
④ 맹 진사의 대사를 통해 맹 진사는 결혼의 조건으로 상대 집안의 재산이나 명성을 중요시하는 인물임을 알 수 있어.
⑤ 권력이 있는 집안과의 혼인을 통해 신분 상승을 꾀하는 맹 진사의 모습은 신분 질서가 혼란했던 조선 말기의 시대상을 반영하고 있어.

🖋 주관식·서술형

04 보기 의 빈칸을 채워 맹 진사가 김 판서 댁에 다녀온 이유를 완성하시오.

> **보기**
>
> 맹 진사는 자신의 딸을 권력이 있는 김 판서 댁의 아들과 □□시키기 위해 김 판서 집에 다녀왔다.

📖 **전체 줄거리**

발단 허영과 탐욕이 심한 맹 진사는 선도 보지 않고 명문가인 김 판서 댁 아들 미언과 자신의 딸 갑분을 혼인시키기로 약속하고는 우쭐댄다.

▼

전개 혼례식 전날 신랑 될 미언이 절름발이라는 소문을 들은 맹 진사 집은 발칵 뒤집힌다.

▼

절정 갑분이 절름발이에게 시집가지 않겠다고 하자, 맹 진사는 궁리 끝에 갑분 대신 몸종인 입분을 신부로 꾸며 혼례를 치르기로 한다.

▼

하강 혼례 당일 미언이 멀쩡하고 잘생긴 대장부임이 밝혀지지만, 예정대로 입분과 미언의 혼례가 치러진다.

▼

대단원 마음씨 착한 입분은 자신이 갑분이 아님을 미언에게 고백하며 용서를 빌지만, 미언은 신부 마음의 진정성을 확인하기 위해 자신이 거짓 소문을 내었다고 밝힌다.

***절룩발이**: 절름발이. 한쪽 다리가 짧거나 다치거나 하여 걷거나 뛸 때에 몸이 한쪽으로 자꾸 가볍게 기우뚱거리는 사람을 낮잡아 이르는 말.

***터득하다**: 깊이 생각하여 이치를 깨달아 알아내다.

***걸치레**: 겉만 보기 좋게 꾸미어 드러냄.

***영화**: 몸이 귀하게 되어 이름이 세상에 빛남.

***천박**: 학문이나 생각 따위가 얕거나, 말이나 행동 따위가 상스러움.

***배필**: 부부로서의 짝.

대단원 입분: 난! 갑분 아가씨 아녜유……

미언: 이 무슨 이런 소리가 있소? 당신은 갑분 아가씨, 내 아내!

입분: 아니, 어떡허나. 여지껏 아무것도 모르시나 봐. 서방님, 전…… 저는 천한 몸종이에유. 갑분 아가씨의 몸시중 드는 몸이에유…… 아이 무서워, 하늘이 무서워요. 그렇지만 어쩌는 수가 없어서 나쁜 줄 알면서도 이 댁 나리마님께서 하도 조르시길래 죽는 셈만 치고 제가 갑분 아가씨 노릇을 하였던 거예유.

미언: ㉠(빙그레 웃는다.) 그래요?

입분: ㉡(드디어 울어 버리며) 서방님, 용서해 주세요. 사실은 갑분 아가씨가 서방님을 절룩발이* 신랑이라구…… 죽어도 싫다고, 그래서 어쩌는 수 없이 이 미천한 몸이 아가씨 대신 신부로 뽑혔던 거예유. 저는 가짜예유. / 미언: 음……

입분: 그리고 저두 서방님께서 절룩발이인 줄만 알았어요. 그래 여태 장가도 못 드시고 아무도 시집와 주는 색시도 없는 쓸쓸한 양반이시라…… 이렇게만 알았어유. 그랬드니만 ㉢이제는 왜 서방님께서 절룩발이가 못 되었을까. 차라리 몹쓸 다리 병신으로 세상에 모든 색시들이 돌아보지도 않는 그런 외로운 서방님이었으면 좋겠어유. 지금은 그게 도리어 이 몸에게 견딜 수 없이 원망스러워유, 서방님…… 서방님께선 그 몹쓸 속인 사람들 중의 하나인 저를 용서하세유. (운다.)

미언: 허, 잘못을 사과하고 용서를 빌어야 할 사람은 오히려 나라오. / 입분: 네?

미언: 나두 다 알고 있었으니까 말이오. 내가 왜 아무것도 모르는 줄 아시오.

입분: 아니, 서방님……

미언: (입분의 손목을 지긋이 잡으며) 놀라지 마시오. 이번 일을 그렇게 꾸민 사람도 실상은 나였소. 내가 그같이 꾸몄던 것이오. 내 명정 숙부로 하여금 절룩발이라고 헛소문을 내게 한 것도 사실은 나였소. / 입분: ⓐ네?

미언: 그 정도가 지나쳐서 그대를 이렇게까지 괴롭힐 줄은 몰랐소.

입분: 서방님…… 무슨 이유로 그런……

미언: ㉣그 이유는? 아가씨는 터득치* 못하겠소? 내가 무엇을 구해서 그런 장난을 했으며 무엇을 찾아서 그런 일을 꾸몄는지 짐작하지 못하겠소?

입분: 잘 모르겠어요……

미언: …… 사람의 마음, 더욱이 여자의 마음…… 그 마음의 참된 무게와 깊이가 알고 싶었던 것이오. 병신이라든가, 거지라든가, 돈이 있다든가, 없다든가, 이것은 모두가 걸치레*뿐이오. 어떠한 부자나 영화*에 취한 사람들 하구도 사귀어 봤구, 그 마음씨의 천박*함에는 진절머리가 나도록 겪은 나요. ㉤내가 참으로 찾는 마음씨는 당신과 같은 참된 사람이오. 어떤 불평이라도, 어떤 괴로움이라도, 어떤 불안이라도 박차고 이겨 나갈 만한 꼿꼿한 마음씨 꼿꼿한 진실이 당신에게 있는 것을 나도 숙부를 통해서 잘 알았소. 당신이야말로 내가 구하는 배필*이요.

05 윗글을 통해 알 수 있는 내용으로 적절하지 <u>않은</u> 것은?

① 입분은 미언이 다리를 저는 사람이라고 알고 있었다.
② 미언이 절름발이라는 소문은 미언 스스로가 꾸며 내었다.
③ 명정 숙부는 헛소문을 내 달라는 미언의 부탁을 거절하였다.
④ 갑분은 미언이 절름발이라는 이유로 미언과의 결혼을 피했다.
⑤ 나리마님은 입분에게 자신의 딸 대신 시집갈 것을 요구하였다.

06 ㉠~㉤에 대한 이해로 적절하지 <u>않은</u> 것은?

① ㉠: 미언이 신부가 바뀌었다는 사실을 이미 알고 있었음을 나타내고 있다.
② ㉡: 자신의 잘못을 고백하고 용서를 비는 입분의 착한 심성이 드러나 있다.
③ ㉢: 미언이 절름발이가 아니라는 사실에 기뻐하는 입분의 심리가 나타나 있다.
④ ㉣: 미언이 착하고 진실한 마음을 지닌 참된 아내를 얻기 위해서라고 볼 수 있다.
⑤ ㉤: 사람의 신분이나 겉모습보다는 진실한 마음씨를 중요하게 여기는 미언의 생각이
　　드러나 있다.

07 ⓐ를 말할 때의 어조로 가장 적절한 것은?

① 상냥한 말투로　　　　② 당황한 말투로　　　　③ 담담한 말투로
④ 짜증 섞인 말투로　　　⑤ 비난하는 말투로

극의 감상 방법:
내재적 관점/
외재적 관점

08 윗글을 읽고 다음과 같이 감상하였다고 할 때, 이와 관련 있는 감상 방법을 고르시오.

(1)
> 이기적인 갑분이 아닌 착한 입분이 미언에게 시집가게 된 것에서 착하고 진실한 사람이 결국에는 복을 받는다는 교훈을 얻었어.

① 외재적 관점 – 작품에 반영된 시대적 배경
② 외재적 관점 – 작품이 독자에게 미친 영향

(2)
> 작품의 제목 '맹 진사 댁 경사'에서 '경사'는 맹 진사의 소망이 좌절된다는 점에서 실제의 의미와는 반대되는 반어적 표현으로 주인공인 맹 진사를 풍자하고 조롱하는 효과를 주고 있어.

① 내재적 관점 – 작품의 표현상 특징
② 외재적 관점 – 작품을 창작한 작가의 삶

▶ 이 작품을
다양한
관점에서
감상하기

[내재적 관점] ☐☐ ☐☐ 에
주목한 감상

이 작품에서는 대사와 행동을 통해 사건이 전개되고 인물의 성격이 제시되며, ☐☐☐ 을 통해 인물의 행동이나 말투 등이 지시되고 있어.

[외재적 관점] ☐☐ ☐☐ 과
관련지은 감상

이 작품은 결혼의 주요 조건으로 사람의 성품과 같은 내면보다는 신분이나 외모를 중시하는 당대의 사회와 지배 계층의 부조리를 반영하고 있어.

[외재적 관점] ☐☐ 와 관련지은 감상

전래 민담인 '뱀 신랑'에서 소재를 취한 이 작품은 주로 향토적인 소재로 작품을 창작하는 작가의 작품 경향이 잘 드러나 있어.

[외재적 관점] ☐☐ 와 관련지은 감상

사람의 겉모습만 신경 쓰는 맹 진사와 갑분의 허영심 가득하고 이기적인 모습을 보면서 나 역시 친구를 사귈 때 그렇지는 않은지 반성했어.

🔍 작품 한눈에 **맹 진사 댁 경사** | 오영진

한줄평 ▶ 인간의 헛된 욕심을 풍자하고, 착한 사람이 복을 받는다는 교훈을 주고 있는 희곡

사건	소재와 배경 및 표현	구성상 특징
• **혼인 약속**: 맹 진사는 선도 보지 않고 명문가인 김 판서 댁 아들과 자신의 딸의 혼인을 약속함. • **신부 바꿔치기**: 신랑 될 미언이 절름발이라는 소문을 듣고 맹 진사는 딸 대신 몸종인 입분을 신부로 꾸며 혼례를 치르기로 함. • **계획 실패**: 혼례 당일 미언이 멀쩡하자 신부를 다시 바꾸려 하지만 실패하고, ☐☐이 미언과 결혼함.	• **소재**: '신부 바꿔치기'에 대한 전래 민담인 '뱀 신랑' • **시간적 배경**: 신분 질서가 혼란한 조선 시대 말 • **공간적 배경**: 혼례가 치러진 맹 진사의 집 • **반어적 표현**: 맹 진사의 소망이 좌절된다는 점에서 제목의 '☐☐'는 반어적 표현으로, 맹 진사에 대한 풍자와 조롱의 효과를 높임.	• **반전이 반복되는 구조** – 반전 ①: ☐ ☐☐는 명문가와 혼약을 맺어 좋아하다가 사위 될 미언이 절름발이라는 소문에 집안이 뒤집어짐. – 반전 ②: 절름발이인 줄 알았던 미언이 멀쩡하자 신부를 다시 바꾸기 위해 소동이 일어남. – 반전 ③: 미언이 절름발이라는 헛소문을 낸 것이 미언 본인임.

주제: 인간의 탐욕과 어리석음에 대한 풍자와 비판

 **어휘 확인**

[1~8] 보기 에서 어휘의 뜻풀이 또는 예문의 (　　) 안에 들어갈 어휘 ㉠~㉣을 찾아 쓰시오.

보기
㉠ 대치　　　　㉡ 재치　　　　㉢ 현장감　　　　㉣ 희극적

뜻풀이

1 사회 문제나 인간 생활 등을 웃음거리를 섞어서 풍자적으로 다룬 극인 희극의 요소를 가진.　　[　　]

2 눈치 빠른 재주. 또는 능란한 솜씨나 말씨.　　[　　]

3 어떤 일이 이루어지고 있는 현장에서 느낄 수 있는 느낌.　　[　　]

4 서로 맞서서 버팀.　　[　　]

예문

5 그는 항상 (　　) 있게 말해 사람들에게 웃음을 주었다.　　[　　]

6 (　　)인 요소가 있는 이야기는 다소 가볍고 경쾌한 말투를 사용한다.　　[　　]

7 그 기자는 전쟁터의 모습을 (　　) 있게 보도하였다.　　[　　]

8 우리나라는 남과 북이 (　　) 상태에 있다.　　[　　]

[9~13] 어휘의 뜻풀이와 어휘 ㉠~㉤을 바르게 연결하시오.

[14~18] 예문의 (　　) 안에 들어갈 어휘 ㉠~㉤을 바르게 연결하시오.

뜻풀이	어휘	예문
9 남을 너그럽게 감싸 주거나 받아들임.	㉠ 포용	**14** 일이 (　　)되니 모든 사람들이 기뻐하였다.
10 이상적인 것으로 여겨지는 생각이나 견해.	㉡ 성사	**15** 아버지는 잘못한 자식을 이해하고 (　　)하였다.
11 일을 이룸. 또는 일이 이루어짐.	㉢ 유도	**16** 그를 다른 곳으로 (　　)하였다.
12 사람이나 물건을 목적한 장소나 방향으로 이끎.	㉣ 이념	**17** 민주주의와 사회주의 간 (　　) 대립.
13 겉만 보기 좋게 꾸미어 드러냄.	㉤ 겉치레	**18** 그는 (　　)만 번지르르하다.

수필의 감상

💡 필수 개념　수필의 감상

- 수필은 글쓴이가 생각하고 느끼고 경험한 일을 형식에 구애받지 않고 자유롭게 쓴 글이야.
- 수필에는 글쓴이의 경험, 깨달음, 성격, 가치관, 인생관 등 글쓴이의 독특한 개성이 듬뿍 녹아들어 있지.
- 그래서 수필을 감상할 때는 **글쓴이의 경험과 인생관, 가치관이 무엇인지 파악**하면서 작품을 읽어야 해. 물론 이런 것들을 파악하는 데 그치지 않고 **감상 내용을 나의 삶과 연관 지어 내면화**할 수 있어야 하지!
- 또 수필에서 글쓴이의 개성은 문장을 통해서도 드러나. 그러니까 수필을 감상할 때는 **작품에 사용된 어휘, 표현상 특징, 문체 등도 주목**해야 해.

가 나도 어렸을 적 흙 놀이를 즐겼었다. 학교 이동이 잦았던 아버지께서 외지로 발령*이 나자 어머니는 나를 사랑채에 사시는 증조할머니와 기거토록* 하였다. (중략) 신기한 놀이 시설도, 특별한 장난감도 없었지만 나는 할머니와 지내는 게 신이 났다. 촉촉한 흙냄새가 나는 마당에 앉아 손으로 흙을 주물며 놀아도 야단치는 일이 없었기 때문이다.

나 그래서 흙이 질펀한 마당은 언제나 내 놀이터였다. 길에서 민들레를 뽑아다 흙을 일구어 심기도 하고, 신발에 흙을 담아 할머니 채마밭* 고랑에 뿌리기도 하였다. 주위가 어둑해질 때까지 흙장난에 지칠 줄 모르는 나를 보고도 증조할머니는 웬일인지 화를 내지 않으셨다. 흙강아지가 되도록 실컷 놀라고 하실 뿐이었다.

(중략)

다 요즈음 땅을 밟고 산다는 게 하나의 사치처럼 되어 가는 느낌이다. 하늘과 가까운 고층 아파트에 살다 보니 흙을 가까이할 기회가 적어진 것이다. 가끔 이러다가는 하늘의 공간에서 영영 땅으로 내려오지 못하는 건 아닐까 하는 생각이 들기도 한다. 손바닥만 한 마당이라도 있는 주택으로 주거지를 옮기겠다고 입버릇처럼 말하면서도 결국 아파트의 편리함에 젖어 다시 주저앉게 되니 말이다.

라 그래서인지 근래 들어선 마음까지도 시멘트 벽을 닮아 가고 있는 것 같다. 오 년 동안 한 아파트 통로에 사는 아주머니와는 엘리베이터에서 만났어도 가벼운 목례*를 하는 것 정도가 고작이고 서로 왕래해* 본 일이 없다. 가까운 이웃이 없다면 훈훈한 정도 느끼지 못할 텐데 철저하게 혼자 사는 생활에 익숙해져 가고 있다.

마 지구(地球)의 절반 이상이 흐르는 물로 덮여 있음에도 수구(水球)라 하지 않고 지구라 칭한 것도 흙이 생명의 모태*이기 때문이 아닐까. 땅과 멀어질수록 병원을 가까이한다는 말이 있듯이 무디어진 심성을 깨우치는 건 자연과 가까이하는 일이지 않나 싶다.

– 문정희, 〈흙을 밟고 싶다〉

*발령: 명령을 내림. 또는 그 명령. 흔히 직책이나 직위와 관계된 경우를 이른다.

*기거하다: 일정한 곳에서 먹고 자고 하는 따위의 일상적인 생활을 하다.

*채마밭: 채마를 심어 가꾸는 밭. '채마'는 먹을거리나 입을 거리로 심어서 가꾸는 식물을 뜻함.

*목례: 눈짓으로 가볍게 하는 인사. = 눈인사.

*왕래하다: ① 가고 오고 하다. ② 서로 교제하여 사귀다.

*모태: ① 어미의 태 안. ② 사물의 발생 · 발전의 근거가 되는 토대를 비유적으로 이르는 말.

📎 수필 감상하기

1. 글쓴이가 어렸을 때 즐겼던 놀이가 뭐야? ____
2. 글쓴이는 흙을 (가까이하는 / 멀리하는) 현실을 안타까워하고 있어.

다음 중 윗글에 대한 감상으로 적절하지 않은 것은?

① 어렸을 때 흙 놀이를 재미있게 했던 글쓴이의 경험이 나타나 있어.

② 그동안 흙과 자연의 소중함을 잊고 살았던 나의 모습을 돌아보게 되었어.

③ 글쓴이는 어린 시절의 경험에서 흙을 가까이해야 한다는 깨달음을 얻었을 거야.

④ 주어진 환경에 만족하는 삶의 태도에 대한 글쓴이의 긍정적 시각이 나타나 있어.

⑤ 글쓴이는 좀처럼 흙을 가까이할 기회가 없는 오늘날의 상황에 안타까움을 느끼고 있어.

✏️ 개념 적용하기

▶ **이 작품에 나타난 글쓴이의 개성 파악하기**

작품	감상 내용	감상의 초점
❶ – 가, 나 	㉠ 어렸을 때 흙 놀이를 재미있게 했던 글쓴이의 경험이 나타나 있어.	ⓐ 작품에 사용된 문체, 표현상의 특징 파악하기
	㉡ 삭막하게 메마른 마음을 시멘트 벽에 빗대어 표현하고 있어.	ⓑ 글쓴이의 경험과 깨달음 파악하기
	㉢ 그동안 흙과 자연의 중요성을 잊고 살았던 나의 모습을 돌아보게 되었어.	ⓒ 글쓴이의 가치관, 인생관 파악하기
❷ – 다, 라, 마 	㉣ 글쓴이는 편리함만 추구한 채 이웃 간에 정을 나누지 않는 것을 부정적으로 여기고 있어.	ⓓ 감상 내용을 나의 삶과 연관 짓기

🖥️ 개념 확장하기

▶ **'흙'을 소재로 한 글쓴이의 다른 작품**

또한 그의 가슴에 한 줌의 씨앗을 뿌리면
철 되어 한 가마의 곡식이 돌아오는 것도 보았다.
흙의 일이므로
농부는 그것을 기적이라 부르지 않고
겸허하게 농사라고 불렀다.

– 문정희, 〈흙〉 중에서

- 흙을 '그'로 의인화하여 흙의 모성과 희생에 대해 공감과 예찬의 태도를 나타냄.
- 차분하고 담담한 어조로 생명의 모태가 되는 겸손한 흙의 속성을 노래함.

수필의 감상

10 〈 9

아홉이 더 크다고? 아홉보다 열이 더 크다는 건 명백한 사실인데, 어떻게 아홉이 열보다 크다는 거지?

㉠ **열보다 큰 아홉** | 이문구

오늘은 ⓐ아홉과 ⓑ열이라는 수가 지니고 있는 뜻을 생각해 보기로 합시다.

잘 아시다시피 열은 십 · 백 · 천 · 만 · 억 등의 십진급수(十進級數)*에서 제일 먼저 꽉 찬 수입니다. 그러므로 이 열에 얼마를 더 보태거나 빼거나 한다면 그것은 이미 열이 아닌 다른 수가 됩니다.

무엇을 하기에 그 이상 좋을 수가 없이 알맞은 때에 '십상 좋다.'라고 말하는 십상도, 열 십(十) 자와 이룰 성(成) 자에서 나온 말입니다. 그만큼 열이란 수는 이미 이룰 것을 이룩한 완전한 수이며, 성공을 한 수인 것입니다.

그러면 아홉이란 수는 어떤 수입니까? 두말할 필요도 없이 열보다 하나가 모자라는 수입니다. 다시 말하면 완전에 거의 다다른 수, 거기에 하나만 보태면 완전에 이르게 되는 수, 그래서 매우 아쉬움을 느끼게 하는 수인 것입니다.

그러면 아홉은 정녕 열보다 적거나 작은 수일까요. 그렇지 않습니다. 예를 들어 보겠습니다.

끝없이 높고 너른 하늘을 십만 리 장천*이라고 하지 않고 구만리장천(九萬里長天)이라고 합니다. 젊은이더러 앞이 구만리 같은 사람이라고 하는 말과 같은 뜻이지요.

굽이굽이 한없이 서린 마음을 구곡간장(九曲肝腸)*이라고 하고, 굽이굽이 에워도는 산굽이가 얼마인지 모르는 길을 구절양장(九折羊腸)*이라고 하고, 통과해야 할 문이 몇이나 되는지 모르는 왕실을 구중궁궐(九重宮闕)*이라고 하고, 죽을 고비를 수도 없이 넘기고 살아난 것을 구사일생(九死一生)*이라고 표현하고 있습니다.

(중략)

열이란 수가 넘치지도 않고 모자라지도 않고, 또 조금도 여유가 없이 꽉 찬 수, 그래서 다음도 없고 다음다음도 없이 아주 끝나 버린 수라는 점에서, 아홉은 열보다 많고, 열보다 크고, 열보다 높고, 열보다 깊고, 열보다 넓고, 열보다 멀고, 열보다 긴 수였으며, 그리하여 다음, 또 그다음, 그도 아니면 그 다음다음을 바라볼 수 있는, 미래의 꿈과 그 가능성의 수였기에, 슬기롭고 끈기 있는 우리의 선조들에게 일찍부터 열보다 열 배도 넘는 사랑을 담뿍 받아 왔던 것입니다.

하물며 여러분은 지금 한창 자라고, 한창 배우고, 한창 놀아야 할 중학생입니다. 여러분은 지금 무엇 한 가지도 완벽할 수가 없으며, 항상 어딘가가 부족하고 어설픈 것이 오히려 정상인 학생입니다. 행여 무엇이 남들보다 모자란 것이 아닌가 싶어서 스스로 괴로워하고 외로워하고 서글퍼해 온 학생이 있다면, 어떨까요, 이제부터라도 열이란 수보다 아홉이란 수를 더 사랑해 보는 것은.

***십진급수**: 십진법으로 얻은 여러 가지의 단위에 붙는 이름. 십, 백, 천, 만, 억, 또는 할, 푼, 리, 모 따위가 있다.

***장천**: 끝없이 잇닿아 멀고도 넓은 하늘.

***구곡간장**: 굽이굽이 서린 창자라는 뜻으로, 깊은 마음속 또는 시름이 쌓인 마음속을 비유적으로 이르는 말.

***구절양장**: 아홉 번 꼬부라진 양의 창자라는 뜻으로, 꼬불꼬불하며 험한 산길을 이르는 말.

***구중궁궐**: 겹겹이 문으로 막은 깊은 궁궐이라는 뜻으로, 임금이 있는 대궐 안을 이르는 말.

***구사일생**: 아홉 번 죽을 뻔하다 한 번 살아난다는 뜻으로, 죽을 고비를 여러 차례 넘기고 겨우 살아남을 이르는 말.

정답 및 해설 60쪽

01 윗글에 대한 설명으로 적절하지 <u>않은</u> 것은?

① 다양한 예를 열거하여 자신의 생각을 뒷받침하고 있다.
② 숫자의 특징을 활용하여 자신의 의도를 전달하고 있다.
③ 질문과 대답의 형식으로 독자의 주의를 집중시키고 있다.
④ 자신의 내면을 고백하는 듯한 독백적 어조를 사용하고 있다.
⑤ 일반적인 문장 순서를 바꾸어 하고 싶은 말을 강조하고 있다.

02 ⓑ보다 ⓐ가 사랑받아 온 까닭으로 알맞은 것은?

① 다음이 없이 끝나 버린 수이기 때문에
② 조금도 여유가 없이 꽉 찬 수이기 때문에
③ 넘치지도 모자라지도 않는 수이기 때문에
④ 미래의 꿈과 가능성을 품은 수이기 때문에
⑤ 이미 이룰 것을 이룩한 완전한 수이기 때문에

03 ㉠에 사용된 표현 방법이 쓰인 것은?

① 오늘도 어제도 아니 잊고 / 먼 훗날 그때에 잊었노라
② 나는 이제 너에게도 슬픔을 주겠다. / 사랑보다 소중한 슬픔을 주겠다.
③ 눈은 살아 있다 / 떨어진 눈은 살아 있다 / 마당 위에 떨어진 눈은 살아 있다.
④ 산산이 부서진 이름이여! / 허공중에 헤어진 이름이여! / 불러도 주인 없는 이름이여!
⑤ 벼는 가을 하늘에도 / 서러운 눈 씻어 맑게 다스릴 줄 알고 / 바람 한 점에도 / 제 몸의
  노여움을 덮는다.

04 윗글을 읽은 학생의 반응으로 적절하지 <u>않은</u> 것은?

① 자신이 지닌 능력에 대해 자만해서는 안 된다는 것을 알게 되었어.
② 모자라고 어설퍼서 무언가를 잘하지 못하더라도 위축되지 말아야겠어.
③ 청소년은 완벽할 수 없는 것이 오히려 정상이라는 말이 위로가 되었어.
④ 현재의 부족함은 미래의 완전함을 향해 나아가는 과정임을 알게 되었어.
⑤ 스스로 미래의 가능성을 지니고 있는 존재라는 것을 믿고 꾸준히 노력해야겠어.

▶ 이 작품에 나타난 글쓴이의 개성 파악하기

겉으로 보기에 앞뒤 말이 이치에 어긋나거나 모순되지만, 그 속에 중요한 의미나 진실을 담고 있는 표현

■ 역설적 제목 '열보다 큰 아홉'

열	아홉	역설
• 넘치지도 않고 모자라지도 않고 조금도 여유가 없이 꽉 찬 수 • □□이 없이 아주 끝나 버린 수	• 아직 완전하지 않은 수 • 다음을 바라볼 수 있는 미래의 꿈과 그 □□□의 수	아홉은 다음을 바라볼 수 있는 미래의 꿈과 그 가능성의 수이기 때문에 열보다 크다는 의미

■ 작품의 특징

• 구만리장천, 구곡간장, 구절양장, 구중궁궐, 구사일생	다양한 □를 열거함.
• 열: 넘치지도 않고 모자라지도 않고 조금도 여유가 없는 꽉 찬 수, 다음이 없이 아주 끝나 버린 수 • 아홉: 아직 완전하지 않은 수, 다음을 바라볼 수 있는 미래의 꿈과 그 가능성의 수	숫자의 특징을 활용함.
• 그러면 아홉이란 수는 어떤 수입니까? 두말할 필요도 없이 열보다 하나가 모자라는 수입니다. • 그러면 아홉은 정녕 열보다 적거나 작은 수일까요? 그렇지 않습니다.	질문과 □□의 형식을 사용함.
• ~ 생각해 보기로 합시다. • 여러분은 지금 한창 자라고, 한창 배우고, 한창 놀아야 할 중학생입니다.	친근하게 말을 건네는 어조를 사용함.
• 어떨까요, 이제부터라도 열이란 수보다 아홉이란 수를 더 사랑해 보는 것은.	일반적인 문장 순서를 바꿈.

열보다 큰 아홉 | 이문구

한줄평 ▶ 열과 아홉을 비교하면서 청소년은 아홉처럼 미래의 꿈과 그 가능성을 지닌 존재임을 이야기하는 수필

소재	서술상 특징	글쓴이의 관점과 태도
 **10 ⟨ 9** 다음이 없이 아주 끝나 버린 수 / 다음을 바라볼 수 있는 꿈과 그 가능성의 수	• □□적 의미의 제목을 사용함. • 다양한 예를 열거함. • 숫자의 특징을 활용함. • □□과 대답의 형식을 사용함. • 친근하게 말을 건네는 어조를 사용함. • 일반적인 문장 순서를 바꿈.	• □□□은 아홉이라는 수처럼 완벽하지 않지만 미래의 꿈과 그 가능성을 지닌 존재임. • 따라서 현재 부족하고 어설픈 것에 대해 괴로워하거니 서글퍼할 필요가 없음.

주제: 청소년은 □□이라는 수처럼 완벽하지 않지만 미래의 꿈과 그 가능성을 지닌 존재임.

 어휘 확인

[1~10] 보기 에서 어휘의 뜻풀이 또는 예문의 (　　) 안에 들어갈 어휘 ㉠~㉤을 찾아 쓰시오.

보기
㉠ 구만리장천　㉡ 구곡간장　㉢ 구절양장　㉣ 구중궁궐　㉤ 구사일생

[뜻풀이]

1 굽이굽이 서린 창자. 시름이 쌓인 마음속.

[　　]

2 아득히 높고 먼 하늘.

[　　]

3 아홉 번 꼬부라진 양의 창자. 꼬불꼬불하며 험한 산길.

[　　]

4 아홉 번 죽을 뻔하다 한 번 살아남. 죽을 고비를 여러 차례 넘기고 겨우 살아남.

[　　]

5 겹겹이 문으로 막은 깊은 궁궐. 임금이 있는 대궐 안.

[　　]

[예문]

6 깊은 산속 계곡을 따라 난 그 길은 그야말로 (　　)이었다.

[　　]

7 (　　)을 짝 잃고 날아가는 외기러기의 울음 같은 저 소리.

[　　]

8 (　　)을 녹이는 듯한 슬픔이 복받쳤다.

[　　]

9 많은 궁녀들이 (　　)에서 쓸쓸히 늙어 갔다.

[　　]

10 상어의 공격을 받은 소년이 (　　)으로 목숨을 건졌다.

[　　]

[11~16] 보기 의 글자들을 조합하여 다음 뜻풀이에 해당하는 단어를 만드시오.

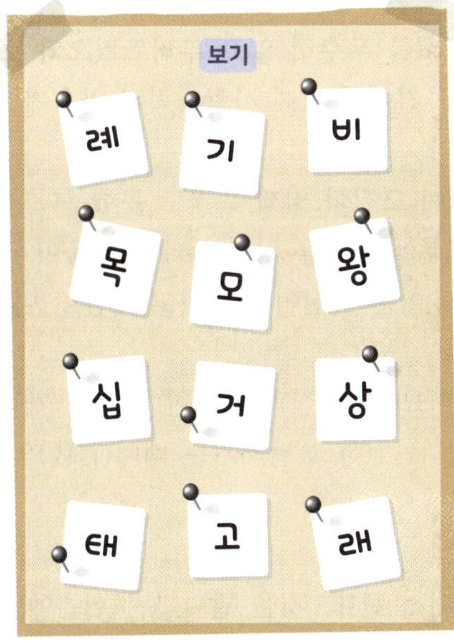

11 일정한 곳에서 먹고 자고 하는 따위의 일상적인 생활을 함.　→ 

12 가고 오고 함.　→ 

13 일이 되어 가는 과정에서 가장 중요한 단계나 대목. 또는 막다른 절정.　→

14 눈짓으로 가볍게 하는 인사.　→ 

15 열에 여덟이나 아홉 정도로 거의 예외가 없음.　→ 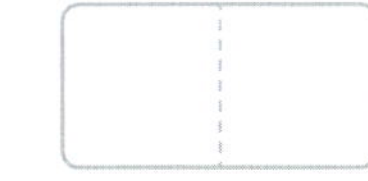

16 사물의 발생·발전의 근거가 되는 토대를 비유적으로 이르는 말.　→

고전 수필의 갈래: 내간체 수필과 설(說)

옛날 여성들의 경험과 생각 담기! 경험으로 얻은 깨달음 밝히기!

필수 개념 · 내간체 수필과 설(說)

- **고전 수필**은 개화기 이전(대체로 갑오개혁 전후)까지의 지어진 한문 수필과 한글 수필을 말해.
- **한문 수필**은 한문으로 창작된 수필을 말하는데, 대표적인 갈래가 '설'이야. **설**은 사물의 이치를 풀이하고 의견을 덧붙여 서술하는 형식의 글인데, 일상생활의 **경험을 바탕으로** 독자들에게 **깨달음을 주는 교훈적인 글**이야.
- **한글 수필**은 한글로 창작된 일기, 편지, 기행문, 잡기 등을 가리키는데, 주로 여성들과 평민들이 지었어. 특히 **내간체 수필**은 여성들이 주고받던 편지의 문체인 내간체로 표현된 수필인데, 관념성과 규범성에서 벗어나 **일상적 체험과 느낌을 섬세한 관찰력과 표현력으로** 진솔하고도 세련되게 표현하고 있어.

유세차(維歲次)* 모년 모월 모일에, 남편을 여읜 모씨(某氏)는 두어 자 글로써 침자(針子)*에게 고하노니, 인간 부녀의 손 가운데 없어서는 안 될 정도로 매우 긴요한 것이 바늘이로대, 세상 사람이 귀히 아니 여기는 것은 도처에 흔한 바이로다. 이 바늘은 한낱 작은 물건이나, 이렇듯이 슬퍼함은 나의 정회*가 남과 다름이라. 아, 비통하구나, 아깝고 불쌍하다. 너를 얻어 손 가운데 지닌 지 벌써 27년이라. 어이 인정이 그렇지 아니하겠는가? 슬프다. 눈물을 잠깐 거두고 심신을 겨우 진정하여 너의 행적과 나의 품은 마음을 총총히 적어 작별 인사를 하노라.

여러 해 전에 우리 시삼촌께서 동지상사* 명을 받아 북경에 다녀오신 후, 바늘 여러 쌈을 주시기에 친정과 가까운 친척에게뿐만 아니라 먼 친척에게도 보내고, 비복*들에게도 쌈쌈이 낱낱이 나눠 주었다. 그중에 너를 택하여 손에 익히고 익히어 지금까지 같이 지내 왔었는데……. 슬프다. 연분이 특별하여, 너희를 무수히 잃고 부러뜨렸으되 오직 너 하나를 꽤 오래 간직하여 왔으니, 비록 무심한 물건이나 어찌 사랑스럽고 마음에 끌리지 아니하겠는가? 아깝고 불쌍하며 또한 섭섭하도다.

나의 신세 박명하여 슬하에 자식이 없고 목숨이 모질어 일찍 죽지도 못했구나. 살림이 너무도 가난하여 바느질에 마음을 붙이고 네 덕분에 시름을 잊고 생계에 도움이 적지 아니했는데, 오늘 너를 이별하는구나. 아, 슬프다. 이는 귀신이 시기하고 하늘이 미워하심이로다.

아깝다 바늘이여, 어여쁘다 바늘이여, 너는 미묘한* 품질과 특별한 재치를 가졌으니, 물중(物中)의 명물이요, 철중(鐵中)의 쟁쟁*이라. 민첩하고 날래기는 백대(百代)의 협객*이요, 굳세고 곧기는 만고의 충절*이라.

(중략)

금년 시월 초열흘날 술시에, 희미한 등잔 아래서 관대* 깃을 달다가 무심결에 자끈동 부러지니 깜짝 놀랐어라. 아야 아야 바늘이여, 두 동강이 났구나. 정신이 아득하고 혼백이 산란하여 마음을 베어 내는 듯하며 두골을 깨뜨리는 듯하더구나.

– 유씨 부인, 〈조침문〉

*유세차: '이해의 차례는'이라는 뜻으로, 죽은 사람에 대하여 애도의 뜻을 나타낸 글(제문)의 첫머리에 관용적으로 쓰는 말.

*침자: 바늘.

*정회: 생각하는 마음. 정과 회포.

*동지상사: 조선 시대에, 해마다 동짓달에 중국으로 보내던 사신인 동지사의 우두머리.

*비복: 계집종과 사내종을 아울러 이르는 말.

*미묘하다: 아름답고 묘하다.

*철중의 쟁쟁: 여러 쇠붙이 가운데서도 유난히 맑게 쟁그랑거리는 소리가 난다는 뜻으로, 같은 무리 가운데서도 가장 뛰어남. 또는 그런 사람을 이르는 말.

*협객: 호방하고 의협심이 있는 사람.

*만고의 충절: 세상에 비길 데가 없는 충성스러운 절개.

*관대: 옛날 벼슬아치들이 조정에 나아갈 때 입던 제복.

📎 **내간체 수필 이해하기**

1. 글쓴이의 성별은? 남성 ☐ 여성 ☐
2. 글쓴이의 섬세한 감각과 정서가 드러나 있어? O ☐ X ☐

윗글에 대한 설명으로 알맞지 <u>않은</u> 것은?

① 글쓴이는 남편과 사별한 여인이다.
② 우아하고 세련된 표현을 사용하고 있다.
③ 여인의 섬세한 감각과 정서가 드러나 있다.
④ 사회적인 문제를 작품의 소재로 취하고 있다.
⑤ 애통한 심정을 제문 형식으로 표현하고 있다.

✏️ **개념 적용하기**

▶ **이 작품에 나타난 내간체 수필의 특징**

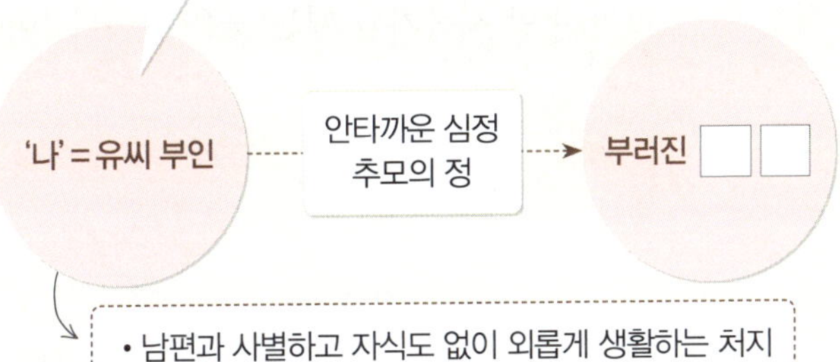

🖨️ **개념 확장하기**

▶ **내간체 수필과 설(說)의 대표적 작품**

• 내간체 수필의 대표적 작품으로는 〈한중록〉, 〈계축일기〉, 〈규중칠우쟁론기〉 등이 있음.

한중록	혜경궁 홍씨가 사도 세자의 죽음과 자신의 기구한 운명을 기록한 글
계축일기	어느 궁녀가 계축년에 일어난 궁중의 참담한 사건을 기록한 글
규중칠우쟁론기	7가지 바느질 도구를 의인화하여 공치사만 일삼는 세태를 풍자한 글

• 설(說)의 대표적 작품으로는 〈경설〉, 〈슬견설〉, 〈차마설〉 등이 있음.

경설	'거울'을 소재로 하여 유연한 삶의 자세가 필요하다는 생각을 드러냄.
슬견설	'이'와 '개'를 소재로 하여 생명이 있는 것은 모두 소중하다는 가치를 드러냄.
차마설	말을 빌려 탄 경험을 소재로 하여 소유에 구애받지 말 것을 드러냄.

고전 수필의 갈래: 내간체 수필과 설(說)

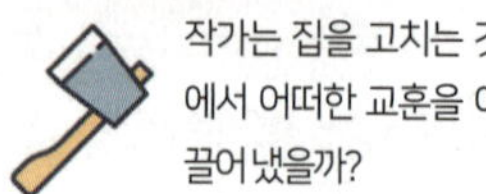
작가는 집을 고치는 것에서 어떠한 교훈을 이끌어냈을까?

이옥설 | 이규보

　행랑채가 퇴락하여* 지탱할 수 없게끔 된 것이 세 칸이었다. 나는 마지못하여 이를 모두 수리하였다. 그런데 그중 두 칸은 앞서 장마에 비가 샌 지가 오래되었으나, 나는 그것을 알면서도 이럴까 저럴까 망설이다가 손을 대지 못했던 것이고, 나머지 한 칸은 비를 한 번 맞고 샜던 것이라 서둘러 기와를 갈았던 것이다. ㉠이번에 수리하려고 본즉 비가 샌 지 오래된 것은 그 서까래*, 추녀*, 기둥*, 들보*가 모두 썩어서 못 쓰게 되었던 까닭으로 수리비가 엄청나게 들었고, 한 번밖에 비를 맞지 않았던 한 칸의 재목*들은 완전하여 다시 쓸 수 있었던 까닭으로 그 비용이 많지 않았다.

　나는 이에 느낀 것이 있었다. 사람의 몸에 있어서도 마찬가지라는 사실을. 잘못을 알고서도 바로 고치지 않으면 곧 그 자신이 나쁘게 되는 것이 마치 나무가 썩어서 못 쓰게 되는 것과 같으며, 잘못을 알고 고치기를 꺼리지 않으면 해(害)를 받지 않고 다시 착한 사람이 될 수 있으니, 저 집의 재목처럼 말끔하게 다시 쓸 수 있는 것이다.

　뿐만 아니라 나라의 정치도 이와 같다. 백성을 좀먹는 무리들을 내버려 두었다가는 백성들이 도탄*에 빠지고 나라가 위태롭게 된다. 그런 연후에 급히 바로잡으려 하면 이미 썩어 버린 재목처럼 때는 늦은 것이다. 어찌 삼가지 않겠는가.

*퇴락하다: 낡아서 무너지고 떨어지다.

*서까래: 지붕의 뼈대를 이루는 나무.

*추녀: 네모지고 끝이 번쩍 들린, 처마의 네 귀에 있는 큰 서까래.

*기둥: 주춧돌 위에 세워 들보 따위를 받치는 나무.

*들보: 지붕을 떠받치기 위해 기둥과 기둥 사이에 건너지른 'ㄴ'자 모양의 나무.

*재목: 목조의 건축물이나 기구 따위를 만드는 데 쓰는 나무.

*도탄: 몹시 곤궁하여 고통스러운 지경을 이르는 말.

01 윗글의 글쓴이에 대한 설명으로 가장 적절한 것은?

① 세상에 대한 편견을 버리고자 애쓰고 있다.
② 현재 처한 상황을 극복하고자 노력하고 있다.
③ 바른 삶을 살아가는 자세에 대해 말하고 있다.
④ 이념과 현실 사이의 갈등 속에서 방황하고 있다.
⑤ 추구하는 이상 세계의 모습을 구체적으로 언급하고 있다.

02 ㉮의 상황을 속담으로 표현할 때, 가장 적절한 것은?

① 호미로 막을 걸 가래로 막았군.
② 까마귀 날자 배 떨어진 상황이군.
③ 낫 놓고 기역 자도 모르는 격이군.
④ 개구리 올챙이 적 생각 못 하는군.
⑤ 우물에 가서 숭늉을 찾는 경우이군.

고전 수필의 갈래:
내간체 수필과 설(說)

기출

03 보기 를 참고하여 윗글을 이해할 때, 적절하지 <u>않은</u> 것은?

> **보기**
>
> 설(說)은 사물의 이치를 풀이하고 자신의 의견을 덧붙여 서술하는 한문 문체이다. 설은 직관적 통찰과 깨달음의 과정을 담고 있는데, 이는 사물의 유사점에 근거해서 다른 속성도 유사할 것이라고 추론하는 유추의 과정일 수 있다.

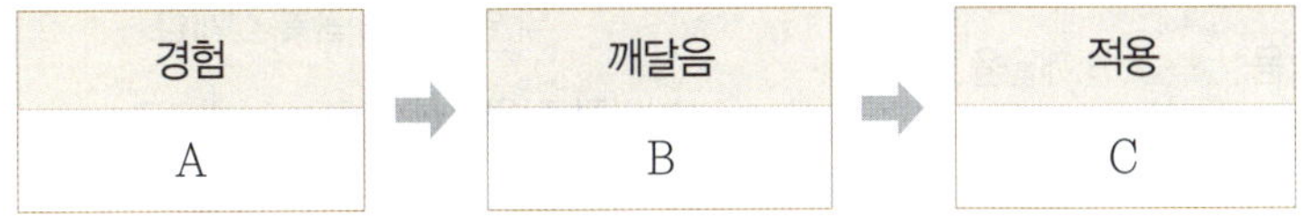

① A에는 행랑채를 수리한 경험이 구체적으로 드러난다.
② B는 A와 사람과의 유사한 속성을 근거로 하여 추론하고 있다.
③ B의 깨달음은 C에서 나라의 정치라는 영역으로 적용되고 있다.
④ A → B → C의 과정을 거치며 사회적 차원으로 인식이 확장되고 있다.
⑤ C에서 글쓴이는 부패한 정치를 개혁해야 한다는 주장을 다시 강조하고 있다.

▶ 이 작품에
나타난
설(說)의 특징

사물의 이치를 밝히는 부분 '경험'	글쓴이의 생각을 밝히는 부분 '깨달음'

1문단	2문단	3문단
〈행랑채 수리〉 비가 새면 발견한 즉시 수리해야 비용이 덜 듦.	〈사람의 몸〉 □□을 알고 고치기를 꺼리지 않으면 착한 사람이 될 수 있음.	〈나라의 □□〉 백성들이 도탄에 빠지기 전에 잘못된 점을 바로 개선해야 함.

유추

유추 및 확장

두 개의 대상이 여러 면에서 비슷하다는 것을 근거로 다른 속성도 유사할 것이라고 추론하는 방법

사회적 차원으로 인식 확장 →

▶ '□□ - □□□'의 2단 구성을 취하고 있으며 세부적으로는 '경험 – 깨달음의 적용 – 깨달음의 확대 적용'으로 글이 전개됨.

🔍 **작품 한눈에**

이옥설 | 이규보

한줄평 ▶ 행랑채를 수리하는 과정에서 얻은 깨달음을 인간사와 정치 현실에 적용한 고전 수필

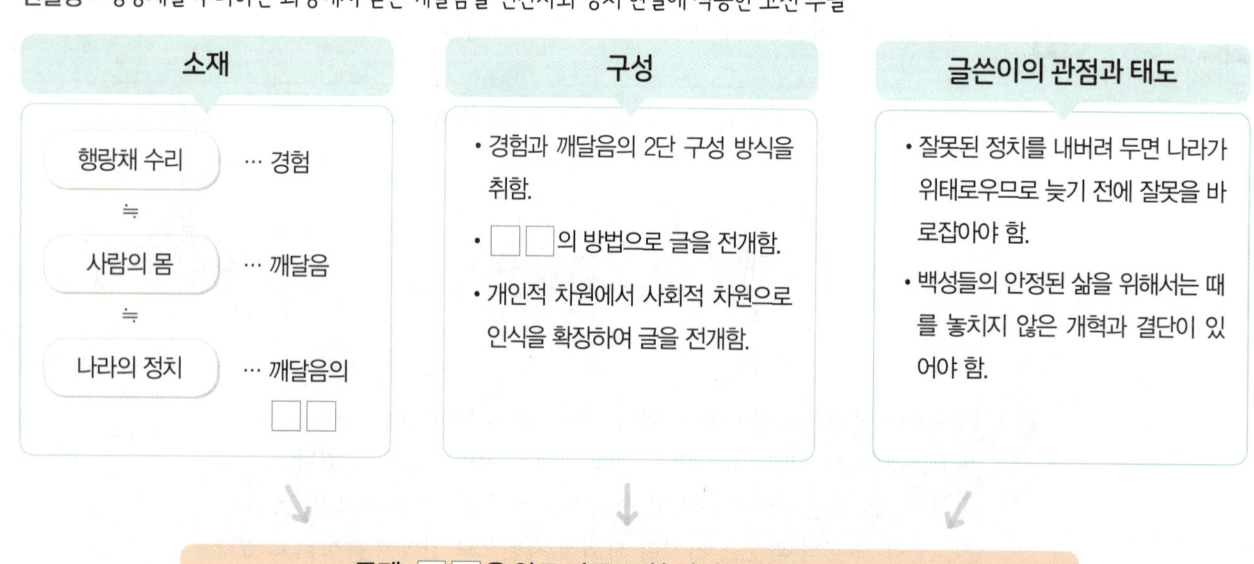

소재	구성	글쓴이의 관점과 태도
행랑채 수리 … 경험 ≒ 사람의 몸 … 깨달음 ≒ 나라의 정치 … 깨달음의 □□	• 경험과 깨달음의 2단 구성 방식을 취함. • □□의 방법으로 글을 전개함. • 개인적 차원에서 사회적 차원으로 인식을 확장하여 글을 전개함.	• 잘못된 정치를 내버려 두면 나라가 위태로우므로 늦기 전에 잘못을 바로잡아야 함. • 백성들의 안정된 삶을 위해서는 때를 놓치지 않은 개혁과 결단이 있어야 함.

주제: □□을 알고 바로 고쳐 나가는 자세의 중요성

[1~4] 다음 그림에서 가리키는 부분이 어디인지 보기 에서 찾아 쓰시오.

보기
서까래　　　　추녀　　　　기둥　　　　들보

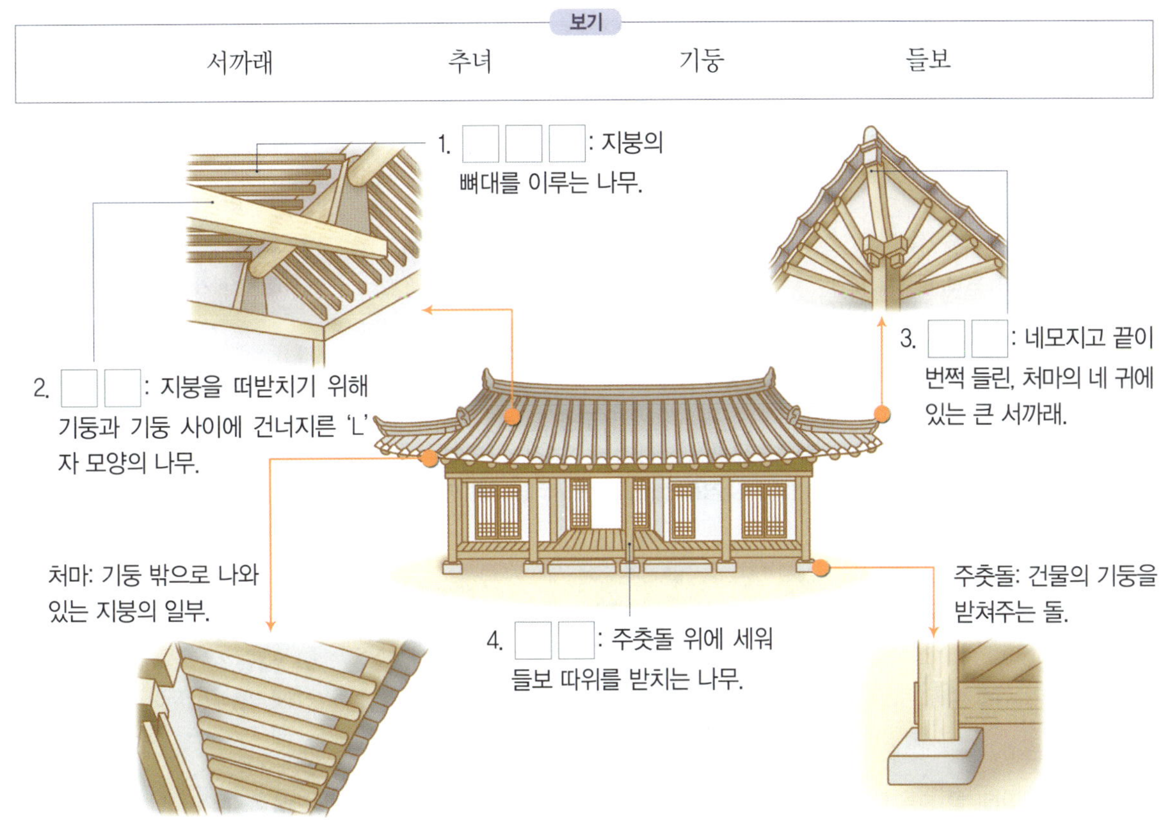

🖥 **어휘 특강**　　**십이시(十二時)**

* 십이시(十二時): 하루를 열둘로 나누어 십이지(十二支)의 이름을 붙여 이르는 시간.

시	동물	시간	순서
자시(子時)	쥐	23시~1시	첫째 시
축시(丑時)	소	1시~3시	둘째 시
인시(寅時)	호랑이	3시~5시	셋째 시
묘시(卯時)	토끼	5시~7시	넷째 시
진시(辰時)	용	7시~9시	다섯째 시
사시(巳時)	뱀	9시~11시	여섯째 시
오시(午時)	말	11시~13시	일곱째 시
미시(未時)	양	13시~15시	여덟째 시
신시(申時)	원숭이	15시~17시	아홉째 시
유시(酉時)	닭	17시~19시	열째 시
술시(戌時)	개	19시~21시	열한째 시
해시(亥時)	돼지	21시~23시	열두째 시

스피드 정답체크

01 일차

필수 개념 ❶ ④
✎ **개념 적용하기** 씀바귀꽃, 제비, 어머니, 깨달음

필수 개념 ❷ 비판적
✎ **개념 적용하기** 꿩, 담담, 부각

01 ④ **02** ⑤ **03** ⑤ **04** 우물
✎ **개념 적용하기** 태도, 우물, 미움, 성찰, 어조, 고백, 독백
🔍 **작품 한눈에** 성찰, 거울, 매개체, 자아 성찰

02 일차

필수 개념 ❶ ⑤
✎ **개념 적용하기** 흰색, 바다, 대비

필수 개념 ❷ ⑤
✎ **개념 적용하기** 사과, 나이테, 흙, 먹는다, 점층

01 ③ **02** 반복, 심화, 많이, 길어지고, 점층적 **03** ④
✎ **개념 적용하기** 점층, 큰 거미, 새끼, 문밖, 서러움, 감정(정서), 점층적
🔍 **작품 한눈에** 거미, 서러움, 거미 가족

03 일차

필수 개념 ❶ ⑤
✎ **개념 적용하기** 꾀꼬리, 자연(풍경), 후정, 정서, 대비

필수 개념 ❷ ⑤
✎ **개념 적용하기** 제시, 승, 빗물

01 ① **02** ⑤ **03** ② **04** 낙원
✎ **개념 적용하기** 선경 후정, 8, 보리타작, 9, 반성, 기승전결, 4, 5, 8, 9, 몸, 반성
🔍 **작품 한눈에** 보리타작, 예찬, 반성, 1, 12, 낙원, 벼슬길

04 일차

필수 개념 ❶ ②
✎ **개념 적용하기** 이별, 재촉, 객관적

필수 개념 ❷ ④
✎ **개념 적용하기** 이별, 물, 슬픔, 감정 이입

01 ② **02** ⑤ **03** (1) ⓑ (2) ⓐ **04** ④
✎ **개념 적용하기** 객관적, 까마귀, 감정 이입, 대조, 기러기, 길, 객관적 상관물
🔍 **작품 한눈에** 나그네, 복판, 의성어, 자문자답, 나그네, 길

05 일차

필수 개념 ❶ ③
✎ **개념 적용하기** 눈, 올리브빛, 불

필수 개념 ❷ ④
✎ **개념 적용하기** 오른다, 올라간다

01 ④ **02** ② **03** ⑤ **04** 별빛
✎ **개념 적용하기** 색채, 동적
🔍 **작품 한눈에** 번뇌, 수미상관

06 일차

필수 개념 ❶ ④
✎ **개념 적용하기** 누이, 단풍, 안

필수 개념 ❷ ⑤
✎ **개념 적용하기** 그날, 까마귀, 밖

01 ③ **02** ⑤ **03** ④ **04** 청포도
✎ **개념 적용하기** 시인(작가), 독자, 흰색
🔍 **작품 한눈에** 아이, 의인, 흰색, 푸른색, 광복(독립)

07 일차

필수 개념 ❶ ③
✎ **개념 적용하기** 감탄사, 죽음, 10

필수 개념 ❷ ⑤
✎ **개념 적용하기** 3음보, 후렴구, 청산(자연)

01 ② **02** ① **03** ④ **04** 운율을 형성한다. 연을 구분한다. 흥을 돋운다.
✎ **개념 적용하기** 고려 가요, 3음보, 이별, 후렴구, 연
🔍 **작품 한눈에** 재회, 의미, 슬픔

08 일차

필수 개념 ❶ ③
✎ **개념 적용하기** 4, 3

필수 개념 ❷ ④
✎ **개념 적용하기** 모쳐라, 평민(서민)

01 ⑤ **02** ② **03** ⑤ **04** 노인 공경
✎ **개념 적용하기** 연시조, 평시조, 3
🔍 **작품 한눈에** 청유형, 윤리(덕목)

09 일차

필수 개념 ❶ ③
✎ **개념 적용하기** 나, 그이, 긍정적

필수 개념 ❷ ①
✎ **개념 적용하기** 편집자적 논평

01 ② **02** ③ **03** ④ **04** 비단잉어
05 ③ **06** ⑤ **07** ③
08 ㉠ 전, ㉡ 유자
✎ **개념 적용하기** 긍정적, 부정적, 편집자적 논평, 주관적
🔍 **작품 한눈에** 비단잉어, 허영심, 전, 사실성, 비판

10일차

필수 개념 ❶ ③
✎ **개념 적용하기** 직설적

필수 개념 ❷ ⑤
✎ **개념 적용하기** 사내, 자란, 인용, 생각(주장)

01 ⑤ **02** ③ **03** ② **04** 어우 **05** ③
06 ④ **07** ① **08** 이 선비 냄새 한번 엄청나게 구리구나.
✎ **개념 적용하기** 우회적, 직설적
🔍 **작품 한눈에** 북곽 선생, 범, 위선

11일차

필수 개념 ❶ ⓐ, ⓓ
✎ **개념 적용하기** 해학, 풍자

필수 개념 ❷ ⑤
✎ **개념 적용하기** 운수, 반어

01 ③ **02** ⑤ **03** ④ **04** 이상한 선생님
05 ④ **06** ③ **07** ④ **08** 박 선생님이 광복 전에는 일본을 찬양하고 광복 후에는 미국을 찬양했기 때문이다.
✎ **개념 적용하기** 풍자, 우스꽝스럽게, 웃음
🔍 **작품 한눈에** 일본, 미국, 풍자, 어린아이

12일차

필수 개념 ❶ ④
✎ **개념 적용하기** 허 생원, 회상, 전지적, 나귀

필수 개념 ❷ ①
✎ **개념 적용하기** 시대 상황, 작가, 전쟁, 독자

01 ④ **02** ③ **03** ④ **04** 회중시계
05 ⑤ **06** ② **07** ① **08** '국어 상용의 가'라고 적힌 종잇장
✎ **개념 적용하기** 내재적, 과거, 현재, 회중시계, 외재적, 일제, 이인국
🔍 **작품 한눈에** 친일, 회상, 역순행, 비판

13일차

필수 개념 ❶ ⑤
✎ **개념 적용하기** 리듬감, 독자, 해학, 판소리

필수 개념 ❷ ④
✎ **개념 적용하기** 혈통, 위기, 극복, 영웅

01 ③ **02** ⑤ **03** ② **04** ㉮ 판소리, ㉯ 판소리계 소설 **05** ④ **06** ② **07** ③
08 극복, 영웅, 일대기
✎ **개념 적용하기** 리듬감, 해학, 박씨, 극복
🔍 **작품 한눈에** 〈토끼전〉 간, 육지, 바다, 판소리 〈박씨전〉 병자호란, 영웅, 여성

14일차

필수 개념 ❶ ⑤
✎ **개념 적용하기** 흥부, 제비, 박, 권선징악

필수 개념 ❷ ③
✎ **개념 적용하기** 형제, 악인, 똥, 전기성

01 ① **02** ④ **03** ③ **04** 하늘이 내린 효녀 심청 **05** ② **06** ④ **07** ②
08 인당수
✎ **개념 적용하기** 권선징악, 황후, 행복, 전기성, 효심, 용궁, 비현실적
🔍 **작품 한눈에** 인당수, 시련, 보상, 판소리계

15일차

필수 개념 (1) ⓒ (2) ⓐ (3) ⓑ
✎ **개념 적용하기** 공간, 시간, O, L, 클로즈업

01 ③ **02** ③ **03** ④ **04** ⑤ **05** 엘피 음반 **06** ⑤ **07** ③ **08** ③ **09** ③
✎ **개념 적용하기** PAN, 고정, 전체, 확대, 얼굴, 내레이션, 마음
🔍 **작품 한눈에** 짝, 일기장, 홍연, 수하, 일기장, 첫사랑

16일차

필수 개념 ❶ ②
✎ **개념 적용하기** 대사, 행동, 장면, 동막골, 달수, 달수 처, 웃음

필수 개념 ❷ ①
✎ **개념 적용하기** 시대 상황, 작가, 독자

01 ⑤ **02** ⑤ **03** ⑤ **04** 혼인(결혼)
05 ③ **06** ③ **07** ② **08** (1) ② (2) ①
✎ **개념 적용하기** 작품 자체, 지시문, 시대 상황, 작가, 독자
🔍 **작품 한눈에** 입분, 경사, 맹 진사

17일차

필수 개념 ④
✎ **개념 적용하기** ❶-㉠-ⓑ, ❷-㉡-ⓐ, ❷-㉢-ⓓ, ❷-㉣-ⓒ

01 ④ **02** ④ **03** ② **04** ①
✎ **개념 적용하기** 다음, 가능성, 예, 대답
🔍 **작품 한눈에** 역설, 질문, 청소년, 아홉

18일차

필수 개념 ④
✎ **개념 적용하기** 바늘

01 ③ **02** ① **03** ⑤
✎ **개념 적용하기** 잘못, 정치, 경험, 깨달음
🔍 **작품 한눈에** 확장, 유추, 잘못

MEMO

메가스터디
중학국어
문학 필수개념
독해 연습
3

메가스터디

중학국어

문학 필수개념

독해 연습

3

작품 꼼꼼 강의
& 정답 및 해설

메가스터디 BOOKS

메가스터디 중학국어 문학 독해 필수 개념 연습 3

작품 꼼꼼 강의
& 정답 및 해설

📖 본문 016쪽

01 일차 화자의 정서와 태도, 어조 - 심화

📝 **화자의 정서와 태도 찾기** 1. 씀바귀꽃 한 포기, 제비 한두 마리, 할머니의 옆모습, 어머니의 뒷모습   2. 감동

[필수 개념 ❶] ④

📝 **개념 적용하기** 씀바귀꽃, 제비, 어머니, 깨달음

📝 **화자의 어조 찾기** 1. 인왕산이나 안산으로 가지 못하고 삭막한 돌산에 갇혀 갑갑하게 살고 있음.   2. 삭막한, 갑갑하게   3. 담담한

[필수 개념 ❷] 비판적

📝 **개념 적용하기** 꿩, 담담, 부각

✔ **오답 챙기기**

① 1연에서 화자는 보도블록 틈에 핀 연약하지만 꿋꿋하게 피어 있는 씀바귀꽃 한 포기를 보며 생명의 경이로움을 느끼고 있다.

② 2연에서 화자는 연약한 존재인 제비 한두 마리가 꿋꿋하게 하늘을 날고 있는 모습을 보며 감동을 받고 있다.

③ 화자는 육교 아래에서 도라지를 다듬고 있는 할머니를 보며 소외된 존재지만 굳세게 살아가는 그 모습에서 감동을 받고 있으며(3연), 굽은 허리로 실업자 아들을 배웅하는 어머니를 보며 어머니의 사랑에 감동을 받고 있다(4연). 이처럼 화자는 소외되고 평범한 사람들이 살아가는 모습에서 깨달음과 삶의 위안을 얻고 있다.

⑤ 5연에서 화자는 1~4연에서 본, 나약하지만 굳세게 살아가는 존재들에게서 힘을 얻어 다시 걷는다고 하고 있다.

필수 개념 ❶ 화자의 정서와 태도

[답] ④

나를 멈추게 하는 것들 | 반칠환

작품 해설 이 시는 일상에서 만날 수 있는 평범한 것들, 약하고 소외된 것들에 대해 다루면서 이를 통해 삶의 위안과 깨달음을 얻는 화자의 모습을 그린 작품이다. 화자에게 깨달음을 주는 서로 다른 소재들을 시각적으로 형상화하고 있으며, '~하는 ~이/가 나를 멈추게 한다'라는 문장 구조의 반복을 통해 운율을 형성하며 주제 의식을 효과적으로 강조하고 있다.

주제 일상적이지만 가치 있는 존재들에게서 얻는 삶의 위안

☑ **작품 꼼꼼 강의**

1연 보도블록 틈에 핀 씀바귀꽃 한 포기가 나를 멈추게 한다
화자에게 깨달음을 준 존재 ① - 작고 연약하지만 강인한 생명력을 지님.
: 문장 구조의 반복 → 운율 형성, 주제 의식 강조

2연 어쩌다 서울 하늘을 선회하는 제비 한두 마리가 나를 멈추게 한다
화자에게 깨달음을 준 존재 ② - 작고 연약하지만 꿋꿋하게 살아감.

3연 육교 아래 봄볕에 탄 까만 얼굴로 도라지를 다듬는 할머니의 옆모습이 나를 멈추게 한다
화자에게 깨달음을 준 존재 ③ - 고된 삶을 굳세게 살아옴.

4연 굽은 허리로 실업자 아들을 배웅하다 돌아서는 어머니의 뒷모습은 나를 멈추게 한다
화자에게 깨달음을 준 존재 ④ - 평범하지만 부모님의 사랑을 깨닫게 하며 감동을 줌.
▶ 1~4연: 길을 가던 '나'를 멈추게 하는 존재들

5연 나는 언제나 나를 멈추게 한 힘으로 다시 걷는다
화자에게 위안을 주어 다시 걷게 만드는 원동력
▶ 5연: '나'를 멈추게 하는 존재들로부터 깨달은 삶의 의미와 가치

필수 개념 ❷ 화자의 어조

[답] 비판적

서울 꿩 | 김광규

작품 해설 이 시는 도시의 개발 제한 구역에서 살아가는 꿩들의 모습을 통해 삭막한 도시 문명 속에서 살아가는 현대인들의 비애를 우의적으로 형상화하고 있는 작품이다. 화자는 차분하고 담담한 어조로 도시에 갇혀 살아가는 꿩의 비참한 상황과 이와 유사한 처지인 서울 시민들의 모습을 언급하여 현대 문명의 비정함을 더욱 부각시키고 있다.

주제 삭막한 도시 문명 속에서 살아가는 현대인들의 비애

☑ **작품 꼼꼼 강의**

지하철 공사로 혼잡한   : 꿩의 삶을 갑갑하게 만드는 도시 문명
아스팔트 길을 건너   ↕ 대조
바로 맞은쪽   : 꿩이 편안하게 살 수 있는 자연
인왕산이나
안산으로
날아갈 수 없어   대상에 대한 화자의 부정적·비판적 태도가 드러남.
이 삭막한 돌산에
갇혀 버린 꿩들은   도시의 개발로 인해 자연으로 갈 수 없는 꿩의 처지
현대 도시인을 의미함.
서울 시민들처럼
삭막한 도시 문명 속에서 찌들어 살아가는 현대인들 → 꿩과 같은 처지임.
갑갑하게
대상에 대한 화자의 부정적·비판적 태도가 드러남.
시내에서 산다.   ▶ 도시에 갇혀 살아가는 꿩들
도시 문명 속에 살아가는 현대인들의 처지

화자는 길을 걷다 씀바귀꽃, 제비, 육교 아래의 할머니, 허리 굽은 어머니 등 사소하고 일상적인 대상들을 발견하고는 걸음을 멈추고 바라보고 있다. 이들은 주위에서 흔히 발견할 수 있는 작고 연약한 존재들이지만 화자에게 삶의 의미와 가치를 깨닫게 하는 대상으로, 화자가 이들을 통해 부정적 현실을 깨닫는 것은 아니다.

이 시는 〈서울 꿩〉의 일부(3연)이다. 화자는 현대 도시 문명으로 인해 인왕산이나 안산, 곧 꿩들이 편안하게 살 수 있는 자연의 공간으로 가지 못한 채 본성을 잃고 갑갑한 도시에서 살아가고 있는 꿩의 상황을 담담한 어조로 그리고 있다. 이러한 어조는 꿩의 비참한 상황과 그러한 상황을 야기한 현대 도시 문명에 대한 화자의 비판적인 태도를 더욱 부각시키는 효과를 준다.

01 일차   화자의 정서와 태도, 어조 - 심화

01 ④	02 ⑤	03 ⑤	04 우물

개념 적용하기 태도, 우물, 미움, 성찰, 어조, 고백, 독백

작품 한눈에 성찰, 거울, 매개체, 자아 성찰

01 ~ 04

자화상 | 윤동주

작품 해설 이 시는 일제 강점기라는 암울한 현실 속에서 화자가 우물에 비친 자신의 모습을 바라보는 행위를 통해 자아를 성찰하는 모습을 형상화한 작품이다. 화자는 우물에 비친 자신의 모습인 '사나이'를 보며 자신에게 미움을 느끼고 그 미움은 연민으로, 연민은 다시 그리움으로 변하는데, 이런 변화는 내면을 응시하는 가운데 자신의 현재 모습을 반성하고 과거 순수했던 모습을 그리워하며 일어난 감정으로 볼 수 있다. 이 시는 이러한 성찰의 과정을 평범한 구어체의 산문적, 독백적 어조로 담담하게 서술함으로써 더욱 효과적으로 드러내고 있다.

주제 자아 성찰과 자신에 대한 연민

작품 꼼꼼 강의

1연 산모퉁이를 돌아 논가 외딴 우물을 홀로 찾아가선 가만히 들여다봅니다.
자아 성찰의 매개체
: '-ㅂ니다'의 반복 사용 → 산문적, 독백적 어조 형성
성찰적 태도 ▶ 우물을 찾아가 그 안을 들여다봄(자아를 성찰함.).

2연 '우물 속에는 달이 밝고 구름이 흐르고 하늘이 펼치고
열거법. 평화롭고 아름다운 우물 속 풍경. 화자의 초라한 모습과 대조됨.
시적 허용
파아란 바람이 불고 가을이 있습니다.
공감각적 이미지(촉각의 시각화) ▶ 우물 속 평화롭고 아름다운 풍경

3연 그리고 한 사나이가 있습니다.
우물에 비친 화자의 모습. 암울한 현실을 살아가는 초라하고 부끄러운 자아
어쩐지 그 사나이가 미워져 돌아갑니다. : 화자의 정서
현실 속 초라한 자아에 대한 부끄러움
▶ 초라한 자신의 모습에 대한 부끄러움과 미움

4연 돌아가다 생각하니 그 사나이가 가엾어집니다. 도로 가
식민지 현실에 안주할 수밖에 없는 현실 속 자신에 대한 연민
들여다보니 사나이는 그대로 있습니다. ▶ 자신에 대한 연민

5연 '자신(현실 속 초라한 자아)에 대한 미움과 (이상적 자아에 대한) 그리움 사이에서 내적 갈등을 겪고 있음.
다시 그 사나이가 미워져 돌아갑니다.
현실 속 초라한 자아
돌아가다 생각하니 그 사나이가 그리워집니다.
순수했던 자아. 이상적 자아에 대한 그리움
▶ 자신에 대한 미움과 그리움(내적 갈등)

6연 우물 속에는 달이 밝고 구름이 흐르고 하늘이 펼치고
2연의 반복 → 구성상 안정감 부여. 주제 의식 강조
파아란 바람이 불고 가을이 있고 추억처럼 사나이가 있
순수했던 과거의 모습을 통한 현실 속 자아와의 화해 → 내적 성숙을 이룸.
습니다. ▶ 추억 속의 자아에 대한 그리움

01 표현상 특징 파악   답 ④

이 시에서 화자는 우물을 들여다보다 자신이 미워져 돌아가다가 자신이 가엾어져, 또 그리워 다시 돌아오는 행위를 반복하고 있다. 이를 통해 '미움 → 연민 → 그리움'의 화자의 정서 변화(내적 갈등)가 그려지면서 자신을 되돌아보는 화자의 성찰적

태도가 잘 드러나고 있을 뿐, 체념적 태도는 드러나 있지 않다.

오답 챙기기

① 2연의 '우물 속에는 달이 밝고 구름이 흐르고 하늘이 펼치고 파아란 바람이 불고 가을이 있-'을 6연에서 반복하고 있다.

② 2연과 6연의 '파아란 바람이 불고'에서 공감각적 이미지(촉각의 시각화)를 활용하고 있다.

③ '들여다봅니다', '있습니다', '돌아갑니다', '가엾어집니다' 등 시의 모든 문장을 종결 어미 '-ㅂ니다'로 끝내며 산문적으로 표현하고 있다.

⑤ '가을'이라는 계절적 배경을 드러내는 시어를 직접적으로 제시하며 분위기를 형성하고 있다.

02 화자의 정서와 태도 파악   답 ⑤

2연과 달리 6연의 '우물 속에는 ~ 추억처럼 사나이가 있습니다'에서는 '추억처럼 사나이'가 우물 속 평화롭고 아름다운 풍경들과 함께 비춰지고 있다. 이는 화자가 과거 자신의 순수했던 모습을 추억하면서 현재의 나약하고 부끄러운 자신과 화해하는 모습을 나타낸 것으로 볼 수 있다. 자신에 대한 미움과 가엾음으로 고뇌하는 마음이 심화되는 것이 아니다.

오답 챙기기

① '외딴 우물'을 '가만히 들여다'본다고 하였으므로, 화자가 자신의 모습을 성찰하기 위해 우물을 들여다보고 있다고 볼 수 있다.

② 화자는 우물에 비친 '사나이'를 보고는 '미워'졌다고 하였으므로, 현실 속 자아에 대해 부끄러움을 느끼고 있다고 볼 수 있다.

③ '사나이'가 '가엾어'져 우물에 '도로 가 들여다'본다고 하였으므로, 화자는 자신의 모습에 대해 연민을 느껴 우물로 돌아왔다고 볼 수 있다.

④ '다시 그 사나이가 미워져' 돌아가다가 '그 사나이가 그리워'졌다고 하였으므로, 현재 자신의 부정적 모습을 인식하다가 과거의 자신의 긍정적 모습이 떠올라 과거의 자신을 그리워한다고 볼 수 있다.

03 화자의 어조 파악   답 ⑤

이 시는 종결 어미 '-ㅂ니다'를 사용하여 혼잣말을 하는 것처럼 차분하게 자신의 마음을 읊조리듯 드러내는 독백적, 고백적 어조를 통해 자아 성찰이라는 주제를 효과적으로 드러내고 있다.

04 시어의 기능 및 의미 파악   답 우물

이 시에서 화자는 우물에 비친 자신의 모습을 들여다보며 자신의 삶을 되돌아보고 있다. 이처럼 화자가 자신의 모습을 비춰 볼 수 있는 '우물'은 자아 성찰의 매개체 역할을 한다.

어휘 확인

1 ㉡	2 ㉣	3 ㉥	4 ㉠	5 ㉢
6 ㉣	7 ㉧	8 ㉤	9 ㉥	10 ㉦

02 일차 · 필수 개념 — 대비적 시상 전개 / 점층적 시상 전개

대비적 시상 전개 이해하기 1. 나비, 바다 2. 흰색, 청색

(필수 개념 ❶) ⑤

개념 적용하기 흰색, 바다, 대비

점층적 시상 전개 이해하기 1. 사과…을/를 먹는다 2. ○

(필수 개념 ❷) ⑤

개념 적용하기 사과, 나이테, 흙, 먹는다, 점층

필수 개념 ❶ 대비적 시상 전개

답 ⑤

바다와 나비 | 김기림

작품 해설 이 시는 순진하고 연약한 나비가 겪는 시련과 좌절을 통해 현실의 냉혹함(근대 문명의 냉혹함)을 그리고 있는 작품이다. 새로운 세계를 의미하는 '바다'는 순수하고 연약한 존재인 '나비'를 지쳐서 돌아오게 만드는 냉혹한 현실로 '꽃이 피지 않'는, 생명력을 상실한 세계로 나타난다. 이처럼 이 시에서는 상징적·대비적인 시어와 흰색과 청색(푸른색)의 선명한 색채 이미지의 대비를 통해 주제를 효과적으로 형상화하고 있다.

주제 새로운 세계에 대한 동경과 좌절

📖 작품 꼼꼼 강의

1연 아무도 그에게 수심(水深)을 일러준 일이 없기에
　　나비　현실의 냉혹함.
　흰 나비는 도무지 **바다**가 무섭지 않다.
　흰색: 순수한 존재　청색: 냉혹한 현실
　　vs : 대비되는 시어 ▶ 현실의 무서움을 알지 못하는 나비의 모습

2연 청(靑)무우밭인가 해서 내려갔다가는
　나비가 동경하는 세계
　어린 날개가 **물결**에 절어서
　순진·순수하고 연약한 나비　현실의 냉혹함.
　공주처럼 지쳐서 돌아온다. ▶ 바다로 가지 못하고 돌아온 나비
　연약한 나비　현실에 대한 좌절

3연 삼월달 **바다**가 꽃이 피지 않아서 서글픈
　　　생명력이 없음, 현실의 냉혹한 모습
　나비 허리에 새파란 초생달이 시리다.
　냉혹한 현실로 인한 나비의 좌절을 공감각적 이미지(시각의 촉각화)로 형상화함.
　　　　　▶ 냉혹한 현실로 인해 좌절된 나비의 꿈

'흰'색의 '나비'는 '어린 날개', '공주'로 그려지므로 작고 순수하고 연약한 존재를 상징한다. '청'색(푸른색)의 '바다'는 '수심'이 깊고 '물결(파도)'이 치는 넓고 거친 곳이자 '꽃이 피지 않'고 '나비'를 지치게 만드는 곳이므로 생명력을 상실한 냉혹한 현실을 상징한다. 이처럼 이 시에서는 '나비'와 '바다'라는 상징적이고 구체적인 소재의 대비적 이미지를 통해 시상을 전개하며 연약한 나비가 냉혹한 현실에서 겪는 시련과 좌절이라는 주제를 형상화하고 있다. 한편, '나비'는 '청무우밭'인 줄 알고 '바다'에 내려갔다가 어린 날개가 바나의 불결에 절어서 지쳐 돌아오고 있으므로, '청무우밭'은 나비가 가고 싶어 하는 공간('나비'가 동경하는 세계)이고, '바다'는 그와 대비되는 공간이라고 볼 수 있다.

필수 개념 ❷ 점층적 시상 전개

답 ⑤

사과를 먹으며 | 함민복

작품 해설 이 시는 사과를 먹는 일상적인 경험을 통해 생명의 생성과 소멸이라는 자연 및 우주의 순환 원리에 대한 깨달음을 그린 작품이다. 화자에게 사과를 먹는 것은 사과를 둘러싼 수많은 자연 현상과 사람들의 노력, 사과를 존재하게 한 우주를 먹는 것과 같으며, 이는 세계의 모든 존재가 얽혀 있고 생명이 순환된다는 인식을 드러낸다. 이 시에서는 비슷한 문장 구조를 반복하고 있는데, 먹는 행위의 대상을 구체적인 것에서 추상적인 것으로 그 범위를 점점 확대하면서 인식의 확장이 일어나고 있다. 이러한 점층적인 시상 전개는 화자의 인식이 확대되고 깨달음이 강조되는 효과를 주고 있다.

주제 사과를 먹으며 깨달은 생명 순환의 원리

📖 작품 꼼꼼 강의

사과를 먹는다 ──── ① '사과…을/를 먹는다'라는 비슷한
　　　　　　　　　　 문장 구조의 반복으로 운율 형성 ▶ 사과를 먹는 행위
　(중략)　　　② 일상적 경험을 통한 삶의 원리 성찰

□ : 사과나무를 구성하는 요소

사과에 수액을 공급하던 **사과나무 가지를 먹는다**
　　　　　　　　　　□ : 사과를 먹는 행위의 확대
사과나무의 세월, **사과나무 나이테를 먹는다**
사과를 지탱해 온 **사과나무 뿌리를 먹는다**
사과의 씨앗을 먹는다
사과나무의 자양분 **흙을 먹는다**
사과나무의 흙을 붙잡고 있는 **지구의 중력을 먹는다**
사과나무가 존재할 수 있게 한 **우주를 먹는다**
　○ : '흙 → 중력 → 우주'로 사과를 존재하게 하는 것들에 대한 인식이 확대됨.
　　　▶ 자연에 존재하는 모든 것들이 작용하여 열린 사과

이 시에서는 '~을/를 먹는다'라는 비슷한 문장 구조의 반복을 통해, 사과를 먹는 행위에서 사과나무의 가지, 나이테, 뿌리, 사과의 씨앗을 먹는 것으로, 또 사과를 존재하게 한 흙과 지구의 중력, 우주를 먹는 것으로 점층적으로 의미를 확대하며 생각을 확장하고 있다. 이러한 점층적인 시상 전개 과정을 통해 화자는 일상의 경험으로부터 깨달은 생명 순환의 원리를 효과적으로 드러내고 있다. 다만, 이 시에서는 사과를 먹는 일상적인 경험에서 삶에 대한 깨달음을 얻는 인식의 확장을 보이고 있을 뿐, 일상적인 경험이 특수한 경험으로 확대되고 있지는 않다.

02 일차 · 대비적 시상 전개 / 점층적 시상 전개

01 ③　　**02** 반복, 심화, 많이, 길어지고, 점층적　　**03** ④

🏷️ **개념 적용하기**　점층, 큰 거미, 새끼, 문밖, 서러움, 감정(정서), 점층적

🔍 **작품 한눈에**　거미, 서러움, 거미 가족

---

01 ~ 03

수라 | 백석

작품 해설 이 시는 거미 가족의 모습을 통해 일제 강점하 가족 공동체가 해체된 우리 민족의 현실을 드러내고 있는 작품이다. 시는 화자가 거미를 문밖으로 쓸어 버리는 행위가 반복되며 전개되는데, 거미 가족이 흩어지는 원인이었던 처음의 행위와 달리 이후의 행위는 거미 가족의 재회를 위한 것으로 묘사된다. 거미 가족이 흩어지는 모습은 일제의 수탈로 인해 가족 공동체가 붕괴된 우리 민족의 현실을 반영하고, 거미 가족의 재회를 바라는 화자의 모습은 민족의 공동체적 삶이 회복하기를 바라는 시인의 소망을 반영하며, 시의 제목인 '수라'는 가족 공동체가 해체된 비극적이고 혼란스러운 상황을 표현한 것으로 볼 수 있다.

주제 가족 공동체의 해체에 대한 안타까움과 가족에 대한 그리움

📺 작품 꼼꼼 강의

1연　거미 새끼 하나 방바닥에 나린 것을 나는 아무 생각 없이 문밖으로 쓸어 버린다
: 화자의 감정이 드러난 부분. 점층적으로 심화됨.
화자가 무심코 한 행동 → 거미 가족이 해체된 원인
차디찬 밤이다
① 거미 가족의 비극성 심화 ② 일제 강점의 시대적 현실 상징
▶ 거미 새끼 하나를 아무 생각 없이 문밖으로 쓸어 버림.

2연　어니젠가 새끼 거미 쓸려 나간 곳에 큰 거미가 왔다
나는 가슴이 짜릿한다
화자의 정서 변화(큰 거미를 새끼 거미의 어미로 생각했기 때문에)
나는 또 큰 거미를 쓸어 문밖으로 버리며
행동의 반복, 가족 공동체 회복을 위한 시도
찬 밖이라도 새끼 있는 데로 가라고 하며 서러워한다
힘든 환경　　▶ 큰 거미를 새끼 있는 곳으로 쓸어 버리며 서러워함.

3연　이렇게 해서 아린 가슴이 싹기도 전이다
어데서 좁쌀알만 한 알에서 가제 깨인 듯한 발이 채 서지도 못한 무척 작은 새끼 거미가 이번엔 큰 거미 없어진 곳으로 와서 아물거린다
새끼 거미에 대한 수식어가 많아짐. → 화자의 연민이 커졌음을 드러냄.
나는 가슴이 메이는 듯하다
가족 공동체의 해체로 인한 슬픔, 미안함, 안타까움
내 손에 오르기라도 하라고 나는 손을 내어 미나 분명
새끼 거미에 대한 화자의 연민
히 울고불고 할 이 작은 것은 나를 무서우이 달아나 버리며 나를 서럽게 한다
힘든 환경이지만 가족이 다시 만날 가능성이 있는 공간
나는 이 작은 것을 고이 보드러운 종이에 받어 또 문밖으로 버리며
조심스럽고 정성스러운 태도
행동의 반복, 가족 공동체 회복을 위한 시도
이것의 엄마와 누나나 형이 가까이 이것의 걱정을 하며
거미를 의인화하여 표현함.
있다가 쉬이 만나기나 했으면 좋으련만 하고 슬퍼한다
가족 공동체의 회복을 기원함.
▶ 무척 작은 새끼 거미를 문밖으로 쓸어 버리며 슬퍼함.

---

01 표현상 특징 파악　　🗒️ ③

이 작품에 반어적 표현은 드러나지 않는다.

✅ **오답 챙기기**

① '분명히 울고불고할 이 작은 것', '이것의 엄마와 누나나 형이 가까이 이것의 걱정을 하며 있다가' 등에서 알 수 있듯이 시적 대상인 거미를 의인화하여 표현하고 있다.
② '싹기도', '가제' 등 방언을 사용하여 향토적 분위기를 형성하고 있다.
④ '쓸어 버린다', '짜릿한다', '아물거린다' 등과 같이 이 시에서는 −ㄴ 다라는 현재형 어미를 사용하여 시적 상황을 생생하게 보여 주고 있다.
⑤ 거미가 쓸려 나간 문밖을 '차디찬 밤', '찬 밖'이라며 촉각적 이미지를 활용하여 표현함으로써 거미가 처한 상황이 힘들 것임(힘든 환경임)을 부각하고 있다.

---

02 시상 전개 방식 파악　　🗒️ 반복, 심화, 많이, 길어지고, 점층적

이 시에서는 거미를 문밖으로 버리는 행동이 '반복'되면서 거미 가족을 대하는 화자의 감정이 '무심함(1연) → 가슴이 짜릿함, 서러움(2연) → 가슴이 메임, 서러움, 슬픔(3연)'과 같이 점점 '심화'되고 있다. 그러면서 감정을 드러내는 시어도 더 '많이' 사용되어 행의 길이도 '길어지고' 있다. 이러한 '점층적' 시상 전개를 통해 가족의 해체에 대한 화자의 슬픔과 안타까움이 부각되고 있다.

---

03 외적 준거에 의한 작품 감상　　🗒️ ④

3연에서 '울고불고 할 이 작은 것'이 '나를 무서우이 달어나 버리'는 행위는 '나'로 인해 가족이 흩어지게 된 '이 작은 것', 곧 '무척 작은 새끼 거미'가 보인 행동이다. 거미의 가족이 흩어지게 된 원인은 1연에서의 화자의 행동이다.

✅ **오답 챙기기**

① 따로따로 문밖으로 버려진 큰 거미와 새끼 거미들은 일제의 수탈로 인해 고향을 떠나 다른 지역으로 이동하는 과정에서 뿔뿔이 흩어진 가족을 상징한다고 볼 수 있다.
② 1연에서 '나'가 '아무 생각 없이' '거미 새끼'를 '문밖으로 쓸어 버린' 행위로 인해 거미 가족은 흩어지게 되었다. 이는 일제의 경제 수탈로 인한 결과인 가족의 해체와 동일한 결과를 가져왔다고 볼 수 있다.
③ '내 손에 오르기라도 하라'고 '손을 내어 미'는 행동은 화자로 인해 가족들과 헤어져 홀로 남게 된 '무척 작은 새끼 거미'에 대한 연민이 담긴 행동으로 볼 수 있다.
⑤ 화자가 '이 작은 것을 고이 보드러운 종이에 받어 또 문밖으로 버리'는 행위는 '무척 작은 새끼 거미'를 '큰 거미'와 '새끼 거미'가 있는, 곧 다른 가족들이 있는 공간인 문밖으로 내보내 가족들과 만나게 하기 위한 행동이다.

📖 본문 027쪽

✍️ **어휘 확인**

1 고조　　**2** 수심　　**3** 지탱　　**4** 아리다　　**5** 수탈

03 일차 ^{필수개념} 선경 후정 / 기승전결

🔖 **선경 후정 이해하기** 1. 꾀꼬리 2. 외로워라 3. 1, 2행 / 3, 4행

필수 개념 ❶ ⑤

✍ **개념 적용하기** 꾀꼬리, 자연(풍경), 후정, 정서, 대비

🔖 **기승전결 이해하기** 1. 비 오는 날의 모습 2. ○

필수 개념 ❷ ⑤

✍ **개념 적용하기** 제시, 승, 빗물

필수 개념 ❶ 선경 후정   답 ⑤

황조가 | 유리왕

작품 해설 이 시는 현전하는 가장 오래된 개인적 서정시로, 유리왕의 배경 설화와 함께 전해지고 있다. 유리왕에게는 화희와 치희라는 두 궁녀가 있었는데 유리왕이 사냥을 나간 사이 두 궁녀가 크게 싸우고 치희가 고향으로 돌아가게 되었다. 유리왕은 이 이야기를 듣고 치희를 쫓아갔으나 치희는 다시 돌아오지 않았고 유리왕이 혼자 돌아오는 길에 나무 아래에서 쉬다가 꾀꼬리들이 날아들어 노는 모습을 보고 이 시를 지었다고 전해진다. 이 시에서 암수 짝을 이뤄 정답게 노니는 꾀꼬리는 외로운 화자의 처지와 대비되어 화자의 슬픔을 더욱 부각하는 역할을 한다.

주제 사랑하는 임과의 이별로 인한 슬픔과 외로움.

📖 작품 꼼꼼 강의

펄펄 나는 저 꾀꼬리는
화자의 처지와 대비되는 존재 → 화자의 슬픔과 고독을 심화함.
암수 다정히 노니는데   ▶ 1, 2행: 선경 – 정답게 노니는 꾀꼬리 한 쌍
화자의 처지와 대비되는 상황
외로워라, 이내 몸은
화자의 정서를 직접적으로 드러냄.
그 누구와 함께 돌아가리.   ▶ 3, 4행: 후정 – 화자의 외로움.
설의법. 시적 화자의 외로운 정서를 강조함.

이 시는 1~2행에서 암수가 정답게 노니는 꾀꼬리의 모습을 묘사한 다음(자연 풍경 묘사), 3~4행에서 함께 돌아갈 사람이 없는 화자의 외로운 처지와 정서를 드러내는(정서 제시) 선경 후정의 방식으로 시상을 전개하고 있다.

필수 개념 ❷ 기승전결   답 ⑤

비 | 정지용

작품 해설 이 시는 비가 내리는 모습을 감각적으로 형상화한 작품이다. 시간의 흐름에 따라 비가 내리기 직전의 모습부터 비가 내리기 시작하고, 그렇게 내린 비가 물줄기를 형성하는 모습, 잠시 멈추었던 비가 다시 내리기 시작하는 모습을 기승전결의 방식으로 전개하고 있다. 정서를 나타내는 시어를 사용하지 않고, 비가 내리는 모습에 대한 감각적·비유적인 표현과 섬세한 묘사가 두드러진 작품이다.

주제 비 내리는 정경

📖 작품 꼼꼼 강의

1연 돌에 / 그늘이 차고,   ▨ :비가 오려는 기운
먹구름이 끼고 어두워짐.

2연 따로 몰리는 소소리바람.
바람을 보이는 것처럼 표현함.   ▶ 1, 2연: 기 – 비가 내리기 직전의 모습

빗방울을 '새의 꼬리'에 비유함. → 활유법
3연 앞섰거니 하여 / 꼬리 치날리어 세우고,
빗방울이 떨어지며 튀는 모습을 시각화함.

4연 종종 다리 까칠한 / 산새 걸음걸이.
빗방울을 '새의 걸음걸이'에 비유함. → 활유법   ▶ 3, 4연: 승 – 비가 내리기 시작하는 모습

물줄기가 가늘게 흐르는 모습을 비유함. → 의인법
5연 여울지어 / 수척한 흰 물살,
빗물이 모여 물줄기를 이룸.

6연 갈갈이 / 손가락 펴고.
물줄기가 여러 갈래로 흐르는 모습을 비유함. → 의인법   ▶ 5, 6연: 전 – 빗물이 모여서 흘러가는 모습

빗방울
7연 멎은 듯 / 새삼 듣는 빗낱
멎었다가 다시 내리는 비

8연 붉은 잎 잎 / 소란히 밟고 간다.
반복을 통해 잎사귀마다   굵어진 빗줄기의 모습. → 활유법, 청각적·시각적 표현
떨어지는 빗줄기를 표현함.   ▶ 7, 8연: 결 – 비가 멈춘 듯 하다가 다시 내리는 모습

7, 8연에서는 빗방울이 나뭇잎에 다시 떨어지는 모습을 통해 그치는 듯하다가 다시 소란스럽게 내리는 굵은 빗줄기를 표현하며 시상을 마무리하고 있다(결 – 끝맺음).

✅ 오답 챙기기

① 이 시에서는 비가 오기 직전의 모습(기)부터 빗방울이 내려(승) 물줄기를 이루고(전), 비가 멎은 듯하다가 다시 내리기 시작하는 모습(결)까지의 비 내리는 풍경을 기승전결의 시상 전개 방식에 따라 표현하고 있다.

② 1, 2연에서는 먹구름이 끼고 어두워지며 바람이 부는 모습을 제시하는 등 비가 내리기 직전의 모습을 표현하며 시상을 제시하고 있다(기 – 시상 제시).

③ 3, 4연에서는 빗방울이 앞다투어 떨어지는 모습을 꼬리를 치켜 올린 새들이 종종 걸음을 걷는 모습으로 묘사하며 1, 2연에서 제시한 시상(비 내리기 직전의 모습)을 이어받아 발전시키고 있다(승 – 시상 발전).

④ 5, 6연에서는 빗물이 모여서 가늘게 여러 갈래로 퍼져 흐르는 모습을 표현하며 3, 4연에서 발전시킨 시상(빗방울이 떨어짐)을 심화하고 있다(전 – 시상 심화).

03 일차 실전 선경 후정 / 기승전결

01 ①   **02** ⑤   **03** ②   **04** 낙원

🏷 **개념 적용하기** 선경 후정, 8, 보리타작, 9, 반성, 기승전결, 4, 5, 8, 9, 몸, 반성

🔍 **작품 한눈에** 보리타작, 예찬, 반성, 1, 12, 낙원, 벼슬길

01 ~ 04

보리타작 | 정약용

작품 해설 이 시는 건강한 삶을 살아가는 농민들의 모습을 그리고 있는 한시이다. 화자는 타작마당에서 열심히 일을 하는 농민들을 바라보며 육체와 정신이 합일된 참다운 삶의 모습을 발견하고 있다. 그러면서 이를 거울삼아 자신의 삶을 성찰하게 된다. 이 작품은 '막걸리', '보리밥', '도리깨' 등 당시 백성들의 삶과 관련된 시어를 사용하여 농민들의 삶을 사실적으로 그리고 있으며, 긍정적인 시선으로 농민들에 대한 친밀감을 드러내고 있다.

주제 농민들의 건강한 노동을 통해 얻은 삶의 깨달음.

📺 **작품 꼼꼼 강의**

새로 거른 **막걸리** 젖빛처럼 뿌옇고
　　　: 농민들의 일상적 생활과 관련된 시어
큰 사발에 **보리밥**, 높기가 한 자로세.
　　　　　과장법
밥 먹자 **도리깨** 잡고 마당에 나서니
　　농민들의 부지런한 모습
검게 탄 두 어깨 햇볕 받아 번쩍이네.
　　건강한 농민들의 모습
　　　▶ 1~4행: 기 – 노동하는 농민들의 활기차고 건강한 모습
옹혜야 소리 내며 발맞추어 두드리니
보리타작할 때 부르는 영남 지방의 노래
삽시간에 **보리 낟알** 온 마당에 가득하네.

주고받는 노랫가락 점점 높아지는데
　　노동의 강도가 점점 강해짐을 의미
보이느니 지붕 위에 **보리 티끌**뿐이로다.
　　　▶ 5~8행: 승 – 보리타작하는 마당의 역동적인 모습
그 기색 살펴보니 즐겁기 짝이 없어
　　　　노동의 즐거움
마음이 몸의 노예 되지 않았네.
농민들의 삶에 대한 평가 – 몸과 마음이 조화된 건강한 삶
　　　▶ 9~10행: 전 – 몸과 정신이 조화된 건강한 삶의 모습
건강한 노동의 즐거움이 있는 곳
낙원이 먼 곳에 있는 게 아닌데
농민의 삶(낙원)과 화자 자신의 삶(벼슬길) 대조
무엇하러 벼슬길에 헤매고 있으리오.
　　세속적인 욕망
　　　▶ 11~12행: 결 – 벼슬에 집착하던 화자 자신의 삶에 대한 반성

선경: 1~8행 / 후정: 9~12행

01 시적 대상 및 주제 파악 　답 ①

화자는 즐겁게 보리타작을 하는 농민들의 모습을 바라보면서 노동의 즐거움을 깨달으며 몸과 정신이 조화를 이룬 농민들의 삶이야말로 건강하고 참된 삶이라고 말하고 있다. 따라서 화자가 어떤 '대상'을 바라보고 있는지, 곧 '시적 대상'이 무엇인지를 쓰는 ⓐ에는 '보리타작을 하는 농민'이 들어가는 것이 적절하고, 그러한 시적 대상을 통해 얻은 '화자의 깨달음'이 무엇인지를 쓰는 ⓑ에는 '노동을 통한 보람과 즐거움'이 들어가는 것이 적절하다.

02 시상 전개 방식 파악 　답 ⑤

보리타작을 하는 농민들의 건강한 모습에서([가]와 [나] 몸과 마음이 조화를 이루는 건강한 노동의 즐거움을 깨달은([다]) 화자는, [라]에서 '벼슬길'에서 헤매던 자신의 삶을 반성하고 있을 뿐, 세속과 단절하려는 의지를 드러내지는 않았다.

✅ **오답 챙기기**

① [가]에서는 농민들이 막걸리와 보리밥을 먹은 다음, 보리타작을 하기 위해 도리깨를 들고 마당에 나서는 모습을 그리고 있으므로, 보리타작을 시작하기 전의 상황을 묘사하고 있다고 할 수 있다.

② [나]에서는 옹혜야 소리에 맞춰 흥겹게 보리타작을 하는 농민들의 모습과 점차 노랫가락이 높아지며 보리타작이 최고조에 이르러 마당에 보리 티끌이 날리는 모습을 시각적·청각적으로 묘사하고 있다.

③ 이 시의 전반부인 [가], [나]에서 화자는 건강한 농민들이 즐겁게 보리타작하는 모습을 관찰자의 입장에서 바라보고 있다.

④ [다]에서는 보리타작하는 농민들의 모습에서 몸과 마음이 조화를 이룬, 건강한 노동의 즐거움과 참된 삶의 자세를 깨닫고 있다.

03 표현상 특징 파악 　답 ②

사발에 담긴 보리밥의 높이를 '한 자'라고 표현한 것에서 과장법을 확인할 수 있지만, 화자가 그에 대해 부정적으로 보고 있지는 않다.

✅ **오답 챙기기**

① '젖빛처럼'에서 '새로 거른 막걸리'의 색을 '젖빛'에 비유한 직유법을 사용하여 시각적으로 표현하고 있다.

③ 농민들이 곡식의 낟알을 털 때 사용하는 농기구인 '도리깨'를 소재로 하여 사실감을 주고 있다.

④ 노동요의 노랫가락이 점점 높아진다는 것은 그만큼 보리타작의 속도가 빨라진다는 것을 의미하는 것이다. 따라서 청각적 이미지를 사용하여 농민들이 열심히 노동하는 모습을 표현하고 있다.

⑤ '무엇하러 ~ 있으리요.'에서 설의법을 사용하여 벼슬길에 집착했던 과거 자신의 삶의 모습을 반성하고 있다.

04 시어의 의미 파악 　답 낙원

화자는 보리타작을 하는 농민들의 건강한 모습을 보고서 '낙원'이 먼 곳에 있지 않다고 말하고 있다. 따라서 '낙원'은 소박한 현실 속에서 진정한 삶의 즐거움을 누릴 수 있는 공간이자, 몸과 마음이 조화를 이룬 참된 삶의 공간, 건강한 노동의 즐거움이 있는 공간으로 이해할 수 있다. 또한 '낙원'은 세속적인 욕망과 헛된 명분을 좇는 삶을 뜻하는 '벼슬길'과 대조적인 의미를 지닌다.

🖋 **어휘 확인**

1 ©　　**2** ©　　**3** ®　　**4** ⊙　　**5** ®
6 ®　　**7** ©　　**8** ©　　**9** ⊙　　**10** ®

04 일차 [필수개념] 객관적 상관물 / 감정 이입

📎 **객관적 상관물 이해하기** 1. 그립다, 그리워, 다시 더 한 번……

2. 까마귀, 강물

[필수 개념 ❶] ②

🖊 **개념 적용하기** 이별, 재촉, 객관적

📎 **감정 이입 이해하기** 1. 슬플 것이다('고운 님'과 이별한 후 슬픔과 그리움, 안타까움 등의 감정을 갖고 있을 것이다.). 2. 물

3. 같다

[필수 개념 ❷] ④

🖊 **개념 적용하기** 이별, 물, 슬픔, 감정 이입

[필수 개념 ❶] 객관적 상관물　　　　답 ②

가는 길 | 김소월

작품 해설 이 시는 임을 떠나는 길에서 차마 발걸음을 옮기지 못하고 망설이는 화자의 아쉬움과 안타까움을 노래한 작품이다. 3음보의 전통적인 율격을 사용하면서도 시행의 배열을 통해 시상 전개의 속도를 조절하며 임을 두고 떠나야 하는 화자의 미련과 망설임을 효과적으로 드러내고 있다. 또한 3, 4연에서는 지금 떠나야 하는데도 임에 대한 애정과 미련 때문에 머뭇거리고 있는 상황을 '까마귀'나 '강물'과 같은 자연물이 화자를 재촉하는 것으로 표현함으로써 이별을 앞둔 화자의 안타까움을 더욱 효과적으로 드러내고 있다.

주제 이별의 아쉬움과 임에 대한 그리움.

> ☑ **작품 꼼꼼 강의**
>
> **1연** 그립다
> 　화자의 정서를 직접적으로 드러냄.
> 　말을 할까 : 화자의 내적 갈등, 망설임이 드러남.
>
> 　하니 그리워,　　　　▶ 임에 대한 그리움
> 　『↗ 행간 걸침. → '하니'를 의도적으로 내려 씀으로써
> 　시간적 거리감을 주며 화자의 망설임을 표현함.
>
> **2연** 그냥 갈까
>
> 　그래도
>
> 　다시 더 한 번……　　　　▶ 임과의 이별에 대한 아쉬움과 미련
> 　임에 대한 미련을 드러내며 여운을 줌.
>
> **3연** 저 산에도 까마귀, 들에 까마귀,
> 　서산에는 해 진다고 　: 화자에게 이별을 재촉하여 화자의 정서를
> 　시간적 배경이 드러남. 　심화하는 존재 → 객관적 상관물
> 　지저귑니다.　　　　▶ 화자에게 떠날 것을 재촉하는 까마귀
> 　청각적 이미지, 이별을 재촉함.
>
> **4연** 앞 강물, 뒤 강물,
>
> 　흐르는 물은
>
> 　어서 따라오라고 따라가자고
> 　이별을 재촉함.
> 　흘러도 연달아 흐릅디다려.
> 　화자의 심리적 부담감과 안타까운 정서가 드러남.
> 　　　　▶ 화자에게 떠날 것을 재촉하는 강물

이 시에서 화자는 임과 헤어져 떠나는 길에서 차마 발걸음을 옮기지 못하고 망설이며 이별에 대한 안타까움과 아쉬움을 드러내고 있다. 그런 화자에게 '까마귀'는 해가 진다고 떠날 것을 재촉하고, '강물' 역시 어서 자신을 따라오라고 하며 떠날 것을 재촉하고 있다. 이렇게 이 시에서는 '까마귀'와 '강물'이라는 자연물을 활용하여 이별의 상황에서 느끼는 화자의 아쉬움과 망설임의 정서를 효과적으로 드러내고 있다. 따라서 '까마귀'와 '강물'은 화자의 정서를 심화하는 객관적 상관물에 해당한다.

✅ **오답 챙기기**

① 까마귀는 이별을 아쉬워하며 떠나는 것을 망설이는 화자에게 떠날 것을 재촉하고 있을 뿐, 화자에게 임과의 기억을 떠올리게 하지는 않는다.

[필수 개념 ❷] 감정 이입　　　　답 ④

천만리 머나먼 길에 ~ | 왕방연

작품 해설 이 시는 헤어진 임(임금)에 대한 애절한 마음을 노래한 작품이다. 작가인 왕방연은 조선 시대의 왕인 단종이 왕위를 빼앗기고 영월로 유배될 때 단종을 영월까지 호송하는 임무를 맡았는데, 어린 단종을 유배지에 두고 돌아오는 길에 이 작품을 지은 것으로 알려져 있다. 감정 이입, 의인법 등의 표현 방법을 활용하여 작가의 슬픔과 안타까움, 죄책감, 상실감 등의 감정을 효과적으로 드러내고 있다.

주제 임(임금)과의 이별로 인한 슬픔. 연군지정

> ☑ **작품 꼼꼼 강의**
>
> **초장** 천만리 머나먼 길에 고운 님 여의옵고　　▶ 임과의 이별
> 　과장법, 임을 여읜 화자의 슬픔, 임과의 거리감이 드러남.
>
> **중장** 내 마음 둘 데 없어 냇가에 앉았으니　　▶ 이별 후의 슬픔
> 　임과의 이별로 인한 슬픔, 안타까움
>
> 　　　　　마음
> **종장** 저 물도 내 안 같아서 울어 밤길 예놋다
> 　감정 이입의 대상 　의인법 화자의 암담한 심정이 드러남.
> 　(슬픔의 감정 이입) 　　　▶ 임과의 이별로 인한 안타까움.

이 시의 화자는 임과 이별하고 오는 길에 냇가에 앉아 이별을 슬퍼하며 안타까워하고 있다. 종장을 보면, 화자는 울면서 밤길을 흘러가고 있는 '물'이 임과의 이별로 인해 슬퍼하고 있는 자신의 마음과 같다고 하고 있을 뿐, '물'이 임과 이별하고 온 화자를 위로하고 있지는 않다.

✅ **오답 챙기기**

① 감정을 가질 수 없는 자연물인 '물'이 울면서 흘러간다고 하였는데, 이는 임을 여읜 화자가 자신의 슬픔을 '물'에 이입하여 마치 '물'이 슬픈 감정을 지니고 있는 것처럼 표현한 것이다. 따라서 울면서 흘러가는 '물'은 화자가 임을 여의고 난 후에 느낀 감정인 슬픔이 이입된 대상이다.

② 감정을 갖지 못하는 자연물인 '물'이 울면서 밤길을 흘러간다고 하였으므로, 이 시에서는 자연물인 '물'을 감정을 지닌 존재로 표현하고 있다.

③ 임과 헤어져 마음을 둘 데 없다고 하는 화자는, 울면서 흘러가는 '물'을 '내 안 같'다, 곧 내 마음과 같다고 하였다. 따라서 '물'은 화자와 슬픔이라는 동일한 정서를 지닌 것으로 볼 수 있다.

⑤ '물'은 임과 이별한 화자의 슬픔의 정서를 드러내기 위해 활용된 자연물이므로, 객관적 상관물에 해당한다. 참고로, 객관적 상관물은 화자의 정서와 관련된 모든 대상물로, 화자의 감정을 드러내 주는 대상, 화자의 처지나 감정과 비슷하거나 대비되는 대상, 화자의 감정을 심화하는 대상, 화자에게 무언가를 생각나게 하는 대상 등이 모두 객관적 상관물에 해당한다. 이러한 객관적 상관물 중에서 화자와 대상의 정서가 같은(동일시되는) 경우가 감정 이입이 된 것이므로, 감정 이입의 대상물은 모두 객관적 상관물에 해당한다.

꿀단지 감정 이입이 드러나는 또 다른 시조

> 방 안에 켜 있는 촛불은 누구와 이별하였기에
> 겉으로 눈물을 흘리며 속이 타 들어가는 줄을 모르는가?
> 저 촛불이 나와 같아서 속이 타는 줄 모르는구나.
>
> – 이개

임(임금, 단종)과 이별한 슬픔과 안타까움을 노래한 시조로, 화자는 촛농을 흘리며 심지를 태우는 '촛불'에 자신의 감정을 이입하여 표현하고 있다. 곧, 화자의 '애타는 마음'을 '타 들어가는 심지'로, '흐르는 눈물'을 '떨어지는 촛농'으로 형상화함으로써 임에 대한 화자의 애타는 마음과 이별의 슬픔, 안타까움을 효과적으로 드러내고 있다.

04 일차 실전 객관적 상관물 / 감정 이입

01 ②　　**02** ⑤　　**03** (1) ⓑ (2) ⓐ　　**04** ④

✎ **개념 적용하기** 객관적, 까마귀, 감정 이입, 대조, 기러기, 길, 객관적 상관물

🔍 **작품 한눈에** 나그네, 복판, 의성어, 자문자답, 나그네, 길

01 ~ 04

길 | 김소월

작품 해설 나그네처럼 정처 없이 이곳저곳을 떠도는 화자의 서글픈 심정을 노래한 작품이다. 화자가 고향을 가지 못하는 이유가 작품 속에는 명확히 드러나 있지 않지만, 작품이 창작된 시대가 일제 강점기임을 고려할 때 일제에 의해 삶의 터전을 상실했기 때문이라고 추측할 수 있다. 결국 이 작품은 정처 없이 떠도는 나그네의 심정을 통해 일제 강점기에 삶의 터전을 잃고 방황하는 우리 민족의 한(恨)을 노래한 것으로 볼 수 있다. 3음보의 율격을 바탕으로, 감정 이입의 소재인 '까마귀'와, 화자가 처한 상황과 대비되는 소재인 '기러기'를 사용하여 불안하고 복잡한 화자의 심정을 효과적으로 드러내고 있다.

주제 정처 없이 떠도는 나그네의 삶과 비애

📑 작품 꼼꼼 강의

1연 어제도 하로밤
유랑 생활의 반복
나그네 집에　화자의 처지 – ① 삶의 터전을 잃고 살아가는 사람
② 일제 강점 우리 민족을 상징함.
까마귀 까악까악 울며 새었소.　▶ 서글픈 나그네 신세인 화자
의성어의 사용　：하오체를 사용하여 자신의 처지를
화자의 불안한 의식이 반영된 존재　호소하는 듯한 느낌을 줌.
→ 감정 이입의 대상

2연 오늘은 / 또 몇 십 리
유랑 생활의 반복
어디로 갈까.　▶ 방향을 상실한 화자의 비애
정해진 목적지가 존재하지 않음.

3연 『 』: 자문자답의 형식으로 비애감을 드러냄.
산으로 올라갈까 / 들로 갈까
오라는 곳이 없어 나는 못 가오.
▶ 갈 곳이 없는 화자의 처량한 신세

4연 말 마소, 내 집도 / 정주 곽산
지명을 제시하여 구체성을 확보함.
차 가고 배 가는 곳이라오.　▶ 고향이 있어도 갈 수 없는 안타까움
가지 않는 것이 아니라 갈 수 없는 것임을 드러내어 안타까움을 강조함.

5연 여보소 공중에 / 저 **기러기** ① 부러움의 대상
기러기를 청자로 설정함.　② 화자의 처지와 상반되는 존재
공중엔 길 있어서 잘 가는가? → 객관적 상관물
자유로운 공간　▶ 화자와 상반된 대상에 대한 부러움

6연 여보소 공중에 / 저 기러기
열 십자 복판에 내가 섰소.　▶ 방향을 상실한 화자의 비애
네거리 – 갈 곳이 정해지지 않은 막막한 처지의 화자

7연 갈래갈래 갈린 길 / 길이라도
ㄱ, ㄹ 음을 통해 운율감을 형성함.
내게 바이 갈 길은 하나 없소.
화자의 절망적인 상황이 강조됨.　▶ 화자의 절망적이고 비극적인 상황

이 시에서 '까마귀'는 뚜렷한 목적지가 없이 떠돌아야 하는 화자의 불안한 심리가 반영된 감정 이입의 대상으로 볼 수 있는데, 이러한 '까마귀'와 떨어져 있는 상황이 화자의 비애와 설움의 정서를 심화하지는 않는다.

✔ 오답 챙기기

이 시의 화자는 나그네(유랑민)로 집도 없고 가야 할 곳도 없이 떠돌고 있는 신세이다. 따라서 '오늘'도 정처 없이 '길'을 가고(①), '오라는 곳'이 없고(③), '내 집'이 있어도 가지 못하고(④), 갈 곳 없이 '열 십자 복판'에 서 있는(⑤) 화자의 모습은 모두 정서(떠돌아야 하는 나그네의 슬픔, 불안함)를 심화하는 상황으로 볼 수 있다.

5연의 '공중엔 길 있어서 잘 가는가?'에서 의문형 문장을 확인할 수 있다. 그러나 이를 통해 화자는 갈 곳이 정해지지 않아 정처 없이 떠돌아야 하는 자신의 처지와 상반된 모습의 기러기(공중에 길이 없음에도 불구하고 길이 있는 것처럼 잘 감.)에 대한 부러움을 드러낼 뿐, 단호한 의지를 드러내고 있지는 않다.

✔ 오답 챙기기

① 7연의 '갈래갈래 갈린 길 / 길이라도', '갈 길은'에서 'ㄱ, ㄹ' 음을 반복함으로써 운율감을 드러내고 있다.

② 1연에서는 '까마귀'를 통해 떠돌이 생활을 하는 화자의 불안한 심리를 드러내고 있으며, 5연에서는 '기러기'를 통해 갈 곳 없는 화자의 처지를 드러내고 있다.

③ 1연에서 '까악까악'이라는 까마귀의 울음소리, 곧 의성어를 통해 떠돌이인 화자의 불안하고 답답한 심리를 드러내고 있다.

④ 2연과 3연에서 화자는 자신이 어디로 가야 하는지에 대해 질문('오늘은 / 또 몇 십 리 / 어디로 갈까. // 산으로 올라갈까 / 들로 갈까')을 하고, 오라는 곳이 없어 어디로도 갈 수 없다는 사실을 확인('오라는 곳이 없어 나는 못 가오.')하고 있다. 이러한 자문자답의 형식을 통해 화자는 떠돌이 생활을 하는 나그네의 비애와 답답함, 처량함을 드러내고 있다.

이 시에서 울며 밤을 새운 '까마귀'는 화자의 불안한 심리가 반영된 감정 이입의 대상에 해당한다. 또한 공중을 날아가는 '기러기'는 방향감을 상실한 화자의 처지와 대비되는 존재로, 화자가 부러워하는 대상이면서 화자의 처지를 더욱 처량하게 만드는 객관적 상관물에 해당한다. 한편, 〈황조가〉에서 암수가 정답게 노닐고 있는 '꾀꼬리'는 임과 이별하고 외로움을 느끼는 화자의 처지와 대비되어 화자의 외로운 처지와 정서를 심화하는 객관적 상관물에 해당한다. 또한 〈초혼〉에서 슬피 우는 '사슴의 무리'는 '그대'와 이별하고 슬픔과 그리움에 잠긴 화자의 심리가 반영된 감정 이입의 대상에 해당한다. 따라서 '까마귀'는 ⓑ '사슴의 무리'와, '기러기'는 ⓐ '꾀꼬리'와 각각 유사한 역할을 한다고 볼 수 있다.

〈보기〉에는 이 시에서 일제 강점기에 삶의 터전을 잃고 방황하는 우리 민족의 비애가 '길'과 연결된 다양한 공간을 통해 형상화되어 있다고 제시되어 있다. '열 십자 복판'은 갈 곳이 없어 방향감을 상실한 화자, 곧 지향점을 상실한 채 방황하는 화자가 서 있는 공간이므로, 화자가 되돌아가고 싶은 원점이라고 볼 수 없다.

✔ 오답 챙기기

① '나그네 집'은 길 위에서 방황하는 화자가 '어제도' 머물렀던 공간이라는 점에서 목적지를 잃은 화자의 방황이 계속되고 있음, 곧 화자가 지속적으로 떠돌고 있음을 보여 준다.

② '들'은 삶의 터전인 고향을 잃고 떠도는 화자가 어디로도 갈 수 없는 슬픈 상황에 처해 있음을 보여 주는 공간이라 할 수 있다.

③ '정주 곽산'은 화자의 고향이므로 화자가 지향하는 공간이라고 할 수 있지만, 화자는 어떤 곳도 자신에게 오라고 하지 않는다고 말하고 있다. 이로 인해 화자의 슬픔은 심화된다고 볼 수 있다.

⑤ '갈린 길'은 방향성을 상실한 화자가 서 있는 공간이다. 일제 강점기라는 시대적 상황을 고려할 때 화자의 모습은 삶의 방향을 상실하고 유랑하는 우리 민족의 모습을 상징한다고 볼 수 있다.

어휘 확인　　　📖 본문 039쪽

1 동일시　　**2** 여의다　　**3** 비애　　**4** 이입　　**5** 객관적

05 일차 · 필수개념 · 색채 이미지 / 동적 · 정적 이미지 / 상승 · 하강 이미지

색채 이미지 찾기 1. 눈, 정맥, 올리브빛, 불

(필수 개념 ❶) ③

개념 적용하기 눈, 올리브빛, 불

동적 · 정적 이미지와 상승 · 하강 이미지 찾기 1. 동적 이미지, 상승 이미지 2. 오른다, 올라간다, 떨구고, 넘는다

(필수 개념 ❷) ④

개념 적용하기 오른다, 올라간다

필수 개념 ❶ 색채 이미지 답 ③

샤갈의 마을에 내리는 눈 | 김춘수

작품 해설 이 시는 샤갈의 그림인 〈나와 마을〉을 보면서 떠오르는 이미지를 감각적으로 표현한 작품이다. '눈', '정맥', '올리브빛', '불' 등의 이질적 느낌의 시어들을 사용하여 이국적이고 신비로운 분위기를 환기하고 있으며, 선명한 색채 이미지의 대비를 통해 봄의 순수하고 맑은 생명감을 감각적으로 형상화하고 있다.

주제 봄의 맑고 순수한 생명감

☑ 작품 꼼꼼 강의

샤갈의 마을에는 삼월에 눈이 온다.
: 현재형 시제, 생동감을 표현함.
샤갈의 그림 속 마을 / 순수함, 생명감 / : 색채 이미지, 색채 대비
▶ 1행: 눈이 내리는 샤갈의 마을
봄을 바라고 섰는 사나이의 관자놀이에

새로 돋는 정맥이
푸른색 이미지, 봄의 생명력
바르르 떤다. ▶ 2~4행: 눈을 맞는 사나이의 모습에서 나타나는 생명감
시각적 심상
바르르 떠는 사나이의 관자놀이에

새로 돋은 정맥을 어루만지며

눈은 수천수만의 날개를 달고
눈이 내리는 모습, 활유법
하늘에서 내려와 샤갈의 마을의

지붕과 굴뚝을 덮는다. ▶ 5~9행: 샤갈의 마을을 덮는 눈
시간적 배경(봄)
삼월에 눈이 오면
생명 활동을 자극하는 존재
샤갈의 마을의 쥐똥만 한 겨울 열매들은
겨울 동안 작고 메말랐던 생명체
다시 올리브빛으로 물이 들고
녹색 이미지, 봄의 생명력 ▶ 10~12행: 눈 속에서 생명력을 찾은 겨울 열매들
밤에 아낙들은
토속적 시어, 한국적 감성
그해의 제일 아름다운 불을
붉은색 이미지, 생명력
아궁이에 지핀다. ▶ 13~15행: 눈 속에서 나타난 새봄의 아름다움
새봄을 맞은 기쁨을 형상화함.

이 시에는 '눈'의 흰색과 '정맥', '올리브빛', '불'로 이어지는 푸른색, 녹색, 붉은색의 색채 이미지가 대비되어 나타나고 있다. 그런데 '사나이'는 다른 시어들과 달리 색채 이미지가 나타나지 않는다.

✔ 오답 챙기기

① '눈'은 흰색을 연상할 수 있는 시어이므로 색채 이미지가 나타나는 시

어이다.

② '정맥'은 푸른색을 연상할 수 있는 시어이므로 색채 이미지가 나타나는 시어이다.

④ '올리브빛'은 녹색의 색채 이미지가 나타나는 시어이다.

⑤ '불'은 붉은색을 연상할 수 있는 시어이므로 색채 이미지가 나타나는 시어이다.

필수 개념 ❷ 동적 · 정적 이미지와 상승 · 하강 이미지 답 ④

담쟁이 | 도종환

작품 해설 이 시는 담쟁이의 모습을 통해 절망적인 상황에도 포기하지 않고 고난과 한계를 극복하는 의지를 노래한 작품이다. 담쟁이가 여럿이 함께 손을 잡고 벽을 넘는 모습은 연대 의식을 표현한 것으로, 조금씩 앞으로 나아가는 담쟁이의 모습을 통해 절망적인 고난에 부딪혀서도 좌절하지 않고 고난을 극복해 나가는 삶의 의지를 형상화하고 있다.

주제 현실의 고난을 극복하는 의지

☑ 작품 꼼꼼 강의

1연 저것은 벽
시련과 절망, 삶의 한계
어쩔 수 없는 벽이라고 우리가 느낄 때

그때 / 대조 / ♪ 1,2,4연 - 유사한 통사 구조의 반복, 점층적 전개
: 상승 이미지
담쟁이는 말없이 그 벽을 오른다.
의지적 존재 ▶ 1연: 모두가 좌절할 때, 벽을 오르는 담쟁이

2연 물 한 방울 없고 씨앗 한 톨 살아남을 수 없는
극한의 상황, 한계 상황
저것은 절망의 벽이라고 말할 때
극복의 대상
담쟁이는 서두르지 않고 앞으로 나아간다
담쟁이의 의지
▶ 2연: 모두가 절망할 때, 서두르지 않고 나아가는 담쟁이

3연 한 뼘이라도 꼭 여럿이 함께 손을 잡고 올라간다
연대와 협력의 자세
푸르게 절망을 다 덮을 때까지
색채어
바로 그 절망을 잡고 놓지 않는다
▶ 3연: 여럿이 손을 잡고 절망을 덮는 담쟁이

4연 저것은 넘을 수 없는 벽이라고 고개를 떨구고 있을 때
포기와 좌절
담쟁이 잎 하나는 담쟁이 잎 수천 개를 이끌고
선구자 / 뜻을 함께하는 민중
결국 그 벽을 넘는다
절망을 극복함.
▶ 4연: 모두가 포기할 때, 잎들을 이끌고 벽을 넘는 담쟁이

ⓔ을 제외한 나머지 시어들에 담쟁이의 움직임, 즉 동적 이미지가 나타나는 것과 달리 ⓔ에는 푸른색의 색채 이미지가 나타난다.

✔ 오답 챙기기

①, ③, ⑤ 담쟁이의 움직임을 나타내는 시어로, 동적 이미지와 상승 이미지가 함께 나타나 있다.

② 담쟁이의 움직임을 나타내는 시어로, 동적 이미지가 나타나 있다.

05 일차  색채 이미지 / 동적·정적 이미지 / 상승·하강 이미지

01 ④   **02** ②   **03** ⑤   **04** 별빛

🏷️ **개념 적용하기** 색채, 동적

🔍 **작품 한눈에** 번뇌, 수미상관

---

01 ~ 04

승무 | 조지훈

작품 해설 이 시는 승무를 소재로 하여 세상사로 인한 번뇌를 종교적으로 승화시키려는 여승의 모습을 나타내고 있다. 춤을 추는 순서에 따라 시행을 배치하고 있으며, 여승이 춤을 추는 모습을 동적·정적 이미지를 사용하여 효과적으로 표현하고 있다. 또한 춤을 추기 전 여승의 외양을 묘사한 1연의 내용을 마지막 연에서 반복하여 시적 여운을 드러내고 있다.

주제 승무를 통한 세속적 번뇌의 종교적 승화

☑️ 작품 꼼꼼 강의

1연 얇은 사(紗) 하이얀 고깔은   : 시적 허용

고이 접어서 나빌레라.

2연 파르라니 깎은 머리

박사(薄紗) 고깔에 감추오고

3연 두 볼에 흐르는 빛이

정작으로 고와서 서러워라.
역설법 – 여승의 모습이 너무 고와서 오히려 서럽게 느껴짐.
▶ 1~3연: 춤을 추기 전 여승의 모습

4연 빈 대(臺)에 황촉불이 말없이 녹는 밤에
공간적 배경 / 시간적 배경
오동잎 잎새마다 달이 지는데
시간의 흐름, 시각적 이미지, 애상적
▶ 4연: 승무의 배경 제시

5연 소매는 길어서 하늘은 넓고
동적 이미지를 통해 춤을 추는 모습을 나타냄.
돌아설 듯 날아가며 사뿐히 접어 올린 외씨보선이여.
▶ 5연: 날렵한 승무의 춤 동작

6연 까만 눈동자 살포시 들어
정적 이미지를 통해 여승의 내면을 나타냄.
먼 하늘 한 개 별빛에 모두오고
추구하는 대상, 소망, 해탈의 세계

7연 복사꽃 고운 뺨에 아롱질 듯 두 방울이야
눈물 – 속세의 번뇌에서 오는 슬픔
세사에 시달려도 번뇌는 별빛이라.
역설법, 은유법
▶ 6~7연: 승무의 정지 동작

8연 휘어져 감기우고 다시 접어 뻗는 손이
깊은 마음속 거룩한 합장인 양하고
다시 이어지는 춤 동작을 묘사함.
▶ 8연: 경건한 승무의 춤 동작

9연 이 밤사 귀또리도 지새는 삼경인데
귀뚜라미 / 한밤중
얇은 사(紗) 하이얀 고깔은 고이 접어서 나빌레라.
수미상관 → 구조적 안정감, 균형감, 여운
▶ 9연: 승무가 끝난 후의 여운

---

01 표현상 특징 파악   답 ④

이 시에는 '~습니다'와 같이 공손의 뜻을 나타내는 문체인 경어체가 사용되지 않았으며, 화자의 의지도 드러나지 않는다.

✅ **오답 챙기기**

① 승무를 관찰하는 이를 화자로 설정하여 화자가 승무를 추는 여승의 모습을 묘사하고 있다.

② 승무의 순서, 즉 시간의 흐름에 따라 시상을 전개하고 있다.

③ '하이얀', '고깔', '나빌레라' 등 부드럽고 예스러운 느낌을 주는 시어를 사용하고 있다.

⑤ 1연과 마지막 연에 같은 구절을 반복하는 수미상관 기법을 사용하여 구조적 안정감을 얻고 있다.

02 표현 방법의 파악   답 ②

㉠은 역설법이 사용된 구절이다. ②의 '소리 없는 아우성'도 모순된 표현을 통해 진실한 뜻을 나타내는 역설법이 사용되었다.

✅ **오답 챙기기**

① '내 마음은 호수요'는 은유법이 사용되었다.

③ '구름에 달 가듯이 가는 나그네'는 직유법이 사용되었다.

④ '분수처럼 흩어지는 푸른 종소리'는 직유법이 사용되었다.

⑤ '흔들리지 않고 피는 꽃이 어디 있으랴'는 설의법이 사용되었다.

03 시구의 이미지 파악   답 ⑤

㉤는 잠시 춤을 멈추었던 여승이 다시 경건하게 춤을 추는 모습을 동적 이미지로 나타낸 부분이다. ㉤에는 하강 이미지가 나타나 있지 않으며, 대상의 정서가 아니라 동작이 나타나 있다.

✅ **오답 챙기기**

① ⓐ는 흰색의 색채 이미지를 사용하여 고깔을 쓴 여승의 모습을 나타내고 있다.

② ⓑ는 시각적 이미지를 사용하여 텅 빈 무대의 고요한 분위기를 드러내고 있다.

③ ⓒ는 동적 이미지를 사용하여 승무를 추고 있는 대상의 춤 동작을 묘사하고 있다.

④ ⓓ는 정적 이미지를 사용하여 승무를 추다가 정지한 순간의 모습을 나타내고 있다.

04 시어의 의미 파악   답 별빛

별빛은 여승이 승무를 추다가 고개를 들어 바라보는 대상으로, 여승의 시선과 연결되고 있다. 여승이 바라보는 '별빛'은 세상사의 번뇌를 초월하고자 하는 여인의 소망을 나타내는 시어로, 여승이 추구하는 해탈의 세계를 상징한다.

🖌️ 어휘 확인   📖 본문 045쪽

1 ㉠	**2** ㉣	**3** ㉡	**4** ㉢	**5** ㉤
6 ㉠	**7** ㉡	**8** ㉤	**9** ㉢	**10** ㉣
11 인상	**12** 고난	**13** 세사	**14** 번뇌	**15** 경과

06 일차 필수개념 시의 감상 방법: 내재적 관점 / 외재적 관점

📎 **내재적 관점 이해하기** 1. ○ 2. 작품 안

필수 개념 ❶ ④

✏️ **개념 적용하기** 누이, 단풍, 안

📎 **외재적 관점 이해하기** 1. ○ 2. 작품 밖

필수 개념 ❷ ⑤

✏️ **개념 직용하기** 그날, 까마귀, 밖

필수 개념 ❶ **내재적 관점** 답 ④

오—매 단풍 들것네 | 김영랑

작품 해설 이 시는 가을을 맞이하는 남매의 태도를 대조적으로 제시하고 있다. 누이는 계절의 변화를 느끼면서 다가올 추석을 걱정하고 있고, 화자인 동생은 계절의 변화를 그대로 느낄 것을 누이에게 권유하고 있다. 이러한 남매의 정서는 누이와 화자의 말을 통해 독자들에게 전달되고 있다. 또한 전라도 방언을 적극적으로 활용하며 향토적 정서를 느끼게 하고 있다.

주제 가을이 오는 것에 대한 감회

📖 **작품 꼼꼼 강의**

1연 '오—매 단풍 들것네.' :사투리 사용, 토속적·향토적 분위기
누이의 말-계절(가을)이 다가온 것에 대한 놀라움 :색채 이미지
장광에 골붉은 감잎 날아와
시각적 이미지
누이는 놀란 듯이 치어다보며

'오—매 단풍 들것네.'
누이의 말, 반복법 ▶ 1연: 계절의 변화를 바라보는 누이의 모습

2연 추석이 내일모레 기둘리리

바람이 잦이어서 걱정이리

누이의 마음아 나를 보아라
걱정하지 말고 계절의 변화를 느껴라.
'오—매 단풍 들것네.' ▶ 2연: 누이의 모습을 보는 '나'의 마음
화자의 말

김영랑의 시 경향과 같이 시인과 관련지어 작품을 감상하는 것은 외재적 관점이다.

✅ **오답 챙기기**

① 표현법과 운율은 시 안에 들어 있는 요소이므로 내재적 관점이다.

② 이미지는 시 안에 들어 있는 요소이므로 내재적 관점이다.

③ 화자의 태도는 시 안에 들어 있는 요소이므로 내재적 관점이다.

⑤ 시어와 분위기는 시 안에 들어 있는 요소이므로 내재적 관점이다.

🔑 **꿀단지** 김영랑의 시 경향

김영랑은 1930년대 중요한 시 경향인 시문학파의 시인으로, 언어적 감각과 문학의 순수성을 중시하는 시를 주로 창작하였다. 특히 잘 다듬어진 언어로 우리말을 아름답게 구사하여 우리 시를 언어 구사 면에서 한 차원 올려놓았다는 평가를 받는다.

필수 개념 ❷ **외재적 관점** 답 ⑤

그날이 오면 | 심훈

작품 해설 이 시는 일제 강점기에 창작된 작품으로 어둡고 절망적인 현실 속에서 조국의 광복에 대한 간절한 염원을 드러내고 있다. 특히 조국의 광복을 위해서라면 자신을 얼마든지 희생하겠다는 태도를 통해 화자의 의지를 드러내고 있고, 가정법, 반복법, 의인법, 과장법 등의 표현을 활용하여 광복이 왔을 때의 기쁨을 역동적으로 표현하고 있다.

주제 광복에 대한 염원과 자기희생의 의지

📖 **작품 꼼꼼 강의**

그날이 오면 그날이 오면은 □:조국 광복의 날
가정법, 반복법 → 화자의 간절한 염원을 부각함. 『 』의인법 → 광복의 기쁨을 나타냄.
삼각산이 일어나 더덩실 춤이라도 추고
역동적 이미지
한강 물이 뒤집혀 용솟음칠 그날이 :대유법, 우리나라를 의미함.
역동적 이미지
이 목숨이 끊기기 전에 와 주기만 할 양이면

나는 밤하늘에 날으는 까마귀와 같이
암울한 현실 화자를 상징함.
종로의 인경을 머리로 들이받아 울리오리다.
자기희생적, 의지적 태도
두개골은 깨어져 산산조각이 나도
과장법 → 소망의 절대성 강조
기뻐서 죽사오매 오히려 무슨 한이 남으오리까.
▶ 조국 광복에 대한 염원과 자기희생의 의지

비유법이나 반복법과 같은 시의 표현법, 화자의 소망 등은 시 안에 있는 요소이므로 ⑤는 작품 자체에만 주목하여 시를 감상하는 내재적 관점이다. 나머지는 모두 외재적 관점이다.

✅ **오답 챙기기**

① 시인의 행적이나 경험과 관련지어 작품을 감상하고 있으므로 외재적 관점이다.

②, ③ 시가 쓰인 시대 상황(일제 강점기, 식민지 상황)과 관련지어 작품을 감상하고 있으므로 외재적 관점이다.

④ 독자가 받는 영향과 관련지어 작품을 감상하고 있으므로 외재적 관점이다.

06일차 실전 시의 감상 방법: 내재적 관점 / 외재적 관점

01 ③ **02** ⑤ **03** ④ **04** 청포도

✎ **개념 적용하기** 시인(작가), 독자, 흰색

🔍 **작품 한눈에** 아이, 의인, 흰색, 푸른색, 광복(독립)

01 ~ 04

청포도 | 이육사

작품 해설 이 시는 강하고 의지적인 어조를 주로 사용하였던 시인의 다른 작품과는 달리, 낭만적이고 서정적인 어조와 분위로 광복에 대한 염원을 드러내고 있는 작품이다. 푸른색과 흰색의 선명한 색채 이미지를 대비하여 풍요롭고 순수한 세계의 모습을 감각적으로 드러내고 있으며, 청포도, 손님 등 상징적 시어를 사용하여 평화로운 삶에 대한 소망을 나타내고 있다.

주제 조국 광복에 대한 소망과 믿음

📖 작품 꼼꼼 강의

1연 내 고장 칠월은 　　■:푸른색 ↔ □:흰색
　　　　　　　　　　　→ 색채 대비를 통해 소망을 감각적으로 드러냄.
　　청포도가 익어 가는 시절
　　풍요롭고 아름다운 고향을 상징함.

2연 이 마을 전설이 주저리주저리 열리고
　　　　　의태법, 청포도가 풍요롭게 매달린 모양
　　먼 데 하늘이 꿈꾸며 알알이 들어와 박혀
　　　　이상, 희망, 꿈　　▶ 1, 2연: 청포도가 익어 가는 시절의 고향에 대한 추억

3연 하늘 밑 푸른 바다가 가슴을 열고
　　　　　　　이상과 희망의 세계
　　흰 돛단배가 곱게 밀려서 오면

4연 내가 바라는 손님은 고달픈 몸으로
　　　화자가 기다리는 대상, 조국 광복　시련과 고난을 겪음.
　　청포를 입고 찾아온다고 했으니
　　　　　　　　　　▶ 3, 4연: 손님을 간절히 기다리는 마음

5연 내 그를 맞아 이 포도를 따 먹으면
　　　　손님　　풍요롭고 평화로운 삶의 모습
　　두 손은 함뿍 적셔도 좋으련
　　손님을 맞이하게 되는 기쁨이 나타남. ▶ 5연: 손님을 기쁘게 맞이하고 싶은 소망

6연 아이야 우리 식탁엔 은쟁반에
　　　가상의 청자
　　하이얀 모시 수건을 마련해 두렴
　　손님을 맞이하는 정성, 깨끗함, 순수함 ▶ 6연: 손님을 기다리는 정성스러운 마음

---

01 표현상 특징 파악　　　　　답 ③

이 시에는 동일한 시구를 반복하여 리듬감을 드러내는 부분은 나타나 있지 않다.

✓ **오답 챙기기**

① 마지막 연인 '아이야 우리 식탁엔 은쟁반에 / 하이얀 모시 수건을 마련해 두렴'에서 '아이'를 가상의 청자로 설정하여 말을 건네는 말투를 사용하고 있다.

② '청포도', '손님' 등 상징적 의미를 나타내는 시어를 사용하여 평화롭고 풍요로운 삶(조국 독립)에 대한 소망을 나타내고 있다.

④ '주저리주저리', '함뿍'과 같은 음성 상징어를 사용하여 대상을 생생하게 나타내고 있다.

⑤ '청포도', '하늘', '푸른 바다' 등의 푸른색의 이미지와 '흰 돛단배', '은쟁반', '하이얀 모시 수건' 등의 흰색의 이미지를 대비하여 희망적인 느낌을 주고 있다.

02 시어의 이미지 파악　　　　　답 ⑤

'하늘', '청포', '바다', '청포도'는 푸른색의 색채감이 드러나는 시어로, 풍요롭고 평화로운 삶에 대한 소망이나 희망을 의미한다. 그리고 '은쟁반'은 흰색의 색채감이 드러나는 시어로 손님에 대한 화자의 정성을 의미한다. 따라서 시어에 드러나는 색채 이미지가 다른 것은 '은쟁반'이다.

03 작품의 감상 방법 파악　　　　　답 ④

시를 감상할 때, 작품의 소재나 표현법, 화자의 태도 등을 중심으로 감상하는 것은 내재적 관점이고, 작가나 시대 상황, 독자가 받은 영향을 중심으로 감상하는 것은 외재적 관점이다. ④는 작품의 표현 기법과 화자의 소망 같은 시의 내용과 형식을 중심으로 작품을 감상하고 있으므로 내재적 관점에 해당한다고 할 수 있다.

✓ **오답 챙기기**

① 작품이 독자에게 주는 깨달음과 관련지어 작품을 감상하고 있으므로 외재적 관점에 해당한다.

② 작품이 창작된 시대 상황(일제 강점기)과 관련지어 작품을 감상하고 있으므로 외재적 관점에 해당한다.

③, ⑤ 시인의 삶과 관련지어 작품을 감상하고 있으므로 외재적 관점에 해당한다.

04 시어의 의미 파악　　　　　답 청포도

화자는 '손님'과 함께 '청포도'를 먹고 싶어 하며, 이를 위해 '은쟁반'과 '모시 수건'을 준비한다. 이때 '청포도'는 풍요와 평화의 이미지가 담겨 있는 시어로, 화자가 꿈꾸는 풍요롭고 아름다운 고향의 삶을 상징한다.

🔧 어휘 확인

1 광복　**2** 요소　**3** 확신　**4** 대비　**5** 경향　**6** 관점

07 일차 · 필수 개념 | 향가 / 고려 가요

🖊 **향가의 특징 찾기** 1. ○   2. 미타찰

필수 개념 ❶ ③

🖊 **개념 적용하기** 감탄사, 죽음, 10

🖊 **고려 가요의 특징 찾기** 1. ○   2. 알리알리 알랑셩 알라리 알라

필수 개념 ❷ ⑤

🖊 **개념 적용하기** 3음보, 후렴구, 청산(자연)

필수 개념 ❶ 향가　　　답 ③

제망매가 | 월명사

작품 해설 이 작품은 죽은 누이를 추모하는 내용의 10구체 향가이다. 〈삼국유사〉에 따르면 월명사가 재를 올리며 이 노래를 불렀더니 갑자기 바람이 불어와 누이를 위한 종이 노잣돈이 서쪽 하늘로 날아갔다고 한다. 이 시가는 단순히 누이와의 이별로 인한 슬픔만을 다루고 있는 것이 아니라 비유를 통해 삶과 죽음의 문제를 그려 내는 등 뛰어난 문학성과 서정성을 지닌 작품으로 평가받고 있다.

주제 죽은 누이에 대한 추모와 이별로 인한 슬픔

📖 작품 꼼꼼 강의

『생사(生死) 길은 　:죽고 사는 것의 갈림길이 가까이 있다는 화자의 생각이 드러남.
예 있으매 머뭇거리고,
이승　　죽음에 대한 화자의 두려움
나는 간다는 말도
누이의 말
못다 이르고 어찌 갑니까.　　▶ 1~4구: 누이의 죽음에 대한 안타까움
세상을 떠난 누이에 대한 안타까움. 영탄적 어조
어느 가을 이른 바람에
　　누이가 젊은 나이에 죽었음을 암시함.
이에 저에 떨어질 잎처럼,
　　죽은 누이
한 가지에 나고
누이와 화자가 같은 부모에게서 태어났음을 비유함.
가는 곳 모르온저.　　▶ 5~8구: 누이의 죽음에서 느끼는 삶의 허무함
　:감탄사-10구체 향가의 특징, 정서 집약　　화자
『아아』, 미타찰(彌陀刹)에서 만날 나
　:재회에 대한 믿음이 나타남. 종교적 힘으로 슬픔을 극복하고자 함.
도(道) 닦아 기다리겠노라.』
　　▶ 9~10구: 이별의 슬픔을 종교적으로 승화함.

향가는 4구체, 8구체, 10구체로 나뉘는데, 이들은 모두 하나의 연으로 되어 있다. 따라서 몇 개의 연으로 나뉘는 분연체의 형식으로 되어 있다는 설명은 적절하지 않다. 분연체는 고려 가요의 형식적 특징이다.

✅ 오답 챙기기

① 향가는 삼국 시대에 시작되어 고려 초까지 창작된 우리 고유의 시가이다.

② 향가의 종류 중 10구체 향가는 낙구(9행, 10행)가 '아아'와 같은 감탄사로 시작된다.

④ 향가는 승려나 귀족이 많이 지었기 때문에 불교적인 색채가 짙은 노래가 많다.

⑤ 향가는 한자의 뜻과 음을 빌려 우리말을 표기하는 방법인 향찰을 사용하여 표기되었다.

필수 개념 ❷ 고려 가요　　　답 ⑤

청산별곡 | 작자 미상

작품 해설 이 작품은 고려 가요 중 문학성이 가장 뛰어나다고 평가받는 시가로, 고려 시대 민중들의 삶의 애환을 다루고 있다. 이상향이자 도피처인 '청산'과 '바다'를 동경하지만, 결국은 술로 시름을 달래는 화자의 모습을 통해 당시 고려 시대 평민들의 삶의 고뇌가 드러난다. 총 8연으로 구성되어 있는데, 연마다 후렴구가 붙어 있고 3음보의 율격과 'ㄹ, ㅇ' 음을 사용하여 뛰어난 음악적 효과를 거두고 있다.

주제 삶의 고달픔과 이상향에 대한 동경

📖 작품 꼼꼼 강의

　　　　:이상향, 현실의 도피처
　　3 ∨ 3 ∨ 2 →3음보, 3·3·2조, aaba 구조
1연 살어리 살어리랏다 청산애 살어리랏다
멀위랑 다래랑 먹고 청산애 살어리랏다
이상향에서의 삶, 소박한 음식
알리알리 알랑셩 알라리 알라
　　:후렴구-운율감 형성, 'ㄹ', 'ㅇ' 사용으로 음악성이 두드러지게 나타남.
　　　　▶ 1연: 청산에서 살고 싶은 마음
　　　:화자와 처지가 같은 대상, 동병상련(同病相憐)
2연 우러라 우러라 새여 자고 니러 우러라 새여
① 우는구나(감탄) ② 울어라(명령)의 두 가지로 해석됨.
널라와 시름 한 나도 자고 니러 우니노라
알리알리 알랑셩 알라리 알라　　▶ 2연: 삶의 비애와 고독

이 고려 가요에는 한자어가 거의 사용되지 않았고, 현학적인 분위기도 드러나지 않는다. 고려 가요는 주로 우리말로 표현되며, 이 시가에는 현실 도피적이고 애상적인 분위기가 나타나 있다.

✅ 오답 챙기기

① '살어리 / 살어리 / 랏다'와 같이 3·3·2조의 3음보 율격이 나타나 있다.

② '알리알리 알랑셩 알라리 알라'와 같이 특별한 의미를 갖지 않고 흥을 돋우는 후렴구가 각 연 끝에 붙어 있다.

③ 고려 가요는 몇 개의 연으로 나누어지는 분연체로 구성되어 있다. 제시된 부분은 두 개의 연으로 구성되어 있는데, 참고로 이 작품은 총 8연으로 되어 있다.

④ 화자는 '청산애 살어리랏다'에서 이상향인 청산에 살고 싶다는 소망을 드러내면서도, '새'에 자신의 감정을 이입하여 삶의 고뇌와 비애를 드러내고 있다.

🔧 꿀단지 고려 가요의 후렴구

고려 가요의 후렴구는 노래의 내용 및 주제와 이질적인 경우가 많다. 그 이유는 고려 가요가 민간에서 불리다가 궁중으로 유입되면서 후렴구가 삽입되었기 때문이다. 즉, 민간에서 불리던 노래가 궁중의 음악으로 채택되어 왕 앞에서 불리면서 노래의 내용과는 관련이 없는 악기의 의성어나 정치적 내용이 후렴구로 추가된 것이다.

07일차 ^{실전} 향가 / 고려 가요

01 ② **02** ① **03** ④

04 운율을 형성한다. 연을 구분한다. 흥을 돋운다.

✎ **개념 적용하기** 고려 가요, 3음보, 이별, 후렴구, 연

🔍 **작품 한눈에** 재회, 의미, 슬픔

01 ~ 04

가시리 | 작자 미상

작품 해설 이 작품은 사랑하는 사람을 떠나보내는 애절한 심정을 민요적인 율격으로 노래한 고려 가요이다. 우리 민족의 보편적인 정서인 '한'을 계승하고 있는 작품으로 이별의 상황을 수동적으로 받아들이는 소극적인 태도가 드러난다. 1연과 2연에서는 이별로 인한 슬픈 마음이 점점 고조되지만 3연에 이르러서는 떠나는 임을 잡지 못하는 소극적인 모습이 나타나며, 4연에서는 임이 돌아오기를 바라는 간절한 마음을 제시하여 시상을 마무리하고 있다.

주제 이별로 인한 슬픔과 재회에 대한 소망

📖 작품 꼼꼼 강의

3음보, 3·3·2조, aaba 구조

1연 가시리 가시리잇고 **나는**
버리고 가시리잇고 **나는**
위 증즐가 대평성대(大平盛代) ▶ 기: 이별에 대한 안타까움

: 특별한 의미가 없이 운율을 맞추기 위한 어음
: 후렴구 – 운율감 형성, 노래 내용과 관계가 없음. 궁중에서 불렸음을 알 수 있음.

2연 날러는 어찌 살라 하고
버리고 가시리잇고 **나는**
시구의 반복
위 증즐가 대평성대(大平盛代) ▶ 승: 떠나는 임에 대한 원망

3연 잡사와 두어리마나는
선하면 아니 올세라
화자가 임을 보내는 이유, 순종적, 체념적 태도
위 증즐가 대평성대(大平盛代) ▶ 전: 감정의 절제와 체념

: 서러움의 주체가 '임'과 '나' 두 가지로 해석됨.
4연 설온 님 보내옵나니 **나는**
화자의 소극적인 태도 : 화자의 소극적, 자기희생적 태도가 나타남.
가시는 듯 돌아오소서 **나는**
재회에 대한 소망
위 증즐가 대평성대(大平盛代) ▶ 결: 임과의 재회에 대한 소망

01 고려 가요의 특징 파악 답 ②

이 작품은 고려 시대에 불렸던 고려 가요이다. 고려 가요는 3음보를 기본으로 하여 3·3·2조의 음수율이 많이 나타난다. 이 작품도 '가시리 / 가시리 / 잇고'에서 3·3·2조의 3음보의 운율이 나타나고 있다.

✔ **오답 챙기기**

① 이 작품은 고려 시대에 창작되었으나, 정확한 창작 시기는 알 수 없으며, 작가가 누구인지도 알 수 없다.

③ 이 작품에는 사랑하는 사람을 떠나보내는 화자의 슬프고 애절한 마음이 잘 나타나 있다.

④ 1연의 '가시리(a) 가시리잇고(a)' '버리고(b) 가시리잇고(a)'에서 a–a–b–a(반복–반복–변화–반복)의 구조가 나타나고 있다.

⑤ '위 증즐가 대평성대(大平盛代)'는 이별의 노래인 이 작품과 어울리지 않는 후렴구로, 이 작품이 궁중의 음악으로 채택되면서 태평성대의 즐거움을 노래한 정치적 내용이 첨가되었다는 것을 보여 준다.

02 화자의 정서 파악 답 ①

이 작품의 1연에는 뜻밖의 이별로 인한 안타까움과 제발 가지 말라는 애원의 정서가 나타나 있으며, 2연에는 나를 버린 임에 대한 원망의 정서가 나타나 있다. 그리고 3연에는 떠나는 임을 잡지 않고 보내 주는 체념의 정서가 나타나 있으며, 4연에는 떠난 임이 바로 돌아오기를 바라는 간절한 소망이 나타난다. 따라서 시적 화자의 정서는 '애원 → 원망 → 체념 → 소망' 순으로 변화하고 있다고 할 수 있다.

03 다른 작품과 비교하여 감상하기 답 ④

3연에서 화자는 '선하면 아니 올세라'라고 하면서 임을 잡지 않고 이별의 상황을 받아들이는 모습을 보이고 있으며, 〈보기〉의 화자 또한 이별의 상황을 수용하고 슬픔을 인내하겠다는 태도를 보이고 있다. 따라서 두 화자 모두 이별의 상황을 결국 받아들이고 있다고 볼 수 있다.

✔ **오답 챙기기**

① 이 작품과 〈보기〉의 화자는 모두 이별의 상황으로 인해 슬퍼하고 있으며, 이별의 아픔을 완전히 극복하고 있지 않다.

② 이 작품에서 화자가 이별의 이유를 제시한 부분은 드러나 있지 않다. 반면 〈보기〉는 '나 보기가 역겨워'에서 이별의 이유가 나타난다고 볼 수 있다.

③ 〈보기〉의 화자는 이별의 상황을 받아들이고 있으며, 임이 반드시 돌아올 것이라 믿고 있지 않다. 이 작품의 화자 또한 임이 돌아오기를 바라고 있으나, 반드시 그럴 것이라고 믿고 있지는 않다.

⑤ 이 작품과 〈보기〉의 화자는 모두 이별을 받아들이는 소극적이고 순종적인 태도를 보이고 있으며, 이별의 상황을 적극적으로 거부하고 있지 않다.

04 후렴구의 기능 파악 답 운율을 형성한다. 연을 구분한다. 흥을 돋운다.

후렴구 '위 증즐가 대평성대(大平盛代)'는 각 연을 구분해 주면서 반복적으로 나타나므로 운율감을 형성한다. 또한 궁중에서 불리면서 음악적 흥취를 고조시키는 역할도 한다.

🔖 어휘 확인

1 ㉠	2 ㉢	3 ㉡	4 ㉣	5 ㉤
6 ㉥	7 ㉠	8 ㉣	9 ㉡	10 ㉢
11 수용	12 생사	13 극락	14 창제	15 애원

08 일차 | 필수 개념 | 평시조 / 연시조 / 사설시조

🔖 **평시조의 특징 찾기** 1. ○   2. 3음절

[필수 개념 ❶] ③

✏️ **개념 적용하기** 4, 3

🔖 **사설시조의 특징 찾기** 1. ○   2. 두꺼비

[필수 개념 ❷] ④

✏️ **개념 적용하기** 모처라, 평민(서민)

[필수 개념 ❶] 평시조

답 ③

까마귀 눈비 맞아 ~ | 박팽년

작품 해설 이 시조는 충신과 간신을 구분하기 어려운 세상이지만, 자신의 충절은 밝게 빛나는 달처럼 언제나 한결같다고 하면서 단종에 대한 충심을 분명하게 드러낸 작품이다. '까마귀'와 '야광명월'을 대조적으로 제시하여 간신과 충신의 이미지를 나타냄으로써 임금을 향한 변치 않는 충정과 절개를 강조하였다.

주제 변하지 않는 충정과 절개

📋 **작품 꼼꼼 강의**

🟦 : 부정적 존재   🟨 : 긍정적 존재

[초장] **까마귀** 눈비 맞아 희는 듯 검노매라
　　　　혼란스러운 시대 상황　　　▶ 흰 듯 보이지만 검은 까마귀
　　　대조

[중장] **야광명월(夜光明月)**이 밤인들 어두우랴
　변함없는 충정과 절개를 상징함. 충신　　설의법. 의미 강조
　　　　　　　　　▶ 밤에도 밝게 빛나는 야광명월

[종장] 임 향한 일편단심(一片丹心)이야 변할 줄이 있으랴
　임금(단종)　 변함 없는 마음. 주제　　　설의법. 의미 강조
　　　　　　　　　　　　▶ 임을 향한 일편단심

시조는 고려 말이나 조선 초기에는 주로 사대부들이나 기녀들에 의해 창작되었다. 그리고 조선 후기에는 작가층이 전 계층으로 확대되었다. 따라서 시조의 창작 계층이 사대부 계층으로 제한되어 있다는 설명은 적절하지 않다.

✅ **오답 챙기기**

① 시조는 3장 6구 45자 내외의 형식을 지닌 우리 고유의 정형시이다.

② 시조는 각 장이 네 마디로 끊어 읽히는 4음보의 율격을 지닌다.

④ 시조에서 종장의 첫 음보는 반드시 3음절로 이루어져야 한다. 이 시조 또한 종장의 첫 음보가 '임 향한'으로, 3음절로 고정되어 있다.

⑤ 시조는 고려 시대 때 창작되기 시작하여 지금까지도 창작되고 있는 우리 고유의 정형시이다.

🍯 **꿀단지** 음보율

음보는 시를 읽을 때, 한 호흡으로 끊어 읽는 단위로, 운율을 이루는 기본 단위이다. 고전 시가와 같은 정형시에서 음보를 규칙적으로 반복하면 운율이 생기는데, 이것을 음보율이라고 한다. 고전 시가는 대체로 3음절이나 4음절이 한 음보를 이루며, 3음보와 4음보가 많다. 고려 가요나 민요는 3음보의 운율을, 시조는 4음보의 운율을 지닌다.

[필수 개념 ❷] 연시조와 사설시조

답 ④

두꺼비 파리를 물고 ~ | 작자 미상

작품 해설 이 시조는 인간 사회의 권력관계를 파리, 두꺼비, 백송골에 비유하여 풍자하고 있다. 파리는 피지배층인 일반 백성을, 두꺼비는 탐관오리(지방 관리)를, 백송골은 중앙 관리를 의미한다. 두꺼비가 파리를 물고 가다가 백송골을 보고 놀라 자빠지고, 겁 많은 자신의 모습을 감추기 위해 허세를 부리는 모습을 우스꽝스럽게 묘사하여 힘없는 백성들을 괴롭히는 탐관오리의 비굴한 모습을 익살스럽게 풍자하고 있다.

주제 탐관오리의 횡포와 허세 풍자

📋 **작품 꼼꼼 강의**

🟦 : 탐관오리(지방 관리)

[초장] **두꺼비** 파리를 물고 두엄 위에 치달아 앉자
　　　　힘없는 백성　　　　　　　▶ 파리를 문 두꺼비

[중장] **건넛산** 바라보니 백송골이 떠 있거늘 가슴이 섬뜩하여
　　중앙 관리　　　　 : 약자에게 강하고 강자에게 약한
　　풀떡 뛰어 내닫다가 두엄 아래 자빠지고,　 모습을 풍자함.
　　두꺼비를 희화화함.　　▶ 백송골을 보고 자빠지는 두꺼비

[종장] 모처라 날랜 나일망정 어혈 질 뻔하여라.
　두꺼비의 자화자찬(自畵自讚), 허장성세(虛張聲勢)
　　　　　　　　　　　▶ 허세를 부리는 두꺼비

이 시조는 두꺼비가 파리를 물고 가다가 백송골을 보고 깜짝 놀라 도망치다가 넘어지는 모습과 허세를 부리는 모습을 우스꽝스럽게 묘사하여 탐관오리들이 힘없는 백성들을 괴롭히는 부정적인 세태를 풍자한 사설시조이다.

✅ **오답 챙기기**

① 이 시조는 '두꺼비', '파리' 등의 자연물에 빗대어 인간 사회의 부정적인 모습을 풍자하며 비판하고 있다.

② 평시조가 2수 이상 모여 연을 이룬 시조는 연시조이다. 이 시조는 평시조의 형태에서 초장이나 중장의 길이가 10글자 이상 길어진 사설시조이다.

③ 이 시조에는 유교적 삶의 이상적인 모습이 나타나 있지 않다. 사설시조는 현실을 풍자하거나 서민들의 생활 감정을 사실적으로 표현한 작품들이 많았다. 사설시조보다 평시조나 연시조에서 유교적으로 이상적인 삶의 모습을 다룬 작품들이 많이 나타난다.

⑤ 사설시조는 평시조의 형태에서 초장이나 중장의 길이가 10글자 이상 늘어난 형태이다.

08 일차 실전 | 평시조 / 연시조 / 사설시조

01 ⑤　　　**02** ②　　　**03** ⑤

04 노인 공경

개념 적용하기 연시조, 평시조, 3

작품 한눈에 청유형, 윤리(덕목)

01 ~ 04

훈민가 | 정철

작품 해설 이 시조는 작가가 강원도 관찰사로 지내던 중 백성들에게 유교적 윤리를 깨우치기 위해 지은 총 16수의 연시조로, 삼강오륜의 유교적 윤리를 담고 있다. 작가는 쉽고 정감 있는 언어를 주로 사용하고, 청유형과 명령형 표현을 내용에 따라 적절하게 사용하여 백성들을 교화하려는 목적을 효과적으로 달성하고 있다. 이 시조는 연시조의 형식을 취하고 있으나, 각 수가 독립된 내용을 담고 있으며, 계몽적인 내용을 담은 다른 작품들에 비해 설득력이 높은 작품으로 평가받고 있다.

주제 유교적 윤리의 실천을 권유함.

📖 작품 꼼꼼 강의

　　　　　　　　　　　　　　■:명령형 어조　■:청유형 어조

제4수 어버이 사라실 제 섬길 일란 **다하여라**
　　　　　　　　　　　　　　　　　효도
지나간 후면 애닯다 어찌하리
　　　부모님이 돌아가셨을 때의 후회
평생에 고쳐 못할 일이 이뿐인가 하노라
　　　　　　　　　　효도　▶ 부모에게 효도할 것을 권유함.

제8수 마을 사람들아 옳은 일 **하쟈스라**

사람이 되어나서 옳지 못하면

마소를 갓 고깔 씌워 밥 먹이나 다르랴
옳지 못한 일을 하는 사람을 짐승에 비유함.　설의법, 내용 강조
　　　　　　　　　▶ 올바른 행동을 할 것을 권유함.

제13수 오늘도 다 새거다 호미 메고 **가쟈스라**
　　　날이 밝음. 성실함의 태도 강조
내 논 다 매거든 네 논 좀 매어 주마
　　　　　상부상조의 태도
올 길에 뽕 따다가 누에 먹여 **보쟈스라**
　　　　성실함의 태도 강조
　　　▶ 농사일을 성실히 할 것과 상부상조할 것을 권유함.

제14수 비록 못 입어도 남의 옷을 **앗지 마라**　┌대구법

비록 못 먹어도 남의 밥을 **비지 마라**　┘

한적곳 때 실은 후면 고쳐 씻기 어려우리
　　　죄　　　▶ 남의 물건을 빼앗거나 동냥하지 말 것을 권유함.

제16수 이고 진 저 늙은이 짐 풀어 나를 주오
　　　　　　노인을 공경하는 모습
나는 젊었거니 돌이라 무거울까
　　　　　　　　설의법, 의미 강조
늙기도 설워라커든 짐을 조차 지실까
　　　　　　　　설의법, 의미 강조
　　　　　　　▶ 노인을 공경할 것을 권유함.

01 연시조의 특징 파악　　답 ⑤

이 시조는 여러 개의 평시조를 하나로 연결한 연시조이다. 따라서 사설시조와 같이 초장이나 중장의 길이가 길어지지 않고 각 수는 평시조의 형식을 지키고 있다.

오답 챙기기

① 시조는 3·4조 또는 4·4조의 4음보의 율격을 지닌다. 이 시조도 '어버이 / 사라실 제 / 섬길 일란 / 다하여라'와 같이 4음보의 정형적 율격이 나타나 있다.

② 연시조의 각 수는 평시조의 형식을 그대로 따르며, 각 수의 종장의 첫 음보는 3음절로 고정되어 있다.

③ 이 시조는 여러 개의 평시조가 모여 한 편의 작품을 이루고 있는 연시조이다.

④ 모든 시조는 초장·중장·종장의 3장 형식을 지닌다.

02 화자의 태도 파악　　답 ②

이 시조의 화자는 청유형, 명령형 어조를 사용하여 '부모님에 대한 효도', '올바른 행동의 실천', '농사일의 성실함', '노인 공경' 등의 윤리적 덕목들을 실천할 것을 권유하고 있다.

오답 챙기기

① 이 시조에서 이상적 세계를 동경하는 모습이 나타난 부분은 찾을 수 없다.

③ 이 시조에서 사랑하는 대상에 대한 그리움이 나타난 부분은 찾을 수 없다.

④ 이 시조에서 웃음으로 고통을 극복하려는 태도가 나타난 부분은 찾을 수 없다.

⑤ 이 시조에서 자연을 통해 인간이 본받아야 할 교훈을 드러낸 부분은 찾을 수 없다.

03 표현 방법의 파악　　답 ⑤

ⓜ은 대구적 표현이 아니라 설의적 표현이 나타난 부분으로, 늙은이에게 짐을 지지 말라고 말하면서 노인 공경의 의도를 강조하고 있다. 서로 돕는 것의 중요성을 드러낸 부분은 〈제13수〉의 중장이다.

오답 챙기기

① 명령형 어미 '-라'를 사용하여 부모에게 효도할 것을 강조하고 있다.

② 설의적 표현 '다르랴'를 통해 옳은 일을 하는 것의 중요성을 부각하고 있다.

③ 청유형 어미 '-쟈스라'를 사용하여 농사일에 성실할 것을 권유하고 있다.

④ 도리에 벗어난 행동(죄)을 '때'에 비유하여 잘못에 빠지지 말 것을 깨우치고 있다.

04 작품의 내용 파악　　답 노인 공경

〈제16수〉에서 화자는 짐을 머리에 인 늙은이에게 그 짐이 무거우니 자신에게 달라고 하면서 노인에 대한 공경의 마음(경로사상)을 드러내고 있다.

🔬 어휘 확인　　본문 063쪽

1 세태　**2** 덕목　**3** 공경　**4** 권유　**5** 교화

Ⅱ 소설

09 일차 인물에 대한 서술자의 태도 / 편집자적 논평

인물에 대한 서술자의 태도 파악하기 1. 그이   2. 긍정적으로

필수 개념 ❶ ③

개념 적용하기 나, 그이, 긍정적

편집자적 논평 찾기 1. ○ 2. ○

필수 개념 ❷ ①

개념 적용하기 편집자적 논평

필수 개념 ❶ 인물에 대한 서술자의 태도 답 ③

길모퉁이에서 만난 사람 | 양귀자

작품 해설 이 소설은 우리 주변에서 흔히 볼 수 있는 사람들을 세밀하게 관찰하여 긍정적으로 제시하고 있다. 김밥을 마는 아줌마와 트럭으로 야채 행상을 하는 아저씨, 젊은 직장인 등 평범한 사람들의 소소한 이야기를 나열하고 있는 작품으로, 인간에 대한 따스한 애정과 연민의 시선이 잘 드러나 있다. 일반적인 소설과 달리 등장인물 사이에 뚜렷한 갈등은 드러나지 않는 것이 특징적이다.

주제 평범한 이웃들의 삶에 대한 심미적 성찰

전체 줄거리

> **우선 그 첫 번째 예술가** 담백하고 구수한 맛이 환상적인 김밥을 만드는 김밥 아줌마는 오직 김밥을 마는 일에 최선을 다한다. 심지어 김밥을 말 때 누가 보고만 있어도 화를 낸다. 그만큼 최선을 다하기에 그이의 김밥은 '작품'이다.

> **그 두 번째 예술가** 빵떡모자 아저씨는 일 년 내내 거의 빠짐없이 하루에 두 차례씩 주홍 트럭을 몰고 와 야채를 판다. 그는 최고의 품질만을 고집하고 자신이 파는 물건에 대한 자부심이 엄청나다. 그렇기 때문에 그는 최고의 가치만을 추구하는 예술가이다.

> **긴데요, 의 김대호 씨** 직장인 김대호 씨는 키도 크고 팔다리도 길다. 그리고 말과 행동이 느리다. 그렇지만 낙천적이고 누구나 편안하게 만들어 주는 성품을 지니고 있다. 게다가 느린 만큼 일 처리가 정확하다. 정신없이 바쁜 세상에 이런 사람이 존재하는 것만으로도 행복한 일이다.

☑ 작품 꼼꼼 강의

[앞부분의 줄거리] '나'는 북한산 자락에 둘러싸인, 예술가들을 많이 만날 수 있는 동네에 살고 있다. '나'는 자신에게 감동을 준 두 명의 예술가들을 소개하고자 한다.

우선 그 첫 번째 예술가

그이는 늘 흰 가운을 입고 있다. 그리고 여자이다. 이렇게 말하면 여류 조각가를 상상할지도 모르겠다. 아니, 그 짐작이 맞을지도 모른다. 그이가 빚어내는 작품도 일종의 조각이

라면 조각일 수도 있다.

그이는 매일 아침 9시에 일터로 나와서 다시 저녁 9시가 되면 가운을 벗고 집으로 돌아간다. 일터에서의 그이는 다소 무뚝뚝하고 뻣뻣하다. 남하고 싱거운 소리를 나누는 일도 거의 없다. 잘 웃지도 않는다. 오히려 늘 화를 내고 있는 것처럼 보이기도 한다.

그런 얼굴로 그이는 늘 일을 하고 있다. 그이가 만드는 작품은 불티나게 팔리고 있으므로 하기야 쉴 틈도 많지 않다. 묵묵히 일만 하고 있는 그이를 우리는 '김밥 아줌마'라고 부른다. 따라서 그이가 만드는 작품은 자연히 김밥이라는 이름을 가지고 있다. 하지만 그이의 김밥은 보통의 김밥과는 아주 다르다. 언제 먹어도 그이만이 낼 수 있는 담백하고 구수한 맛이 사람을 끌어당긴다. 그이의 김밥은 절대 맛을 속이지 않는다.

김밥 아줌마는 작품을 만들 때 사람들이 보고 있으면 막 화를 낸다. 누군가 쳐다보면 마음이 흔들려서 실패작만 나온다는 것이다. 김밥을 말고 있을 때는 누가 무슨 말을 해도 들은 척을 하지 않는다. 한 번 더 말을 시키면 여지없이 성질을 내며 일손을 놓아 버린다. 그이는 파는 일엔 전혀 관심이 없고 오직 김밥을 만드는 그 행위에만 몰두해 있는 사람처럼 보인다.

언젠가 나도 무심히 김밥 마는 것을 구경하고 있다가 당했다. 쳐다보고 있으니까 김밥 옆구리가 터지는 실수를 다 한다고 신경질을 내는 그이가 무서워서 주문한 김밥을 싸는 동안 멀찌감치 떨어져 있었다. 그러나 집에 돌아와서 먹어 본 김밥은 그이에게 당한 것쯤이야 까맣게 잊어버리고도 남을 만큼 그 맛이 환상적이었다. 그 김밥은 돈 몇 푼의 이익을 위해 말아진 그런 김밥이 아니었다. 나는 그래서 그이의 김밥을 서슴지 않고 '작품'이라 부른다.

'그이가 만드는 작품은 불티나게 팔리고 있으므로 하기야 쉴 틈도 많지 않다.'에서, '그이'가 만든 김밥이 잘 팔리고 있음을 알 수 있다. 따라서 '그이'가 김밥을 제대로 팔지 못하는 상황을 안타깝게 여긴다는 것은 적절하지 않다.

✔ 오답 챙기기

① '그이의 김밥은 절대 맛을 속이지 않는다.'에서 확인할 수 있다.

② "집에 돌아와서 먹어 본 김밥은 ~ 그이의 김밥을 서슴지 않고 '작품'이라 부른다."에서 확인할 수 있다.

④ '그이는 파는 일엔 전혀 관심이 없고 오직 김밥을 만드는 그 행위에만

몰두해 있는 사람처럼 보인다.'에서 '그이'가 김밥 만들기에 온 정신을 쏟는다는 것을 알 수 있다. 서술자는 이런 '그이'의 행동을 자신의 일에 최선을 다하는 태도라며 긍정적으로 여기고 있다.

⑤ '아니, 그 짐작이 맞을지도 모른다. 그이가 빚어내는 작품도 일종의 조각이라면 조각일 수도 있다.'에서 확인할 수 있다.

필수 개념 ❷ 편집자적 논평   답 ①

춘향전 | 작자 미상

작품 해설 이 작품은 판소리로 불리다가 고전 소설로 정착된 판소리계 소설로, 100여 종이 넘는 이본이 존재한다. 표면적으로는 기생의 딸 성춘향과 양반가 자제인 이몽룡의 신분을 뛰어넘는 사랑을 다루고 있지만, 이면적으로는 탐관오리에 대한 비판과 신분적 제약을 벗어나고자 하는 인간 해방의 소망을 담고 있다. 따라서 낭만적인 사랑 이야기라기보다는 신분에 따른 사회적 제약을 극복하고자 하는 당시 민중들의 의식이 반영된 이야기라고 할 수 있다.

주제 [표면적] 춘향과 몽룡의 신분을 초월한 사랑
[이면적] 신분 상승에 대한 욕망, 탐관오리에 대한 비판

전체 줄거리

발단 남원 부사의 아들 이몽룡과 퇴기 월매의 딸 성춘향이 사랑에 빠져 백년가약을 맺는다.

전개 이몽룡의 부친이 한양(서울)으로 옮겨 가면서 몽룡과 춘향이 이별을 하게 된다. 춘향은 기생 신분이라서 남원을 벗어날 수 없기 때문이다.

위기 남원 부사로 부임한 변학도는 춘향에게 수청을 강요하고, 이를 거부한 춘향은 모진 매를 맞은 뒤 옥에 갇힌다.

절정 장원 급제하여 암행어사가 된 이몽룡이 변학도의 생일날 어사 출두를 하여 변학도를 파직하고 춘향을 구한다.

결말 춘향 모녀와 함께 한양으로 간 이몽룡은 춘향을 정실부인으로 맞아 행복하게 산다.

> **▣ 작품 꼼꼼 강의**
>
> **절정** "저 계집은 무슨 죄를 지었는가?" (춘향)
>
> 형리가 아뢰기를,
>
> "기생 월매의 딸인데 본관 사또에게 수청을 들라고 하였는데, 절개를 지킨다면서 수청을 들지 않고 사또에게 험악한 말을 하여 옥에 갇힌 춘향이로소이다." (변학도의 요구 / 변학도)
> (사랑의 성취와 신분 상승을 위한 시련의 공간)
>
> 어사또 분부하되, (이몽룡)
>
> "너같이 미천한 인간이 수절한다고 나라의 관리를 욕보였(춘향의 신분은 기생임.)으니 살기를 바라겠느냐?『죽어 마땅하지만, 내 수청을 들면 살려 주마.』" (표면적 주제 – 남성 중심의 유교적 가치관) (『 』: 춘향의 마음을 떠봄. → 춘향의 정절을 강조하는 효과)
>
> 춘향이 기가 막혀,
>
> "내려오는 사또마다 빠짐없이 명관이로구나! 어사또 들으시오.『층층이 높은 절벽 높은 바위가 바람이 분들 무너지(반어적 표현, 냉소적 어조) (춘향의 절개 ①)

며, 푸른 솔 푸른 대나무 눈이 온들 변하리까, 그런 말 마옵시고 그냥 나를 죽이시오.』" (춘향의 절개 ②) (『 』: 설의법, 대구법, 은유법, 4·4조)

하면서 향단이에게,

"향단아, 서방님 혹시 어디 계신가 살펴보아라. 어젯밤 옥에 오셨을 때 간절히 당부했는데 어디를 가셨는지, 나 죽는 줄도 모르는가?" (자신의 시신을 거두어 달라는 부탁 / 원망, 서운함)
▶ 어사또의 시험에 곧은 절개를 다짐하는 춘향

어사또 다시 분부하되,

"얼굴을 들어 나를 보라." (극적 반전, 갈등 해소)

하시니, 춘향이 고개를 들어 어사또를 살펴보니 어젯밤에 거지꼴로 찾아왔던 낭군, 어사또로 뚜렷이 앉아 있구나. (암행어사의 신분을 숨기기 위해 거지꼴로 변장함.) 웃음 반 울음 반으로 (기쁨 + 그동안의 서러움)

"얼씨구나 좋을씨고, 어사 낭군 좋을씨고. 남원 읍내 가을 들어 죽을 지경 되었더니, 객사에 봄이 들어 봄바람에 핀 오얏꽃이 날 살린다. 꿈이냐 생시냐, 꿈을 깰까 염려로다." (① 시련의 계절 ② 변학도의 횡포 / ① 봄바람 ② 이몽룡[성이 이(李)씨임])

결말 『한참 이리 즐거워할 적에 춘향 모 뒤늦게 달려와 끝없이 즐거워하는 말을 어찌 말로 설명하랴. 춘향의 높은 절개가 빛을 보게 되었으니 어찌 아니 좋을쏜가?』 (『 』: 편집자적 논평, 설의법 / 춘향의 절개에 대한 예찬)
▶ 몽룡과의 재회를 기뻐하는 춘향

어사또 남원의 일을 마무리하고 춘향 모녀와 향단이를 서울로 데려갈 때, 위엄과 차림새가 빛이 나니 세상 사람들이 누가 아니 칭찬하랴. 춘향이 남원을 떠날 때, 비록 귀한 신분 되었건만 고향을 이별해야 하니 한편으로는 기쁘고 한편으로는 슬프지 아니하랴. (편집자적 논평, 설의법 / 춘향의 신분 상승 / 편집자적 논평, 설의법, 일희일비(一喜一悲))
▶ 귀한 신분이 되어 남원을 떠나는 춘향

㉠은 춘향의 입장에서, 어사또가 어젯밤 자신을 찾아왔던 이몽룡임을 확인하는 상황을 전지적 작가 시점에서 서술하고 있는 것이다. 여기에는 서술자의 주관적 평가가 제시되어 있지 않다. 이러한 ㉠을 제외한 나머지는 모두 서술자가 작중 상황에 대한 자신의 생각이나 주관적 평가를 제시하고 있는 부분이다.

◉ 오답 챙기기

②, ③ 춘향이 죽을 위기에서 벗어나 어사또(이몽룡)와 재회하는 모습을 보고 춘향 모가 좋아하는 상황에 대한 서술자의 주관적 평가가 나타나 있다.

④ 어사또(이몽룡)가 춘향 모녀와 향단이를 서울로 데리고 가는 상황에 대한 서술자의 주관적 평가가 나타나 있다.

⑤ 귀한 신분이 되었지만 고향을 떠나야 하는 춘향이의 마음을 서술자가 짐작하여 논평하고 있다.

🍯 꿀단지 편집자적 논평 찾는 방법

전지적 작가 시점의 소설에서 해당 부분을 삭제해도 내용 전개가 자연스럽고, 등장인물의 감정이 아니며, '~보소'와 같이 독자에게 말을 건네거나, '–이로다' 또는 '–리오', '–이로구나', '–하랴'와 같이 영탄적, 설의적 표현으로 서술되어 있다면 편집자적 논평일 확률이 높다.

09 일차 (실전) 인물에 대한 서술자의 태도 / 편집자적 논평

01 ②　　**02** ③　　**03** ④

04 비단잉어　　**05** ③　　**06** ⑤　　**07** ③

08 ㉠ 전, ㉡ 유자

📝 **개념 적용하기** 긍정적, 부정적, 편집자적 논평, 주관적

🔍 **작품 한눈에** 비단잉어, 허영심, 전, 사실성, 비판

01 ~ 04

유자소전 | 이문구

작품 해설 이 소설은 작가가 실존 인물인 유재필을 주인공 '유자'로 설정하여, 그의 삶의 모습을 전의 양식을 빌려 형상화한 작품이다. 능청스럽지만 올곧은 성품을 지닌 유자는 항상 사람을 중시하는 자세를 보인다. 이와 달리 그가 근무한 회사의 총수는 물질적인 가치관에 젖어 사람의 가치를 무시한다. 유자는 그런 총수를 조롱하며 야유하다가 한직으로 밀려난다. 그렇지만 유자는 그곳에서도 사람의 가치를 존중하는 태도를 보이며 맡은 일에 최선을 다한다. 작가는 이런 유자의 삶을 해학적으로 제시하면서도 최고의 찬사를 보내며 존경심을 드러낸다.

주제 유자의 인격적 됨됨이와 물질 만능주의에 빠진 현대 사회 비판

전체 줄거리

(발단) 유재필은 어려서부터 타고난 총기와 넉살, 입담을 갖춰 학교의 명물로 이름을 날렸다. 그는 심성이 깔끔하고 생각이 깊으며, 잘났다고 으스대는 자를 싫어했다. 항상 어려운 사람을 먼저 위하기에 '나'는 그를 '유자'라고 부른다.

(전개) 유자는 중학교 졸업 후 전파사에서 익힌 확성기 배선 요령 덕에 자유당 말기 야당 정치인의 일을 돕다가 5·16을 맞아 군에 입대한다. 군대에서 그는 다른 사람들의 사주를 봐주며 도사로 통했다.

(위기) 군대에서 운전 기술을 익힌 유자는 서울로 상경하여 남들이 부러워하는 그룹 총수의 승용차 운전기사가 된다. 그러나 총수의 위선적인 모습에 실망하였고, 작은 실수 때문에 회사의 노선 상무로 좌천된다.

(절정) 회사의 교통사고 처리 업무를 맡은 유자는 자신의 돈을 쓰면서까지 피해자와 가해자 모두에게 도움을 주고자 노력하며 맡은 일에 최선을 다한다.

(결말) 일생의 마지막 무렵 종합 병원의 원무 실장이 된 유자는 민주화 운동을 하다가 다친 사람들을 도운 일로 사표를 낸다. 이후 암에 걸려 세상을 떠난다. '나'와 주변 사람들은 유자를 진심으로 기린다.

🖥 작품 꼼꼼 강의

(위기) 비단잉어들은 화려하고 귀티 나는 맵시로 보는 사람마다
　　（총수의 사치와 허영을 상징하는 소재）
탄성을 자아내게 하였으나, 그는 처음부터 흘기눈을 떴다. 비
　　（비싼 비단잉어를 못마땅하게 여김.）
행기를 타고 온 수입 고기라서가 아니었다. 그 회사 직원의 몇
　　（유자가 비단잉어를 못마땅해한 이유）
사람 치 월급을 합쳐도 못 미치는 상식 밖의 몸값 때문이었다.

"대관절 월매짜리 고기간디 그려?" / 내가 물어보았다.
　　（사투리 사용 – 현장감, 사실성）　（서술자–1인칭 관찰자 시점(부
"마리당 팔십만 원씩 주구 가져왔다."
　분적으로 전지적 작가 시점)）
그 회사 직원들의 봉급 수준을 모르기에 내 월급으로 계산

을 해 보니, 자그마치 3년 4개월 동안이나 봉투째로 쌓아야
　　（서민들의 삶과 동떨어진 상류층의 사치스러운 생활을 비판적으로 드러냄.）
겨우 한 마리 만져 볼까 말까 한 값이었다.

"웬 늠으 잉어가 사람버덤 비싸다냐?"

내가 기가 막혀 두런거렸더니,
　　（서술자인 '나'가 유자에게 들은 이야기를 독자에게 전달하는 구성임.）
"보통 것은 아닐러먼그려. 뱉어낸메네또(베토벤)라나 뭬라
　　（발음의 유사성을 이용한 언어유희 ①）
나를 틀어 주면 그 가락대루 따러서 허구, 차에코풀구싶어
　　（발음의 유사성을 이용한 언어유희 ②）
(차이콥스키)라나 뭬라나를 틀어 주면 또 그 가락대루 따러
서 허구, 좌우간 곡을 틀어 주는 대루 못 추는 춤이 읎는 순
전 딴따라 고기닝께. 물고기두 꼬랑지 흔들어서 먹구 사는
　　（비속어 사용 → 웃음 유발, 풍자）　（비단잉어에 대한 거부감）
물고기가 있다는 건 이번에 그 집에서 츰 봤구먼."
　　▶ 비단잉어에 대해 불편한 심기를 드러내는 유자

그런데 이 비단잉어들이 어제 새벽에 떼죽음을 한 거였다.
　　（중심 사건）
자고 일어나 보니 죄다 허옇게 뒤집어진 채로 떠 있는 것이었다.

총수가 실내화를 꿴 발로 뛰어나왔지만 아무 소용없는 일
　（부정적 인물）　　　　（몹시 놀람.）
이었다. / "어떻게 된 거야?"

한동안 넋 나간 듯이 서 있던 총수가 하고많은 사람 중에
　　（유자를 비롯하여 총수네 집에서 기거하며 총수 일가를 보조하는 사람들이 많음.）
하필이면 유자를 겨냥하며 물은 말이었다.

"글쎄유, 아마 밤새에 고뿔이 들었던 개비네유."
　　（물고기가 감기 들어 죽었다고 엉뚱한 대답을 함. → 웃음 유발）
유자는 부러 딴청을 하였다.
　　（비싼 물고기를 수입한 총수의 행동이 못마땅했기 때문에）
"뭐야? 물고기가 물에서 감기 들어 죽는 물고기두 봤어?"

총수는 그가 마치 혐의자나 되는 것처럼 화풀이를 하려 드
　　（관련 속담 – '종로에서 뺨맞고 한강에서 눈 흘긴다'）
는 것이었다.

그는 비위가 상해서,

"그야 팔자가 사나서 이런 후진국에 시집와 살라니께 여
　　（비단잉어를 키우는 것이 당시 우리나라 실정에 어울리지 않는 행위임을 비꼼.）
러 가지루다 객고가 쌓여서 조수가 안 좋았을 테구⋯⋯.
그런 디다가 부룻쓰구 지루박이구 가락을 트는 대루 디립
　　（당시 유행하던 춤가락）
다 춰 댔으니께 과로해서 몸살끼두 다소 있었을 테구⋯⋯.
본래 받들어서 키우는 새끼덜일수록이 다다 탈이 많은 법
　　（상류층의 삶의 방식에 대한 간접적 비판）
이니께⋯⋯." (총수의 사치와 허영을 해학적으로 비꼬며 풍자함.)

그는 시멘트의 독성을 충분히 우려내지 않고 고기를 넣은
　　（비단잉어들이 떼죽음을 당한 실제 이유）
것이 탈이었으려니 하면서도 부러 배참으로 의뭉을 떨었다.
　　（비단잉어들이 죽은 이유를 말하지 않음. → 총수의 행동에 대한 거부감）
"하는 말마다 저 말 같잖은 소리⋯⋯. 시끄러 이 사람아."

총수는 말 가운데 어디가 어떻게 듣기 싫었는지 자기 성질
　　（유자가 물고기의 죽음을 두고 총수의 허영과 사치를 비꼬자 총수의 기분이 상함.）
을 못 이기며 돌아섰다.
　　▶ 비단잉어가 죽은 이유를 알면서도 의뭉을 떠는 유자

01 서술상 특징 파악　　답 ②

이 글에서는 '나'라는 서술자가 작품 속에 등장하고 있으므로 서술자가 작품 밖에 있다는 설명은 적절하지 않다. 이 글은 작품 안에 있는 서술자 '나'가 주인공인 '유자'의 행적을 전달하고 있는 1인칭 관찰자 시점을 취하고 있다. 한편, 이 글에서는 부분적으로 3인칭 시점에 해당하는 전지적 작가 시점이 드러나기도 하지만, 전지적 작가 시점의 서술자는 사건을 객관적으로 전달하지 않는다.

① 서술자인 '나'와 주인공인 '유자'는 충청 지역의 사투리를 사용하고 있다. 일반적으로 사투리의 사용은 인물이나 작중 상황의 현장감과 사실성을 높이는 효과가 있다.
③ '뱉어낸메네또(베토벤)'와 '차에코풀구싶어(차이콥스키)'에서 발음의 유사성을 활용한 우스꽝스러운 표현을 사용하여 웃음을 유발하고 있다. 한편, '딴따라 고기'라는 표현도 웃음을 유발한다.
④ 비단잉어라는 상징적 소재를 활용하여 사치스럽고 허영심이 있는 총수의 성격을 보여 주고 있다. 동시에 그런 총수의 행동을 부정적으로 보는 '유자'의 심리와 물질적인 것에 가치를 두지 않는 '유자'의 성격을 드러내고 있다.
⑤ 비싼 비단잉어들이 떼죽음을 당한 사건의 원인을 두고 총수와 '유자' 간에 이루어진 대화를 통해 두 사람 사이의 갈등을 보여 주고 있다.

02 서술자의 태도 파악
답 ③

'유자'는 총수가 수입한 비싼 비단잉어들을 흘겨보고, 그 비단잉어들이 죽은 이유를 알고 있지만, 일부러 엉뚱한 소리를 해서 총수를 화나게 만든다. 서술자인 '나'는 이런 '유자'의 말과 행동을 제시함으로써 총수의 사치와 허영심을 비판하고 있다.

① '유자'가 맡은 일을 제대로 하지 못하였다는 점은 확인할 수 없다. 비단잉어들이 죽은 이유는 시멘트의 독성 때문이지 '유자'의 임무와는 관련이 없다.
② 서술자가 총수를 우호적으로 여기는 표현은 찾아볼 수 없으며, 총수는 비단잉어들의 죽음으로 인한 화풀이를 애꿎은 '유자'에게 하고 있으므로 '유자'의 친구인 서술자가 총수를 우호적으로 여길 이유가 없다.
④ 서술자가 총수를 긍정적으로 여기고 있음을 짐작할 수 있는 내용은 찾아볼 수 없다. 총수에 대한 부정적 태도만 드러날 뿐이다.
⑤ 서술자는 총수가 수입해 온 비단잉어의 값에 놀라고 있을 뿐이지, 비단잉어들의 죽음으로 인해 상심한 '총수'의 심정에 공감하고 있는 것은 아니다.

03 관용 표현의 이해와 적용
답 ④

⑦은 비단잉어들이 죽은 것과 아무런 상관없는 '유자'에게 총수가 비단잉어들이 죽은 것에 대해 화풀이를 하고 있는 것이다. 따라서 노여움을 애매한 다른 데로 옮긴다는 뜻을 지닌 속담인 '종로에서 뺨 맞고 한강에서 눈 흘긴다'로 표현할 수 있다.

① 지은 죄가 있으면 자연히 마음이 조마조마하여짐을 비유적으로 이르는 말이다.
② 실행하기 어려운 것을 공연히 의논함을 이르는 말이다.
③ 강한 자들끼리 싸우는 통에 아무 상관도 없는 약한 자가 중간에 끼어 피해를 입게 됨을 비유적으로 이르는 말이다.
⑤ 사람의 속마음을 알기란 매우 힘듦을 비유적으로 이르는 말이다.

04 소재의 기능 파악
답 비단잉어

비단잉어는 총수의 회사에서 일하는 직원 몇 명의 월급을 합쳐도 미치지 못할 정도로 비싸다. 총수는 그런 비싼 물고기를 개인적으로 즐기기 위해 수입한 것이다. 따라서 비단잉어는 총수의 허영심과 사치를 상징적으로 나타내는 것이자 물질주의적 가치관을 보여 주는 소재라 할 수 있다.

05 ~ 08

📖 **작품 꼼꼼 강의**

위기 총수는 자택에도 불당을 두고 있었다. 자택의 불당은 저만치 떨어진 후원에 있었다. 정원이 웬만한 초등학교의 운동장보다도 너른데다 잘 가꾼 정원수가 가득하여 살림집인 본채에서는 잘 보이지도 않는 외진 곳이기도 하였다.
（유자 같은 일반인들의 삶과는 동떨어진 총수의 삶의 모습）

불당은 여느 암자들처럼 불단에 황금색의 등신불을 모시고 있었으나, 불상 주변에는 정화수를 올리는 불기와 향완이 하나씩, 그리고 양쪽에 풍물의 한 가지인 날라리를 거꾸로 세운 듯한 촛대뿐으로, 재벌가의 불당치고는 썩 정갈하고 소박한 편이라고 할 만하였다.
（태평소 / 재벌가의 사치가 심했음을 간접적으로 드러냄.）

그런 반면에 총수는 불상이나 불단에 먼지 하나라도 앉으면 큰일 나는 줄 알고 청소 한 가지는 하루도 거르는 날이 없도록 엄히 다루고 있었다.
（겉으로 보이는 것을 중시하는 태도）　▶ 독실한 불교 신자인 총수

이 불당의 청소를 맡고 있던 것이 유자였다. 총수를 출근시키기 전에는 손이 놀고 있기도 했지만, 그보다는 총수를 모시고 국립 공원에 있는 원당을 자주 왕래하여, 절에서 하는 불교 의식이나 풍속에 대해서는 누구보다 익숙했던 것이 청소를 맡게 된 이유였다.
（총수의 운전기사라서 총수가 출근하기 전에는 하는 일이 없음. / 국립 공원에 있는 이름난 절을 원당으로 이용함.）

총수는 어슴새벽에 일어나면서 일변 불당에 참배를 하는 것이 일과의 시작이었다.
（독실한 불교 신자임을 알 수 있음.）

유자는 총수가 참배 오기 전에 사다리를 오르내리며 불두에서 결가부좌까지 융으로 만든 마른행주로 불상의 먼지를 거두었고, 불단을 훔치고 촛불을 써 놓은 다음 전날 제주도에서 공수해 온 약수로 정화수를 갈아 올리는 것이 일과의 시작이었다.
（닦았고 / 총수의 과도한 정성 - 허영과 사치）　▶ 총수 자택의 불당을 관리하는 유자

그날도 그렇게 하고 있었다.
（새벽에 불당 청소를 하고 정화수를 갈고）
불상의 먼지를 찍어 내려오던 그의 손이 항마촉지한 손등에 이르렀는데, 파리똥인지 뭔지 마른행주로는 냉큼 지워지지 않는 것이 있었다.
（불상의 먼지를 조심스럽게 닦음. / 우스꽝스러운 표현으로 불상의 권위(= 총수의 권위)를 깎아내림.）

행주에 물을 축여 오려면 넓은 정원을 가로질러 본채까지 다녀와야 할 텐데, 그렇게 지체하다가는 십중팔구 총수가 나타나기 전에 청소를 마치지 못하기가 쉬웠다. 불단의 정화
（맡은 임무를 제대로 못하게 됨.）
수를 쓸 수도 없었다. 묵은 정화수는 총수 부인이 손수 식구

대로 컵에 나누어 온 가족이 음복하듯이 마시게 하고 있어서
조금이라도 축낼 수가 없는 것이었다.

　　그가 차량을 다루던 버릇으로 자기도 모르게 톱 하고 마른
행주에 침을 뱉어서 막 파리똥을 지우려던 순간이었다.

　　"야야, 저런 천하에 몹쓸……."

　　돌아볼 것도 없이 총수의 호통이었다. 총수가 소리 없이
나타나서 청소하는 것을 지켜보고 있었던 것이다.

　　총수의 호령이 이어지고 있었다.

　　"너 너…… 너 오늘부터 내 집에서 당장 나가."

　　『총수가 큰 절마다 정문의 문간에 좌우로 험악하게 시 있는
금상역사의 눈을 해 가지고 명령하면서도 '내 회사'가 아니
라 '내 집'에서 나가라고 한 것은, 거듭 생각해 보아도 대자
대비하신 부처님의 굽어살피심이라고 아니 할 수가 없었다.』

05 **서술상 특징 파악**　　　　　　　답 ③

불당이라는 공간적 배경을 묘사하고 있지만, 배경 묘사를 통해
해학적 분위기를 조성하고 있지는 않다. 침을 이용해 불상에
붙은 이물질을 닦아 내려는 유자의 행동에서 해학성이 드러나
고 있다.

오답 챙기기

① 서술자는 유자가 처한 상황과 유자가 총수의 집에서 쫓겨나게 된 사
　건을 요약적으로 제시하고 있다.
② 불상을 닦기 위해 마른행주에 침을 뱉는 유자의 행동이나 매일 불상
　과 불단을 깨끗하게 청소하라고 하며 아침마다 불당에서 참배를 하는
　총수의 행동 등을 통해 각 인물의 성격이 간접적으로 제시되고 있다.
④ 유자가 총수의 집에서 쫓겨나게 된 사건이 시간의 흐름에 따라 전개
　되고 있다.
⑤ '총수가 큰 절마다 정문의 문간에 좌우로 험악하게 서 있는 금강역사
　의 눈을 해 가지고 명령하면서도'에서 총수의 표정을 금강역사의 표
　정에 비유하여, 그가 현재 매우 화가 났음을 강조하고 있다.

06 **작품의 내용 파악**　　　　　　　답 ⑤

'묵은 정화수는 총수 부인이 손수 식구대로 컵에 나누어 온 가
족이 음복하듯이 마시게 하고 있어서'를 통해 총수 부인이 묵
은 정화수를 식구들과 나누어 마셨음을 알 수 있다. 그러나
'(유자는) 불단을 훔치고 촛불을 써 놓은 다음 전날 제주도에서
공수해 온 약수로 정화수를 갈아 올리는 것이 일과의 시작이
었다.'로 보아, 불단에 직접 정화수를 올리는 일은 총수 부인이
아니라 유자가 했음을 알 수 있다.

오답 챙기기

① '(총수는) 청소 한 가지는 하루도 거르는 날이 없도록 억척 다루고 있
　었다. / 이 불당의 청소를 맡고 있던 것이 유자였다. 총수를 출근시키

기 전에는 손이 놀고 있기도 했지만.'을 통해 유자는 매일 아침 총수
를 출근시키기 전에 불당을 청소했음을 알 수 있다.
② '그가 차량을 다루던 버릇으로 자기도 모르게 톱 하고 마른행주에 침
을 뱉어서 막 파리똥을 지우려던 순간이었다.'에서 유자가 평소 차량
에 이물질이 묻으면 침을 묻혀 닦기도 했다는 것을 알 수 있다.
③ '총수는 어슴새벽에 일어나면서 일변 불당에 참배를 하는 것이 일과
의 시작이었다.'에서 총수가 불당에 참배를 한 뒤에 본격적인 일과를
시작했음을 알 수 있다.
④ '자택의 불당은 저만치 떨어진 후원에 있었다.'와 '재벌가의 불당치고
는 썩 정갈하고 소박한 편이라고 할 만하였다.'에서 총수가 자기 집
후원에 불당을 비교적 소박하게 꾸며 놓았음을 알 수 있다.

07 **서술자의 태도 파악**　　　　　　　답 ③

[A]의 '거듭 생각해 보아도 대자대비하신 부처님의 굽어살피심
이라고 아니 할 수가 없었다.'는 유자에게 일어난 일에 대해 서
술자가 주관적인 평가를 하는 편집자적 논평에 해당된다. 참고
로, 편집자적 논평은 전지적 작가 시점에서 나타나는데, 이 장
면은 전지적 작가 시점으로 서술되고 있는 부분이다. 〈유자소
전〉은 1인칭 관찰자 시점이 중심이면서도 부분적으로는 전지
적 작가 시점이 나타나는 작품이다.

오답 챙기기

① 유자가 자신의 침으로 불상을 닦으려고 했기 때문에 총수가 화를 낸
　것이지, 종교를 핑계로 유자를 구박하는 것은 아니다.
② [A] 부분의 서술자는 전지적 작가로, 작품 밖에 있다. 따라서 서술자
　가 직접 경험한 사건으로 볼 수 없으며, 서술자가 사건을 객관적인
　입장에서 제시하고 있지도 않다.
④ [A]는 서술자의 입장에서 사건을 논평하고 있는 부분으로, 총수의 시
　각에서 사건을 서술하지는 않았다.
⑤ 유자의 심리가 아니라 유자에게 일어난 일에 대한 서술자의 의견이
　제시되고 있다. 또한 유자가 억울하게 누명을 썼다고 볼 수도 없다.

08 **제목의 의미 파악**　　　　　答 ⊙ 전, ⓒ 유자

이 글의 제목은 '유자소전'으로, 인물의 생애를 시간 순서에 따
라 사실적으로 기록하는 전통적인 산문 양식인 '전'의 형식을
빌려서 주인공인 '유자'의 성품과 행적을 몇 개의 일화를 통해
제시하고 있다.

어휘 확인　　　　　　　　　　　본문 079쪽

| 1 ⓒ | 2 ⓛ | 3 ⊙ | 4 ⑩ | 5 ⓔ |
| 6 ⑭ | 7 ⊙ | 8 ⓒ | 9 ⓛ | 10 ⓔ |

10 일차 · 필수개념 · 직설적·우회적 말하기 / 고사를 인용하여 말하기

✏️ **직설적·우회적 말하기 찾기** 1. 항의 2. 직접적으로

[필수 개념 ❶] ③

✏️ **개념 적용하기** 직설적

- -

✏️ **고사를 인용한 말하기 찾기** 1. 가 ○ 나 ○ 2. 가 맹자는 불우하게 일생을 마쳤으며, 풍당은 낭서 정도로 지내다 흰머리가 되었습니다. 나 임금인 목왕도 매번 훌륭한 궁전에서 누리는 즐거움을 생각했고, 영웅인 항우도 장막 속에서 눈물을 참지 못했는데

[필수 개념 ❷] ⑤

✏️ **개념 적용하기** 사내, 자란, 인용, 생각(주장)

[필수 개념 ❶] 직설적·우회적 말하기   답 ③

소음 공해 | 오정희

작품 해설 이 글은 층간 소음을 소재로 하여 각박해진 현대 사회의 모습을 적나라하게 그려 낸 소설이다. 장애인들을 위해 봉사 활동을 하고 클래식 음악을 즐길 정도의 교양을 지닌 중년 여성이 위층에서 들리는 층간 소음 때문에 위층 여자와 갈등하다가 나중에는 위층 여자가 신체 장애인이고, 위층의 소음이 휠체어 소리였음을 알게 되는 과정을 통해 이웃에 대해 무관심한 현대인의 삶을 비판적으로 보여 주고 있다. 특히 이 글은 독자가 미처 예상하기 어려운 내용으로 결말을 맺는데, 정이 많고 교양 있는 인물로 묘사되고 있는 주인공이 오히려 자신의 이웃에게는 무관심했다는 극적 반전을 통해 작품의 주제를 선명하게 드러내고 있다.

주제 이웃에 대해 무관심한 현대인에 대한 비판적 성찰

전체 줄거리

(발단) 심신 장애인 시설에서 자원봉사를 하고 온 '나'가 휴식을 취하는 도중 위층에서 드르륵거리는 소음이 들려온다. '나'의 가족은 밤낮없이 들리는 그 소리 때문에 괴로워했다.

(전개) '나'는 인터폰을 통해 경비원에게 위층 집에 주의를 줄 것을 요청하지만 소리는 멈추지 않는다.

(위기) 화가 난 '나'는 인터폰으로 위층 집에 직접 항의하지만 위층 사람은 도리어 화를 낸다.

(절정·결말) 실내용 슬리퍼를 들고 위층 집을 찾은 '나'는 소음이 휠체어 때문이었음을 알고는 부끄러움을 느낀다.

🖊️ 작품 꼼꼼 강의

(위기) 위층의 소리는 멈추지 않았다. 드르륵거리는 소리에
_{드르륵거리는 소리}
머리카락 올이 진저리를 치며 곤두서는 것 같았다. 철없고
_{층간 소음으로 인한 스트레스가 매우 큼}
상식 없는 요즘 젊은 엄마들이 아이들에게 집 안에서 자전거
_{'나'가 생각한 위층집 사람}
나 스케이트보드 따위를 타게도 한다는데 아무래도 그런 것
_{'나'가 생각한 소음의 정체 – 실제로는 휠체어 소리임.}
같았다. 인터폰의 수화기를 들자 경비원의 응답이 들렸다.

내 목소리를 알아채자마자 길게 말꼬리를 늘이며 지레 짚었
다. 귀찮고 성가셔하는 표정이 눈앞에 어렸다.
_{서술자=주인공. 1인칭 주인공 시점}
"위층이 또 시끄럽습니까? 조용히 해 달라고 말씀드릴까요?"
_{경비실에 자주 연락했음을 알 수 있음.}

잠시 후 인터폰이 울렸다.

"충분히 주의하고 있으니 염려 마시랍니다."
▶ '나'가 경비원을 통해 위층에서 나는 층간 소음에 대해 항의함.
경비원의 전갈이었다. 염려 마시라고? 다분히 도전적인
_{'나'의 생각}
저의가 느껴지는 전언이었다. 게다가 드르륵드르륵 소리는 여전하지 않은가? 이젠 한판 싸워 보자는 얘긴가, 나는 인터폰을
_{자신의 요구가 무시당했다고 여김. 이웃 간의 단절과 무관심을 상징}
들어 다짜고짜 909호를 바꿔 달라고 말했다. 신호음이 서너 차례 울린 후에야 신경질적인 젊은 여자의 응답이 들렸다.
_{'나'의 잦은 항의로 인해 스트레스를 받고 있음.}
"아래층인데요. 댁이 그런 식으로 말할 건 없잖아요? 나도
_{"충분히 주의하고 있으니 염려 마시라."}
참을 만큼 참았다고요. 공동 주택에는 지켜야 할 규칙들이 있잖아요? 난 그 소리 때문에 병이 날 지경이에요."
_{위층에서 나는 드르륵거리는 소리}
"여보세요. 난 날아다니는 나비나 파리가 아니에요. 내 집
_{위층 집 여자가 휠체어를 타야 하는 장애인임을 암시함.}
에서 맘대로 움직이지도 못하나요? 해도 너무하시네요. 이틀거리로 전화를 해 대시니 저도 피가 마르는 것 같아
_{피가 마르다 - 몹시 고롭거나 애가 타다.}
요. 절더러 어쩌라는 거예요?" ▶ 소음을 낸 위층 사람이 도리어 '나'에게 화를 냄. '나'의 심리 – 적반하장(賊反荷杖)
"하여튼 아래층 사람 고통도 생각하시고 주의해 주세요."
나는 거칠게 수화기를 내려놓았다.

"뻔뻔스럽긴. 이젠 순 배짱이잖아?"
_{사과는 하지 않고 도리어 화를 내는 위층 여자에게 화가 남.}
소리 내어 욕설을 퍼부어도 화가 가라앉지 않았다. 그렇다고 언제까지 경비원을 사이에 두고 '하랍신다', '하신다더라' 하며 신경전을 펼 수도 없는 일이었다.
▶ '나'가 인터폰으로 위층 집에 직접 연락하여 층간 소음을 항의함.

"나도 참을 만큼 참았다고요.", "하여튼 아래층 사람 고통도 생각하시고 주의해 주세요."에서 '나'는 위층 집 여자에게 소음으로 고통을 겪고 있는 자신의 처지와 이에 대한 요구 사항을 직설적으로 나타내고 있다.

✅ 오답 챙기기

① 상대방에게 소음에 주의해 달라고 말하고 있으나, 상대를 부드럽게 타이르기보다는 화가 난 말투로 이야기하고 있다.

② 자신이 소음을 참아 왔다는 사실을 간접적으로 돌려 말하지 않고, 직접적으로 드러내고 있다.

④ 상대방의 마음을 헤아리기보다는 자신의 처지와 요구만을 직접적으로 제시하고 있다.

⑤ 자신이 소음으로 고통받고 있다는 것을 숨기지 않고, 직접 드러내는 말하기 방식을 사용하고 있다.

[필수 개념 ❷] 고사를 인용하여 말하기   답 ⑤

가 화왕계 | 설총

작품 해설 이 글은 신라 시대의 신문왕이 학자이자 승려인 설총에게 재미있는 이야기를 해 줄 것을 요청하자, 설총이 왕에게 들려준 이야기이다. 설총이 이 이야기를 통해 신문왕에게 바른 인재를 등용하여 정치를

해야 하며, 간사한 신하들과는 가까이하지 말라는 충언을 하였다. 신문왕은 설총의 이야기를 듣고 "설총의 이야기가 매우 뜻이 깊다."라며 글을 써 후세의 임금들에게 남겼다. 이 글에서 백두옹(사내)은 충신을, 장미(어여쁜 여자)는 간신을 상징하는데, 이 글은 이처럼 자신의 의도를 직접 말하지 않고, 다른대상에 빗대어 표현하는 우의적 방식을 사용하고 있는 것이 특징이다.

주제 임금의 도리에 대한 충언

전체 줄거리

발단 화왕인 모란을 보기 위해 예쁜 꽃들이 앞다투어 화왕을 찾아온다.

전개 장미는 아름다운 모습을 뽐내며 왕에게 아첨하고, 백두옹은 화왕이 임금으로서의 자질을 지녔는지 시험한다.

위기·절정 화왕은 장미와 백두옹 중 어떤 이를 취할 것이냐를 두고 갈등한다.

결말 백두옹은 화왕에게 충언을 하고 화왕은 이를 듣고 자신의 잘못을 뉘우친다.

☑ 작품 꼼꼼 강의

절정 어떤 이가 꽃의 왕에게 말했습니다.
화왕인 모란
"두 명이 왔는데 어느 쪽을 붙들고 어느 쪽을 버리시겠습니까?"
장미 – 간신과 백두옹(사내) – 충신

『"사내의 말도 일리가 있지만 어여쁜 여자는 얻기가 어려운 것이니 이 일을 어떻게 할까?"』
↳ 화왕의 내적 갈등이 나타남.

그러자 사내가 왕 앞에 다가섰습니다.
백두옹 – 충신   ▶ 화왕이 장미와 사내(백두옹)를 두고 고민함.

결말 『"저는 대왕이 총명하여 일의 이치를 잘 분별할 줄
↳ 화왕의 모습에 실망함. 화왕에 대한 직설적 비판
알고 왔더니, 지금 보니 그렇지 않군요, 무릇 임금 된
사람치고 간사한 자를 가까이하지 않고 정직한 자를
달면 삼키고 쓰면 뱉는다
멀리하지 않는 이가 적습니다. 이 때문에 맹자는 불우
하게 일생을 마쳤으며, 풍당은 낭서 정도로 지내다 흰
고사를 인용하여 주장을 뒷받침함. 대구법
머리가 되었습니다. 옛날부터 도리가 이러하였거늘
저인들 어찌하겠습니까?"』 ▶ 사내(백두옹)가 화왕에게 충언을 함.
『↳ 임금의 잘못된 선택으로 인재가 크게 쓰이지 못한 것을 안타까워함.』

🔵 운영전 | 작자 미상

작품 해설 이 글은 선비 유영이 안평 대군의 궁녀인 운영과 그의 애인 김 진사를 만나 그들의 이루어질 수 없는 슬픈 사랑 이야기를 듣는 형식으로 구성된 애정 소설이다. 유영이라는 인물이 죽은 운영과 김 진사를 만나게 되는 외부 이야기와 운영과 김 진사가 유영에게 들려주는 자신들의 이야기인 내부 이야기로 구성되어 있어 액자 소설의 형식을 보이는 작품이기도 하다. 궁궐 속 궁녀가 궁궐 밖의 남자와 인연을 맺는 것을 통해 사회적 제약을 뛰어넘어 사랑을 이루려 하는 의식을 드러내고 있다.

주제 신분적 제약을 초월한 남녀의 비극적 사랑

전체 줄거리

발단 선비 유영이 안평 대군의 집터에서 혼자 술을 마시다가 잠이 들고, 운영과 김 진사를 만나 그들의 사랑 이야기에 대해 듣게 된다.

전개 안평 대군의 궁녀인 운영과 김 진사가 우연히 만나 서로 반하

게 되고 편지를 주고받으며 사랑을 나누며 밤마다 궁에서 만난다.

위기 안평 대군이 운영과 김 진사의 사이를 의심하게 되어 더 이상 궁에서 만날 수 없게 되자, 두 사람은 함께 도망치려 한다.

절정 안평 대군이 운영과 김 진사가 어떤 사이인지 알게 되어 궁녀들을 문책하자, 운영은 자결하고 김 진사도 운영을 따라 죽는다.

결말 유영이 잠을 깨어 보니 운영과 김 진사의 일을 기록한 책만 남아 있다.

☑ 작품 꼼꼼 강의

절정 자란이 대군에게 말했습니다.
궁녀 – 운영의 친구
"오늘의 일은 제가 헤아릴 수 없을 정도로 크니, 마음속
서궁의 궁녀가 외간 남자와 만난다는 소문이 돎.
에 품은 생각을 어떻게 감히 속이겠습니까? 저희들은 모
두 천한 여자로, 아버지가 순(舜)임금도 아니며, 이미니는
□: 천한 여자와 대비되는 대상
이비도 아닙니다. 그러니 남녀 간의 애정이 어찌 유독 저
남녀 간의 애정과 그로 인한 즐거움을 궁녀들도 가지고 있음. 설의법
희들에게만 없겠습니까? 임금인 목왕도 매번 훌륭한 궁전
고사 인용: 역사적 인물의 사례 ①
에서 누리는 즐거움을 생각했고, 영웅인 항우도 장막 속에
역사적 인물의 사례 ②
서 눈물을 참지 못했는데, 대군께서는 어찌 운영만이 유독
『↳ 남녀 간의 사랑은 보편적인 것임을 강조함.
운우지정(雲雨之情)이 없다고 하십니까?"
남녀 간의 애틋한 정 ▶ 자란이 남녀 간의 애정은 누구에게나 있음을 강조함.
제가 대군에게 말했습니다.
운영
"대군의 은혜는 산과 같고 바다와 같습니다. 그런데도 정
직유법, 과장법
절을 굳게 지키지 못한 것이 저의 첫 번째 죄입니다. 지
난날 제가 지은 시가 대군께 의심을 받게 되었는데도 끝
내 사실대로 아뢰지 못한 것이 저의 두 번째 죄입니다. 죄
김 진사를 사랑하고 그리워한 일
없는 사람들이 저 때문에 함께 죄를 입게 된 것이 저의 세
서궁의 궁녀들(은섬, 비취, 자란, 옥녀)
번째 죄입니다. 이처럼 세 가지 큰 죄를 짓고서 무슨 면목
으로 살겠습니까? 만약 죽음을 늦춰 주실지라도 저는 마
이어질 사건을 암시함.
땅히 스스로 목숨을 끊을 것입니다. 대군의 결정만 기다립
니다." ▶ 자신의 죄를 인정하고 자결하려는 운영

[A]에서 사내는 역사 속 인물인 맹자, 풍당과 관련된 고사를 인용하여 이야기함으로써 화왕에게 올바른 인재를 등용해야 한다는 의견을 전달하고 있다. 그리고 [B]에서 자란은 역사 속 인물인 목왕, 항우과 관련된 고사를 인용하여 이야기함으로써 대군에게 남녀 사이의 애정과 그로 인해 얻는 즐거움은 누구에게나 있는 보편적인 일이라는 자신의 생각을 전달하고 있다.

✔ 오답 챙기기

① 사내와 자란은 모두 상대방을 은근히 비웃고 놀리거나 자기를 과시하고 있지 않다.

② 사내와 자란은 모두 상대방에게 자신의 불쌍한 처지를 내세우며 동정심에 호소하고 있지 않다.

③ 사내와 자란은 모두 상대방의 마음에 드는 말을 쓰기보다는 자신이 하고자 하는 말을 하고 있다.

④ 사내와 자란은 모두 유머를 섞어 재미있게 말하고 있지 않다.

10일차 실전 직설적·우회적 말하기 / 고사를 인용하여 말하기

01 ⑤　　　**02** ③　　　**03** ②　　　**04** 여우

05 ③　　　**06** ④　　　**07** ①

08 이 선비 냄새 한번 엄청나게 구리구나.

📝 **개념 적용하기** 우회적, 직설적

🔍 **작품 한눈에** 북곽 선생, 범, 위선

---

01 ~ 04

호질 | 박지원

작품 해설 이 글은 우화적 수법으로 당시 유학자들과 인간 사회의 위선적인 모습을 풍자한 한문 소설이다. '범의 질책'이라는 제목에서 알 수 있듯 범을 의인화하여 작가의 비판 의식을 드러내고 있다. 작가는 유학자로 존경받는 북곽 선생과 열녀로 소문이 난 동리자의 밀회 장면을 통해 당시의 사대부가 얼마나 부도덕하고 이중적이었는지를 보여 주고 있다. 또 범 앞에서 보이는 북곽 선생의 비굴한 모습과 범이 사라지고 난 뒤 농부 앞에서 보이는 위선적인 모습을 통해 허위에 찬 유학자들의 모습을 풍자하고 있다.

주제 유학자의 위선과 허위의식 비판

전체 줄거리

발단 어느 고을에 존경받는 유학자인 북곽 선생과 과부로 수절 중이나 성이 다른 다섯 아들을 둔 동리자가 있었다.

전개 북곽 선생과 동리자가 깊은 밤에 밀회를 즐기고 있는데, 동리자의 다섯 아들이 북곽 선생을 여우로 의심하여 방으로 쳐들어온다.

위기 북곽 선생을 범으로 오해한 동리자의 다섯 아들을 피해 달아나던 북곽 선생이 똥구덩이에 빠진다.

절정 똥구덩이에서 기어 나온 북곽 선생 앞에 범이 나타나 유학자와 인간 세상의 위선을 꾸짖는다.

결말 북곽 선생은 오랫동안 범에게 머리를 조아리다가 범이 사라지자 다시 위선적인 유학자의 모습으로 되돌아간다.

📽 작품 꼼꼼 강의

발단 정나라 땅의 어느 고을에 벼슬을 달갑게 여기지 않는
〔북곽 선생의 인간성을 고려할 때 반어적 표현으로 볼 수 있음.〕
선비가 살고 있었는데, 북곽 선생이라고 불리는 이였다. 『그는
〔풍자의 대상 ① - 위선적 인물〕
나이 마흔에 손수 교정해 낸 책이 만 권이었고, 아홉 가지
『: 북곽 선생의 훌륭함을 열거함. → 그의 위선적인 모습을 부각
유교 경전을 자세히 설명하여 다시 쓴 책이 일만 오천 권이
나 되었다. 임금이 그의 뜻을 아름답게 여기고, 제후들이 그
〔명성이 자자함.〕
의 이름을 존경하였다.』　　　▶ 고매한 선비로 이름난 북곽 선생

　그 고을 동쪽에는 아름다운 과부가 살았는데, 그 이름을
동리자라고 하였다. 『임금이 그의 절개를 갸륵하게 여기고,
〔풍자의 대상 ② - 위선적 인물〕　　　〔명성이 자자함.〕
제후들도 그의 어질고 정숙한 태도를 높이 평가하였다. 그래
서 그 마을을 '동리과부지려(동리자가 사는 마을)'라고 이름
지어 주기도 하였다. 이처럼 동리자는 수절을 잘하는 과부로
〔표면적인 명성〕
알려져 있었지만, 실제로는 다섯 아들의 성(姓)이 저마다 달
〔아버지가 다 다름. → 동리자가 실제로는 수절하지 않음.〕

랐다.』　　　　　　　　　　　　▶ 열녀로 소문난 과부 동리자
『동리자의 인물됨을 제시함.
표리부동(表裏不同)

전개 어느 날 그 아들 다섯 명이 이상하다는 듯이 이야기를 나누었다.

　"지금 강 북쪽에서는 새벽닭이 울고, 강 남쪽에서는 샛별
〔시간적 배경: 새벽이 가까워오는 깊은 밤〕
이 반짝이는 시간이야. 그런데 이 시간에 어머니 방에서 다른 사람 목소리가 나. 자세히 들어 보면 북곽 선생 목소리 같지 않아?"

　"네 말을 들으니 그런 것 같기도 하다. 한번 확인해 보자."

　그러고는 형제 다섯이 번갈아 동리자가 지내는 방의 문틈으로 방 안을 엿보았다. 그때 방 안에서 동리자가 북곽 선생에게,
〔과부와 선비가 밤중에 한 방에 있음. - 유교 윤리에 어긋나는 행위〕
　"오랫동안 선생의 덕을 사모하였습니다. 오늘 밤에는 선
〔북곽 선생에 대한 은근한 유혹〕
생님께서 글 읽으시는 소리를 듣고 싶습니다."
라고 청하고 있었다.
〔시 : 자신의 모습을 숨기고 고상한 척하기 위한 수단〕
이에 북곽 선생은 옷깃을 가다듬고 점잖게 앉아 **시**를 읊었다.
〔위선적이고 허위적인 모습〕

　원앙새는 병풍에 그려져 있고,
　반딧불이 날아다니는데 잠 못 이뤄　　〔동리자를 은근히 유혹함.〕
　저기 저 가마솥 세발솥은
〔성이 각기 다른 다섯 아들을 비유함.〕
　무엇을 본떠서 만들었나, 흥이 나는구나.
　　　　　　　　　　　　▶ 북곽 선생과 동리자의 위선적 만남

이 모습을 본 다섯 아들이 서로 소곤대었다.

　"《예기》라는 책에 이르기를 '과부의 집 문에는 함부로 들
〔당시 사회의 유교적 질서의 하나〕
어서지 않는다.'라고 하였는데, 북곽 선생 같이 점잖은 분
〔북곽 선생에 대한 믿음 → 북곽 선생의 부도덕성 강조〕
이 과부 방에 있을 리 없어."

　"나도 그런 것 같아. 얼마 전에 우리 마을의 성문이 헌 것
은 여우가 구멍을 내었기 때문이라고 하는 말을 들었는데,
혹시 여우가 아닐까?"
〔다섯 아들의 어리석음〕
　"맞아. 여우가 천 년을 묵으면 조화를 부려 사람 흉내를
〔북곽 선생의 이중적인 면을 상징〕
낸다고 하더라. 그러니 저건 틀림없이 여우란 놈이 북곽
선생으로 둔갑한 걸 거야."
〔다섯 아들의 어리석음이 나타남.〕

　그들이 서로 의논하였다.

　『"들으니 여우의 머리를 얻으면 큰 부자가 되고, 여우의 발
『: 다섯 아들의 어리석음과 세속적 욕망이 드러남.
을 얻으면 대낮에도 그림자를 감출 수 있으며, 여우의 꼬리를 얻으면 누구에게나 사랑받을 수 있다고 하더라. 그러
니 우리가 저 여우를 잡아서 나누어 가지는 게 어떨까?"』
　　　　　　▶ 북곽 선생을 둔갑한 여우로 여기고 잡으려 하는 다섯 아들

---

01 서술상 특징 파악　　　📄 ⑤

존경받는 유학자인 북곽 선생과 열녀인 동리자가 깊은 밤에 몰래 만남을 즐기는 것을 통해 그들이 알려진 것과 달리 부도덕하고 위선적인 성격을 지닌 인물임을 드러내고 있다.

✅ **오답 챙기기**

① 이 글은 전체적으로 시간의 순행적인 흐름에 따라 사건이 진행되고

있으며, 현재와 과거가 번갈아 가며 나타나 있지 않다.

② 이 글은 전체적으로 현실의 모습을 과장해서 보여 주고 있다. 부분적으로 사실적인 묘사가 나타나 있지만, 현실의 비극성을 드러내고 있지는 않다.

③ 이 글은 전지적 작가 시점으로 서술되고 있지만, 서술자가 개입하여 작중 상황에 대해 주관적인 평을 하는 편집자적 논평은 제시되어 있지 않다.

④ 이 글에서 비현실적인 배경 묘사는 나타나지 않으며, 환상적인 분위기도 조성되고 있지 않다.

02 인물의 말하기 방식 파악 답 ③

ⓒ에서 《예기》라는 고서를 인용하고 있지만, 이를 통해 북곽 선생이 방 안에 있음을 확신하고 있지는 않다. 오히려 과부의 방 안에 있는 사람이 북곽 선생이 아닐 것이라고 생각하고 있다.

✔ 오답 챙기기

① 현재 시간이 새벽에 다 된 깊은 밤중임을 언급하면서, 모두가 자는 시간에 과부인 어머니의 방에서 북곽 선생의 목소리가 들리는 상황이 이상하다고 말하고 있다.

② 상황을 고려할 때 동리자가 정말로 북곽 선생의 글 읽는 소리를 듣고 싶어한 것이 아님을 알 수 있다. 따라서 ⓒ은 동리자가 은근히 북곽 선생을 유혹하는 말로 볼 수 있다.

④ "나도 그런 것 같아."라며 상대방의 의견에 동의하고 있으며, "혹시 여우가 아닐까?"라며 자신의 의견을 제시하고 있다.

⑤ ⓜ에서 인용한, 여우의 머리나 발, 꼬리 등을 얻었을 때의 효과는 모두 출처가 불분명한 허황한 말로 볼 수 있다. 그리고 "저 여우를 잡아서 나누어 가지는 게 어떨까?"라며 북곽 선생으로 둔갑한 여우를 잡자고 형제들에게 제안하고 있다.

03 관용 표현의 이해 및 적용 답 ②

동리자는 표면적으로는 과부로서 수절을 하는 열녀이지만 실상은 다섯 아들의 성이 모두 다른 인물이다. 즉 제대로 수절을 하지 않은 것이다. 북곽 선생 또한 세상에는 청렴한 선비로 알려져 있지만 실상은 밤에 과부의 집에 나타날 정도로 부도덕한 인물이다. 따라서 두 사람 모두 '겉으로 드러나는 언행과 속으로 가지는 생각이 다름.'이라는 뜻을 지닌 '표리부동'이라는 말로 평가할 수 있는 인물이다.

✔ 오답 챙기기

① 눈 아래에 사람이 없다는 뜻으로, 방자하고 교만하여 다른 사람을 업신여김을 이르는 말이다.

③ 남의 권세를 빌려 위세를 부림을 의미하는 말이다.

④ 물음과는 전혀 상관없는 엉뚱한 대답을 의미하는 말이다.

⑤ 편안한 마음으로 제 분수를 지키며 만족할 줄 아는 것을 의미하는 말이다.

04 소재의 의미 파악 답 여우

과부의 방에 있는 북곽 선생을 사람으로 둔갑한 여우로 본다는

점에서 여우는 다섯 아들들의 어리석음을 드러내는 동시에 북곽 선생이 진정한 선비가 아니라 부도덕하고 위선적인 인물임을 나타낸다고 볼 수 있다. 그리고 여우를 잡는 이유를 제시하는 부분에서 다섯 아들들의 세속적인 욕망이 드러난다.

05 ~ 08

📖 작품 꼼꼼 강의

위기 북곽 선생을 여우로 여긴 다섯 아들은 여우를 잡기 위해 동리자의 방을 한꺼번에 우르르 들이닥쳤다. 방에 있던 북곽 선생은 몹시 놀라서 도망쳤는데, 그런 와중에도 마을 사람들이 자기를 알아볼까 겁이 났다. 그래서 목을 두 다리
자신의 부정한 행실이 들통나는 것을 두려워함.
사이로 쑤셔 박고는 마치 도깨비처럼 춤추고 낄낄거렸다. 그
북곽 선생의 비굴한 모습 - 희화화
런 꼴로 동리자 집을 나와 서둘러 도망치다가 그만 벌판의 구덩이에 빠져 버렸다. 하필이면 그 구덩이에는 거름으로 쓰
북곽 선생의 위선을 풍자하기 위한 소재
기 위한 똥이 가득 차 있었다.

북곽 선생이 똥구덩이에서 간신히 기어올라 머리를 내밀고
관련 한자 성어 - '설상가상(雪上加霜)'
바라보니 뜻밖에 범이 길을 가로막고 앉아 있는 것이 아닌가.
▶ 달아나다 똥구덩이에 빠지고 범을 만난 북곽 선생
절정 북곽 선생을 본 범은 오만상을 찌푸리고 구역질을 하
작가 의식을 대변하며, 의인화된 존재
면서 코를 감싸고 말했다.

"어이쿠, 이 선비 냄새 한번 엄청나게 구리구나."
당시 유학자에 대한 작가의 비판 의식 - 조롱
북곽 선생은 머리를 조아리며 앞으로 엉금엉금 기어 나와, 범에게 세 번 절하고 꿇어앉았다. 그리고 고개를 쳐들어 범
목숨을 구걸하기 위한 비굴한 태도
을 올려다보며 겸손한 태도로 말하였다.

"범님의 덕이야말로 참으로 훌륭하십니다. 덕이 높은 사
『: 범에 대한 과장된 아첨, 교언영색(巧言令色)
람은 범님의 변화를 본받고, 사람들의 왕이 된 자는 범님의 걸음을 배웁니다. 또한 자식 된 자는 범님의 효성을 규범으로 받들고, 부하를 거느리고 전쟁터를 누비는 장수는 범님의 위엄을 익힙니다. 범님의 거룩한 이름이 신령스러운 용과 짝이 되어, 한 분은 바람을 일으키고 한 분은 구름을 일으키시니, 저 같은 천한 인간은 감히 범님의 아랫
자기 자신을 비하함 - 아첨
자리에 서서 범님을 우러러볼 뿐입니다.』"
▶ 범에게 비굴하게 아첨하는 북곽 선생
이 말을 들은 범은 큰소리로 꾸짖었다.
제목인 '호질'에 해당함
"내 곁에 가까이 오지 마라. 내 오래전부터 선비는 아첨꾼
유(儒)는 유(諛)라. - 동음이의어를 활용함.
이라고 들었는데 과연 그 말이 맞구나. 네가 평소에 천하의 나쁜 짓을 죄다 나에게 덮어씌우더니, 이제 사정이 급해지
범의 직설적인 꾸짖음.
자 내 눈앞에서 낯간지러운 아첨을 떠는구나. 너의 그 말을 누가 곧이곧대로 듣겠느냐?" ▶ 북곽 선생에 대한 범의 꾸짖음
설의적 표현
범은 말을 이었다.

"천하의 원리는 하나뿐이다. 우리 범의 본성이 악한 것이라면 너희 인간의 본성도 악할 것이요, 너희 인간의 본성이 선한 것이라면 우리 범의 본성도 선할 것이다. 너 같은

선비가 하는 천 가지 만 가지 소리는 오륜에서 벗어난 것
이 없고, 백성들에게 반드시 지켜야 한다고 경계하고 권
하는 말은 항상 사강에 들어맞는다. 그런데 『인간들이 많이
사는 곳에는 벌을 받아 코가 베이고, 발꿈치를 잘리고, 얼
굴에다 먹물을 들인 자들이 많다.』 이들은 모두 오륜을 지
키지 못한 자들이 아니냐? 인간 세계에서는 죄인을 묶는
포승줄과 얼굴에 죄명을 새기는 먹실, 형벌을 내리기 위한
도구를 매일 같이 바쁘게 사용하면서도 죄악을 없애지 못
하는구나. 우리 범의 세계에서는 원래 그런 형벌이 없으
니, 이로 보면 범의 본성이 인간의 본성보다 어진 것이 아
니냐?"

▶ 인간의 본성을 꾸짖는 범

05 풍자의 방식 파악 답 ③

사회적으로 존경받는 유학자인 북곽 선생이 목을 두 다리 사이로 쑤셔 박고는 마치 도깨비처럼 춤추고 낄낄거리며 달아나는 모습은 북곽 선생을 우스꽝스럽게 묘사하여 권위를 조롱하는 희화화의 방법을 사용한 것으로 볼 수 있다.

오답 챙기기

① 다섯 아들이 여우를 잡기 위해 방에 들어가는 모습을 나타낸 서술로 희화화의 방법과는 거리가 멀다.
② 주변 사람들의 시선을 의식하는 북곽 선생의 심리를 드러낸 서술로 희화화의 방법과는 거리가 멀다.
④ 범이 북곽 선생에게서 나는 구린 냄새에 반응하는 모습을 표현한 서술로 희화화의 방법과는 거리가 멀다.
⑤ 범의 행동을 설명한 서술로 희화화의 방법과는 거리가 멀다.

06 인물의 말하기 방식 답 ④

범은 인간 세계와 범의 세계를 비교하면서 범의 세계가 인간 세계보다 낫다고 주장하며 인간 세계를 비판하고 있다. 하지만 이 글에 범과 인간이 갈등하게 된 원인을 우회적으로 드러내고 있는 부분은 나타나 있지 않다.

오답 챙기기

① "너의 그 말을 누가 곧이곧대로 듣겠느냐?", "이들은 모두 오륜을 지키지 못한 자들이 아니냐?", "이로 보면 범의 본성이 인간의 본성보다 어진 것이 아니냐?" 등 범은 의문형 문장을 이용한 설의법을 활용하여 자신의 말이 옳음을 강조하고 있다.
② '범에게 세 번 절하고 꿇어앉았다. 그리고 고개를 쳐들어 범을 올려다보며 겸손한 태도로 말하였다.'에서 북곽 선생이 공손한 태도를 취하고 있음을 알 수 있으며, 자기 자신을 '천한 인간'이라고 지칭하며 스스로를 낮추어 말하고 있다.
③ "네가 평소에 천하의 나쁜 짓을 죄다 나에게 덮어씌우더니, 이제 사정이 급해지자 내 눈앞에서 낯간지러운 아첨을 떠는구나."에서 범은 북곽 선생이 했던 일을 직설적으로 지적하며 꾸짖고 있다.
⑤ "덕이 높은 사람은 범님의 변화를 본받고, 사람들의 왕이 된 자는 범님의 걸음을 배웁니다. 또한 자식 된 자는 범님의 효성을 규범으로 받들

고, 부하를 거느리고 전쟁터를 누비는 장수는 범님의 위엄을 익힙니다."에서 비슷한 의미를 지닌 문장을 나열하며 범에게 아부하고 있다.

07 다른 작품과의 비교 감상 답 ①

이 글과 〈보기〉 어디에서도 비속어가 사용된 부분은 나타나 있지 않다.

오답 챙기기

② 〈보기〉에서 두꺼비는 힘없는 백성('파리')을 괴롭히는 탐관오리를 상징한다. 따라서 〈보기〉는 탐관오리의 횡포를 비판하고 허장성세를 풍자하고 있는 작품이라고 할 수 있다. 이와 달리 이 글은 탐관오리가 아니라 유학자의 위선과 허위를 풍자하고 있다.
③ 이 글은 범을 의인화하여 북곽 선생으로 상징되는 유학자를 풍자하고 있으며, 〈보기〉는 두꺼비를 의인화하여 탐관오리의 허장성세를 풍자하고 있다. 따라서 두 작품 모두 우의적인 방법을 사용하여 주제 의식을 드러내고 있다.
④ 이 글은 과부와 몰래 만나다 그 아들들에게 쫓기던 북곽 선생이 똥구덩이에 빠지는 모습과 범에게 비굴하게 아부하는 모습 등을 묘사하여 북곽 선생을 풍자하고 있다. 〈보기〉 또한 두엄 아래 자빠지는 두꺼비의 우스꽝스러운 행동을 묘사하며 두꺼비를 풍자하고 있다.
⑤ 이 글의 북곽 선생은 서둘러 도망치다가 똥구덩이에 빠지고, 똥구덩이에서 나오다 범을 만난다. 그리고 〈보기〉의 두꺼비도 백송골을 보고 지레 놀라서 두엄 아래로 내닫다가 자빠진다. 따라서 이 글과 〈보기〉 모두 다급한 상황에 처한 대상의 모습이 나타나고 있다.

꿀단지 '우의'와 '우화'

> 우의는 다른 상황이나 사물에 빗대어 비유적으로 표현하는 방법을 말한다. 우의적 방법이 사용된 대표적인 이야기가 우화인데, 우화에는 인격화된 동물과 식물이 주인공으로 등장한다. 우의적 방법을 사용하면 부정적인 현실을 효과적으로 풍자하고 교훈을 줄 수 있는데, 대표적인 작품으로 〈토끼전〉, 〈장끼전〉, 〈서동지전〉 등이 있다.

08 구절의 의미 파악 답 이 선비 냄새 한번 엄청나게 구리구나.

"어이쿠, 이 선비 냄새 한번 엄청나게 구리구나."는 표면적으로는 똥구덩이에서 나온 북곽 선생에 대한 인상을 표현한 말이지만, 이면적으로는 북곽 선생에 대한 부정적 인식을 구리다는 후각적 이미지를 사용하여 나타낸 말이다.

어휘 확인

📖 본문 089쪽

| 1 ㉢ | 2 ㉡ | 3 ㉣ | 4 ㉤ | 5 ㉠ |
| 6 ㉢ | 7 ㉣ | 8 ㉠ | 9 ㉤ | 10 ㉡ |

11 일차 · 필수개념 해학 / 풍자 / 반어

◈ 해학과 풍자 파악하기 1. 가 ○ 나 ○ 2. 가 X 나 ○

[필수 개념 ❶] ⓐ, ⓓ

✎ 개념 적용하기 해학, 풍자

───────────────────────────────

◈ 반어 파악하기 1. ○ 2. ○

[필수 개념 ❷] ⑤

✎ 개념 적용하기 운수, 반어

[필수 개념 ❶] **해학과 풍자** 답 ⓐ, ⓓ

가 봄·봄 | 김유정

작품 해설 이 글은 우직하고 순진한 사내인 '나'가 교활한 장인과 혼례를 둘러싸고 벌이는 갈등을 해학적으로 그린 작품이다. 이 글은 1인칭 주인공 시점을 사용하여 '나'의 어수룩함과 우직한 성품 및 행동을 생생하게 드러내고 있다. 그리고 '나'와 장인 간의 갈등이 희극적이면서도 괴장되게 나타나 독자의 웃음을 유발하고 있다.

주제 어리숙한 데릴사위와 교활한 장인 간의 해학적 갈등

전체 줄거리

발단 '나'는 하루빨리 점순이와 혼례를 하고 싶으나 장인어른은 점순이의 키를 핑계로 혼례를 시켜 주지 않는다.

전개 점순이의 충동질을 받은 '나'는 꾀병을 부리며 장인어른과 담판을 벌이지만 장인어른의 술수에 빠져 신통한 결과를 내지 못한다.

위기·절정 점순이의 두 번째 충동질을 당한 '나'가 장인에게 일을 못하겠다고 대들다가 서로 해학적인 몸싸움을 벌이는데 점순이가 장인 편을 든다.

결말 교활한 장인의 회유에 넘어간 '나'는 오히려 장인에게 고마워하며 일터로 나간다.

📖 작품 꼼꼼 강의

발단 언젠가는 하도 갑갑해서 자를 가지고 덤벼들어서 그 키를 한번 재 볼까 했다마는 우리는 장인님이 내외를 해야 한다고 해서 마주 서 이야기도 한마디 하는 법 없다. 우물길에서 어쩌다 마주칠 적이면 겨우 눈어림으로 재 보고 하는 것인데 그럴 적마다 나는 저만침 가서

해학적 요소 – '나'의 어리숙함, 순진함
시대적 상황 제시
'나'의 순진함

"제─미, 키두!"

해학적 요소 – 비속어 사용

하고 논둑에다 침을 탁 뱉는다. 아무리 잘 봐야 내 겨드랑 (다른 사람보다 좀 크긴 하지만) 밑에서 넘을락 말락 밤낮요 모양이다. ▶ 자라지 않는 점순이의 키에 대한 '나'의 안타까움

점순이의 키에 대한 불만이 나타남
점순이의 신체 특징, 해학적 표현

개, 돼지는 푹푹 크는데 왜 이리도 사람은 안 크는지, 한동안 머리가 아프도록 궁리도 해 보았다. 아하, 물동이를 자꾸 이니까 뼈다귀가 옴츠러드나 부다, 하고 내가 넌즛넌즛이 그 물을 대신 길어도 주었다. 뿐만 아니라, 나무를 하러 가면 서낭당에 돌을 올려놓고

해학적 요소 – 사람을 동물과 비교
해학적 요소 – 엉뚱한 판단

"점순이의 키 좀 크게 해 줍소사. 그러면 담엔 떡 갖다 놓고 고사드립죠니까."

해학적 요소 – 치성의 과정이 바림.

하고 치성도 한두 번 드린 것이 아니다. 어떻게 돼 먹은 킨지 이래도 막무가내니……. ▶ 점순이의 키를 자라게 하기 위한 '나'의 노력

나 양반전 | 박지원

작품 해설 이 글은 조선 후기 양반 사회를 풍자한 고전 소설이다. 작가는 빚을 갚지 못해 양반 신분을 팔게 된 무능한 양반과 돈을 주고 양반 신분을 사려는 부자의 모습을 그리면서, 매매 증서의 내용을 통해 부도덕한 양반의 모습과 양반을 선망하는 평민 계급을 함께 비판하고 있다. 이 글은 신분 제도가 흔들리는 조선 후기의 사회상을 반영하고 있으며, 지배 계층에 대한 날카로운 비판 정신이 살아 있는 풍자 문학의 대표적인 작품이다.

주제 양반의 무능과 허례허식 풍자

전체 줄거리

발단 강원도에 사는 한 가난한 양반이 환곡을 갚지 못해 곤란한 상황에 놓인다.

전개 신분이 낮은 부자가 양반의 환곡을 대신 갚아 주는 대신 양반의 신분을 산다. 이 사실을 안 군수는 부자에게 양반의 신분을 사고판 증서를 써 주겠다고 한다.

위기 군수는 양반이 지켜야 할 사항을 적은 증서를 작성하고, 부자는 자신이 기대했던 것과 다른 증서의 내용에 불만을 느끼고 증서를 다시 작성해 달라고 한다.

절정 군수는 양반의 권리에 대해 나열한 증서를 다시 작성한다.

결말 부자는 양반의 삶이 도둑놈과 다르지 않다고 말하면서 양반이 되기를 포기한다.

📖 작품 꼼꼼 강의

발단 강원도 감사가 정선 고을을 돌아보다가 환곡 장부를 조사하고 크게 노하였다.

"어떤 놈의 양반이 나라의 곡식을 축냈단 말이냐?"

감사는 그 양반을 잡아 가두라고 명했다. 군수는 그 양반이 가난해서 빚을 갚지 못하는 것을 딱하게 여겨 차마 가두지는 못하였다. 그러나 군수도 양반의 빚을 해결할 방법은 없었다.

감사의 명으로 양반이 옥에 갇힐 위기에 처함.
양반을 안타깝게 여김. 측은지심(惻隱之心)

양반은 빚을 갚을 길이 없어서 밤낮으로 울기만 하였다. 그의 아내가 양반을 몰아붙였다.

양반의 무능한 모습을 희화화함.
작가 의식을 대변하는 인물

"당신은 평소에 글 읽기만 좋아하더니, 환곡을 갚는 데는 전혀 도움이 안 되는구려. 쯧쯧, 양반이라니……, 한 푼어치도 안 되는 그놈의 양반!"

『 』 양반의 무능력함을 비난하고 조롱함.
작가의 비판 의식이 반영된 표현

▶ 가난한 한 양반이 환곡을 갚지 못해 곤경에 빠짐.

ⓐ 가 의 서술자인 '나'는 '개, 돼지는 푹푹 크는데 왜 이리도 사람은 안 크는지'라며 사람의 성장을 동물과 비교하면서, '아하, 물동이를 자꾸 이니까 뼈다귀가 옴츠러드나 부다.'라며 점순이

의 키가 크지 않는 이유를 엉뚱한 데서 찾고 있다. 이러한 '나'의 순진하고 어리숙한 모습은 독자의 웃음을 유발한다.
ⓓ 나에서 '양반'은 환곡을 꾸어다 먹기만 하고 갚지 못하여 밤낮으로 울기만 하는 경제적으로 무능한 인물이다. 이처럼 양반의 모습을 우스꽝스럽게 드러내고, '한 푼어치도 안 되는 그놈의 양반!'과 같은 아내의 비판과 조롱을 제시하여 독자의 웃음을 유발한다.

ⓑ 발음의 유사성을 활용하여 재미있게 표현하는 것을 언어유희라고 한다. 가에는 언어유희가 나타난 부분을 찾을 수 없다.
ⓒ 가에서 '나'는 순박하고 어리숙한 인물로 제시되고 있다. 하지만 '나'의 부정적인 모습이나, 이를 직접적으로 비판하는 부분은 찾을 수 없다.
ⓔ 나에는 무능한 인물에 대한 연민의 태도가 아니라, 비판의 태도가 나타나 있다. 나는 경제적으로 무능한 '양반'의 모습을 우스꽝스럽게 나타냄으로써 '양반'에 대한 비판적 태도를 드러내고 있다.

필수 개념 ② 반어 답 ⑤

운수 좋은 날 | 현진건

작품 해설 이 글은 김 첨지라는 인력거꾼에게 일어난 비극적인 사건을 통해 1920년대 하층민의 비참한 삶을 사실적으로 보여 주고 있다. 운수가 좋은 날이라고 여겼던 하루가 아내가 죽은 최악의 날이 되어 버리는 반전을 통해 당시 힘겹게 살아가던 하층민의 비극적인 삶에 대한 연민을 극대화하고 있다. 특히 상황의 변화에 인물의 심리를 세밀하게 묘사하여 비극성을 더하고 있다.

주제 일제 강점기 도시 하층민의 비극적인 삶

전체 줄거리

발단 인력거꾼인 김 첨지는 오랜만에 돈을 많이 버는 행운을 만나 앓는 아내에게 설렁탕 한 그릇을 사 줄 수 있다는 기쁨에 젖는다.

전개 김 첨지는 앓고 있는 아내가 아침에 나올 때 만류하던 생각이 나서 계속되는 행운에 마음 한편으로 불안해한다.

위기 일을 마친 뒤 선술집에서 친구와 술을 마시면서도 아내에 대한 걱정 때문에 이상한 언행을 한다.

절정 술에 취한 김 첨지가 설렁탕을 사 들고 집으로 들어가며 전에 없이 큰소리를 친다.

결말 아내의 죽음을 확인한 김 첨지가 매우 슬퍼한다.

📖 작품 꼼꼼 강의

발단 이날이야말로 동소문 안에서 인력거꾼 노릇을 하는 김 첨지에게는 오래간만에도 닥친 운수 좋은 날이었다. 문안에 (거기도 문밖은 아니지만) 들어간답시는 앞집 마마님을 전찻길까지 모셔다드린 것을 비롯으로 행여나 손님이 있을까 하고 정류장에서 어정어정하며 내리는 사람 하나하나에게 거의 비는 듯한 눈결을 보내고 있다가 마침내 교원인 듯한 양복쟁이를 동광학교(東光學校)까지 태워다 주기로 되었다. 첫 번에 삼십 전, 둘째 번에 오십 전 — 아침 댓바람에 그리

흥치 않은 일이었다. 그야말로 재수가 옴 붙어서 근 열흘 동안 돈 구경도 못 한 김 첨지는 십 전짜리 백동화 서 푼, 또는 다섯 푼이 찰깍하고 손바닥에 떨어질 제 거의 눈물을 흘릴 만큼 기뻤다. 더구나 이날 이때에 이 팔십 전이란 돈이 그에게 얼마나 유용한지 몰랐다. 컬컬한 목에 모주 한잔도 적실 수 있거니와 그보다도 앓는 아내에게 설렁탕 한 그릇도 사다 줄 수 있음이다.   ▶ 오랜만에 돈을 벌어 기뻐하는 김 첨지

(중략)

결말 남편은 아내의 머리맡으로 달려들어 그야말로 까치집 같은 환자의 머리를 꺼들어 흔들며,

"이년아, 말을 해, 말을! 입이 붙었어? 이년!" / "……."

"으응, 이것 봐, 아무 말이 없네." / "……."

"이년아, 죽었단 말이냐, 왜 말이 없어?" / "……."

"으응, 또 대답이 없네. 정말 죽었나 보이."

이러다가 누운 이의 흰창이 검은창을 덮은, 위로 치뜬 눈을 알아보자마자,

"이 눈깔! 이 눈깔! 왜 나를 바라보지 못하고 천장만 보느냐? 응."

하는 말끝엔 목이 메었다. 그러자 산 사람의 눈에서 떨어진 닭똥 같은 눈물이 죽은 이의 뻣뻣한 얼굴을 어룽어룽 적신다. 문득 김 첨지는 미친 듯이 제 얼굴을 죽은 이의 얼굴에 한데 비비대며 중얼거렸다.

"설렁탕을 사다 놓았는데 왜 먹지를 못하니, 왜 먹지를 못하니? 괴상하게도 오늘은 운수가 좋더니만……."

▶ 아내의 죽음을 확인하고 비통해하는 김 첨지

'컬컬한 목에 모주 한잔도 적실 수 있거니와 그보다도 앓는 아내에게 설렁탕 한 그릇도 사다 줄 수 있음이다.'로 보아, 김 첨지가 아픈 아내를 염려하고 위하는 인물임을 짐작할 수 있다.

① 마지막 장면을 고려할 때, '운수 좋은 날'이라는 제목은 김 첨지에게 아내가 죽은 불행하고 비참한 날이라는 뜻을 반어적으로 표현한 것으로 볼 수 있다.
② '이날이야말로 동소문 안에서 인력거꾼 노릇을 하는 김 첨지에게는 오래간만에도 닥친 운수 좋은 날이었다.'와 '첫 번에 삼십 전, 둘째 번에 오십 전 — 아침 댓바람에 그리 흥치 않은 일이었다.'라는 내용으로 보아, '운수 좋은 날'이라는 제목의 표면적 의미는 행운이 계속되어 돈을 많이 번 날이라는 뜻임을 알 수 있다.
③ 첫 장면과 마지막 장면으로 보아, 첫 장면에서 돈을 많이 번 기쁨이 마지막 장면에서 예상치 못한 슬픔으로 변해 버린 상황을 강조한다고 볼 수 있다.
④ 오랜만에 돈을 번 김 첨지가 아내가 먹고 싶어 하던 설렁탕을 사 가지고 집으로 돌아갔는데 아내가 죽어 있는 상황으로 보아, '운수 좋은 날'이라는 제목은 김 첨지의 아내가 죽은 결말의 비극성을 강조하는 역할을 한다고 볼 수 있다.

11 일차 · 해학 / 풍자 / 반어

01 ③	02 ⑤	03 ④
04 이상한 선생님 05 ④	06 ③	07 ④

08 박 선생님이 광복 전에는 일본을 찬양하고 광복 후에는 미국을 찬양했기 때문이다.

개념 적용하기 풍자, 우스꽝스럽게, 웃음

작품 한눈에 일본, 미국, 풍자, 어린아이

01 ~ 04

이상한 선생님 | 채만식

작품 해설 이 글은 박 선생님이라는 인물을 통해 일제 강점기와 해방 직후의 혼란기에 기회주의적인 모습을 보였던 지식인을 풍자하고 있다. 박 선생님이라는 인물은 일제 강점기 때에는 학도병으로 지원하고 평소에 일본말만 사용하며 일본에 충성을 다한 조선인이다. 그리고 일본이 패망한 뒤에는 영어를 배워 미국을 찬양하는 인물로 변한다. 특히, 이런 부정적 인물을 순진한 어린이의 시선으로 제시함으로써 풍자의 효과를 높이고 있다.

주제 기회주의적인 삶의 태도에 대한 비판

전체 줄거리

발단 박 선생님은 체격이 왜소하고 얼굴이 크며 사나운 데 비해 강 선생님은 키와 덩치가 크며 성격이 온순하다.

전개 박 선생님은 학생들에게 일본말을 쓰기를 강요하는 데 비해 강 선생님은 조선말을 자주 사용하며 학생들에게도 일본말 쓰기를 강요하지 않는다.

위기 일제가 패망하자 박 선생님은 기가 죽고 강 선생님은 그런 박 선생님을 너그럽게 대한다.

절정 교장이 된 강 선생님이 미국을 추종하는 박 선생님의 모함 때문에 교장직에서 물러난다.

결말 교장이 된 강 선생님이 일제 강점기 때에 일본을 찬양했듯이 미국을 찬양하자 '나'는 그런 박 선생님이 이상하다고 생각한다.

작품 꼼꼼 강의

발단 우리 박 선생님은 참 이상한 선생님이었다.
'박 선생님'의 기회주의적인 태도를 이해하지 못한 '나'의 평가

박 선생님은 생긴 것부터가 무척 이상하게 생긴 선생님이었다. 키가 한 뼘밖에 안 되어서 뼘생 또는 뼘박이라는 별명
과장적인 표현 – 해학적 / '박 선생님'의 별명 ①
이 있는 것처럼, 박 선생님의 키는 키 작은 사람 가운데에서도 유난히 작은 키였다. 일본 정치 때에, 혈서로 지원병을
일화를 통해 '박 선생님'의 친일 행적과 작은 키를 제시함.
지원했다 체격 검사에 키가 제 척수에 차지 못해 낙방이 되었다면, 그래서 땅을 치고 울었다면, 얼마나 작은 키인지 알 일이다.

그런 작은 키에 몸집은 그저 한 줌만 하고. 이 한 줌만 한 몸집, 한 뼘만 한 키 위에 깜짝 놀랄 만큼 큰 머리통이 위태
'박 선생님'의 외양 묘사 ① – 체격의 희화화 → 웃음 유발
위태하게 올라앉아 있다. 그래서 박 선생님 또 하나의 별명

은 대갈장군이라고도 했다.
'박 선생님'의 별명 ②

머리통이 그렇게 큰 박 선생님의 얼굴은 어떻게 생겼느냐 하면, 또한 여느 사람과는 많이 달랐다.

뒤통수와 앞이마가 툭 내솟고, 내솟은 좁은 이마 밑으로
'박 선생님'의 외양 묘사 ② – 얼굴 생김의 희화화 → 웃음 유발
눈썹이 시꺼멓고, 왕방울 같은 두 눈은 부리부리하니 정기가
비유적 표현(직유)
있고도 사납고, 코는 매부리코요, 입은 메기입으로 귀밑까지 넓죽 째지고, 목소리는 쇠꼬챙이로 찌르는 것처럼 쨍쨍하고.
신경질적인 성격임을 암시함. ▶ '박 선생님'의 외양 묘사
이런 대갈장군인 뼘생 박 선생님과 아주 정반대로 생긴 이가 강 선생님이었다.

강 선생님은 키가 크고, 몸집도 크고, 얼굴이 너부룻하고,
'강 선생님'의 외양 묘사 – 유순한 성격임을 암시함.
얼굴이 검기는 해도 순하여 사나움이 든 데가 없고, 눈은 더 순하고, 허허 웃기를 잘하고, 별로 성을 내는 일이 없고, 아
'강 선생님'의 평소 행동 제시 – 마음이 넓고 너그러움. 직접 제시
무하고나 장난을 잘하고…… 강 선생님은 이런 선생님이었다.
▶ '강 선생님'의 외양 묘사

뼘박 박 선생님과 강 선생님은 만나면 싸움이었다.
견원지간(犬猿之間)

하학을 하고 나서, 우리가 청소를 한 교실을 둘러보다가 또는 운동장에서(그러니까 우리들이 여럿이는 보지 않는 곳에서 말이다.) 두 선생님이 만난다 치면, 강 선생님은 괜히
'강 선생님'이 괜히 '박 선생님'을 건드림. → 장난을 좋아하는 순수한 모습
장난이 하고 싶어 박 선생님을 먼저 건드리곤 했다.

하나는 커다란 몸집을 해 가지고 싱글싱글 웃으면서, 하나
'강 선생님' / '박 선생님'
는 한 뼘만 한 키에 그 무섭게 큰 머리통을 한 얼굴을 바싹
장난을 받아들이지 못하는 옹졸한 성격임을 알 수 있음.
대들고는 사나움이 졸졸 흐르면서, 그렇게 마주 서서 싸우는 모양은 마치 큰 수캐와 조그만 고양이가 마주 만난 형국이었다.
'강 선생님' / '박 선생님' ▶ '박 선생님'과 '강 선생님'의 앙숙 관계

전개 다른 학교에서도 다 그랬을 테지만 우리 학교에서도 그때 말로 '국어'라던 일본 말, 그 일본 말로만 말을 하게 하
조선의 민족정신을 말살하기 위한 일본의 정책
고 엄마 아빠 할 적부터 배운 조선말은 아주 한 마디도 쓰지 못하게 했다.
▶ 조선어 말살 정책이 자행되던 시대적 상황 제시

01 서술상 특징 파악

답 ③

이 글은 키가 작고 매섭게 생긴 '박 선생님'과 키와 몸집이 크고 유순하게 생긴 '강 선생님'의 외양을 세밀하게 묘사하여 인물의 성격을 부각하고 있다.

오답 챙기기

① 1인칭 관찰자 시점으로 서술되고 있으며 서술자의 개입은 나타나 있지 않다.

② '나'가 관찰한 내용을 제시하고 있을 뿐, 다양한 인물들의 경험을 삽화 형식으로 나열하고 있지 않다.

④ 이 글에서 서술의 중심이 되는 인물은 '박 선생님'이다. 즉 인물의 긍정적인 모습이 아니라, 부정적인 모습을 강조하여 주제를 드러내고 있는 것이다.

⑤ 공간적 배경을 환상적으로 그려 내고 있는 부분은 찾을 수 없다.

02 작품의 내용 파악   답 ⑤

'우리가 청소를 한 교실을 둘러보다가 또는 운동장에서~강 선생님은 괜히 장난이 하고 싶어 박 선생님을 먼저 건드리곤 했다.'에서 '강 선생님'이 '박 선생님'에게 먼저 장난을 걸어서 두 사람 사이에 시비가 붙었다는 것을 알 수 있다.

✅ 오답 챙기기

① '(강 선생님은) 별로 성을 내는 일이 없고, 아무하고나 장난을 잘하고……'에서 확인할 수 있다.

② '뺌박 박 선생님과 강 선생님은 만나면 싸움이었다.'에서 확인할 수 있다.

③ '일본 정치 때에, 혈서로 지원병을 지원했다 체격 검사에 키가 제 척수에 차지 못해 낙방이 되었다'에서 확인할 수 있다.

④ '그런 작은 키에 몸집은 그저 한 줌만 하고, 이 한 줌만 한 몸집, 한 뺌만 한 키 위에 깜짝 놀랄 만큼 큰 머리통이 위태위태하게 올라앉아 있다.'에서 확인할 수 있다.

03 풍자의 효과   답 ④

[A]에서 '박 선생님'의 약점이라 할 수 있는 외양을 묘사하고 있지만, '박 선생님'에 대한 연민의 정서를 드러내지는 않는다. 오히려 '뺌생, 뺌박, 대갈장군'이라는 별명, 대갈통이라는 비속어, 목소리에 대한 인식 등을 통해 서술자가 '박 선생님'을 부정적으로 바라보고 있음을 알 수 있다.

✅ 오답 챙기기

① '몸집은 그저 한 줌만 하고, 이 한 줌만 한 몸집, 한 뺌만 한 키 위에 깜짝 놀랄 만큼 큰 머리통이 위태위태하게 올라앉아 있다.'에서 박 선생님의 몸집과 머리를 과장해서 제시하고 있다.

② 희화화는 어떤 인물의 외모나 성격, 또는 사건을 우스꽝스럽게 묘사하는 것을 말한다. [A]에서는 전체적으로 박 선생님의 외양을 우스꽝스럽게 묘사하고 있다.

③ '한 뺌만 한 키 위에 깜짝 놀랄 만큼 큰 머리통이 위태위태하게 올라앉아 있다.', '왕방울 같은 두 눈은 부리부리하니 정기가 있고도 사납고, 코는 매부리코요, 입은 메기입으로 귀밑까지 넓죽 째지고' 등 [A]에서는 전체적으로 박 선생님의 외양을 우스꽝스럽게 표현하여 독자의 웃음을 유발하고 있다.

⑤ 혈서로 지원병을 지원했다가 키 때문에 낙방하자 땅을 치고 운 행동을 통해 박 선생님이 친일적인 성향을 지녔음을 간접적으로 제시하고 있다.

04 서술자의 태도 파악   답 이상한 선생님

'우리 박 선생님은 참 이상한 선생님이었다.'에서 서술자가 '박 선생님'의 기회주의적 태도를 이해하지 못해 '이상한 선생님'이라고 평가하고 있음을 알 수 있다.

📖 작품 꼼꼼 강의

전개 학교에서고 학교 밖에서고 조선말로 말을 하다 선생님
조선어 말살 정책이 시행되고 있던 시절임을 알 수 있음.
한테 들키는 날이면 경치는 판이었다. 선생님들 중에서도 제일 심하게 밝히는 선생님이 뺌박 박 선생님이었다. 교장 선
제일 심하게 조선어 사용을 금지하는
생님이나 다른 일본 선생님은 나무라기만 하고 마는 수가 있어도, 뺌박 박 선생님만은 절대로 용서가 없었다.

나도 여러 번 혼이 나 보았다.
무심결에 조선말을 사용하다가 박 선생님에게 여러 번 혼이 남.
한번은 상준이 녀석과 어떡하다 쌈이 붙었는데 둘이 서로 부둥켜안고 구르면서 이 자식아, 저 자식아, 죽어 봐, 때려
조선말을 사용함.
봐, 하면서 한참 때리고 제기고 하는 참이었다.

그런데, 느닷없이

"고랏! 조셍고데 겡까 스루야쓰가 이루까(이놈아! 조선말
'박 선생님'은 평소에도 일본어만 사용하였음을 알 수 있음. → 철저한 친일적 태도
로 쌈하는 녀석이 어딨어)."

하면서 구둣발길로 넓적다리를 걷어차는 건, 정신없는 중에도 뺌박 박 선생님이었다.
    ▶ 조선말을 쓰는 학생들에게 엄한 벌을 내리는 '박 선생님'
(중략)

결말 뺌박 박 선생님은 미국을 침이 마르도록 칭찬했다. 「이
다른 사람이나 물건에 대하여 거듭해서 말하다
세상에 미국같이 훌륭한 나라가 없고, 미국 사람같이 훌륭한
「 」 일제 강점기에 일본을 찬양했듯이 미국을 찬양하는 '박 선생님' → 기회주의적 태도
백성이 없다고 했다. 우리 조선은 미국 덕분에 해방이 되었으니까 미국을 누구보다도 고맙게 여기고, 미국이 시키는 대로 순종해야 하느니라고 했다.」

우리가 혹시 말끝에 "미국 놈……."이라고 하면, 뺌박 박
미국에 대한 절대적인 추종
선생님은 단박 붙잡아다 벌을 세우곤 하였다. 전에 "덴노헤이까 바가(천황 폐하 망할 자식)!"라고 한 것만큼이나 엄한 벌을 주었다.

"이놈아 아무리 미련한 소견이기로, 자아 보아라. 「우리 조
선을 독립을 시켜 주느라구 자기 나라 백성을 많이 죽여 가
「 」 자기가 추종하던 일본을 패망시킨 미국에 감사해야 한다고 가르치는 '박 선생님'
면서 전쟁을 했지. 그래서 그 덕에 우리 조선이 왜놈의 압
일본에 대한 호칭의 변화
제에서 벗어나서 독립이 되질 아니했어? 그뿐인감? 독립을 시켜 주구 나서두 우리 조선 사람들 배 아니 고프구 편안히 잘 살라고 양식이야, 옷감이야, 기계야, 자동차야, 석유야, 설탕이야, 구두야, 무어 죄다 골고루 가져다주지 않어? 그런데 그런 고마운 사람들더러, 미국 놈이 무어야?"
미국에 대한 '박 선생님'의 평가
벌을 세우면서 뺌박 박 선생님은 이렇게 꾸짖곤 하였다.
    ▶ 미국을 추종하며 찬양하는 '박 선생님'
「우리는 뺌박 박 선생님더러 미국에도 덴노헤이까가 있느
「 」 어린이다운 순진무구함이 드러남. → 박 선생님의 기회주의적 태도를 부각함.
냐고 물었다. 미국에 덴노헤이까가 있지 않고서야 그렇게 일본의 덴노헤이까처럼 우리 조선 사람을 친아들과 같이 사랑
광복 전 일본에 대해 했던 말과 광복 후 미국에 대해 하는 말이 같음. → 기회주의적 태도
하고, 우리 조선 사람들이 잘살도록 근심을 하며, 온갖 물건을 가져다주고 할 이치가 없기 때문이었다(해방 전에 뺌박 박 선생님은, 덴노헤이까는 우리 조선 사람들을 일본 사람들

과 같이 사랑하고, 우리 조선 사람들이 잘 살기를 근심하신
다고 늘 가르쳐 주곤 했다.).

　뺌박 박 선생님은 미국에는 덴노헤이까는 없고, 덴노헤이
까보다 훌륭한 '돌멩이'라는 양반이 있다고 대답했다.
〔어린이의 시선으로 박 선생님의 말을 희화화함. 해학적 요소〕

　『우리는 그럼 이번에는 그 '돌멩이'라는 훌륭한 어른을 위
하여 '미국 신민노 세이시(미국 신민 서사)'를 부르고, 기미가
요(일본의 국가) 대신 돌멩이 가요를 부르고 해야 하나 보다
고 생각했다.』
〔미국의 33대 대통령 트루먼을 가리킴.〕
〔『 』: '나'에게는 일본이나 미국이나 비슷하게 여겨짐. '박 선생님'의 태도에 대한 풍자〕
〔'돌멩이'에 나타난 언어유희〕
⇨ '트루먼＋이' → '트루먼이' → '도루만이'(일본식 발음) →
'도루맨이'(선생님의 발음) → '돌멩이'('나'의 인식)

　아무튼 뺌박 박 선생님은 참 이상한 선생님이었다.
〔'박 선생님'의 기회주의적 태도를 이해하지 못한 '나'의 평가〕
▶ '박 선생님'을 이상하게 생각하는 '나'

05 서술자에 대한 이해　　　답 ④

이 글의 서술자인 '나'는 초등학생인 어린아이로, '박 선생님'의
말과 행동을 관찰하여 제시하고 있을 뿐, '박 선생님'의 심리를
분석해서 직접 서술하고 있지 않다.

✓ 오답 챙기기

① 조선말을 쓰는 것을 나무라고, 미국을 찬양하는 '박 선생님'의 모습을
　제시하여 그의 부정적인 면모를 부각하고 있다.
② 서술자인 '나'가 '박 선생님'의 행동을 관찰하여 제시하고 있다.
③ 서술자인 '나'는 초등학교에 다니는 어린아이로, '박 선생님'이 어떤
　인물인지 정확한 판단을 내리지 못하고 이상하다고만 생각하고 있다.
⑤ 서술자인 '나'는 세상 물정에 어두운 순진하고 어리숙한 어린아이이
　다. 특히 미국의 훌륭한 '돌멩이'라는 어른을 위해 '미국 신민노 세이
　시'를 부르고 돌멩이 가요를 불러야 한다고 생각하는 모습에서 독자
　의 웃음을 유발하고 있다.

🔑 꿀단지　신빙성 없는 서술자

작가가 서술자로 어린아이와 같이 미성숙하거나, 또는 무지하여 독자가 신뢰
하기 어려운 인물을 내세우기도 하는데, 이런 서술자를 '신빙성 없는 서술재(믿
을 수 없는 서술자, 어리숙한 서술자)'라고 한다. 작품의 서술자를 신빙성 없는
서술자로 설정하면 비판과 풍자의 효과를 높일 수 있다.

06 작품의 주제 파악　　　답 ③

이 글은 '박 선생님'이라는 인물을 통해 일제 강점기와 광복 직
후에 자신의 이익을 위해 기회주의적 태도를 보였던 지식인들
을 비꼬며 풍자하고 있다.

✓ 오답 챙기기

① '박 선생님'은 자신의 임무를 충실하게 수행하는 것이 아니라 개인적
　인 이익을 위해 기회주의적인 태도를 보이고 있을 뿐이다.
② 일본이 우리나라를 식민지로 만든 것은 맞지만 미국이 우리나라를
　침범하여 식민지로 만든 것은 아니다. 또한 이 글은 일본이나 미국을
　비판하는 것이 아니라 '박 선생님'으로 상징되는 기회주의적인 태도
　를 비판하는 것이다.
④ 풍자의 대상인 '박 선생님'이 일제 강점기에 일본을 찬양하고 미군이
　지배했던 광복 직후에 미국을 찬양하는 태도를 보이고 있는 것이지,

당시 우리 민족이 일본과 미국 사이에서 갈팡질팡한 것은 아니다.
⑤ 제시된 글에서 이념 대립은 나타나지 않으며, 반어적인 표현이나 상
　황도 나타나지 않는다. 다만, 소설 전체에서 생략된 부분에서 이념으
　로 인한 갈등이 암시되고 있기는 하다.

07 관용 표현의 이해와 적용　　　답 ④

'간에 붙었다 쓸개에 붙었다 한다'라는 속담은 자기에게 조금이
라도 이익이 되면 지조 없이 이편에 붙었다 저편에 붙었다 함
을 비유적으로 이르는 말이므로 기회주의적인 '박 선생님'의 태
도를 평가하기에 적절하다.

✓ 오답 챙기기

① 아무리 눌려 지내는 미천한 사람이나, 순하고 좋은 사람이라도 너무
　업신여기면 가만있지 아니한다는 말이다.
② 아무리 익숙하고 잘하는 사람이라도 간혹 실수할 때가 있음을 비유
　적으로 이르는 말이다.
③ 말만 잘하면 어려운 일이나 불가능해 보이는 일도 해결할 수 있다는
　말이다.
⑤ 아무리 뜻이 굳은 사람이라도 여러 번 권하거나 꾀고 달래면 결국은
　마음이 변한다는 말이다.

08 작품의 내용 파악　　　답 박 선생님이 광복 전에는 일본을
찬양하고 광복 후에는 미국을 찬양하기 때문이다.

'나'가 '박 선생님'을 이상한 선생님이라고 한 것은 광복 전에는
일본을 찬양했다가 광복 후에는 갑자기 미국을 찬양하는 '박
선생님'의 태도를 '나'가 이해하지 못했기 때문이다.

📖 어휘 확인　　　📘 본문 099쪽

| 1 ㉡ | 2 ㉤ | 3 ㉢ | 4 ㉣ | 5 ㉠ |
| 6 ㉡ | 7 ㉠ | 8 ㉤ | 9 ㉣ | 10 ㉢ |

12 일차 [필수 개념] 소설의 감상 방법: 내재적 관점 / 외재적 관점

📎 **내재적 관점 이해하기** 1. 묘사   2. 작품 안

[필수 개념 ❶] ④

✏️ **개념 적용하기** 허 생원, 회상, 전지적, 나귀

- -

📎 **외재적 관점 이해하기** 1. ○   2. 작품 밖

[필수 개념 ❷] ①

✏️ **개념 적용하기** 시대 상황, 작가, 전쟁, 독자

[필수 개념 ❶] **내재적 관점**   답 ④

메밀꽃 필 무렵 | 이효석

작품 해설 메밀꽃이 흐드러지게 핀 달밤의 서정적 분위기 속에서 떠돌이 장돌뱅이의 삶의 애환과 인간 본연의 정을 그린 작품이다. 주인공 허 생원이 젊은 장돌뱅이 동이를 자신의 친자식이라고 확신해 나가는 과정이 세밀한 배경 묘사와 서정적이고 시적인 문체를 통해 낭만적으로 드러난다. 특히 메밀꽃이 흐드러지게 핀 달밤의 산길이라는 시간적·공간적 배경이 사건 전개에서 중요한 장치로 작용하고 있다.

주제 떠돌이 장돌뱅이의 삶의 애환과 인간 본연의 정

전체 줄거리

[발단] 장돌뱅이인 허 생원은 봉평 장터에서 젊은 장돌뱅이인 동이가 충줏집과 수작을 하는 것을 보고 심하게 꾸짖지만 얼마 가지 않아 화해한다.

[전개] 허 생원과 조 선달, 동이는 다음 장이 서는 대화로 가는 길을 동행하게 되고, 가는 중에 허 생원은 과거 성 서방네 처녀와의 추억을 이야기한다.

[절정] 동이는 허 생원과 조 선달에게 자신의 성장 내력과 어머니에 대한 이야기를 하고, 그 이야기를 들은 허 생원은 동이가 자신의 아들일 수 있다는 생각을 하다 발을 헛디뎌 개울에 빠지게 된다.

[결말] 동이의 등에 업혀 냇물을 건넌 허 생원은, 동이의 어머니가 있는 제천으로 가기로 마음먹고 동이가 자신처럼 왼손잡이임을 확인한다.

📺 **작품 꼼꼼 강의**

[전개] 젊은 시절에는 알뜰하게 벌어 돈푼이나 모아 본 적도 있기는 있었으나, 읍내에 백중이 열린 해 호탕스럽게 놀고 투전을 하고 하여 사흘 동안에 다 털어 버렸다. 나귀까지 팔게 된 판이었으나 애끓는 정분에 그것만은 이를 물고 단념하였다. 결국 도로아미타불로 장돌이를 다시 시작할 수밖에는 없었다.
▶ 나귀와 함께 장돌뱅이 생활을 해 온 허 생원

(중략)

일신에 가까운 것이라고는 언제나 변함없는 한 필의 당나귀였다. 그렇다고는 하여도 꼭 한 번의 첫 일을 잊을 수는 없었다. 뒤에도 처음에도 없는 단 한 번의 괴이한 인연! 봉평에 다니기 시작한 젊은 시절의 일이었으나 그것을 생각할 적만은 그도 산 보람을 느꼈다.

"달밤이었으나 어떻게 해서 그렇게 됐는지 지금 생각해두 도무지 알 수 없어."

허 생원은 오늘 밤도 또 그 이야기를 끄집어내려는 것이다. 조 선달은 친구가 된 이래 귀에 못이 박히도록 들어 왔다. 그렇다고 싫증을 낼 수도 없었으나, 허 생원은 시치미를 떼고 되풀이할 대로는 되풀이하고야 말았다.

"달밤에는 그런 이야기가 격에 맞거든."
▶ 달밤의 산길에서 옛 추억을 떠올리며 이야기하는 허 생원

조 선달 편을 바라는 보았으나, 물론 미안해서가 아니라 달빛에 감동하여서였다. 이지러는 졌으나 보름을 가제 지난 달은 부드러운 빛을 흐붓이 흘리고 있다. 대화까지는 칠십 리의 밤길. 고개를 둘이나 넘고 개울을 하나 건너고 벌판과 산길을 걸어야 된다. 『길은 지금 긴 산허리에 걸려 있다. 밤중을 지난 무렵인지 죽은 듯이 고요한 속에서 짐승 같은 달의 숨소리가 손에 잡힐 듯이 들리며, 콩 포기와 옥수수 잎새가 한층 달에 푸르게 젖었다. 산허리는 온통 메밀밭이어서 피기 시작한 꽃이 소금을 뿌린 듯이 흐붓한 달빛에 숨이 막힐 지경이다. 붉은 대궁이 향기같이 애잔하고, 나귀들의 걸음도 시원하다.』 길이 좁은 까닭에 세 사람은 나귀를 타고 외줄로 늘어섰다. 방울 소리가 시원스럽게 딸랑딸랑 메밀밭께로 흘러간다. 앞장선 허 생원의 이야기 소리는 꽁무니에 선 동이에게는 확적히는 안 들렸으나, 그는 그대로 개운한 제멋에 적적하지는 않았다.
▶ 아름다운 분위기의 메밀밭 옆 산길을 걸어가는 세 사람

"장 선 꼭 이런 날 밤이었네. 객줏집 토방이란 무더워서 잠이 들어야지. 밤중은 돼서 혼자 일어나 개울가에 목욕하러 나갔지. 봉평은 지금이나 그제나 마찬가지지. 보이는 곳마다 메밀밭이어서 개울가가 어디 없이 하얀 꽃이야. 돌밭에 벗어도 좋을 것을, 달이 너무도 밝은 까닭에 옷을 벗으러 물방앗간으로 들어가지 않았나. 이상한 일도 많지. 거기서 난데없는 성 서방네 처녀와 마주쳤단 말이네. 봉평서야 제일가는 일색이었지."
▶ 과거 성 서방네 처녀와의 인연을 이야기하는 허 생원

이 글의 시간적 배경인 '달밤'을 작품이 창작된 시대적 상황과 연관 지어 감상하는 것은 내재적 관점에서 작품을 감상한 것이 아니다. 내재적 관점은 작품 외적인 요소는 완전히 제외하고 작품 자체에만 초점을 맞추어 작품을 감상하는 방법이다.

✅ **오답 챙기기**

① '봉평에 다니기 시작한 젊은 시절의 일이었으나 그것을 생각할 적만은 그도 산 보람을 느꼈다.'라는 서술과 "달밤이었으나 어떻게 해서 그렇게 됐는지 지금 생각해두 도무지 알 수 없어."라는 허 생원의 말, 그리고 이어지는 달밤의 서정적인 정경 묘사를 통해, '달밤'이라는 시간적 배경은 허 생원의 단 한 번 있었던 인연, 곧 첫사랑 이야기를 아름답게 만드는 역할을 하고 있음을 알 수 있다.

② '밤중을 지난 무렵인지 ~ 흐붓한 달빛에 숨이 막힐 지경이다.'에서

'달밤'이라는 배경을 통해 서정적이고 낭만적인 분위기가 조성되고 있음을 알 수 있다.

③ 허 생원은 "달밤에는 그런 이야기가 격에 맞거든."이라고 하며 과거 '젊은 시절의 일'을 이야기하고 있다. 이를 통해 '달밤'은 허 생원이 젊은 시절의 추억을 회상하는 계기가 되고 있음을 알 수 있다.

⑤ '조 선달 편을 바라는 보았으나, ~ 달빛에 감동하여서였다.'라는 서술과 "장 선 꼭 이런 날 밤이었네.", "돌밭에 벗어도 좋을 것을, 달이 너무도 밝은 까닭에 옷을 벗으러 물방앗간으로 들어가지 않았나."라는 허 생원의 말에서, '달밤'은 과거의 상황과 현재의 상황에 공통적인 특성으로 부여되고 있음을 알 수 있다.

필수 개념 ② **외재적 관점** 답 ①

오마니별 | 김원일

작품 해설 6·25 전쟁 중 헤어졌던 두 남매가 극적으로 만나게 되는 과정을 통해 전쟁의 비극성과 전쟁이 개인에게 준 상처와 아픔을 드러내고 있는 작품이다. 어린 시절 평범한 삶을 살던 안나 리와 조평안은 전쟁으로 인해 부모를 잃고, 결국 두 사람마저 헤어져 각자 살아가게 된다. 어른이 된 안나 리가 동생을 찾는 현재 상황에서 과거의 상황을 중간에 삽입하는 구조를 통해 전쟁 당시의 참혹함을 생생하게 드러내고 있으며, 전쟁이 끝나 오랜 시간이 지난 현재까지도 전쟁의 상처로 인해 고통받고 있는 사람들의 모습을 사실적으로 그리고 있다.

주제 전쟁이 남긴 비극적인 상처와 이산가족의 극적인 해후

전체 줄거리

발단 6·25 전쟁 때 피란하다가 비행기 폭격으로 어머니와 누이를 잃은 조평안은 기억을 잃은 채 어느 집의 양자로 들어가 현재 홀아비로 살고 있다.

전개 평소 마을 노인들을 돌보던 현 선생이 인터넷에서 6·25 전쟁 때 헤어진 남동생을 찾는다는 '안나 리'의 사연을 접하고는 조평안을 떠올린다.

위기 전쟁고아로 미국에 입양되었던 안나 리는 전쟁의 충격과 당시 피란민 장정을 학살했던 미군에 대한 분노로 영어를 쓰지 않는 스위스에서 살다가 한국을 방문하여 조평안을 만난다.

절정 안나 리의 여러 질문에 무덤덤한 반응을 보이던 조평안은 피란 중에 본 미군의 만행을 언급하는 질문을 듣자 갑자기 두려워하는 태도를 보이며 고통스러워한다.

결말 어머니가 숨을 거둔 날에 대한 안나 리의 질문에 조평안이 '오마니별'을 떠올린다. 오마니별은 어머니가 죽은 날 밤 별을 보고 누나 안나 리가 동생에게 이야기해 준 것으로, 두 남매만 아는 것이다. 이에 안나 리는 조평안이 자신의 동생임을 확신하고 오열한다.

☑ 작품 꼼꼼 강의

절정 "어머니와 우리가 피란 내려올 때, 지프차 타고 후퇴하던 미군들이 차에서 내리더니 피란민 대열에서 장정들만 따로 골라내어 두 손을 들게 하여 한자리에 모아 놓고 불문곡절 총 쏘아 죽인 걸 기억합니까? 그때 미군들이 겁먹

은 장정들을 거칠게 다루며 외친 말을 나는 똑똑히 들었습니다. 미국에 가서야 그 말뜻을 알게 되었는데, 차마 입에 담을 수 없는 인간 비하의 욕설이었습니다. 인민군이 민간복으로 바꾸어 입고 피란민 대열에 섞여 있다고, 그들은 인간으로서는 차마 할 수 없는 그런 짓을 저질렀지요. 그때 미군을 보았던 게 생각납니까?"

안나 리 여사 말을 줄리 선생이 통역하자 황 이장이 중절모를 든 손을 내저으며 불끈 나섰다.

"그건 이 여사가 잘못 알고 있는 겁니다. 어릴 때 당한 일이라 오해하고 있어요. 피란민 대열 속에 인민군이 민간인 복장을 한 채 총을 피란 보따리에 감추고 끼어 있다가 미군을 만나면 드르륵 갈겨 댔대요. 그런 일이 비일비재하자 미군들은 불시에 또 그런 변을 당할까 봐 피란민 대열만 만나면 잔뜩 겁먹어……."

황 이장 말을 귀 기울여 듣던 조 씨가 벌린 입을 다물지 못한 채 풍 맞은 듯 떨어 댔다. 무릎에 얹힌 손까지 심한 경련을 일으키더니, 갑자기 머리를 흔들며 소리쳤다.

"아니요. 피란 나오다…… 난 못 봤어요. 정말 못 봤구, 아무것도 몰라요!"

(중략)

결말 "별 보구 내 뭐라 말했어?"

봇물이 터진 듯 안나 리 여사 입에서 자연스럽게 한국말이 터졌고 낮춤말을 썼다. 그네가 팔걸이 쥔 손에 얼마나 힘을 주었던지 휠체어가 흔들렸다.

"오마니별, 거기 있어……."

허공을 보는 조 씨 입에서 꿈결이듯 그 말이 흘러나왔고 눈동자가 뿌옇게 풀어졌다.

손수건으로 입을 막아 격한 감정을 다스리던 안나 리 여사의 비탄이 터진 것은 그 순간이었다.

"오마니별을 알다니! 내 동생이 틀림없어!"

외재적 관점은 작품의 외적인 요소를 중심으로 작품을 감상하는 방법이다. 즉 '작가'를 중심으로 작품을 감상하거나, 작품에 반영된 '시대 상황'을 중심으로 작품을 감상하거나, '독자'가 받은 영향을 중심으로 작품을 감상하는 방법이다. ①은 작가의 작품 세계와 관련지어 작품을 감상하고 있으므로 외재적 관점에 해당한다. 반면, ②는 작품의 내적인 요소인 '오마니별'이라는 소재를 중심으로 작품을 감상하고 있으므로 내재적 관점에 해당한다.

12 일차 ^{실전} 소설의 감상 방법: 내재적 관점 / 외재적 관점

01 ④ **02** ③ **03** ④ **04** 회중시계

05 ⑤ **06** ② **07** ①

08 '국어 상용의 가'라고 적힌 종잇장

✒️ **개념 적용하기** 내재적, 과거, 현재, 회중시계, 외재적, 일제, 이인국

🔍 **작품 한눈에** 친일, 회상, 역순행, 비판

---

01 ~ 04

꺼삐딴 리 | 전광용

작품 해설 우리 민족의 격동기를 살아온 이인국이라는 인물에 초점을 맞추어 출세 지향적이고 기회주의적인 인물에 대한 비판을 풍자적으로 그려 낸 작품이다. '일제 강점 말기, 광복 직후 소련군이 주둔한 북한, 6·25 전쟁 후의 남한'을 배경으로, 오직 자신의 이익만을 위해 친일파, 친소파, 친미파로 능수능란하게 변절을 거듭하는 이인국 박사의 모습을 통해 당대 지도층 인물들의 위선적인 행태를 비판하며 우리 사회의 어두운 면을 드러내고 있다. 작품의 제목에서 '꺼삐딴'은 영어 '캡틴(captain)'을 러시아식으로 발음한 것으로, 친소파에서 친미파로 변신한 사회 지도층인 이인국의 기회주의적 행태를 비판한 것으로 볼 수 있다.

주제 시류에 따라 능란하게 변절하는 기회주의자에 대한 비판

전체 줄거리

발단 외과 전문의 이인국 박사는 미국 대사관에 근무하는 브라운을 만나러 가면서 약속 시간을 맞추려고 회중시계를 꺼내 보다가 과거의 일들을 회상한다.

전개 일제 강점기에 이인국 박사는 '국어 상용의 가'라는 상장을 받을 정도로 철저하게 친일 행적을 하며 남부럽지 않게 산다.

위기 광복이 된 후 이인국 박사는 친일 행적으로 인해 반민족 행위자로 지목되어 감옥에 갇히지만, 소련군 장교 스텐코프의 혹을 수술해 주고는 처벌받지 않고 자유로운 몸이 된다. 이후 친소파로 영화를 누리며 아들을 러시아로 유학 보낸다.

절정 이인국 박사는 1·4 후퇴 때 맨몸으로 월남하지만, 능란한 처세술을 발휘하여 현실에 빠르게 적응한다. 그러면서 미국인의 도움을 받아 종합 병원의 원장이 되어 놀랄 만한 부를 이룬다.

결말 브라운의 관사에 도착한 이인국 박사는 고려청자를 선물로 주고, 그 대가로 미국에 갈 수 있는 국무성의 초청장을 얻어 낸다.

📖 작품 꼼꼼 강의

발단 『그의 고객은, 왜정 시대는 주로 일본인이었고, 현재는
이인국 일제 강점기
권력층이 아니면 재벌의 셈속에 드는 축이어야만 했다.』
『 』: ① 권력자나 돈이 많은 사람만 골라서 받음. ② 시대의 변화에 따라 변절했음이 드러남.
그의 일과는 아침에 진찰실에 나오자 손가락 끝으로 창틀
병원의 청결도를 검사함.
이나 탁자 위를 훑어 무테안경 속 움푹한 눈으로 응시하는 일에서 출발한다.

이때 손가락 끝에 먼지만 묻으면 불호령이 터지고, 간호원
이인국의 신경질적이고 결벽증적인 성격이 드러남.
은 하루 종일 원장의 신경질에 부대껴야만 한다.

아무튼 그의 단골 고객들은 그의 정결한 결벽성에 감탄과

'박사'라고 함으로써 이인국이 사회적 책무를 지닌 지식인이자 사회 지도층임을 강조함.
→ 이인국의 기회주의적 태도 부각
경의를 표해 마지않는다.
과거의 사건을 압축적으로 제시함.
『1·4 후퇴 시 청진기가 든 손가방 하나를 들고 월남한
6·25 전쟁이 한창이던 때
이인국 박사다.』 그는 수복되자 재빨리 셋방 하나를 얻어 병원을 차렸다. 그러나 이제는 평당 50만 환을 호가하는 도심
경제적인 성공을 상징함.
지에 타일을 바른 2층 양옥을 소유하게 되었다. 그는 자기 전문인 외과 외에 내과, 소아과, 산부인과 등 개인 병원을 집결시켰다. 운영은 각자의 주머니 셈속이었지만, 종합 병
돌아가는 사실의 내용
원의 원장 자리는 의젓이 자기가 차지하고 있다.
▶ 맨손으로 월남하여 큰 성공을 거둔 이인국 박사

이인국 박사는 양복 조끼 호주머니에서 십팔금 회중시계
① 이인국의 분신과도 같은 존재로, 그의 삶을 드러냄.
를 꺼내어 시간을 보았다.
② 과거 회상의 매개체
2시 40분!
③ 일왕에게 받은 것으로, 이인국의 반민족주의적 사고를 보여 줌.
미국 대사관 브라운 씨와의 약속 시간은 이십 분밖에 남지
이인국이 미국을 가기 위해 접촉하고 있는 인물
않았다. 이 시계에도 몇 가닥의 유서 깊은 이야기가 숨어 있다. 이인국 박사는 시계를 볼 때마다 참말 '기적'임에 틀림없
광복 후 소련군 점령하의 감옥 생활에서 벗어난 일
었던 사태를 연상하게 된다.

왕진 가방과 함께 38선을 넘어온 피란 유물의 하나인 시계. 가방은 미군 의사에게서 얻은 새것으로 갈아매어 흔적도
(본래의 것을 다른 것으로) 바꾸어 매어
없게 된 지금, 시계는 목숨을 걸고 삶의 도피행을 같이 한
회중시계가 이인국에게 지니는 의미
유일품이요, 어찌 보면 인생의 반려이기도 한 것이다.

밤에 잘 때에도 그는 시계를 머리맡에 풀어 놓거나 호주머니에 넣은 채로 버려 두지 않는다. 반드시 풀어서 등기 서
이인국의 주도면밀한 성격을 알 수 있음.
류, 저금통장 등이 들어 있는 비상용 캐비닛 속에 넣고야 잠자리에 드는 것이었다. 거기에는 또 그럴 만한 연유가 있었
1924년 일본이 한국인의 고등 교육 기관 설립을 막을 목적으로 서울에 세운 대학
다. 이 시계는 제국 대학을 졸업할 때 받은 영예로운 수상품
시계에 대한 자부심이 드러남. → 이인국의 반민족주의적 사고를 보여 줌.
이다. 뒤쪽에는 자기 이름이 새겨져 있다.

『그 후 삼십여 년, 자기 주변의 모든 것이 변하여 갔지만
『 』: 전지적 서술자가 이인국의 입장에서 회중시계에 대한 생각을 제시함.
시계만은 옛 모습 그대로다.』 주변뿐만 아니라 자기 자신은 얼마나 변한 것인가. 이십대 홍안을 자랑하던 젊음은 어디로 사라진 것인지 머리카락도 반백이 넘었고 이마의 주름은 깊
흰색과 검은색이 반반 정도인 머리털
어만 간다. 일제 시대, 소련군 점령하의 감옥 생활, 6·25 사
① 이인국의 삶의 이력을 간략히 제시함. ② 소설의 시대적 배경이 드러남.
변, 삼팔선, 미군 부대, 그동안 몇 차례의 아슬아슬한 죽음의 고비를 넘긴 것인가.

'월삼 17석'
'월섬'이라는 시계 회사에서 만든, 17개의 보석이 박힌 시계
우여곡절 많은 세월 속에서 아직도 제시간을 유지하는 것만도 신기하다. 시간을 보고는 습성처럼 째깍째깍 소리에 귀 기울이는 때의 그의 가느다란 눈매에는 흘러간 인생의 축도
과거 회상
가 서리는 것이었다. ▶ 이인국 박사의 인생의 반려나 마찬가지인 회중시계

---

01 서술상 특징 파악   답 ④

이 글은 전지적 작가 시점으로 서술되어 있다. 그런데 '그 후 삼십여 년, 자기 주변의 모든 것이 변하여 갔지만 시계만은 옛 모

습 그대로다. ~ 우여곡절 많은 세월 속에서 아직도 제시간을 유지하는 것만도 신기하다.'에서는 전지적인 서술자가 작중 인물인 이인국의 시선을 빌려 시계에 대한 생각을 밝히고 있다.

✅ 오답 챙기기
① 이 글은 일제 강점기와 해방, 그리고 6·25 전쟁 등을 거치며 1960년 대까지를 시대적 배경으로 하고 있다. 따라서 일제 강점기를 배경으로 한다는 설명은 맞지만, 계층 간의 갈등은 나타나지 않는다.
② 인물의 외양에 대한 묘사는 이루어지지 않았다. 이인국 박사의 성격은 행동을 통해 간접 제시되고 있다.
③ 과거 회상을 하고는 있지만, 외부 이야기와 내부 이야기가 교차하는 액자식 구성을 보이고 있지 않다.
⑤ 이인국 박사가 '일제 시대, 소련군 점령하의 감옥 생활, 6·25 사변, 삼팔선, 미군 부대' 같은 다양한 경험을 하였다는 것은 언급되었지만, 시대상과 관련된 구체적인 일화들을 나열하지는 않았다. 진찰실에 나올 때 하는 행동과 관련된 일화와 시계를 소중히 여기는 일화가 제시되어 있을 뿐이다.

02 작품 내용 이해   답 ③

'그 후 삼십여 년, 자기 주변의 모든 것이 변하여 갔지만 시계만은 옛 모습 그대로다.'와 '이십대 홍안을 자랑하던 젊음은 어디로 사라진 것인지 머리카락도 반백이 넘었고 이마의 주름은 깊어만 간다.'에서, 회중시계는 이인국 박사의 외양과 달리 옛 모습을 유지하고 있음을 알 수 있다.

✅ 오답 챙기기
① '그의 고객은, 왜정 시대는 주로 일본인이었고, 현재는 권력층이 아니면 재벌의 셈속에 드는 축이어야만 했다.'에서 확인할 수 있다.
② '그의 단골 고객들은 그의 정결한 결벽성에 감탄과 경의를 표해 마지않는다.'에서 확인할 수 있다.
④ '이 시계는 제국 대학을 졸업할 때 받은 영예로운 수상품이다.'에서 확인할 수 있다.
⑤ '그는 자기 전문인 외과 외에'와 '일제 시대, 소련군 점령하의 감옥 생활, 6·25 사변, 삼팔선, 미군 부대, 그동안 몇 차례의 아슬아슬한 죽음의 고비를 넘긴 것인가.'에서 확인할 수 있다.

03 소재의 기능과 상징적 의미   답 ④

'왕진 가방과 함께 38선을 넘어온 피란 유물의 하나인 시계. 가방은 미군 의사에게서 얻은 새것으로 갈아매어 흔적도 없게 된 지금'에서 알 수 있듯이, '왕진 가방'은 이인국이 피란길에 가지고 온 것이기는 하다. 그러나 이 글에 이인국이 고향에 대한 그리움을 드러내는 부분은 전혀 나오지 않으므로, '왕진 가방'이 피란민의 고향에 대한 그리움을 형상화했다는 감상은 적절하지 않다.

✅ 오답 챙기기
① '그의 일과는 아침에 진찰실에 나오자 ~ 이때 손가락 끝에 먼지만 묻으면 불호령이 터지고'에서, '먼지'는 이인국 박사의 결벽성과 꼼꼼함을 보여 주는 소재임을 알 수 있다.

② '그는 수복되자 재빨리 셋방 하나를 얻어 병원을 차렸다. ~ 종합 병원의 원장 자리는 의젓이 자기가 차지하고 있다.'에서, '2층 양옥'은 이인국 박사가 1·4 후퇴 후 남한에서 성공했음을 보여 주는 소재임을 알 수 있다.
③ '시계는 목숨을 걸고 삶의 도피행을 같이 한 유일품이요, 어찌 보면 인생의 반려이기도 한 것이다.'와 '일제 시대, 소련군 점령하의 감옥 생활, 6·25 사변, 삼팔선, 미군 부대'에서, '회중시계'는 역사적으로 급변하는 시대를 살아온 이인국 박사의 삶을 함축하는 소재임을 알 수 있다.
⑤ '반드시 풀어서 등기 서류, 저금통장 등이 들어 있는 비상용 캐비닛 속에 넣고야 잠자리에 드는 것이었다.'라는 서술에서, 이인국 박사는 상당히 주도면밀한 성격의 인물임을 알 수 있다.

04 소재의 기능과 상징적 의미   답 회중시계

"이인국 박사는 시계를 볼 때마다 참말 '기적'임에 틀림없었던 사태를 연상하게 된다."를 통해, 회중시계는 이인국 박사가 과거를 회상하게 되는 매개체가 됨을 알 수 있다. 또한 '시계는 목숨을 걸고 삶의 도피행을 같이 한 유일품이요, 어찌 보면 인생의 반려이기도 한 것이다.'를 통해 '회중시계'는 이인국 박사의 분신이자 그가 살아온 삶을 보여 주는 물건임을 알 수 있다.

05 ~ 08

📖 작품 꼼꼼 강의

전개 무엇을 생각했던지 그는 움찔 자리에서 일어났다. 그러고는 벽장문을 열었다. 안쪽에 손을 뻗쳐 액자 틀을 끄집어내었다.

'일본어'를 의미함.
'국어 상용의 가(家)'
'일본어를 일상적으로(늘) 사용하는 집' → 이인국의 친일 행적이 드러남.

해방되던 날 떼어서 집어넣어 둔 것을 그동안 깜박 잊고 있었다.
광복이 되면서 친일 행적이 드러날까 봐 일제와 관련된 것을 숨김.

그는 액자 틀 뒤를 열어 음식점 면허장 같은 두터운 모조지를 빼내어 글자 한 자도 제대로 남지 않게 손끝에 힘을 주
'국어 상용의 가'라고 적힌 표창장
친일을 한 사실을 숨기기 위해서(친일 행적으로 인해 안 좋은 일을 당할까 봐 걱정되어서)
어 꼼꼼히 찢었다.

「이 종잇장 하나만 해도 일본인과의 교제에 있어서 얼마나
'국어 상용의 가'라고 적힌 표창장
떳떳한 구실을 할 수 있었던 것인가. 야릇한 미련 같은 것이
섬광처럼 머릿속을 스쳐 갔다.」
↳ 바뀐 시대적 상황으로 인해 어쩔 수 없이 종이를 찢지만 그로 인해 받았던 그동안의 혜택을 생각하며 안타까워함.

환자도 일본 말 모르는 축은 거의 오는 일이 없었지만 대
가난한 조선인 환자는 받지 않음.
외 관계는 물론 집안에서도 일체 일본 말만을 써 왔다. 해방
이인국이 '국어 상용의 가'의 표창을 받게 된 배경 ①
뒤 부득이 써 오는 제 나라 말이 오히려 의사 표현에 어색함
우리말
을 느낄 만큼 그에게는 거리가 먼 것이었다.
일본말만 사용하여 우리말 사용이 오히려 불편함.
마누라의 솔선수범하는 내조지공도 컸지만 애들까지도 곧
이인국이 '국어 상용의 가'의 표창을 받게 된 배경 ②
잘 지켜 주었기에 이 종잇장을 탄 것이 아니던가. 그것을 탄
날은 온 집안이 무슨 경사나 난 것처럼 기뻐들 했었다.

"잠꼬대까지 국어로 할 정도가 아니면 이 영예로운 기회
야 얻을 수 있겠소." 하던 국민 총력 연맹 지부장의 웃음 띤
치하 소리가 떠올랐다.

그 순간, 자기 자신은 아이들을 소학교부터 일본 학교에
보낸 것을 얼마나 다행으로 여겼던 것인가.
▶ 일제로부터 표창을 받은 이인국 일가
(중략)

위기 이인국 박사는 그때나 지금이나 자기의 처세 방법에
대하여 절대적인 자신을 가지고 있다.

"얘, 너 그 노어 공부를 열심히 해라."

"왜요?"

아들은 갑자기 튀어나오는 아버지의 말에 의아를 느끼면
서 반문했다.

"야 원식아, 별수 없다. 왜정 때는 그래도 일본 말이 출세
를 하게 했고 이제는 노어가 또 판을 치지 않니. 고기가
물을 떠나서 살 수 없는 바에야 그 물속에서 살 방도를 궁
리해야지. 아무튼 그 노서아 말 꾸준히 해라."

아들은 아버지의 말에 새삼스러이 자극을 받는 것 같진 않
았다.

"내 나이로도 인제 이만큼 뜨내기 회화쯤은 할 수 있는데,
새파란 너희 낫세로야 그걸 못 하겠니."

"염려 마세요, 아버지……."

아들의 대답이 그에게는 믿음직스럽게 여겨졌다.

이인국 박사는 심각한 표정으로 말을 이었다.

"어디 코 큰 놈이라구 별것이겠니, 말 잘해서 진정이 통하
기만 하면 그것들두 다 그렇지……."

이인국 박사는 끝내 스텐코프 소좌의 배경으로 요직에 있
는 당 간부의 추천을 받아 아들의 소련 유학을 결정짓고야
말았다.　　▶ 소련군 주둔 시기에 아들의 소련 유학을 결정하는 이인국

05 인물의 성격 파악　　目 ⑤

[A]를 보면 이인국은 소련(러시아)의 영향력이 큰 상황에서 아
들에게 러시아어 배우기를 권하고 아들을 러시아 유학까지 보
낸다. 그런데 [A]에서 이인국이 '왜정 때는 그래도 일본 말이
출세를 하게 했고 이제는 노어가 또 판을 치지 않니.'라고 한
것을 고려할 때, 이인국은 시류의 변화에 따라 개인적 이익을
꾀하려는 태도를 지닌 부정적 속성의 인물임을 알 수 있다.

오답 챙기기

① 이인국이 과거에 집착하거나 낡은 가치관에 젖어 있는 모습은 나타
나지 않는다.
② 이인국의 정서가 불안정하거나 예민하다는 것을 보여 주는 부분은
찾아볼 수 없다.
③ 이인국은 아들에게 노어(러시아어) 공부를 열심히 하라고 말하며 노
어가 판을 치는 현실을 직시하면서 그것에 따라야 한다고 주장하고

있으므로 현실을 외면하고 있지 않다.
④ 이인국은 부정적인 상황에 소극적으로 대응하는 것이 아니라 오히려
그런 상황을 적극적으로 이용하고 있다.

06 작품 감상의 관점 이해　　目 ②

〈보기〉는 소설을 시대 상황과 관련지어 감상하는 외재적 관점에
해당하는 내용이다. ②는 이 글을 민족의 격동기라는 시대 상황
과 관련지어 감상하고 있으므로, 〈보기〉의 관점에 따른 감상으
로 볼 수 있다.

오답 챙기기

① 독자가 이인국의 행동 중에서 긍정적인 점을 찾아낸 것이므로 외재적
관점 중 작품을 통해 독자가 받은 영향을 중심으로 한 감상으로 볼 수
있다.
③ 작가의 작품 경향에 초점을 두고 있으므로 외재적 관점 중 작가와 관
련지은 감상으로 볼 수 있다.
④ 독자가 이인국의 행동을 비판적으로 보고 그렇게 행동하지는 않겠다
는 다짐을 하는 것이므로 외재적 관점 중 작품을 통해 독자가 받은
영향을 중심으로 한 감상으로 볼 수 있다.
⑤ 서술 방식(구성)에 초점을 두고 있으므로 작품 자체의 요소에 주목하
는 내재적 관점에 따른 감상으로 볼 수 있다.

07 인물의 행동에 담긴 의미 이해　　目 ①

이인국은 기회주의적 인물로, 그의 처세 방법은 시대 상황에
맞게 자신을 바꿔 돈과 권력을 추구하는 것이다. 즉 그 시대의
권력을 지닌 세력이 좋아하는 모습으로 자신을 변화시키는 것
이다. 그러나 ⊙은 이미 광복이 된 상황에서 일제 강점기에 일
본으로부터 받은 상장에 대해 미련을 드러내는 것이므로 기회
주의적인 처세 방법과는 거리가 멀다.

오답 챙기기

⊙과 ⊙은 일제 강점기에 일본에 아부하기 위해 일본어를 사용하는 모
습이며, ⊙과 ⊙은 소련군이 주둔한 시기에 아들에게 러시아어를 배우라
고 권하고, 아들을 러시아로 유학 보내는 것이므로 시류에 편승하는 기
회주의적인 처세 방법으로 볼 수 있다.

08 소재의 서사적 기능　　目 '국어 상용의 가'라고 적힌 종잇장

'국어 상용의 가'는 일제 강점하에서 이인국 박사 가족이 평소
에 일본어만을 사용하였다고 일제가 준 표창장에 적힌 글귀이
다. 따라서 이는 이인국이 적극적으로 친일 행위를 했음을 알
려 주는 증표로 볼 수 있다.

어휘 확인　　　　　　🖺 본문 109쪽

| 1 비탄 | 2 처세 | 3 비일비재 | 4 기회주의 | 5 본연 |

13 일차 필수 개념 판소리계 소설 / 영웅 소설

판소리계 소설 이해하기 1. ○ 2. ○
(필수 개념 ①) ⑤
개념 적용하기 리듬감, 독자, 해학, 판소리

영웅 소설 이해하기 1. ○ 2. ○
(필수 개념 ②) ④
개념 적용하기 혈통, 위기, 극복, 영웅

필수 개념 ① 판소리계 소설 (답) ⑤

장끼전 | 작자 미상

작품 해설 여성의 입장에서 남성 중심의 사회 질서를 날카롭게 비판한 작품이다. 판소리 열두 마당 중 하나인 〈장끼 타령〉으로 불리다 그 맥이 끊어지면서 대본인 가사만 남아 소설로 정착된 판소리계 소설이자, 의인화된 꿩을 중심으로 이야기를 전개하고 있다는 점에서 현실 세계에 대한 우의적 기능을 갖는 우화 소설에 해당한다. 콩을 먹지 말라는 까투리의 계속된 만류를 무시하다가 죽게 되는 장끼는, 가부장적 권위의식을 가진 당대의 남성을 상징한다. 그리고 자신이 죽은 뒤 수절하라는 장끼의 유언과 달리 다른 장끼와 당당하게 다시 혼인을 하는 까투리의 모습은, 남존여비의 남성 중심 사회와 여성의 개가 금지라는 당시의 유교적 도덕을 비판하고 풍자한 것으로 볼 수 있다.

주제 남존여비와 개가 금지의 사회 질서에 대한 풍자

전체 줄거리

발단 어느 추운 겨울, 굶주린 장끼와 까투리 부부가 어린 자식들과 함께 먹을 것을 찾아 산기슭을 헤매던 중 콩 한 알을 발견한다.

전개 장끼가 콩을 먹으려 하자 까투리는 지난밤의 불길한 꿈을 언급하며 먹지 말라고 말린다.

위기 까투리의 말을 무시하고 고집을 피우며 콩을 먹으려던 장끼는 결국 덫에 걸린다.

절정 장끼는 자신의 죽음을 까투리의 탓으로 돌리며 까투리에게 자신이 죽은 후 수절할 것을 요구한다.

결말 까투리는 장끼의 장례에 문상을 온 홀아비 장끼와 만나 재혼하여 살다가 자식들을 모두 혼인시킨 뒤 물에 들어가 조개가 된다.

📖 작품 꼼꼼 강의

위기 장끼란 놈 거동 보소. 『콩 먹으러 들어갈 제 열두 장목
(서술자가 독자에게 말을 건넴. → 판소리계 소설의 특징 ①)
펼쳐 들고 꾸벅꾸벅 고개 조아 조츰조츰 들어가서 반달 같은 혀뿌리로 들입다 꽉 찍으니 두 고패 둥그레지며 머리 위에
(『 』: 4·4조, 4음보, 음성 상징어의 사용으로 리듬감 형성 → 판소리계 소설의 특징 ②)
치는 소리 와지끈 뚝딱 푸드득 변통 없이 치었구나.』

까투리 하는 말이,

"저런 광경 당할 줄 몰랐던가, 남자라고 여자의 말 잘 들어도
(부부는 서로 의논하고 협력하며 살아가야 한다는 의미)
집안을 망치고, 여자의 말 안 들어도 몸을 망치네."
▶ 까투리의 말을 무시하다 덫에 걸린 장끼
까투리 거동 볼작시면, 『넓디넓은 자갈밭에 짧은 머리 풀어
(『 』: 덫에 걸린 장끼를 보며 애통해하는 까투리의 모습 묘사 → 슬픔 강조)
놓고 당굴당굴 뒹굴면서 가슴 치고 일어앉아 잔디 풀을 쥐어 뜯어 애통해하고 두 발을 땅땅 구르면서 성을 무너뜨릴 듯 절통해한다. 아홉 아들 열두 딸과 친구 벗님네들이 불쌍하다 탄식하며 조문 와서 소리 내어 슬피 우니 이 어찌 가련치 아니하리오.
(편집자적 논평 → 판소리계 소설의 특징 ③)

까투리 슬픈 중에 하는 말이,

"달 밝은 빈산에 두견새 소리 슬픈 회포 더욱 섧다. 『통감』
(중국의 역사가 사마광이 쓴 『자치통감』)
에 이르기를, 양약이 고구나 이어병이요, 충언이 역이나
(양반 계층의 언어 사용 → 판소리계 소설의 특징 ③(이중적인 언어 사용))
이어행이라 하였으니, 자네도 내 말 들었으면 이런 변 당할쏜가, 답답하고 불쌍하다. 우리 부부 좋은 금실 누구더러 말할쏘냐. 슬피 서서 통곡하니 눈물은 못이 되고 한숨
(연못)
은 폭우 된다. 가슴에 불이 붙네. 이내 평생 어이할꼬."

아직 숨이 끊어지지 않은 장끼 거동 볼작시면, 덫 밑에 엎드려서,
(평민 계층의 상스러운 언어 사용 → 판소리계 소설의 특징 ④(이중적인 언어 사용))
"에라 이년 요란하다. 호환을 미리 알면 산에 갈 이 뉘 있
(남성 중심적 가치관(남존여비)이 드러남.)
으리. 항상 미련이 먼저고 때를 놓치는 것이 뒷일이라. 죽은 놈이 탈 없이 죽으랴."
▶ 덫에 걸린 장끼에 대한 까투리의 한탄과 그에 대한 장끼의 비난
(중략)

장끼란 놈 하는 말이,

"맥은 그러하나 눈청을 살펴보소. 동자부처 온전한가?"

까투리 하는 말이,

『"이제는 속절없네. 저편 눈에 동자부처 첫새벽에 떠나가
(『 』: 장끼가 죽어 가는 비극적 상황을 해학적으로 표현함. → 판소리계 소설의 특징 ⑤)
고 이편 눈에 동자부처 지금에 떠나려고 보자기에 짐을 싸고 곰방대 붙여 물고 낡은 버선 감발하네."』
▶ 덫에 걸려 죽어 가는 장끼의 모습

"저편 눈에 동자부처 첫새벽에 떠나가고 이편 눈에 동자부처 지금에 떠나려고 보자기에 짐을 싸고 곰방대 붙여 물고 낡은 버선 감발하네."라는 까투리의 말에서, 덫에 걸린 장끼가 죽어 가는 모습을 사실적이 아니라 해학적으로 묘사하고 있다. 이런 해학성은 판소리계 소설의 특징이다.

✔ 오답 챙기기

① '콩 먹으러 / 들어갈 제 / 열두 장목 / 펼쳐 들고 // 꾸벅꾸벅 / 고개 조아 / 조츰조츰 / 들어가서 //' 등에서 4글자가 반복되는 4·4조의 음수율과 네 번에 걸친 끊어 읽기가 반복되는 4음보의 율격이 형성되고 있다.

② '장끼란 놈 거동 보소.'에서 작품 밖 서술자(전지적 서술자)가 독자에게 말을 건네고 있음을 확인할 수 있다.

③ '이 어찌 가련치 아니하리오.'에서 남편을 잃고 애통해하는 까투리의 모습(작중 상황)에 대한 서술자의 주관적인 논평, 곧 편집자적 논평을 확인할 수 있다.

④ '『통감』에 이르기를, 양약이 고구나 이어병이요, 충언이 역이나 이어행이라 하였으니'에서 양반 계층이 사용하는 한자어를, '에라 이년 요란하다.'에서 평민 계층이 사용하는 비속어를 확인할 수 있다. 이처럼 이 작품에서는 한자어와 비속어를 모두 사용하는 이중적 언어 사용을 보이고 있다.

홍길동전 | 허균

작품 해설 비범한 능력을 지닌 주인공을 통해 불합리한 현실을 비판하고 있는 영웅 소설이다. 주인공 홍길동은 뛰어난 능력을 지니고 있지만, 서얼이라는 신분 탓에 가정 내에서도 차별을 당하고 사회적으로도 입신양명(출세하여 이름을 세상에 떨침)할 기회조차 얻지 못한다. 이러한 처지의 길동이 사회의 부조리를 없애고 새로운 나라를 세우는 것을 통해, 당대의 부조리한 제도와 탐관오리의 횡포 등을 비판하고 있다. 영웅의 일대기 구성을 취하며 영웅 소설로서의 전형성을 보이는 한편, 조선을 공간적 배경으로 삼아 당대의 문제적 현실을 사실적으로 그렸을 뿐만 아니라, 최초의 한글 소설로서 독자층을 넓혔다는 점에서 의의가 있는 작품이다.

주제 불합리한 현실 비판과 이상 세계에 대한 염원

전체 줄거리

발단 홍 판서와 시비 춘섬 사이에서 태어난 길동은 총명하고 재주가 뛰어나지만 서얼이라는 신분 때문에 천대를 받는다.

전개 홍 판서의 첩 초란은 길동의 비범한 능력을 두려워해 길동을 죽이려 자객을 보내지만, 길동은 그 자객을 죽이고 집을 나와 떠돌다가 도적들의 우두머리가 되어 무리의 이름을 '활빈당'이라고 짓는다.

위기 길동이 전국 각지에서 탐관오리의 재물을 빼앗아 가난한 백성들에게 나눠 주자, 임금은 길동을 반역자로 보아 잡아들일 것을 명령한다.

절정 길동을 잡는 데 실패한 임금은 길동의 요구대로 길동을 병조 판서로 임명하고, 소원을 이룬 길동은 활빈당 무리를 이끌고 조선을 떠난다.

결말 길동은 조선을 떠나 율도국을 정벌하고 율도국의 왕이 된 후 이상적인 정치를 펼치다가 신선이 되어 사라진다.

📖 작품 꼼꼼 강의

㉮ 조선 시대에 홍 판서는 두 아들을 두었는데, 하나는 이름
길동은 이름난 양반 가문 출신임.
이 인형으로 본처 유 씨가 낳은 적자이고, 다른 하나는 이름
길동의 사회적 신분 – 갈등의 근본 원인
이 길동으로 시비 춘섬이 낳은 서얼이다.
길동의 비정상적인 출생
▶ 양반 가문의 혈통인 길동(영웅의 일대기 ① – 고귀한 혈통)

㉯ 홍 판서가 길동을 낳기 전에 꿈을 꾸었다. 갑자기 우레와 벼락이 진동하며 청룡이 수염을 거꾸로 하고 공을 향하여 달
길동의 비범함을 암시함.
려들기에, 놀라 깨니 한바탕 꿈이었다. 마음속으로 크게 기뻐하여 생각하기를,

'내 이제 용꿈을 꾸었으니 반드시 귀한 자식을 낳으리라.'
▶ 기이한 태몽을 꾸고 태어난 길동(영웅의 일대기 ② – 기이한 출생)

㉰ 과연 그날부터 태기가 있어 열 달 만에 길동을 낳았는데, 『생김새가 비범하였다. 길동이 점점 자라 여덟 살이 되자, 총
『 』: 인물의 성격 직접 제시
명하기가 보통이 넘어 하나를 들으면 백 가지를 알 정도였다.』
문일지십(聞一知十)
▶ 비범한 능력을 지닌 길동(영웅의 일대기 ③ – 비범한 능력)

㉱ "너는 죽어도 나를 원망하지 말라. 초란이 무당으로 하
홍 판서의 첩
여금 홍 판서와 의논하게 하고, 어린 너를 죽이려 한 것이
실제로 홍 판서는 응하지 않음. – 이간질을 위한 거짓말
니, 어찌 나를 원망하랴."

칼을 들고 달려드는 특재를 보자, 길동은 분함을 참지 못
초란이 보낸 자객
해 도술로 특재의 칼을 빼앗아 들고 호통을 쳤다.
길동의 비범한 능력

"네가 재물을 탐내어 사람 죽이기를 좋아하니, 너같이 도

리에 어긋나는 놈은 죽여 뒷날의 근심을 없애겠다."

하고 한 번 칼을 드니, 특재의 머리가 방 가운데 떨어졌다.
▶ 자객을 물리친 길동(영웅의 일대기 ④ – 어린 시절의 위기)

㉲ 임금이 홍길동의 활빈당 무리를 잡아야 한다고 전국 각
활빈당이 전국에서 탐관오리의 재물을 빼앗아 백성들에게 나누어 주었기 때문에
지에서 올라오는 문서를 보고 크게 놀라 말하기를,

"이 도둑은 용맹과 술법이 매우 뛰어나 잡기가 어려우리라."

하고 군사들을 보내 길동을 잡으라 하였다.
▶ 길동을 잡으려는 임금(영웅의 일대기 ⑤ – 성장 후의 위기)

㉳ 길동은 서얼 출신인 자신에게 병조 판서를 내리면 조선
신분 탓에 정상적인 출셋길이 막힌 길동의 소원 – 입신양명
을 떠나겠다고 하였다. 임금은 고심 끝에 길동에게 병조 판서
벼슬을 내렸다. 이에 길동은 임금에게 감사 인사를 드리고는
길동의 소원 성취
공중으로 사라졌다. 조선을 떠난 길동은 오랫동안 눈여겨보았
던 율도국을 정벌하여 왕이 되었다. 길동이 나라를 다스린 지
삼 년 만에 산에는 도적이 없고, 길에서는 떨어진 물건이 있어
도 주워 가지지 않으니, 태평성대라고 할 만하였다.
이상적인 국가 건설에 대한 당대 사람들의 바람이 반영됨.
▶ 이상 국가를 세운 길동(영웅의 일대기 ⑥ – 위기 극복과 행복한 결말)

㉮에서는 길동이 양반 가문의 출신임이 드러나고 있으므로 '고귀한 혈통'을 확인할 수 있고, ㉯에서는 상서로운 태몽을 꾼 뒤 길동이 태어났음이 드러나고 있으므로 '기이한 탄생'을 확인할 수 있다. 그리고 ㉰에서는 길동의 비범한 생김새와 총명함이 드러나고 있으므로 '비범한 능력'을 확인할 수 있고, ㉱에서는 초란이 보낸 자객에 의해 목숨을 위협받는 길동의 모습이 그려지고 있으므로 '어린 시절의 위기'를 확인할 수 있다. ㉲에서는 집을 나온 후 조직한 활빈당 무리를 이끄는 길동을 임금이 잡아들이라 명하는 모습이 그려지고 있으므로 '성장 후의 위기'를 확인할 수 있고, ㉳에서는 병조 판서라는 소망을 이루고 이상 세계를 건설한 길동의 모습이 그려지고 있으므로 '위기 극복과 행복한 결말'을 확인할 수 있다. 따라서 〈보기〉에 제시된 영웅의 일대기 구성 중 '조력자와의 만남'은 ㉮~㉳에서 확인할 수 없다.

13 일차 · 판소리계 소설 / 영웅 소설

01 ③   02 ⑤   03 ②   04 ㉮ 판소리, ㉯ 판소리계 소설
05 ④   06 ②   07 ③   08 극복, 영웅, 일대기

🔖 **개념 적용하기** 리듬감, 해학, 박씨, 극복

🔍 **작품 한눈에** 〈토끼전〉 간, 육지, 바다, 판소리
〈박씨전〉 병자호란, 영웅, 여성

01 ~ 04

토끼전 | 작자 미상

작품 해설 구전 설화가 판소리 사설을 거쳐 소설로 정착된 조선 후기의 대표적인 판소리계 소설이다. 또한 의인화된 동물들을 중심으로 하여 현실을 비판한 우화 소설로, 서민 의식을 바탕으로 한 날카로운 풍자와 익살스러운 해학이 잘 드러나 있다. 토끼와 자라, 토끼와 용왕의 속고 속이는 대결이 반복적으로 전개되며, 토끼의 위기와 그 위기를 극복하는 과정이 서사의 중심을 이루고 있다. 여기서 '자라'는 맹목적인 충성심을 지닌 관리를, '용왕'은 이기적인 지배층을, '토끼'는 헛된 욕심을 지닌 피지배층을 상징하며, 이 작품은 피지배 계층을 착취하는 지배 계층의 행태와 분수에 맞지 않는 헛된 욕심을 지닌 피지배 계층을 모두 풍자하고 있다.

주제 ① 위기 극복의 지혜와 헛된 욕심에 대한 경계(토끼의 입장) ② 임금에 대한 충성심(자라의 입장) ③ 부당하고 무능한 집권층에 대한 비판과 풍자(용왕의 입장)

전체 줄거리

[발단] 병이 든 남해 용왕은 토끼의 간이 약이 된다는 말을 듣고 토끼의 간을 구하기 위해 자라를 육지로 보낸다.

[전개] 육지에 도착한 자라는 호랑이를 만나 죽을 위기에 처하는 등 천신만고 끝에 토끼를 만난 후 높은 벼슬을 주겠다는 등의 온갖 감언이설로 토끼를 유혹하고, 자라의 말에 속은 토끼는 자라를 따라 수궁에 간다.

[위기] 수궁에 도착한 토끼는 자라의 말과 달리 자신의 배를 갈라 간을 꺼내려는 용왕을 만나 죽을 위기에 처한다.

[절정] 토끼는 꾀를 내어 자신이 신령스러운 동물이기에 간을 육지에 두고 왔다고 하고, 이 말에 속은 용왕은 자라에게 토끼와 함께 육지로 나가서 간을 찾아오도록 명령한다.

[결말] 육지로 올라온 토끼는 자라를 조롱하고, 간 대신 자신의 똥을 준다. 자라는 토끼 똥을 가지고 수궁에 가 용왕에게 먹이고, 토끼 똥을 먹은 용왕은 병이 낫는다. (결말의 내용은 판본에 따라 조금씩 다름.)

📑 작품 꼼꼼 강의

[전개] 자라 묻는 말이, / "그대는 뉘라 하오?"
　　　물속 동물인 자라가 호랑이를 알아보지 못함.
호랑이 기가 막혀,
　자라가 자신을 알아보지 못한 데 대해 어안이 벙벙함.
"네가 내 근본을 알려 하느냐? 나는 산신 가운데 영물이
　　　　호랑이에 대한 일반적인 인식, 자신의 지위를 언급하며 뽐냄.
요, 짐승 가운데 우두머리 산군이라. 이름을 호랑이라 하
니 너는 무엇이냐?"
　육지 동물인 호랑이도 자라를 처음 봄.
자라 엉겁결에, / "소인은 자라로소이다."
　호랑이의 소개에 자라가 스스로를 낮춰 '소인'이라고 함.
　　　　　　　　　　　▶ 자라가 육지에서 호랑이를 만남.

호랑이 듣더니,
"옳다, 좋다. 내 평소에 자라탕 먹기를 원하였는데 오늘 만났구나. 통째로 삼키면 배 속에 들어가 저절로 자라탕이
　　　　　　　　자라를 한입에 잡아먹겠다는 생각을 드러냄.
되리로다. 어흥, 좋다. 자라라니 반갑도다."

『칠 년 대한 가뭄 만나 빗발 보고 반기는 듯, 구 년 홍수 장
『 ♪: 대구와 열거를 이용한 장면의 극대화 – 판소리계 소설의 특징 ①
맛날에 햇빛 보고 반기는 듯, 천리 타향에서 벗을 만난다고 반기는 듯, 부모 여읜 어린아이 친척 보고 반기는 듯, 이십에 시집 못 간 노처녀가 신랑 보고 반기는 듯, 삼십 전에 홀아비 되어 과부 보고 좋아하듯, 한창 이리 좋아할 때, 자라가 자라탕이란 말은 못 듣고 반갑다는 말만 듣고 속마음에,
'이런! 나를 보고 저리 좋아하니 나하고 촌수가 있나 보다.'
　죽을 위기에 처한 것을 모르는 상황을 해학적으로 표현함. – 판소리계 소설의 특징 ②
하고, / "그대 나와 몇 촌이나 되오?"
　▶ 자라를 잡아먹으려는 호랑이와, 그런 호랑이를 먼 친척으로 오해한 자라
호랑이 이른 말이,

"네가 자라라니 내 배 속과 촌수가 있느니라."

"그러면 먹는다는 말이오?" / "먹어도 통째 삼키겠다."
　자신을 잡아먹으려는 호랑이의 속셈을 눈치 챔.
"옳다, 잘 죽는다. 자라 아니오."

"그러면 무엇이냐?" / "남생이요."

"남생이면 더욱 좋다. 흰 구름 청산 구름 안개 속에 분별 없이 다니더니 다리에 습진이 심하여 명의에게 물어보니 남생이가 마땅하다 하기에 한번 보기를 원하였더라."
　　　　　　　　좋다
"그러면 남생이도 아니오." / "그러면 무엇이냐?"

"두꺼비로다." / "그러면 더욱 좋다. 너를 삶아 술에 타 먹으면 담 걸리는 데 즉효로다." / 자라가 기가 막혀 우는 말이,
　　　　　자라가 육지에 나온 목적 – 용왕의 병을 치료할 약을 구하러 옴.
"못 보것네, 못 보것네, 병든 용왕 못 보것네. 나의 충성
『 ♪: 유사 구절의 반복, 4·4조 4음보의 율격 형성 – 판소리계 소설의 특징 ③
부족던가, 나의 정성 부족던가? 객사 신세 자라 팔자 이 아니 불쌍한가? 밝은 하늘 감동하여 백호를 죽여 주오. 애고애고 설운지고."
　　　▶ 호랑이의 속셈을 알고 자신의 정체를 숨기려 하지만 실패하는 자라
　　　　　　　　　(중략)
　　　　　　　　　　육지
자라 생각하되, '왕명을 받들고 만 리 밖에 나와 이 지경을
　　　　　자라가 용왕의 명령을 받고 육지에 나온 것임을 알 수 있음.
당하니, 한번 죽어지면 죽을 것도 없는 것이라. 먹지 못할
　　　　　　　　　　　　　　자라의 특성
것이 없이 몽땅 잡아먹는다 하니, 내 한번 고깃값이나 하리
라.' 하고 모진 마음을 굳게 먹고,
　　　　　목숨을 걸고 덤벼 보리라.

"어따, 네가 내 근본을 알려느냐?"
　호랑이가 앞서 한 말을 인용하여 말함. – 도전 의식
하며 호랑이의 앞턱을 냅다 물고 매달리니, 호랑이,
　　　한번 물면 잘 놓지 않는 자라의 특성을 활용한 묘사
"애고 놓아라, 아니 먹으마."
　자라와 호랑이 사이의 상황이 뒤바뀜.　▶ 죽을 각오를 하고 호랑이에게 덤비는 자라
　자신의 지위를 뽐내던 호랑이가 자라에게 사정하게 된 상황 변화를 통해 해학성을 드러냄.

01 서술상 특징 파악　　　　　　　　　📘 ③

이 글의 서술자가 판소리의 소리꾼같이 판소리 사설투의 문체를 사용하고는 있지만, 이 글에서 서술자가 독자에게 말을 건네는 부분은 나타나 있지 않다. 참고로, '장끼란 놈 거동 보소.'와 같은 서술을 독자에게 말을 건네는 말투로 볼 수 있다.

① '못 보것네, 못 보것네, 병든 용왕 못 보것네. 나의 충성 부족던가, 나의 정성 부족던가? 객사 신세 자라 팔자 이 아니 불쌍한가? 밝은 하늘 감동하여 백호를 죽여 주오. 애고애고 설운지고.'라는 자라의 말에서, 4 · 4조 4음보의 율격이 형성되고 있다. 이처럼 이 글은 산문에 해당하는 소설이지만 부분적으로 운문적 요소가 섞인 문장을 확인할 수 있다.

② 자라와 호랑이의 속마음까지 서술자가 직접 제시하고 있는 점에서 서술자가 모든 것을 다 알고 있는 전지적 작가 시점임을 알 수 있다.

④ '칠 년 대한 가뭄 만나 빗발 보고 반기는 듯, 구 년 홍수 장맛날에 햇빛 보고 반기는 듯, ~ 이십에 시집 못 간 노처녀가 신랑 보고 반기는 듯, 삼십 전에 홀아비 되어 과부 보고 좋아하듯'에서, 유사한 내용을 열거하여 호랑이가 자라를 만나 좋아한다는 간단한 내용을 장황하게 서술하고 있다. 이런 서술을 장면의 극대화라고 한다.

⑤ 자라가 '이런! 나를 보고 저리 좋아하니 나하고 촌수가 있나보다.'라고 생각하는 부분과 '"그대 나와 몇 촌이나 되오?" / 호랑이 이른 말이, / "네가 자라라니 내 배 속과 촌수가 있느니라."에서, 잡아먹힐 위기에 처한 상황을 판단하지 못하는 자라와, 자라를 먹잇감으로 여기는 호랑이 간의 대화를 통해 해학성이 형성되고 있다.

02 작품 내용 파악

답 ⑤

호랑이가 "나는 산신 가운데 영물이요, 짐승 가운데 우두머리 산군이라."라고 하며 자신의 지위를 언급하고는 있지만, 자라를 달콤한 말로 꾀고 있지는 않다. 호랑이는 "먹어도 통째 삼키겠다."라고 하며 자라를 잡아먹으려는 의도를 직설적으로 밝히고 있다.

① '이런! 나를 보고 저리 좋아하니 나하고 촌수가 있나 보다.'라는 자라의 생각을 통해 알 수 있다.

② 자라는 호랑이가 자신을 먹잇감으로 여긴다는 것을 알게 되자 자신이 자라가 아니라 남생이와 두꺼비라고 둘러대고 있다.

③ 호랑이는 처음에는 자라를 자라탕의 재료로 여겼다가 자라에게 앞턱을 물리고 나서는 "애고 놓아라. 아니 먹으마."라고 하며 먹기를 포기하고 있다.

④ '왕명을 받들고 만 리 밖에 나와 이 지경을 당하니'라는 자라의 생각을 통해 알 수 있다.

03 인물의 심리 파악

답 ②

㉠은 자라가 호랑이에게 잡아먹히게 된 상황에서 떠올린 생각으로, 호락호락하게 잡아먹히지 않겠다는 의도를 드러낸 표현이다. 이는 '한번 죽어지면 죽을 것도 없는 것이라.'라는 말에서 알 수 있다. 따라서 ㉠에는 죽을 때 죽더라도 있는 힘을 다해 호랑이에게 한번 덤벼 보겠다는 자라의 의지가 나타나 있다.

04 판소리계 소설의 전승 과정

답 ㉮ 판소리, ㉯ 판소리계 소설

〈토끼전〉은 '근원 설화: 구토 설화 → 판소리: 수궁가 → 판소리계 소설: 토끼전 → 신소설: 토의 간'으로 전승되어 온 고전 소설이다.

05 ~ 08

박씨전 | 작자 미상

작품 해설 병자호란이라는 역사적 사실을 배경으로 주인공 박씨가 초인적인 능력을 발휘해 용골대가 이끄는 청나라 군대를 물리치는 영웅적 활약상을 그린 영웅 소설이다. 실제로 병자호란은 굴욕적인 패배를 당한 전쟁이지만, 용골대와의 싸움에서 승리하고 용골대를 꾸짖는 박씨의 영웅적인 면모를 통해 병자호란의 치욕을 씻고자 하는 당대 사람들의 마음을 형상화하였다. 또한 마음이 넓고 뛰어난 능력을 지닌 박씨와 대비되는 옹졸하고 무능력한 남성 인물들을 설정함으로써 남성 중심의 가부장적인 사회 질서에서 벗어나고 싶은 당대 여성들의 바람을 담고 있다.

주제 ① 박씨 부인의 영웅적 활약상 ② 병자호란의 패배로 인한 치욕과 고통의 심리적 극복

전체 줄거리

발단 조선 인조 때, 이시백의 아버지 이득춘에게 금강산에 사는 박 처사가 찾아와 자신의 딸과 이시백을 혼인시킬 것을 청하고, 이득춘은 이를 흔쾌히 받아들여 이시백과 박씨를 혼인시킨다.

전개 이시백이 박씨의 외모가 추하다는 이유로 박씨를 멀리하자, 박씨는 시아버지에게 부탁해 후원에 피화당을 짓고 그곳에서 홀로 지내며 이시백의 과거 급제를 돕는다.

위기 박씨는 뛰어난 능력으로 이시백을 급제시키고 신이한 재주를 드러내지만 이시백은 여전히 박씨를 멀리한다. 그러나 이후 박씨의 아버지 박 처사가 다녀간 뒤 박씨가 추한 허물을 벗고 절세미인으로 탈바꿈하자 이시백은 지난날을 사과하고 화목하게 지낸다.

절정 용골대가 이끄는 청나라 대군이 조선을 침략하자 조정은 항복하지만, 박씨는 뛰어난 능력을 발휘하여 오랑캐를 물리치고는 왕대비를 구한다.

결말 전쟁이 끝난 뒤 임금은 박씨의 공을 치하하고, 박씨와 이시백은 행복한 여생을 보낸다.

📖 **작품 꼼꼼 강의**

절정 시비 계화가 들은 체 아니하고 크게 꾸짖어 말하기를,
〔허구적 인물〕
"네 동생이 내 칼에 죽었으니, 너 또한 목숨이 내 손에 달렸
〔용골대를 조롱하는 말〕
으니 어찌 가소롭지 아니리오."

용골대가 화를 참지 못하고 호령하여, "일시에 활을 당겨
〔실존 인물〕
쏘라." 하니, 화살이 무수히 많았으나 하나도 피화당 근처에
〔박씨가 피화당 근방에 도술로써 진법을 친 결과 - 비현실성(전기성)〕
도 가지 못하는지라. 용골대 아무리 분한들 어찌하리오.
〔편집자적 논평〕
용골대가 조선 도원수 김자점을 불러 말하기를, "네 군사를
〔실존 인물 - 병자호란 당시의 간신〕
몰아 박 부인과 계화를 사로잡아 들이라." 하니, 자점이 대
포 한 발을 쏘고 군사를 몰아 피화당을 에워싸니, 문득 박씨
〔조선의 관리가 오랑캐의 명령에 따름. → 병자호란 당시 조선 관리들의 무능함을 드러냄〕
가 주문으로 쳐 둔 진법이 변하여 백여 길 함정이 되는지라.
〔박씨의 영웅적 면모(비범한 능력)가 드러남. 비현실성(전기성)〕
용골대가 이를 보고 꾀를 내어, 군사로 하여금 피화당 사

방 십 리를 깊이 파고 화약을 많이 부은 뒤, "너희가 아무리
천 가지로 변화하는 방법이 있은들 이제 어찌하리오." 하고
군사들에게 호령하여 일시에 불을 놓으니, 화약 터지는 소리
가 천둥같이 나며 장안 삼십 리에 불길이 가득하더라.

이때, 박씨가 주렴을 드리우고 부채를 쥐어 불을 향해 부치
니, 불길이 오랑캐 진을 덮쳐 오랑캐의 장수와 병졸들이 타
죽고 밟혀 죽으며 남은 군사는 살기 위해 다 도망하는지라.

용골대가 어찌할 수 없어, "이미 조선 왕의 항복 문서를
받아 큰 공을 세웠거늘, 부질없이 조그만 계집을 시험하다가
공연히 장수와 병졸만 다 죽였으니, 어찌 원통치 않으리오."
하고 군대를 돌려 돌아갈 제, 왕대비와 세자, 대군이며 장안
의 여인들을 데리고 가는지라.

박씨가 시비 계화로 하여금 외쳐 말하기를, "무지한 오랑
캐야, 너희 왕 놈이 무식하여 지난날 은혜를 베푼 우리 조선
을 침범하였지만, 우리 왕대비는 데려가지 못하리라. 만일 그
런 뜻을 두면 너희들을 결코 본국으로 돌려보내지 않으리라."

(중략) / 이윽고 공중으로 두 줄기 무지개 일어나며, 모진
비가 천지를 뒤덮을 듯이 내리며, 으스스한 바람이 불더니
흰 눈이 날리고, 얼음이 얼어 군마의 발굽이 땅에 붙어 한
걸음도 옮기지 못하는지라. 용골대를 비롯한 오랑캐 장수들
이 매우 두려워하며 아무리 생각하여도 모두 죽을 것 같은지
라. 어쩔 수 없이 투구를 벗고 창을 버린 뒤, 피화당 앞에 나
아가 무릎을 꿇고 애걸하기를, "부인의 말대로 왕대비는 아
니 모셔 갈 것이니, 부디 살려 주옵소서."

박씨가 주렴 안에서 꾸짖어 말하기를, "너희들을 모두 죽
일 것이로되, 하늘의 뜻을 생각하고 용서하거니와, 너희 놈
이 본디 간사하여 용서받지 못할 죄를 지었으나 이번에는 살
려 보내나니, 우리 세자와 대군을 부디 편안하게 모셔 가라.
만일 그렇지 아니하면 내 너희 놈들을 씨도 없이 없애리라."

이에 오랑캐 장수들이 백배사례하더라.

05 서술상 특징 파악　　답 ④

이 글에서 운문과 같은 리듬감이 형성되는 부분은 나타나지 않
는다. 리듬감이 형성되는 고전 소설은 대개 판소리계 소설인
데, 이 글은 판소리계 소설이 아니다.

✔ 오답 챙기기

① 박씨와 계화가 용골대와 그의 군대를 물리치고 항복을 받아내는 과
　정에서 도술을 사용하는 등 비현실적인 장면이 나타나고 있다.
② 용골대가 피화당을 공격하고 이를 박씨와 계화가 신이한 능력으로
　물리치며 항복을 받아 내는 사건이, 발생한 순서대로 서술되고 있다.
③ '용골대 아무리 분한들 어찌하리오'에서 서술자가 개입하여 작중 상
　황에 대해 논평하는 편집자적 논평이 나타나고 있다.

⑤ 도술을 부리는 등 비범한 능력을 지닌 박씨가 조선을 침략한 용골대
　와 그의 군대를 통쾌하게 무찌르는 영웅적 활약을 펼치고 있다.

06 작품 내용 파악　　답 ②

"너희들을 모두 죽일 것이로되, 하늘의 뜻을 생각하고 용서하
거니와, ~ 이번에는 살려 보내나니"에서, 박씨가 하늘의 뜻을
생각하여 항복하는 오랑캐군을 죽이지 않았음을 알 수 있다.

✔ 오답 챙기기

① 김자점이 용골대에게 피화당을 공격하는 방법을 알려 준 것이 아니
　라 용골대가 김자점에게 피화당을 공격하라고 명령한 것이다.
③ "네 동생이 내 칼에 죽었으니"라는 계화의 말에서 알 수 있듯이, 용골대
　의 동생은 박씨의 시비 계화에게 목숨을 잃은 것이 맞다. 그러나 용
　골대는 박씨의 뛰어난 능력 앞에 항복하였을 뿐 죽지는 않았다.
④ 용골대는 먼저 화살로 피화당을 공격했다가 실패한 다음 불을 이용
　하여 공격하였다.
⑤ 박씨는 본국으로 돌아가는 오랑캐군에게 왕대비를 두고 가라고 하
　였을 뿐 백성들을 두고 가라고 하지는 않았다. 따라서 박씨가 조선의
　백성들을 구하기 위해 돌아가는 오랑캐군을 공격했다고 볼 수는 없다.

07 외적 준거에 따른 감상　　답 ③

용골대는 "이미 조선 왕의 항복 문서를 받아 큰 공을 세웠거늘,
부질없이 조그만 계집을 시험하다가 공연히 장수와 병졸만 다
죽였으니, 어찌 원통치 않으리오."라고 말하고 있다. 이는 자
신의 수하 장수와 병졸들의 죽음을 박씨의 탓으로 돌리는 것이
아니라 박씨를 시험하려 한 스스로를 탓하는 것이다.

✔ 오답 챙기기

④ 박씨와 시비 계화의 재주를 본 오랑캐 장수들이 박씨에게 무릎을 꿇
　고 목숨을 구걸하는 장면은 당시 조선 사람들이 패전으로 인한 고통
　을 위로받기 위한 허구적인 장면으로 볼 수 있다.
⑤ 오랑캐인 용골대의 명령에 따라 움직이는 김자점과 달리, 여성인 박
　씨는 영웅적 기상과 비범한 능력으로 용골대를 비롯한 오랑캐를 물
　리치고 있다. 이는 여성인 박씨의 능력을 부각함으로써 남성 중심 사
　회에 대한 당대의 비판 의식을 반영한 것으로 볼 수 있다.

08 소설의 문학사적 의의 이해　　답 극복, 영웅, 일대기

〈박씨전〉은 박씨라는 여성 영웅의 삶을 그린 영웅 소설로, 박
씨라는 비범한 능력을 지닌 인물이 전쟁이라는 국가의 위기 상
황에서 영웅적 활약상을 보여 국난을 극복한 후 행복한 여생을
보낸다는, 영웅의 일대기적 구성을 보인다.

✍ 어휘 확인　　본문 119쪽

1 ⓛ　　2 ⓒ　　3 ⓔ　　4 ⓜ　　5 ⓘ

14 일차 권선징악 / 전기성

🔖 **권선징악 이해하기** 1. 착한, 악한 2. 복, 벌

필수 개념 ❶ ⑤

✏️ **개념 적용하기** 흥부, 제비, 박, 권선징악

🔖 **전기성 이해하기** 1. 장비 2. 여러 가지 똥 3. 없다

필수 개념 ❷ ③

✏️ **개념 적용하기** 형제, 악인, 똥, 전기성

필수 개념 ❶ 권선징악

답 ⑤

흥부전 | 작자 미상

작품 해설 이 작품은 판소리 〈흥부가〉의 사설이 문자로 정착된 판소리 계 소설로, 선인과 악인이 대립하며 '권선징악', '인과응보' 등의 교훈을 주는 구조라는 점에서 전형적인 고전 소설의 형태를 보여 준다. 일반적인 판소리계 소설들처럼 운문과 산문이 혼합된 문체에 양반과 서민의 언어가 공존하고 있으며, 인물의 행위를 과장하여 묘사하는 등 해학성을 보이고 있다. 한편, 이 작품을 단순히 형제간의 우애라는 윤리적 주제를 강조한 것으로 볼 수도 있지만, 당대의 몰락한 양반과 신흥 부유층 간의 빈부 갈등을 비판적으로 바라보는 시선이 담겨 있다고 보기도 한다. 곧, 몰락한 양반으로서 생활력이 없는 흥부와 물질 만능주의의 전형을 보여 주는 놀부에 대한 당대 서민들의 비판 의식과, 이들 사이에 새롭게 발생한 갈등 양상을 보여 주고 있다고 본다.

주제 ① 권선징악과 형제간의 우애(표면적) ② 빈부 간의 갈등(이면적)

전체 줄거리

발단 놀부와 흥부 형제가 살았는데, 형 놀부는 심술궂고 온갖 나쁜 짓을 일삼았으며, 그와 반대로 동생 흥부는 착하고 행실이 올발랐다. 부모님이 돌아가시자 놀부는 흥부를 쫓아내고 부모님의 유산을 독차지한다.

전개 가난을 견디다 못해 흥부가 놀부의 집으로 양식을 구하러 가지만 매만 맞게 된다. 흥부 부부는 자식들을 먹여 살리기 위해 매품팔이를 비롯한 다양한 품팔이를 닥치는 대로 하지만, 여전히 극심한 가난을 벗어나지 못한다.

위기 어느 봄날, 흥부는 구렁이를 피하려다 땅에 떨어져 다리가 부러진 새끼 제비를 보고는 정성껏 치료해 주고, 이듬해 그 제비는 보답으로 흥부에게 박씨 하나를 물어다 준다.

절정 흥부가 박씨를 심어 수확한 박을 타자 그 속에서 엄청난 재물이 나와 흥부는 큰 부자가 된다. 이 소문을 들은 놀부는 부자가 되고 싶은 마음에 멀쩡한 제비 다리를 일부러 부러뜨려서 자신도 흥부를 따라 해 보지만, 오히려 박 속에서 온갖 나쁜 것들이 나와 놀부의 재산을 모두 빼앗고 놀부에게 벌을 내린다.

결말 놀부가 망했다는 소식을 들은 흥부는 놀부에게 재산을 나눠 주고, 이후 놀부는 개과천선하여 두 형제는 화목하게 살았다. (결말의 내용은 판본에 따라 조금씩 다름.)

📖 **작품 꼼꼼 강의**

[앞부분의 줄거리] 심술궂은 형 놀부가 착한 동생 흥부를 쫓
- 악인(나쁜 사람) / 선인(착한 사람)
아내고 부모님의 유산을 독차지한다. 가난한 흥부는 놀부에게

도움을 청하지만 놀부 부부에게 매만 맞는다. 어느 날 흥부는 다
- 놀부의 악행
리가 부러진 제비 새끼를 정성껏 치료해 주고, 제비는 그 보답으
- 흥부의 선행
로 박씨를 물어다 준다. 박씨를 심어 박이 익자 흥부는 박 속으로
- 선행의 대가
죽을 끓여 먹기 위해 아내와 함께 박을 타기 시작한다.

절정 슬근슬근 타 놓으니 뜻밖에 박통 안에서 난데없는 궤
- 전기성, 비현실성 - 고전 소설의 특징
둘이 나오거늘, 흥부 깜짝 놀라,

"복 없는 놈은 계란에도 뼈가 있다고, 어떤 놈이 박속은
- 계란유골: 운수가 나쁜 사람은 모처럼 좋은 기회를 만나도 일이 잘 안 됨.
긁어 먹고 남의 세간 박살 낸 귀신 상자를 넣었구나. 이것
다 버리고 천리만리 도망합세."
- 박 속에 들어 있는 궤를 귀신 상자로 여기고 놀라 도망치려 하는 흥부의 모습에서 해학성이 드러남.
흥부 아내 이르는 말이,

"죄 없으면 괜찮으니 자세히 살펴보오."
▶ 박을 타자 그 속에서 궤가 나와 놀란 흥부
자세히 살펴보니 금색의 큰 글씨로 '흥부 열어 보시오.'라고 뚜렷이 적혔거늘, 궤를 열어 보니 한 궤에는 돈이 가득,
- ① 전기성, 비현실성
- ② 호의호식을 소망한 당대 민중의 마음이 반영됨.
또 한 궤에 쌀이 가득,

"애고 여기 쌀 들었다."

비워 내고 재어 보니 쌀이 서 말이요 돈이 삼십 냥, 그 돈으로 반찬 사고 그 쌀로 밥을 지어 배불리 먹고 궤를 다시 돌아보니, 도로 쌀이 가득하고 도로 돈이 가득하니,
- 전기성, 비현실성

"허허 그 궤 미치겄다."
- 재물이 계속 나와 좋음, 행복함 - 반어적 표현
돌아섰다 비워 내고 돌아섰다 비워 내고, 하루를 비워 내니 쌀이 삼천칠백 석, 돈이 삼만 칠천 냥, 하루 내에 얻은 세
- 편집자적 논평
간 석숭이를 부러워할쏘냐. 흥부 부부 주리다가 양식 많이 얻은 김에 밥을 많이 하여 어찌들 먹었던지, 흥부 아내 배는
- 제대로 먹지 못해 굶주리다가
배꼽을 만지려면 선반의 것 만지듯 하고, 흥부는 배꼽에 거
- 많이 먹어 배가 부른 흥부 부부의 모습을 과장하여 해학적으로 표현함. - 웃음 유발
울 놓고 망건 쓰기 좋게 불렀구나.
▶ 박 속에서 나온 재물로 큰 부자가 된 흥부 부부

[뒷부분의 줄거리] 타는 박마다 재물이 쏟아져 나와 흥부는 큰
- 흥부의 선행의 대가 → 복을 받음. 인과응보, 권선징악
부자가 된다. 이 소식을 들은 놀부는 더 큰 부자가 되고 싶은 마음에 멀쩡한 제비 다리를 일부러 부러뜨려서 자신도 흥부를 따라 해
- 놀부의 악행
보지만, 오히려 박 속에서 온갖 나쁜 것들이 나와 놀부의 재산을
- 놀부의 악행의 대가 → 벌을 받음. 인과응보, 권선징악
모두 빼앗는다.

박 속에서 궤가 나오자 흥부가 놀라 도망가려고 한다. 그러나 흥부의 아내는 "죄 없으면 괜찮으니 자세히 살펴보오."라고 하며 궤를 살펴볼 것을 권하고, 이에 흥부가 궤를 열어 재물을 얻게 된다. 이 과정에서 흥부의 아내가 선악을 판단하는 모습을 보이고 있지는 않다.

✅ **오답 챙기기**

① 다친 새끼 제비를 구하는 선행을 한 흥부가 박에서 나온 재물로 큰 부자가 되는 행복한 결말을 보이고 있다.

② 착한 흥부가 큰 부자가 되고 나쁜 놀부가 망한다는 이야기 전개를 통

해 착한 사람은 복을 받고 악한 사람은 벌을 받는다는 권선징악의 교훈을 전달하고 있다.
③ 흥부가 구해 준 제비가 흥부에게 박씨를 물어다 주고, 그 박씨를 심어 기른 박에서 재물에 나와 흥부가 부자가 된 것이므로, 제비는 착한 행동을 한 흥부에게 복을 주는 역할을 하고 있다고 볼 수 있다.
④ 선한 행동을 한 흥부가 복을 받고, 악한 행동을 한 놀부가 벌을 받으므로, 선악의 결과에 따라 행과 불행이 있다고 보는 인과응보의 모습이 드러나 있다.

필수 개념 ② 전기성
답 ③

☑ 작품 꼼꼼 강의

[절정] 놀부 또 박 한 통을 따 가지고 내려와서 째보를 달래되,
앞서 이미 많은 박을 타서 재산을 잃은 상황임.   놀부가 박을 타기 위해 고용한 인물
"이번 박은 겉으로 봐도 아주 좋으니 바삐 타 보세."

하며, 타는데 박 속에서 우레 같은 소리 진동하며 비로다 비
전기성, 비현실성 – 고전 소설의 특징
로다 하니, 놀부 어찌할 줄 모르고 박 타기를 멈추니, 박 속
에서 또 불러 이르되,

"무슨 거래를 이다지 하는가. 나는 비로다."
박을 마저 타라는 뜻
놀부 더욱 겁을 내어 하는 말이,

"비라 하니 무슨 비온지? 당나라의 양귀비오니까, 순임금
예쁜 여인이 나오기를 바라는 놀부의 속마음이 드러남.
의 이비니까? 이름을 알려 주시오."

『박 속에서 하는 말이,
『 』: 소설 속 인물이 박 속에서 나옴. – 전기성, 비현실성
"나는 유현덕의 아우 장비로다."
놀부의 바람이 정반대로 깨지면서 해학성을 유발함.
놀부는 어쩔 수 없이 박을 마저 타고 보니, 한 장수 나오
되 얼굴은 검고 구레나룻이 가득하며 고리눈을 부릅뜨고, 투
장비의 외양 묘사
구에 갑옷 입고 장팔사모를 들고 내달으며,』

"이놈 놀부야, 네 세상에 나서 부모에게 불효하고 형제 불
놀부가 벌을 받는 이유
화할 뿐만 아니라 여러 가지 죄악이 많기로 하늘이 무심치
아니하여 나로 하여금 너를 죽이라 명하여 왔거니와 너의
놀부를 죽이지는 않고 혼을 내어 고통스럽게 할 것임을 드러냄.
잔명을 죽여도 쓸데없으니 견디어 보아라."
▶ 박 속에서 장비가 나와 놀부를 혼냄.
(중략)

놀부 그래도 그치지 아니하고 또 집 위에 올라가 보니, 박
앞서 박을 타 많은 고통을 겪었음에도 불구하고
한 통이 있되 빛이 누르고 불빛 같은지라. 놀부 마음이 동하
박 속에 똥이 들었음을 암시   박 속에 재물(황금)이 들었을 것으로 착각함.
여 그 박을 따 가지고 내려와 한참 타다가 귀를 기울여 들으
니, 아무 소리 없고 냄새가 물씬물씬 나니, 놀부 하는 말이,

"이 박은 농익어 썩은 박이로다."
갑자기
하고 계속 박을 타니, 홀연 박 속에서 거센 바람이 일어나며
전기성, 비현실성
똥 줄기 나오는 소리 산천이 진동하는지라. 온 집안이 매우
놀라 대문 밖으로 나와 문틈으로 엿보니, 된똥 · 물찌똥 · 진
똥 · 마른 똥 여러 가지 똥이 마구 나와 집 위까지 쌓이는지
라. 놀부 놈이 기가 막혀 발을 동동 구르며 탄식한다.
① 박 속에서 온갖 종류의 똥이 나옴. → 전기성, 비현실성
② 악행을 저지른 놀부의 집이 망함. → 권선징악, 인과응보

『"부자가 될 양으로 박을 심었다가 많은 재산을 다 없애고
『 』: 이전 사건이 요약적으로 제시됨.
전후에 없는 고생과 매 맞은 일이며 끝에 와서는 온 집안
똥으로 뒤덮임.
이 이리되니』 이런 분하고 원통한 일이 어디 있으리오."
여전히 자신의 잘못을 반성하지 않는 놀부
▶ 박 속에서 많은 똥이 나와 놀부네 집이 망함.

㉠, ㉡, ㉣, ㉤은 놀부가 탄 박 속에서 천둥소리와 말소리가 나고, 장비(사람)나 똥이 나오고, 거센 바람이 일어나는 것으로, 모두 현실에서는 일어날 수 없는 상황이다. 이렇듯 현실에서 일어나기 힘든 비현실적인 상황이 제시되는 고전 소설의 특성을 전기성이라고 한다. 그러나 ㉢은 앞서 박을 타서 고통을 겪은 놀부가 여전히 욕심을 부리며 나머지 박을 타려는 것으로, 박에서 냄새만 날 뿐 소리가 나지 않는 것은 전기성이 드러난 상황으로 볼 수 없다.

14 일차 실전 · 권선징악 / 전기성

01 ①	**02** ④	**03** ③	**04** 하늘이 내린 효녀 심청
05 ②	**06** ④	**07** ②	**08** 인당수

✎ **개념 적용하기** 권선징악, 황후, 행복, 전기성, 효심, 용궁, 비현실적

🔍 **작품 한눈에** 인당수, 시련, 보상, 판소리계

---

01 ~ 04

심청전 | 작자 미상

작품 해설 이 작품은 판소리 〈심청가〉의 사설이 문자로 정착된 판소리계 소설로, '효'를 주제로 한다. 심청이 눈 먼 아버지를 봉양하다 아버지의 눈을 뜨게 하기 위해 공양미 삼백 석에 몸을 팔아 인당수의 제물이 된 전반부의 이야기를 통해 부모에 대한 효(孝)라는 윤리적 가치를 드러내고 있다. 그리고 용왕에게 구출되어 환생한 심청이 황후가 되어 아버지 심 봉사와 재회하고, 심 봉사가 눈을 떠서 행복하게 산다는 후반부의 내용을 통해 효에 대한 인과응보라는 주제 의식을 드러내고 있다.

주제 부모에 대한 지극한 효심, 인과응보

전체 줄거리

발단 황주 도화동에 심학규라는 봉사는 아내 곽씨가 심청을 낳은 지 7일 만에 죽자 젖동냥을 얻어 먹여 심청을 키운다. 그렇게 자란 심청은 아버지를 극진히 봉양한다.

전개 심청이 15살 되던 해, 길을 가다 물에 빠진 심 봉사는 자신을 구해 준 몽은사 중이 공양미 삼백 석을 시주하면 눈을 뜰 수 있다고 하자 시주를 약속하지만 공양미를 마련할 수 없어 고민한다.

위기 공양미 삼백 석을 마련하기 위해 남경 상인들에게 자신을 제물로 판 심청이 인당수에 뛰어드나 용왕의 도움으로 용궁에서 지내다 연꽃에 싸여 물 밖으로 돌아온다.

절정 뱃사람들이 연꽃을 신기하게 여겨 천자에게 바치고, 천자는 연꽃 속에서 나온 심청을 아내로 맞이한다. 황후가 된 심청은 심 봉사를 찾고자 전국의 맹인들을 모두 모아 잔치를 벌인다.

결말 심 봉사는 맹인 잔치에 참석하기 위해 상경하게 되고, 우여곡절 끝에 심청과 재회하여 눈을 뜨게 된다. 이후 심청과 심 봉사는 부귀영화를 누리며 행복하게 산다.

📖 **작품 꼼꼼 강의**

위기 "심청은 시각이 급하니 어서 바삐 물에 들라."
공양미 삼백 석에 심청을 산 뱃사공의 말 - 심청이 제물임이 드러남.
심청이 거동 보소. 두 손을 모으고 일어나서 하느님께 비
독자에게 말을 건네는 말투 - 판소리계 소설의 특징
는 말이,

"비나이다, 비나이다, 하느님께 비나이다. 제가 죽는 일은 조금도 서럽지 않아도, 『병든 아버지 깊은 한을 생전에 풀
앞을 보지 못함.
려고 이 죽음을 당하오니 하느님은 감동하사 어두운 아비
눈을 뜨게 하여 주옵소서."』 『 』: 심청이 제물이 된 이유
죽음을 앞두고도 아버지를 생각함. → 심청의 지극한 효심
눈물지며 하는 말이,

"여러 뱃사람님네 평안히 가옵시고, 억십만 금 이익 남겨
심청의 착한 심성이 드러남.

이 물가를 지나거든 나의 혼백 불러내어 제사나 지내 주오."

하며, 안색을 변치 않고 뱃전에 나서 보니 티 없이 푸른 물
죽음을 각오함.
은 월러렁 콸넝 뒤둥구리 굽이쳐서 물거품 들끓는데, 심청
리듬감이 형성되는 음성 상징어(의성어) 사용 - 판소리계 소설의 특징
이 기가 막혀 뒤로 벌떡 주저앉아 뱃전을 다시 잡고 기절하
죽음을 두려워하는 심청의 인간적이고 평범한 모습
여 엎드린 모습은 차마 보지 못할 지경이다.
편집자적 논평

심청이 다시 정신 차려 할 수 없어 일어나서 치마폭을 뒤집어쓰고, 종종걸음으로 물러섰다 바닷속에 몸을 던지며,

"애고 애고, 아버지 나는 죽소."
▶ 아버지를 위해 제물이 되어 바다(인당수)에 뛰어든 심청
뱃전에 한 발이 잘못 걸려 거꾸로 풍덩 빠지니, 꽃 같은
몸이 풍랑에 휩쓸리고 밝은 달이 물속에 잠기어 넓은 바닷속
비유적 표현으로 물에 빠진 심청의 모습을 묘사함.
에 곡식 낟이 빠진 것 같았다. 곧 물결은 잔잔해지고 광풍은 잦아지며, 맑은 하늘 푸른 안개 해 뜨는 동쪽처럼 날씨가 좋아졌다. 뱃사공 하는 말이,
심청이 제물이었음이 드러남.
"고사를 지낸 후에 날씨가 좋아지니 심 낭자 덕 아니신가?"
뱃사람들이 공양미 삼백 석을 주고 심청을 제물로 산 목적
▶ 심청이 뛰어들자 잔잔해진 바다(인당수)
(중략)

이때 심 낭자는 넓은 바다에 뛰어들어 죽은 줄로 알았는
인당수에 뛰어들었을 때   인당수
데, 무지개 영롱하고 향내가 코를 찌르며 맑은 피리 소리 은
비현실적인 상황 - 전기적 요소
근히 들리기에 어쩐 일인지 모를 적에, 옥황상제께서 인당수
비현실적인 인물 - 전기적 요소
용왕과 사해 용왕, 염라대왕에게 일일이 명을 내리셨다.

"내일 하늘이 내린 효녀 심청이가 그곳에 갈 것이니 몸에
전형적 인물 - 지극한 효성을 실천하는 인물
물 한 점 묻지 않게 할 것이며, 만일 모시기를 실수하면 사해 용왕은 천벌을 주고 염라대왕은 쫓아낼 것이니, 수정궁으로 모셔 들여 삼 년 받들고 단장하여 세상으로 돌려보
심청에게 앞으로 일어날 일(인간 세상으로의 귀환)을 언급함.
내라."

명을 내리니 사해 용왕과 염라대왕이 모두 다 놀라 두려워하며, 무수한 바다의 장군과 군사들이 모여들 적에, 『참군 별주부, 승지 도미, 빈랑 낙지, 감찰왕 잉어며, 수찬 송어와 한
『 』: 열거를 통한 장면의 극대화 - 판소리계 소설의 특징
림 붕어, 수문장 메기, 청령 사령 자가사리, 승지 북어, 삼치 갈치 수군 백관과 백만 물고기 병사며,』 무수한 선녀들은 백옥 가마를 마련하여 그때를 기다리니, 과연 옥 같은 심 낭자
심청을 귀하게 대우함.   심청이 물속에 빠질 때
가 물로 뛰어들기에 선녀들이 받들어 가마에 태웠다. 심 낭자 정신을 차려 하는 말이,

"속세의 비천한 인간으로 어찌 용궁의 가마를 타오리까?"
심청의 겸손한 태도가 드러남.
하니 여러 선녀들이 말하기를,

"옥황상제 분부가 엄하시니 만일 타시지 않으시면 우리 용왕이 죄를 면치 못하실 것이니 사양치 마시고 타옵소서."
▶ 심청이 물속에 뛰어들기를 기다렸다가 극진히 모시는 용궁 사람들

---

01 작품 내용 파악 📖 ①

심청은 죽음을 앞둔 상황에서도 아버지의 눈이 뜨이기를 빌고 있을 뿐, 아버지를 보지 못하고 죽는 것을 한탄하지는 않았다.

② "고사를 지낸 후에 날씨가 좋아지니 심 낭자 덕 아니신가?"라는 뱃사공의 말에서 알 수 있다.
③ '심 낭자는 넓은 바다에 뛰어들어 죽은 줄로 알았는데'에서 알 수 있다.
④ "수정궁으로 모셔 들여 삼 년 받들고 단장하여 세상으로 돌려보내라."라는 옥황상제의 명령에서 알 수 있다.
⑤ '수군 백관과 백만 물고기 병사며, 무수한 선녀들은 백옥 가마를 마련하여 그때를 기다리니'에서 알 수 있다.

02 작품의 종합적 이해 답 ④

아버지를 위해 인당수의 제물이 된 심청을 착한 사람을 대표하는 인물, 즉 전형적 선인으로 볼 수 있지만 이 글에 심청과 대립하는 악인은 나타나지 않는다. 심청에게 물속으로 뛰어들기를 재촉하는 뱃사람들은 정당한 대가를 지불하고 심청을 제물로 산 것이므로 악인으로 볼 수 없다.

① 아버지의 눈을 뜨게 하기 위해 자신의 몸을 제물로 팔고, 바다에 뛰어들기 직전까지 아버지를 생각하는 심청의 모습은 부모에 대한 지극한 정성과 효심을 형상화한 것으로 볼 수 있다.
② '푸른 물은 월러렁 콸넝 뒤둥구리 굽이쳐서 물거품 들끓는데'에서 의성어를 활용하여 인당수 바다를 생동감 있게 묘사하고 있다.
③ 옥황상제가 인당수 용왕과 사해 용왕, 염라대왕에게 심청을 구하라는 명을 내리면서 사건이 현실 세계의 이야기에서 용궁 세계의 이야기로 전환되고 있다.
⑤ "고사를 지낸 후에 날씨가 좋아지니 심 낭자 덕 아니신가?"라는 뱃사공의 말에서, 심청이 바닷물 속으로 뛰어든 것은 산 사람을 신에게 제물로 바치는 인신 공양에 따른 것임을 알 수 있다. 이처럼 이 글에는 사람을 제물로 바치는 인신 공양 같은 불합리한 풍속이 드러나 있다.

03 전기성의 이해 및 적용 답 ③

심청이 깊은 바닷물 속으로 뛰어들었는데, 물속에서 대기하던 선녀들이 받들어 가마에 태우는 상황은 현실적으로 일어날 수 없는 사건이므로 ㉠ '전기적 요소'에 해당한다. 이외에 용궁을 배경으로 하고, 옥황상제와 용왕, 염라대왕 등이 등장하는 것이나, 물고기들이 인간 세상처럼 벼슬을 하는 상황 등도 전기적 요소에 해당한다.

① 바다에서 물이 심하게 굽이치고 물거품이 이는 상황은 현실에서도 흔히 일어나는 일이다.
② 인당수의 세찬 물결을 보고 무서워서 기절하는 상황은 심청의 인간적인 면을 보여 주는 것이므로 현실적이다.
④ 심청은 죽을 것을 각오하고 스스로 인당수에 뛰어든 것이므로 현실에서 일어날 수 있는 사건이다.
⑤ 뱃사람들은 심청을 인당수에 바칠 제물로 샀기 때문에 심청에게 빨리 물속으로 뛰어들라고 재촉하는 것이다. 이는 비록 비인간적이지만 비현실적이라고 볼 수는 없다.

04 인물의 특성 파악 답 하늘이 내린 효녀 심청

심청은 아버지를 위해 목숨까지 버린 효녀로, 효를 실천하는 전형적인 인물이다. 이는 심청에 대해 '하늘이 내린 효녀 심청'이라고 하는 옥황상제의 말에서 단적으로 드러난다.

05 ~ 08

작품 꼼꼼 강의

결말 이때 심 황후 여러 날을 맹인 잔치하며 맹인 명부를 아무리 보아도 심 씨 맹인이 없으니 탄식하시니,
"아버지를 뵈려고 이 잔치를 열었는데 보지 못하였으니, 내가 인당수에 빠져 죽은 줄로 아시고 애통하여 죽으셨나? 몽은사 부처님이 영험하시어 그새 눈을 떠서 맹인 부류에서 빠지셨는가? 잔치는 오늘이 끝이니 직접 나가 보리라."
▶ 맹인 잔치에 심 봉사가 나타나기만을 간절히 기다리는 심청

하시고 후원에 몸소 나가셔서 잔치를 주관하고 맹인들에게 옷 한 벌씩 내어 주니 맹인이 다 감사 인사를 올리는데, 문득 문밖에 맹인 하나가 있으니, 황후 신하를 시켜 물으시되,
"어떠한 맹인이오?" / 심 봉사 겁을 내어,
"소인은 집도 절도 없이 빌어먹으며 떠돌아다녀 맹인 명부에도 들지 못하고 제 발로 왔습니다." 황후 반기시어, / "가까이 들라."
하시니, 심 봉사 아무것도 모른 채 겁을 내며 궁 안으로 들어가 계단 아래 섰으니, 얼굴은 몰라볼 정도로 변하고 백발이 가득하더라. 황후는 삼 년을 용궁에서 지냈으니 부친 얼굴이 가물가물하여 물으시길,
"처자가 있느냐?"
심 봉사 엎드려 눈물을 흘리면서 말하기를,
"오래전에 아내를 여의고 태어난 지 칠 일 만에 어미 잃은 딸 하나 있었는데, 눈 어두운 중에 어린 자식을 품에 품고 동냥젖을 얻어 먹이며 겨우겨우 길러 내었습니다. 갓난아이가 점점 자라서는 효행이 옛사람을 앞설 정도가 되더니, 요망한 중이 와서 공양미 삼백 석을 시주하면 제 눈을 뜨리라 하니, 딸아이가 이를 듣고, 저도 모르게 남경 뱃사람들에게 스스로를 삼백 석에 팔아 인당수 제물로 빠져 죽었사오니, 그때 십오 세라, 저는 눈도 뜨지 못하고 자식만 잃었사오니, 자식 팔아먹은 놈이 이 세상에 살아 본들 쓸데없사오니 죽여 주옵소서."
황후 울먹이며 그 말을 자세히 들으시매, 정녕 부친인 줄 알았으되, 부녀간 천륜에 어찌 그 말씀이 그치기를 기다리랴마는 자연 말을 만들자 하니 그런 것이었다.
▶ 심 봉사와 만나 부친임을 확인하는 심청

　　심 봉사 말을 마치자, 황후 버선발로 뛰어 내려와 부친을 안고, / "아버지, 제가 인당수에 빠져 죽었던 심청이오."

　　심 봉사 깜짝 놀라,

　　"이게 웬 말이냐?"

　　하더니, 어찌 반갑던지 뜻밖에 두 눈에서 딱지 떨어지는 소리가 나면서 두 눈이 활짝 밝아지니, 『자리를 가득 채운 맹인들이 심 봉사 눈 뜨는 소리에 일시에 눈들이 희번덕 짝짝, 갈치 새끼 밥 먹이는 것 같은 소리를 내며 눈을 뜨니 많은 소경이 밝은 세상을 보게 되더라. 잔치에 먼저 참여하고 돌아가 집 안에 있는 소경, 계집 소경도 눈이 다 밝아지고, 배 안의 맹인 배 밖의 맹인 반소경 청맹과니까지 모조리 다 눈이 밝아지니, 모든 맹인에게는 천지개벽이더라.』

극적 장면, 전기성(비현실성) - 고전 소설의 특징
『 』열거를 통한 장면의 극대화, 해학성, 행복한 결말
음성 상징어를 사용한 해학적 표현
모든 맹인에게 새로운 세상이 시작됨
▶ 죽은 줄 알았던 딸 심청을 만난 기쁨에 눈이 떠진 심 봉사

05 고전 소설의 특징 이해
답 ②

중심인물인 심청은 효를 행한 인물이고 심 봉사는 가난한 맹인으로, 둘 다 뛰어난 능력을 지닌 재자가인형 인물이나 영웅적 인물로 볼 수 없다. 즉 심청이나 심 봉사는 일상적인 평범한 인물에 해당한다.

☑ 오답 챙기기

① 이 글에서는 심청과 만난 심 봉사가 갑자기 눈을 뜨게 되고, 이어서 모든 맹인들이 눈을 뜨게 되는 극적이고 비현실적인 상황을 통해 고전 소설의 일반적인 특징인 행복한 결말을 구현하고 있다.
③ 효를 다하며 착하게 산 심청이 황후가 되고 아버지가 눈을 뜨는 소원을 성취하게 되는 상황을 통해 착한 사람은 복을 받고 나쁜 사람은 벌을 받는다는 권선징악의 교훈을 전달하고 있다.
④ 황후가 맹인 장부만 들여다보고 있다가 잔치 마지막 날에 직접 잔치 장소에 나타나는데, 그때 심 봉사가 황후의 눈에 띄는 것은 고전 소설의 특징 중의 하나인 우연적인 사건 전개로 볼 수 있다.
⑤ 아버지를 위해 인당수의 제물이 되어 자신의 목숨까지 바치는 심청이 황후가 된 상황은, 행한 대로 받는다는 인과응보의 상황을 드러내고 있다. 인과응보는 고전 소설에서 드러나는 일반적인 주제 의식이다.

06 서술상 특징 파악
답 ④

ⓒ '일시에 눈들이 희번덕 짝짝, 갈치 새끼 밥 먹이는 것 같은 소리를 내며 눈을 뜨니'에서 음성 상징어를 활용하여 수많은 봉사들이 한꺼번에 눈을 뜨는 상황을 해학적으로 표현하고 있다.
ⓜ "오래전에 아내를 여의고 ~ 그때 십오 세라."라고 한 심 봉사의 말을 통해 심 봉사와 심청이 과거에 겪은 일이 요약적으로 제시되고 있다.

☑ 오답 챙기기

ⓐ 이 글에서는 식물이나 동물을 의인화하여 그들의 행태 속에 풍자와 교훈의 뜻을 담은 우화적 기법을 사용하고 있지 않다.
ⓛ 이 글에 시대적 배경을 구체적으로 묘사하고 있는 부분은 없다.

ⓔ 이 글은 황후가 된 심청이 아버지 심 봉사를 만난 후 심 봉사가 눈을 뜨게 되는 사건의 흐름을 보이고 있다. 곧, 시간의 흐름에 따라 순행적으로 사건이 전개되고 있다.

07 사건 전개 양상 파악
답 ②

황후인 심청은 심 봉사에게 "처자가 있느냐?"라며 가족에 관한 질문을 한다. 이에 심 봉사는 과거 아내를 여읜 일과 자신의 딸이 스스로를 공양미 삼백 석에 팔아 인당수 제물로 빠져 죽었다는 사실을 이야기하고, 이 말을 들은 황후는 심 봉사가 자신의 부친임을 확신하게 된다. 따라서 '가족에 관한 질문'이 황후가 심 봉사의 정체를 확인하는 계기가 된다고 볼 수 있다.

☑ 오답 챙기기

① '심 봉사 아무것도 모른 채 겁을 내며 궁 안으로 들어가'와 "저는 눈도 뜨지 못하고 자식만 잃었사오니"를 통해, 심 봉사는 황후가 자신의 딸 심청이라는 것을 전혀 알지 못한 채 황후를 만났음을 알 수 있다.
③ 심 봉사는 오래전에 아내를 여의었다고만 했을 뿐, 아내가 죽게 된 이유는 말하지 않았다.
④ "딸아이가 이를 듣고, 저도 모르게 남경 뱃사람들에게 스스로를 삼백 석에 팔아 인당수 제물로 빠져 죽었사오니"를 통해, 심 봉사가 심청에게 선택을 강요하지는 않았음을 알 수 있다.
⑤ '심 봉사 말을 마치자, 황후 버선발로 뛰어 내려와 부친을 안고'를 통해, 황후는 심 봉사가 말을 다 마친 뒤에 자신의 정체를 밝혔음을 알 수 있다.

08 공간의 서사적 기능 파악
답 인당수

심청은 죽을 것을 각오하고 인당수에 몸을 던진 후 용왕의 도움으로 살아나 평범한 서민에서 황후의 위치까지 오르게 된다. 따라서 인당수는 인물이 보다 나은 삶을 살기 위해 거쳐야 할 시련의 공간이라고 볼 수 있다. 또한 이 작품은 크게 두 부분으로 나눌 수 있는데, 전반부는 심청이 눈먼 아버지와 함께 가난하게 살면서 공양미 삼백 석을 시주하면 아버지가 눈을 뜰 수 있다는 말에 인당수의 제물로 몸을 파는 현실 세계의 이야기가 전개되고 있다. 그리고 후반부는 심청이 인당수에 빠졌다가 용왕에게 구출되어 수궁에서 지내다가 현실 세계로 돌려보내진 후 황후가 되어 아버지를 만나는 환상적, 전기적인 이야기가 전개되고 있다. 따라서 인당수는 전반부와 후반부 이야기 사이의 전환점이 되는 공간이라고도 볼 수 있다.

📖 어휘 확인
본문 129쪽

1 전환점　　2 재회　　3 구현　　4 계기　　5 자책

III 극 문학·수필

15 일차 시나리오 용어

🔖 **시나리오 용어 이해하기** 1. ○ 2. ○

🔖 **필수 개념** (1) ⓒ (2) ⓐ (3) ⓑ

🔖 **개념 적용하기** 공간, 시간, O. L. 클로즈업

필수 개념 ## 시나리오 용어

📝 (1) ⓒ (2) ⓐ (3) ⓑ

베토벤 바이러스 | 홍자람, 홍진아

작품 해설 이 작품은 저마다 다른 배경을 지닌 지휘자와 연주자들이 만나 여러 가지 갈등을 겪으며 서로를 진정으로 이해하고, 음악을 통해 자신의 가치와 꿈을 발견해 가는 모습을 그린 드라마 대본이다. 우리 주변의 평범한 사람들이 자신의 꿈을 향해 열심히 나아가는 이야기, 그들 인생에서 가장 찬란했던 순간에 관한 행복한 이야기를 인상적으로 그려 냈다는 평가를 받았던 작품이다. 시나리오라는 갈래의 특성상 인물 간의 대화와 지시문을 통해 인물의 성격과 심리 및 상황을 효과적으로 전달하고 있다.

주제 보통 사람들의 꿈과 자아실현

전체 줄거리

발단 음대에서 바이올린을 전공했지만, 현재는 시청 공무원인 두루미는 시의 발전을 위한 이벤트에 낸 '프로젝트 오케스트라'라는 아이디어가 채택되어 3억 원의 지원금을 받게 된다. 하지만 공연 기획자에게 지원금 모두를 사기당하고 이미 구성되어 있던 오케스트라 단원들은 모두 떠나게 된다.

전개 두루미는 다시 단원을 모으는데, 이들은 모두 아마추어이거나 음악을 관둔 사람들이다. 한편, 오케스트라의 지휘자로 초청받은 강마에는 급조된 오케스트라 단원들의 연주 실력이 기대에 못 미치자 그에 대해 지적하며 단원들을 대표하는 두루미, 강건우와 매번 충돌하게 된다.

절정 지휘를 관두다던 강마에는 자신이 지휘하는 오케스트라 공연에 동창이자 라이벌인 마에스트로 정명환이 초대 손님으로 온다는 소식을 듣고는 다시 오케스트라를 맡아 단원들을 훈련시키며 연습에 몰입한다. 하지만 단원들은 가족, 생계 등의 이유로 오케스트라에 집중하지 못하고, 어수선한 분위기에서 공연이 시작되지만 결국 공연을 성공리에 마친다.

하강 이후 강마에는 시립 교향악단의 지휘자를 맡게 되고, 건우를 비롯한 단원들은 정식 단원을 뽑는 오디션에서 떨어지자 연구 단원으로 활동하게 된다.

대단원 강마에는 피아노 건반을 누르며 화음을 물어보다 강건우의 천재성을 발견하고 정명환에게 가라고 하고, 건우는 정명환을 따라 공항에 가지만 강마에의 마음을 알고 결국 다시 돌아온다. 이후 연구 단원들은 그동안 연습했던 합창 교향곡이 공연으로 나오게 되자 기뻐하고, 예상 외의 뛰어난 실력에 강마에는 고민 끝에 공연을 한번 해 보자고 한다.

📺 작품 꼼꼼 강의

▨ : 시나리오 용어
S# 17. 성당 오케스트라 연습실 (밤)
장면 번호. 공간적 배경과 시간적 배경이 구체적으로 제시됨.

무표정한 얼굴로 들어오는 강마에. 첫 상견례다.
유명 오케스트라 지휘자. 철저한 엘리트주의자. 직설적인 독설 화법으로 말함.

루미, 눈치 보다가 꽃 들고 나서면 단원들, 와아— 뜨겁게
시청 공무원으로 현재 오케스트라의 악장 역할을 맡음. 바이올린을 전공함.
환영의 박수 치는.
무심해 보이는 지휘자 강마에와 대조적임.

　(PAN.) 건우는 뻐딱하게 팔짱 끼고 앉아 있고, 문자질만 하는
교통 경찰관. 천재 트럼펫 연주자. 강마에의 태도를 못마땅하게 여겨 그와 갈등을 빚음.
이든은 갑용 흘끔 보더니 옆으로 의자 살짝 떨어지게 옮긴다.
플루트 실력은 있지만 산만하고 철이 없음.

강마에, 그런 단원들 흘끔 보는 듯 마는 듯하더니, 마치
강마에의 무심한 행동
시위하듯 연주를 끝내듯 가볍게 손 휘두르며 주먹 쥔다.

순간, 홀린 듯 박수와 환호 일제히 뚝! 자기도 모르게 그
단원들이 새로운 지휘자인 강마에의 행동에 주목하고 있음.
치는 단원들.

루미: (최대한 예쁘게 보이려고 애쓰는) 먼 길 와 주셔서 감
사합니다 선생님. 전 음악의 도시 기획자이자 오케스트라
악장, 두루미라고 합…… (하는데)

강마에(O.L.): (기분 안 좋은) 왜 이렇게 연습을 오밤중에 하
밤에 연습을 하는 상황이 기분 나쁨.
는 겁니까.

루미: 아, 그게, 프로젝트 오케스트라잖아요. 다들 다른 델
오케스트라 단원들이 전문적인 음악인이 아니라는 사실을 숨기려 함.
뛰고 계시는 분들이라…….

강마에: (꿈틀!) 그럼 이건…… 아르바이튼가요?
오케스트라 단원들이 전문적인 음악인이 아니라는 사실에 기분이 상함.
루미: (당황해서) 아…… 아뇨, 본업이죠. 근데 아직 정리들
말을 더듬는 모습에서 당황해하는 심리가 드러남.
이 안 끝나서…….

강마에(O.L.): (느낌, 털썩 의자 앉아 팔짱 끼며) 튜닝.
▶ 오케스트라 지휘자 강마에와 단원들의 첫 상견례

아 예, 물러나는 루미, 악기 들고 목관부터 시작합니다—!
갑용 오보에로 A음 불면, 튜닝 시작하는…….
오보에를 맡음. 시립 교향악단 출신으로, 현재 치매를 앓고 있음.
　강마에 눈길(C.U.), 갑자기 매서워지는가 싶더니 갑용, 이
단원들의 연주 실력이 심상치 않음을 느낌(의심스러움).
든, 준서에게 시선 팍팍— 꽂힌다.(PAN.)

이어 금관 튜닝 시작하고, 용기 뿌우— 하고 불자 날카롭
연주 실력에 불만을 느낌.
게 보는 강마에.

현악 튜닝 시작하고 희연 등 켜기 시작하자마자 드륵—!

거칠게 의자를 차고 일어나는 강마에!
강마에의 돌발적인 행동. 단원들의 연주 실력에 불만(실망감)을 표출함.
단원들, 놀라 보고…….
▶ 단원들의 연주 실력에 불만을 표출하는 지휘자 강마에

(1) 팬(PAN.)은 카메라 위치는 고정한 채 카메라를 상하좌우로 이동하여 찍는 것이다. 이 글에서는 팬의 기법을 통해 연습실에 앉아 있는 단원들의 모습을 차례로 보여 주는 부분, 또 각자 악기를 차례로 튜닝을 하는 단원들과 이를 바라보는 강마에의 모습을 보여 주는 부분을 촬영하여 연습실의 상황을 생생하게 전달하고 있다.

(2) 오버랩(O.L.)은 화면을 자연스럽게 겹치게 하면서 장면을 바꾸는 것이다. 이 글에서는 오버랩 기법을 통해 누루미가 말

하는 화면에 강마에가 말하는 화면을 겹치게 하면서 자연스럽게 장면을 바꾸어, 강마에가 두루미의 말을 끊고 자신의 말을 하는 것을 표현하며 강마에의 불편한 심리를 효과적으로 전달하고 있다.

(3) 클로즈업(C.U.)은 장면이나 인물의 특정 부분을 집중적으로 확대하여 찍는 것이다. 이 글에서는 클로즈업의 기법을 통해 단원들이 악기 튜닝을 시작하자 악기 소리를 듣다 눈길이 갑자기 매서워지는 지휘자 강마에의 얼굴을 확대하여 촬영함으로써 단원들의 연주 실력에 대한 강마에의 심리(의심, 실망, 불만)를 효과적으로 전달하고 있다.

15 일차 · 실전 · 시나리오 용어

01 ③	**02** ③	**03** ④	**04** ⑤
05 엘피 음반	**06** ⑤	**07** ③	**08** ③
09 ③			

🏷️ **개념 적용하기** PAN, 고정, 전체, 확대, 얼굴, 내레이션, 마음

🔍 **작품 한눈에** 짝, 일기장, 홍연, 수하, 일기장, 첫사랑

01 ~ 05

내 마음의 풍금 | 하근찬 원작, 이영재 각색

작품 해설 이 작품은 하근찬의 소설 〈여제자〉를 각색한 시나리오로, 1960년대 산골 마을을 배경으로 17세 소녀 홍연의 풋풋한 첫사랑을 그리고 있다. 자신이 짝사랑하는 담임 선생님 수하가 다른 사람을 좋아한다는 사실을 안 주인공 홍연의 질투와 원망, 속상함 등의 심리 변화를 인물의 내레이션 등을 통해 섬세하게 묘사하면서, 순수한 첫사랑의 설렘과 아픔을 잔잔하게 드러내고 있다. 한편, 이 작품에서는 산골 마을 사람들의 순박하고 따뜻한 삶과 향수를 자아내는 향토적 소재를 통해 삭막한 현대 사회에서 잃어 가고 있는 인간적 순수함과 따뜻함을 일깨우고 있다.

주제 첫사랑의 순수한 설렘과 애틋한 마음

전체 줄거리

발단 강원도 산골 마을에 사는 17세의 홍연은 늦깎이 초등학생이다. 어느 날 홍연의 학교에 사범 학교를 갓 졸업한 21세의 총각 선생님 수하가 부임한다.

전개 홍연의 담임이 된 수하는 아이들에 대한 깊은 애정을 보이며 서투르지만 열정적으로 가르치고, 이러한 수하의 모습에 홍연의 짝사랑은 점점 깊어 가게 된다. 하지만 수하는 같은 학교 동료 교사인 은희를 짝사랑한다.

절정 은희에 대한 수하의 마음이 소문나고, 학교 화장실은 두 사람에 대한 낙서로 가득 찬다. 안타까운 마음으로 두 사람의 곁을 맴도는 홍연은 일기장을 통해 자신의 마음을 수하에게 드러내지만, 수하는 홍연을 제자로만 여기고 홍연의 마음을 외면한다.

하강 어느 날 은희는 학교를 그만두고 서울에 있는 약혼자와 함께 유학을 떠나고, 은희가 떠나서 가슴 아파하는 수하를 보며 홍연은 희미한 기대를 품는다. 이후 학예회 연습을 하던 중 아이들의 장난으로 학교 강당에 불이 나자 수하는 학생들을 구하기 위해 불에 뛰어들고, 얼마 안 가 학교를 떠난다.

대단원 세월이 흐른 후 부부가 된 수하와 홍연은 낡은 엘피 음반을 들으며 과거를 회상한다.

☑️ 작품 꼼꼼 강의

[앞부분의 줄거리] 산골 마을의 17세 늦깎이 초등학생인 홍연은
〔담임 선생님인 수하를 짝사랑하며 가슴앓이를 하는 순수한 인물〕
21세의 총각 선생님 수하를 짝사랑한다. 하지만 수하는 동료 교사
〔작품의 공간적 배경. 순수하고 정이 많은 시골 마을임.〕
인 은희를 짝사랑한다. 어느 날 수하는 창틀 밖으로 나온 한 학생
〔학생에 대한 열정과 애정이 가득한 인물. 동료인 은희를 짝사랑함.〕
의 팔뚝을 꼬집는 장난을 치는데, 깜짝 놀라며 창밖으로 고개를
〔아름다운 외모와 지적이고 세련된 이미지의 인물〕
내민 학생은 홍연이다.

절정 S# 51. 교무실 (오후)　　　：시나리오 용어
장면 번호와 공간적 배경, 시간적 배경이 구체적으로 제시됨.

　　하나둘 교무실을 빠져나가거나 둘러앉아 잡담 중인 교사
들. 『수하, 공연히 은희 책상 주위를 맴돌며 적절한 기회를
노리다. 남은 교사들이 박장대소하는 틈에 은희 책상 서류철
：수하가 은희에게 사랑의 감정을 느끼고 있음을 알 수 있는 행동
밑으로 엘피 음반을 재빨리 밀어 넣는데, 과제물을 한 아름
수하가 은희에게 자신의 마음을 전달하는 매개체
안고 막 교무실을 들어서던 반장 순철에게 들킨다. 수하, 그
런 자신의 행동을 무마하느라 과장되게 순철의 머리를 쓰다
자신의 행동을 들킨 것에 대해 과장된 행동으로 얼버무림.
듬으며 웃어 댄다.

홍연(NAR.): 『우리 선생님은 또 얼마나 인자하신지. 옆 반 애
：홍연의 일기장 속 내용
내레이션, 수하를 짝사랑하는 홍연의 심리를 효과적으로 드러냄.
들은 호랑이 같은 담임 선생님에게 늘 벌벌 떨면서 우리
반을 무척 부러워한다. 아, 내일도 또 선생님이 옛날이야
기를 해 주시면 얼마나 좋을까. 빨리 내일이 찾아왔으면
수하를 빨리 만나고 싶은 홍연의 애틋한 마음
좋겠는데, 왜 이리 밤이 더디게 갈까?』
　　　　　　　▶ 수하와 홍연의 엇갈리는 사랑의 감정

S# 57. 수하 하숙방 (휴일 한낮)

　　수하, 은희가 준 엘피 음반을 정성껏 닦아 전축에 걸고 두
은희에 대한 수하의 마음(사랑)이 드러나는 행동
눈 지그시 감고 감상한다. 자기 기분에 빠져 몸을 흔들다가
수북이 쌓인 반 아이들의 일기장 더미를 무너뜨린다. 수하,
일기장 다시 쌓다가 문득 손에 쥐어지는 홍연의 일기장. 수
홍연이 자신의 마음을 수하에게 전달하는 매개체
하, 문득 흥미 느끼고 읽기 시작하는데 낯을 붉히다. 헛웃음
을 웃다가 하는 미묘한 표정.
자신을 좋아하는 홍연의 마음을 알게 된 수하의 반응 – 난감하고 어색해함.
：홍연의 일기장 속 내용
홍연(NAR.): ……오늘 선생님이 내 팔을 살짝 꼬집었다. 나는
너무나 뜻밖의 일에 얼굴이 홍당무처럼 붉어졌고, 어쩔 줄
을 몰랐다. 집에 돌아오면서도 난 기분이 이상하고 또 이
상했다. 선생님이 왜 내 팔을 꼬집었을까? 그게 무슨 뜻
홍연은 수하가 자신에게 관심이 있어 꼬집은 것으로 생각함.
까? 나는 지금도 그 생각을 하며 잠을 이루지 못하고 있다.
　　　　　　　▶ 자신을 좋아하는 홍연의 마음을 알게 된 수하

S# 62. 홍연네 안방 (밤)

　　홍연, 일기장을 편다. 일기장 끝에 또렷이 적혀 있는 수하
앞 장면과 달리 수하의 마음을 홍연에게 전달하는 매개체 역할을 함.
의 연필 메모.

　　누구 딸인 줄도 모르고 그저 장난으로 그랬을 뿐이다. 아무 뜻도 없단다.
특별한 의미가 없는 장난이었다는 수하의 답변 – 홍연의 기대에 어긋남.

　　곧 울음이라도 터질 얼굴을 하고 세차게 일기장을 덮는 홍연.
기대와 다른 수하의 답변에 실망한 홍연의 심리를 행동을 통해 간접적으로 드러냄.
나란히 이부자리 속에 배 깔고 엎드려 어린이 잡지 "새벗"을 뒤
적이는 남동생 옆으로 파고 들어간다. 윗목에서 달달 재봉
온돌방에서 아궁이로부터 먼 쪽의 방바닥. 불길이 잘 닿지 않아 아랫목보다 상대적으로 차가움.
틀을 돌리던 홍연 모 의아해 돌아보면, 이불을 머리까지 덮어쓰
는 홍연. 잡지를 들척이던 홍일, 홍삼 중 하나가 방귀를 뀌자 서
천진난만한 동생들의 모습
로 킥킥댄다. 홍연, 씩씩대며 세차게 발길질해 동생들을 이불
기대가 실망으로 바뀐 데 따른 속상한 마음을 동생들에게 분출이함.
밖으로 모두 밀어낸다. 엎어진 채 방바닥으로 떠밀려 울음을 터
뜨리는 홍일, 홍삼.　　▶ 수하의 마음을 알게 된 홍연의 실망과 속상함.

---

01 인물의 심리 및 태도 파악　　　답 ③

S# 57에서 수하는 홍연의 일기를 통해 자신을 좋아하는 홍연
의 마음을 알아차리고는 당황하고 다소 난감해하는 모습을 보
인다. 또한 S# 62의 홍연의 일기장에 적은 수하의 메모로 보아
수하가 홍연을 좋아하게 되었다고 보기는 어렵다. 따라서 홍연
의 일기를 본 순간 마음이 흔들리며 홍연을 좋아하게 되는 수
하의 모습을 보여 준다는 연출 계획은 적절하지 않다.

✔ 오답 챙기기

① S# 51에서 수하는 은희에 대한 사랑의 감정을 다른 사람들에게 숨기
며 몰래 엘피 음반을 은희의 책상에 놓으려 하다가 이를 순철에게 들
킨다. 이에 당황한 수하는 과장된 행동과 웃음으로 얼버무리려고 하
고 있으므로 적절한 연출 계획이다.

② S# 57에 제시된 홍연의 내레이션 중 '선생님이 왜 내 팔을 꼬집었을
까? 그게 무슨 뜻일까?'에서 알 수 있듯이 홍연은 수하가 자신의 팔
을 꼬집은 행동이 특별한 의미가 있는 것이라 여기고 있다. 따라서
홍연의 목소리를 통해 수하가 자신에게 관심이 있는 것으로 착각하
는 홍연의 심리를 전달해야겠다는 연출 계획은 적절하다.

④ S# 62는 '곧 울음이라도 터질 얼굴을 하고 세차게 일기장을 덮'고 이
불 속으로 들어가는 홍연의 행동을 의아해하며 쳐다보는 홍연 모와,
그런 누나의 상황을 눈치 채지 못한 채 방귀를 뀌며 서로 킥킥대는
천진난만한 동생들의 모습이 나타나 있는 상황이므로 적절한 연출
계획이다.

⑤ S# 62의 '홍연, 씩씩대며 세차게 발길질해 동생들을 이불 밖으로 모
두 밀어낸다.'는 홍연이 수하의 메모를 확인한 뒤 자신의 기대와는 다
른 답변에 실망하고 속상해서 동생들에게 화풀이를 하고 있는 상황
이므로 적절한 연출 계획이다.

02 시나리오 용어와 그 효과 이해　　　답 ③

'NAR.'은 '내레이션(Narration)'으로, 장면이 나타나지 않으면
서 목소리로만 내용을 해설하는 것이다. 이 글에서는 홍연이
일기장에 쓴 내용을 홍연의 내레이션을 통해 전달함으로써, 담
임 선생님인 수하를 짝사랑하는 홍연의 애틋한 심정을 생생하
게 전달하고 있다. 참고로, '몽타주(Montage)'는 따로따로 촬
영한 여러 장면을 적절히 배합하여 하나의 긴밀한 장면으로 보
여 주는 편집 기법이다.

03 소재의 의미 및 기능 파악　　　답 ④

ㄴ '홍연의 일기장'은 수하에 대한 홍연의 마음을 표현하는 수
단으로, 이 일기장의 내용을 읽은 수하는 홍연이 자신을 좋아
한다는 것을 알게 된다. 따라서 '홍연의 일기장'은 수하가 자신
을 좋아하는 홍연의 마음을 알 수 있게 되는 매개체의 역할을
한다고 볼 수 있다. 한편, 이 장면과 달리 S# 62에서의 일기장
은 수하의 마음을 홍연에게 전달하는 매개체 역할을 한다고 볼
수 있다.

✔ 오답 챙기기

①, ③ '홍연의 일기장'은 수하에 대한 홍연의 마음을 보여 주는 소재일

뿐, 이로 인해 수하와 홍연 사이의 갈등이 심화되거나 해소되는 것은
아니다.
② '홍연의 일기장'을 통해 수하와 홍연의 사랑이 진전되는지는 알 수 없
다. 오히려 S# 62의 홍연의 일기장에 적힌 수하의 메모를 통해 수하
가 홍연을 제자로만 생각한다는 것을 알 수 있으므로, 홍연의 일기장
을 수하와 홍연의 사랑을 키워 주는 매개체라고 보기는 어렵다.
⑤ '홍연의 일기장'을 통해 수하와 홍연이 심리적으로 가깝게 된다는 내
용은 확인할 수 없다. 오히려 일기장을 통해 홍연이 자신을 좋아한다
는 것을 알게 된 수하는, 이후 홍연의 일기장에 홍연에게 특별한 관
심이 없다는 메모를 남김으로써 홍연을 실망하게 한다.

04 시나리오 용어와 그 효과 이해   답 ⑤

ⓒ은 홍연의 일기장을 읽는 수하의 표정에 대한 지시문이다.
이 장면을 수하의 얼굴을 집중적으로 확대하여 촬영하면 자신
을 좋아하는 홍연의 마음을 알게 되면서 수하가 느끼는 난감함
과 어색함 등을 표정을 통해 드러낼 수 있을 것이다. 이렇게 장
면이나 인물의 특정 부분을 집중적으로 확대하여 찍는 촬영 기
법은 '클로즈업(C.U.)'이다.

✓ 오답 챙기기

① '효과음(E)'은 주로 화면 밖에서의 음향이나 대사에 의한 효과를 주는 편
집 기법이다.
② '페이드인(F.I.)'은 화면이 처음에 어둡다가 점차 밝아지게 하는 편집
기법이다.
③ '롱숏(L.S.)'은 장면의 전체 모습이 화면에 모두 들어갈 수 있도록 찍
는 촬영 기법이다.
④ '인서트(Ins.)'는 화면과 화면 사이에 다른 화면을 끼워 넣는 편집 기법이다.

05 소재의 기능 파악   답 엘피 음반

S# 51의 '수하, 공연히 은희 책상 주위를 맴돌며 적절한 기회
를 노리다. 남은 교사들이 박장대소하는 틈에 은희 책상 서류
철 밑으로 엘피 음반을 재빨리 밀어 넣는데'와 S# 57의 '수하,
은희가 준 엘피 음반을 정성껏 닦아 전축에 걸고 두 눈 지그시
감고 감상한다.'를 통해, 엘피 음반은 은희에 대한 수하의 마음
(사랑)을 드러내는 소재라고 볼 수 있다.

06 ~ 09

📖 작품 꼼꼼 강의

전개 S# 41. 읍내 퇴근길 (해질녘)

멀리서 은희가 받쳐 든 우산 아래 자전거를 끌며 장광설을
짝사랑하는 은희와 함께 퇴근하게 되어 기분이 좋은 수하의 모습
늘어놓으며 수하가 다가온다.

수하: 음악과를 가 볼까 했었는데 웬 풍각쟁이냐면서 어르신
개인적인 일을 은희에게 이야기하는 수하
들 반대가 엔간히 거세야죠. 이젠 그저 듣는 걸루 만족할

뿐이죠…….

『은희, 퍼붓는 빗줄기에도 아랑곳 않고 흙탕물 주위에 옹기
종기 둘러앉아 검정 고무신을 접어 배를 만들어 노느라 신이
당대 생활상을 보여 주는 소재(시대적 배경: 1960년대)
난 아이들에 시선이 가 있다.『 ♪ 수하의 말에 크게 흥미를 느끼지 못하는 은희의 모습

수하: …… 너무 제 얘기만 했죠? 수하에게 별다른 마음이 없음이 드러남.

은희: 아뇨…… 저두……. / 수하: 네?

은희: 저두 음악 듣는 거 좋아해요. 한데 이곳이 워낙 외져
놔서 판 구하기가 여간 힘들어야죠. 그러다 보니 늘 몇 가
지 듣는 곡만 듣곤 해요.

수하: 제가 엘피 좀 있는 편인데…… 우리 서로 바꿔 들을까
수하와 은희가 가까워지는 계기가 됨.
요?

은희가 고개를 끄덕이자 좋아서 입이 떡 벌어지는 수하.
은희와 좀 더 가까워지게 되어 좋아하는 수하의 모습
  ▶ 은희와 가까워질 수 있는 계기가 생겨 기뻐하는 수하

(중략)

수하: (급히 우산을 내밀며) 양 선생님! 그럼 이 우산이라
은희에 대한 수하의 애정이 드러남.
도…….

말을 끝내기도 전에 종종걸음으로 내달리는 은희.
수하에 대해 별 관심이 없는 은희의 마음이 드러남.

은희: 다음에 또 씌워 주세요!

수하: 물론이죠! 그럼…… (소리 높여) 참, 엘피!

은희가 길모퉁이를 돌아 사라질 때까지 아쉬운 듯 손 흔들
은희에 대한 수하의 마음이 드러남. - 짝사랑
던 팔을 그대로 들고 선 수하. 그런 수하를 전봇대 뒤에 숨
어 새치름한 표정으로 엿보고 선 계집애 홍연. 온몸이 비에
수하와 함께 있는 은희에 대한 홍연의 질투심과 애타는 마음을 엿볼 수 있음.
젖어 떨리고 입술까지 푸르르한 가운데 "앨프, 앨프……?"
되뇐다.   ▶ 은희와 함께 있는 수하를 숨어서 지켜보는 홍연

절정 S# 61. 운동장 (낮)

단상 위에서 시범을 보이는 양 선생과 수하를 따라 남녀
은희
짝지어 왈츠를 배우는 홍연 등. 이마에 땀이 송송 밴 채 밝
은 미소로 열심히 춤을 추는 은희에 수하의 달뜬 표정. 두
짝사랑하는 은희와 춤을 추게 되어 마음이 들뜬 수하의 모습
사람을 부러운 눈으로 쳐다보다 서투른 아이들에게 공연히
화풀이하는 조명구 선생. 꾀죄죄한 몽돌과 춤출 차례가 되면
은희를 짝사랑하는 또 다른 동료 교사
손길이 닿지 않으려고 애쓰는 계집애들. 범수와 짝이 되어
춤추는 홍연의 눈길에 부러움과 질투의 빛이 뒤섞여 있다.
자신이 짝사랑하는 수하와 춤을 추는 은희에 대한 부러움과 질투심

홍연: 『선생님, 그때 왜 제 팔을 살짝 꼬집었습니까? 오늘도
홍연은 수하가 자신의 팔을 일부러 꼬집은 것으로 생각하며 의미를 부여함.
전 그때 그 일을 잊을 수가 없습니다. 학교에서 공부를 할
때도, 집에 돌아올 때도 자꾸 그것만 생각납니다. 선생님,
그 뜻이 무엇인지요? 왜 제 팔을 꼬집으셨는지 말씀해 주
자신의 팔을 꼬집은 이유(자신에 대한 수하의 마음)에 대한 답변을 원하고 있음.
세요. 생각하고 또 생각해 봐도 그 뜻을 확실히 알 수가
없어요.『   ▶ 자신에 대한 수하의 감정을 알고 싶은 홍연
『 ♪ 홍연이 쓴 일기의 내용. 내레이션으로 제시됨. - 홍연은 은희와 춤추며 기뻐하는 수하의 모습을 보고 자신에 대한 수하의 마음을 확인하고 싶어함.

이 글에서는 현재형 문장을 사용하여 인물의 행동이 현재 눈앞에서 벌어지고 있는 것처럼 생생하게 표현하고 있다.

오답 챙기기

① 이 글에는 'S#(장면 번호)'와 같은 특수한 시나리오 용어가 사용되고 있다. '장면 번호'는 촬영이나 편집의 편의를 고려해 각 장면에 붙이는 숫자이다.

② 'S# 41. 읍내 퇴근길 (해질녘)'과 'S# 61. 운동장 (낮)'에서 알 수 있듯이, 이 글에서는 각 장면마다 시간적 배경과 공간적 배경을 구체적으로 설정하고 있다.

③ 이 글은 수하와 은희, 홍연의 말과 행동을 통해 상대에 대한 인물의 감정(은희에 대한 수하의 감정, 수하에 대한 홍연의 감정, 수하에 대한 은희의 감정 등)이 전달되고 있다.

④ 이 글에서는 '멀리서 은희가 받쳐 든 우산 아래 자전거를 끌며 장광설을 늘어놓으며 수하가 다가온다.', '급히 우산을 내밀며', '소리 높여' 등과 같이 지시문을 통해 등장인물의 행동이나 말투 등을 구체적으로 지시하고 있다.

07 인물의 심리와 태도 파악　답 ③

S# 41의 '그런 수하를 전봇대 뒤에 숨어 새치름한 표정으로 엿보고 선 계집애 홍연.'에서 수하와 함께 있는 은희에 대해 질투심을 드러내는 홍연의 모습이 나타나 있고, S# 61의 '범수와 짝이 되어 춤추는 홍연의 눈길에 부러움과 질투의 빛이 뒤섞여 있다.'에서 수하와 함께 춤을 추는 은희에 대해 부러움과 질투심을 드러내는 홍연의 모습이 나타나 있다. 이처럼 S# 41과 S# 61에는 모두 은희에 대한 홍연의 질투심이 드러나 있다.

오답 챙기기

① S# 41과 S# 61 모두 은희에 대한 홍연의 부러움이 나타나 있다.

② S# 41의 '은희가 고개를 끄덕이자 좋아서 입이 떡 벌어지는 수하.'와 S# 61의 '이마에 땀이 송송 밴 채 밝은 미소로 열심히 춤을 추는 은희에 수하의 달뜬 표정.'에서 알 수 있듯이, S# 41과 S# 61 모두 은희를 좋아하는 수하의 모습이 나타나 있다.

④ S# 41과 S# 61에는 은희에 관심을 두고 있는(은희를 좋아하는) 수하의 모습이 나타나 있을 뿐, 홍연에 대해 수하가 관심을 보이는 장면은 나타나 있지 않다.

⑤ S# 41과 S# 61에는 수하와 함께 있는 은희를 질투하고 부러워하는 홍연의 감정이 나타나 있을 뿐, 수하에 대한 홍연의 실망감이 드러나 있지는 않다.

08 인물의 심리 이해　답 ③

수하는 은희에 대해 관심과 애정을 보이고 있으므로, "다음에 또 씌워 주세요!"라는 은희의 말을 듣고서는 기분이 좋아 '환하게 웃'거나 '기분 좋은 말투로', '주먹손을 하며 신이 나서', '당연하다는 듯이 호응하며' "물론이죠!"라고 대답하는 것이 적절할 것이다. 짝사랑의 대상인 은희에게 하는 대답에 대한 지시문이므로 '관심 없다는 듯이'는 적절하지 않다.

09 시나리오 용어 이해 및 적용　답 ③

ⓒ은 은희와 수하의 모습을 부러워하다 아이들에게 괜히 화풀이를 하는 조명구 선생의 모습과 함께 운동장에서 벌어지는 일들 중 하나로, 꾀죄죄한 몽돌과 춤출 차례가 되면 손길이 닿지 않으려고 애쓰는 계집애들의 모습을 한 장소(운동장)에서 차례대로 보여 주어야 한다. 이를 화면이 처음에 밝았다가 점차 어두워지게 하는 '페이드아웃' 기법으로 편집하는 것은 적절하지 않다.

오답 챙기기

① ㉠은 집으로 가는 은희에게 손을 흔들고 있는 수하와 그런 수하를 전봇대 뒤에 숨어서 지켜보는 홍연의 안타까운 모습이다. 따라서 어느 한 장소에 카메라의 위치는 고정한 채 카메라를 상하좌우만 이동하는 '팬' 기법으로 촬영하여, 은희가 사라질 때까지 팔을 들고 선 수하를 바라보는 홍연의 모습을 차례로 드러냄으로써 홍연의 애타는 마음을 보여 주겠다는 연출 계획은 적절하다.

② ㉡은 운동장의 전경(전체 모습), 곧 단상 위에서 왈츠를 가르치는 선생님들(수하와 은희)의 모습과, 그런 선생님들을 따라서 왈츠를 배우는 학생들의 모습을 전체적으로 보여 주어야 한다. 따라서 장면의 전체 모습이 화면에 모두 들어갈 수 있도록 찍는 '롱숏' 기법으로 촬영하는 것은 적절하다.

④ ㉣은 수하와 함께 열심히 춤을 추는 은희를 바라보며 홍연이 부러움과 질투를 느끼는 장면이다. 따라서 장면이나 인물의 특정 부분을 집중적으로 확대하여 찍는 '클로즈업' 기법으로 홍연의 얼굴을 확대하여 촬영함으로써 은희에 대해 부러움과 질투가 뒤섞인 홍연의 심정을 드러내려는 계획은 적절하다.

⑤ 수하는 단상 위에서 은희와 왈츠를 추고 있는 상황이므로, ㉤은 홍연이 수하에게 직접 말하는 것이 아님을 알 수 있다. ㉤은 홍연이 은희와 왈츠를 추며 기뻐하는 수하를 지켜보면서 자신에 대한 수하의 마음을 알고 싶어 하는 홍연의 심리를 나타낸 것이다. 따라서 이야기 형식의 해설인 '내레이션' 기법을 사용하여 따로 장면이 나타나지 않으면서 홍연의 목소리를 통해 수하의 마음을 알고 싶은 간절한 심정을 드러내려는 계획은 적절하다.

📖 본문 143쪽

🔍 어휘 확인

| 1 무마 | 2 낮 | 3 상견례 | 4 켜다 | 5 박장대소 |
| 6 일시 | 7 배합 | 8 환호 | 9 미묘하다 | 10 윗목 |

16 일차 · 필수 개념 | 극의 감상 방법: 내재적 관점 / 외재적 관점

✏ **내재적 관점 이해하기** 1. ○ 2. 작품 안

필수 개념 ❶ ②

✎ **개념 적용하기** 대사, 행동, 장면, 동막골, 달수, 달수 처, 웃음

- -

✏ **외재적 관점 이해하기** 1. ○ 2. 독자, 외재적

필수 개념 ❷ ①

✎ **개념 적용하기** 시대 상황, 작가, 독자

필수 개념 ❶ **내재적 관점**   답 ②

웰컴 투 동막골 | 장진

작품 해설 이 작품은 6·25 전쟁 중 강원도의 깊은 산골 마을인 동막골에 우연히 국군, 인민군, 연합군이 모여들게 되면서 벌어지는 사건을 다룬 시나리오이다. 동막골에서 국군인 현철 일행과 인민군인 치성 일행, 연합군인 스미스가 마을 주민들과 생활하게 되면서 벌어지는 일들을 중심으로 사건이 전개되고 있는데, 서로 다른 이념과 사상을 가진 이들이 순박하고 인정 넘치는 마을 사람들에게 동화되어 대립을 멈추고 화해를 이루는 과정이 환상적이고 만화적인 상상력을 바탕으로 제시되고 있다. 작품의 마지막 부분에서는 대립하던 국군과 인민군이 동막골을 구하기 위해 힘을 합치는 모습을 그림으로써 이념 간의 갈등을 따뜻한 인간애로 극복하고자 하는 주제 의식을 보여 주고 있다.

주제 이념 대립을 넘어선 따뜻한 인간애와 희생정신

전체 줄거리

발단 6·25 전쟁이 한창이던 어느 날, 강원도 산골 마을인 동막골에 미군 조종사 스미스가 탄 연합군 전투기가 추락한다. 그리고 전쟁 중 부대에서 이탈한 국군 현철과 상상, 낙오된 인민군 치성과 영희, 택기 일행이 우연히 동막골에서 마주치게 되고 서로에게 총을 겨누며 대치한다.

전개 서로 대립하던 현철 일행과 치성 일행은 실수로 마을의 곳간을 폭발시키고, 결국 힘을 합쳐 마을 농사를 거들기로 하며 잠시 휴전한다. 그들은 함께 옥수수밭을 일구며 동막골 사람들의 따뜻함과 순수함에 동화되어 어느덧 적이라는 사실을 잊고 함께 어울려 지내게 된다.

절정 연합군 비행기가 추락한 원인을 조사하기 위해 국군 병사들과 조사관이 동막골에 들어오고, 마을 사람들은 현철 일행과 치성 일행을 마을 주민인 것처럼 속인다. 그러나 군인들의 정체가 밝혀지고 군인들 간의 몸싸움 과정에서 동막골 주민 이연이 죽는다.

하강 조사관이 갖고 있던 정보를 통해, 적진으로 오인된 동막골이 폭격의 위험에 처하게 된 것을 알게 된 현철 일행과 치성 일행은 스미스를 본부로 보내 폭격을 중지시키려 하지만, 시간이 부족하다.

대단원 현철 일행과 치성 일행은 동막골을 지키기 위해 합심하여 동막골에서 멀리 떨어진 옥수수밭에 불빛을 만들어 자신들이 있는 곳으로 폭격을 유도한다. 이 작전은 성공하여 동막골을 지켜 내지만, 현철 일행과 치성 일행은 폭탄과 총에 맞아 결국 죽음을 맞이한다.

📖 **작품 꼼꼼 강의**

[앞부분의 줄거리] 강원도 산골의 동막골 사람들은 전쟁 상황을
_{공간적 배경}   _{시대적 배경(1950년 6·25 전쟁)}

이해하지 못한 채 순박하게 살고 있다. 어느 날 연합군의 전투기가 추락하여 미군 조종사 스미스가 동막골에 들어오게 되고, 그 뒤로 부대에서 탈영한 국군 현철과 상상, 낙오된 인민군 치성과 영희, 택기도 우연히 동막골에 들어와 마주치게 되면서 서로에게 총을 겨누며 대치한다.

_{장면 번호}
_{시나리오의 구성단위}   _{밤(Night) 장면}   _{실내 장면}
발단 S# 22. 조종사가 누워 있는 방 N. / INT.   ■: 시나리오 용어
_{미국연합군 병사인 스미스 비행기 추락으로 동막골로 오게 됨.}
　갑자기 소란스러워진 밖이 궁금한 조종사, 부상당한 몸을
_{국군 현철 일행과 인민군 치성 일행의 대립으로 인해 소란스러워짐.}
간신히 움직여 머리로 문을 밀어낸다.

　겨우 열려진 틈으로 밖을 내다본다. "저건 또 뭐하는 짓들이지?"

　평상 위에 부락민들이 죽 올라서 있는 이상한 행동을 보며
_{동막골 주민들의 행동을 이해하지 못함.}
머리를 갸웃거리는 조종사.
　　　　　▶ 국군과 인민군들의 등장으로 소란스러워진 동막골

S# 23. 다시 촌장 집 마당 N. / EXT.
_{실외 장면}
　부락민들 사이사이로 간간이 보이는 적군의 모습들. 싸늘한 기운이 흐르고……
_{남북한 군인들의 대치 상황을 나타냄.}

_{인민군 중대장. 동막골 주민들의 순수함과 인정에 제일 먼저 감화됨.}
영희: (겁에 질린 투로) 상위 동지. 아니 군대 없대서 왔는데
_{중년의 인민군. 감정 표현에 솔직하며 특유의 넉살로 국군에게 다가감.}
　결정하는 것마다 와 이렙네까?
_{치성에 대한 영희의 불신과 과거에도 치성의 결정에 문제가 있었음이 드러남.}
치성: (이를 악문다.) ……!
_{부하의 반항을 꾹 참고 있음.}
택기: 열 발 안짝에 있습니다. 우린 셋이고 저게는 둘입니다.
_{인민군 소년 병사}   _{수적으로 우세하니까 국군을 없애 버릴 것을 제안함.}
　확 까 치웁시다!

치성: 전사 동무, 그냥 내 뒤에 있으라우!

영희: 아새끼래 쫄랑거리며 일 맨들디 말구 가만 좀 있수라우.
_{택기의 섣부른 제안에 대한 핀잔}
상상: 수적으로 우리가 밀리는데 어떡해요? 그러게 그냥 지
_{국군. 인민군인 치성과 택기에게 인간적으로 다가감.}
　나처 가자니까 왜 여기까지 와 가지구…… 난 되는 게 없
_{동막골에 들어오자는 결정을 한 현철을 원망함.}
　어. 니미.
_{인민군을 위협하려는 의도를 지님.}
현철: (무섭게 인민군을 노려보다 소리 지른다.) 야!
_{국군 소위. 인민군에 대한 적대감과 경계심을 가장 늦게 풂.}

　인민군 셋 침묵.

　마을 사람들 인민군과 국군을 번갈아 보다가……
_{현철의 말을 듣고도 인민군이 침묵하자 인민군에게 하는 말.}
　　　→ 국군과 인민군의 대치 상황의 심각성을 모름. 웃음 유발(희극적 상황)
달수: (인민군들에게) 안 들려요? 부르는 거 같은데…….
_{동막골 주민}
달수 처: (현철에게) 우리한테 말해요. 전해 줄 테니.
_{동막골 주민}   _{국군과 인민군의 대치 상황의 심각성을 모름. 웃음 유발(희극적 상황)}
치성: 와? 방아쇠에 손가락 집어넣었으면 땡겨야지. 다른 볼일 있네?
_{상대방의 심리를 알아보려고 하는 의도가 담겨 있음.}

영희: 상위 동지. 거 괜히 세게 나가디 마시라요. 우린 총알
_{북한 사투리 사용. 작품에 사실성과 현장감을 부여함.}
　도 없는데…….

현철: 여기서 이러지 말고 나가서 제대로 한번 붙자!
_{동막골 주민들에게 피해를 주지 않으려는 의도가 담겨 있음.}
　　　　　▶ 국군과 인민군의 대치 상황과 그 심각성을 모르는 동막골 주민들

②에서는 이 글에 나타난 시대적 상황과 관련지어 작품을 감상하고 있다. 이는 작품 감상의 근거가 작품 밖에 있으므로 내재적 관점이 아닌 외재적 관점에서 작품을 감상한 것이다.

오답 챙기기

① 등장인물의 대사와 행동, 심리 제시 방법에 주목하여 작품을 감상하고 있다. 이는 주로 등장인물의 대사와 행동, 표정 등에 의해 심리가 제시되는 시나리오라는 갈래가 지닌 특징에 주목한 것이므로 내재적 관점에서 작품을 감상한 것이다.

③ 등장인물이 사용하는 사투리에 주목하여 작품을 감상하고 있다. 이는 표현상의 특징에 주목한 것이므로 내재적 관점에서 작품을 감상한 것이다.

④ 공간적 배경이 지닌 의미, 인물 간의 갈등 양상에 주목하고 있으므로 내재적 관점에서 작품을 감상한 것이다.

⑤ '장면 번호(S#)'에 주목하여 작품을 감상하고 있다. 이는 시나리오의 형식상 특징에 주목한 것이므로 내재적 관점에서 작품을 감상한 것이다.

필수 개념 ❷ 외재적 관점 답 ①

작품 꼼꼼 강의

[앞부분의 줄거리] 강원도 산골 마을인 동막골에 우연히 국군과 인민군, 연합군이 들어오게 된다. 서로 대립하던 국군 현철 일행과 인민군 치성 일행은 순박하고 인정 넘치는 마을 사람들에게 점차 동화되어 함께 어울려 지내게 된다. 그러던 어느 날 동막골을 적진으로 잘못 판단해 폭격하려는 연합군의 계획을 알게 된 현철 일행과 치성 일행은 동막골을 지키기 위해 함께 포격 장소를 다른 곳으로 유도하는 작전을 펼친다. 이 작전은 성공하지만, 인민군 병사 영희와 국군 병사 상상이 폭탄과 총에 맞아 죽는다.

대단원 S# 122. 산등성 N. / EXT. : 시나리오 용어
밤(Night) 장면 실외 장면
그들을 향해 떨어지고 있는 거대한 포탄 밑에서 서로를 보는 세 사람. 치성, 현철, 택기. (죽음을 앞두고 있음.)

그렁그렁 눈물 맺힌 눈으로 행복한 미소를 짓고 있는 주인공들. "우리 잘한 거지?" (죽음을 앞둔 자들끼리의 연민 + 자신들의 희생으로 동막골을 지켜 냈다는 안도감) ▶ 동막골을 지키기 위해 희생하는 군인들

S# 123. 동막골 N. / EXT.

산 너머 먼 하늘에 섬광이 일고 있다. 신비한 듯 보고 있는 동막골 사람들. (폭탄이 떨어지는 상황) (동막골 주민들은 자신들을 지키기 위해 군인들이 희생한 사실을 알지 못함.)

멍한 표정의 김 선생. 뒤돌아서며 욕지거리를 하는 노모.

표정 없이 보는 촌장. / 천진난만한 아이들이 깔깔거리며 뛰어다니는 평화로운 동막골. (전쟁과 대비되는 순진무구한 아이들의 모습 → 전쟁의 비극성을 심화함.)
▶ 폭격을 알지 못하는 동막골 주민들의 모습

S# 124. 숲 어딘가 N. / EXT.

그 자리에 주저앉아 소리도 내지 못하고 들풀을 쥐어뜯으며 울음을 터뜨리고 있는 스미스. (동막골을 지키기 위해 현철과 치성 일행이 희생되는 것을 슬퍼함. → 전쟁의 비인간성 고발)
그 모습을 보는 한국군 2. (F.O.) (Fade Out. 화면이 차츰 어두워짐.)
▶ 현철과 치성 일행의 죽음을 슬퍼하는 스미스

S# 125. 산등성 아침 EXT. (눈이 내린)

다음 날 아침.

간밤에 내린 눈으로 전날 밤의 치열했던 흔적은 보이지 않는다. 간혹 허수아비만이 비죽 튀어나와 있다. (폭격의 흔적)

짙게 깔린 안개.

안개 속에서 점차로 드러나는 형태들. 수색 나온 토벌대다.

폭격 지점으로 조심스럽게 이동하는 군홧발들.

문득, 그들 중 누군가의 시선. 『눈 속에 파묻힌 인민군 군복이 얼핏 보인다. (동막골을 위해 희생한 치성과 택기의 흔적)

그런데 그 옆에는 국군의 군복도 보인다.』 (현철의 흔적) (『 』: 동막골을 지키기 위해 인민군과 국군이 함께 희생했음을 알 수 있음.)
알 수 없다는 듯 갸웃거리는 그의 표정에서 카메라 서서히 빠져 공중으로 올라간다.

여기에 나비 다섯 마리가 스으 날아오른다. (현철 일행과 치성 일행을 상징 + 동막골 주민들에 대한 군인들의 희생정신 암시)
▶ 토벌대가 폭격 장소에서 동막골 군인들의 흔적을 발견함.

외재적 관점은 작가나 시대 상황, 독자 등 작품 외적인 요소를 중심으로 작품을 감상하는 방법이다. ①은 작품에 반영된 시대 상황과 관련지어 작품을 감상하고 있으므로 외재적 관점에 해당한다.

오답 챙기기

② '나비 다섯 마리'라는 소재가 지닌 상징적 의미에 주목하여 작품을 감상하고 있으므로, 작품 자체의 내적 요소에 주목하여 작품을 감상하는 내재적 관점에 해당한다.

16 일차 · 극의 감상 방법: 내재적 관점 / 외재적 관점

01 ⑤ **02** ⑤ **03** ⑤ **04** 혼인(결혼)
05 ③ **06** ③ **07** ② **08** (1) ② (2) ①

✎ **개념 적용하기** 작품 자체, 지시문, 시대 상황, 작가, 독자

🔍 **작품 한눈에** 입분, 경사, 맹 진사

01 ~ 04

맹 진사 댁 경사 | 오영진

작품 해설 이 작품은 전래 민담인 '뱀 신랑'을 소재로 하여, 옛날 결혼 제도의 모순을 비판하고 인간의 헛된 욕심과 어리석음을 풍자한 희곡이다. 주인공인 맹 진사는 혼인을 통해 권력이 있는 가문과 인연을 맺고 싶어 하면서도 사위가 될 인물이 절름발이라는 말을 듣고 신부를 자신의 딸 갑분에서 몸종 입분으로 바꿔치기하고 있어 탐욕과 위선을 대표하는 인물에 해당한다. 작가는 이러한 맹 진사를 풍자 · 비판하는 동시에, 갑분 대신 미언에게 시집가게 된 입분을 통해 진실한 마음을 가진 착한 사람이 복을 받는다는 교훈을 주고 있다. 한편, 작품의 제목 중 '경사'는 맹 진사의 소망이 좌절된다는 점에서 반어적 표현으로, 부정적 인물인 맹 진사에 대한 풍자와 조롱의 효과를 높인다.

주제 인간의 탐욕과 어리석음에 대한 풍자와 비판

전체 줄거리

발단 허영과 탐욕이 심한 맹 진사는 권력이 있는 가문과 사돈을 맺고 싶어 선도 보지 않고 명문가인 김 판서 댁 아들 미언과 자신의 딸 갑분을 혼인시키기로 약속하고는 우쭐댄다.

전개 혼례식 전날, 미언의 숙부 김명정은 신분을 숨긴 채 나그네 차림으로 맹 진사 집을 찾아와 신랑 될 미언이 절름발이라는 소문을 내고, 이에 맹 진사 집은 발칵 뒤집힌다.

절정 갑분이 절름발이에게 시집가지 않겠다고 하자, 맹 진사는 궁리 끝에 갑분 대신 몸종인 입분을 신부로 꾸며 혼례를 치르기로 하고 하인들에게도 미리 입단속을 시킨다.

하강 혼례 당일 맹 진사 집에 나타난 미언이 멀쩡하고 잘생긴 대장부임이 밝혀지자 맹 진사 집은 다시 소동이 벌어지지만, 예정대로 입분과 미언의 혼례가 치러진다.

대단원 첫날밤, 마음씨 착한 입분은 자신이 갑분이 아님을 미언에게 고백하며 용서를 빌지만, 미언은 신부 마음의 진정성을 확인하기 위해 자신이 거짓 소문을 냈다고 밝히며 입분을 아내로 맞이한다.

📖 작품 꼼꼼 강의

발단 맹 진사: 여! 아무도 없느냐. 아무도 없어? 허, 내가 어
〔탐욕스럽고 허영심 가득한 인물〕
떤 길을 다녀왔다구 쥐새끼 한 마리 얼씬 않느냐. (사람들
〔딸의 혼인을 성사시키고 온 것에 대한 맹 진사의 자부심과 거만한 태도가 드러남.〕
이 안에서 나온다.)

삼돌: 에그 나리마님, 어느새 댕겨 오셨군입쇼.

맹 진사: 예끼, 이눔! 그래…… 마님 계시냐?

삼돌: 네, 가셨던 일 어찌나 되셨나 그렇잖아두 지금 안절부
〔딸의 혼인 문제가 성사되었는지에 대해 궁금해하는 맹 진사 부인의 상황을 전달함.〕
절…….

맹 진사: 안절부절은 왜? 그런 걱정 말구 냉큼 나오시라고
〔김 판서 댁과의 혼인이 성사되었음을 암시함.〕

그래. / (삼돌 안으로 들어간다. 그와 스쳐 사랑에서 길보
〔바깥주인이 거처하며 손님을 접대하는 곳〕
뛰어나온다.) / 길보: 에그, 나으리 어느새 댕겨 오셨어유?

맹 진사: 꼭두새벽에 도라지골을 떠났다.

길보: 그렇잖아두 가셨던 일이 어찌나 되셨나 큰 나리 마님
〔맹 진사 딸의 혼인 문제에 대해 사람들의 관심이 많음을 알 수 있음.〕
허구 운산골 나리꺼정 오셔서…….

맹 진사: 운산골 나리? 오 숙부님께서도 오셨단 말이겠지? 그러면 그럴 테지.

길보: 네, 가셨던 일 결과가 어찌나 되셨나 하구.

맹 진사: 계서두 안절부절들이냐? / 길보: 아, 그야…….

맹 진사: 에이, 걱정들두……. 나가 여쭤라. 곧 나아가 뵙겠다구. / 길보: 그럼 거의 성사가 됐군입쇼.

맹 진사: 헛! 누가 나선 일인데. ▶ 김 판서 댁과 혼인 약속을 하고
〔명문가와의 혼인을 성사시킨 데 대해   우쭐대는 맹 진사
우쭐거리며 자랑스러워함.〕 (중략)

맹 진사: 저 때문에…… 이 애비 이 고생도 모르고…… 그나
〔자신이 고생한 것을 몰라 주는 딸에게 불만을 드러냄.〕
마 지체 높은 김 판서 댁 며느리가 되느냐 못 되느냐 하는
〔결혼의 조건으로 사돈 집안의 명성을 중요시함. – 맹 진사의 허영심을 보여 줌.〕
상황에, 에이 조심성 없는 계집애 같으니라구. (한 씨와 유모 안에서 나온다.)

한 씨: 에그, 영감 듣자 오니 거의 성사시켜 가지구 오셨다지요?

맹 진사: 나왔소? / 한 씨: 그래, 근사하게 들어맞았어요?

맹 진사: 근사하게? (잔뜩 버티며 의관을 벗는다.)

한 씨: (의관을 받아 유모에게 넘기며) 자, 가셨던 일 얘기나 좀 하시구려. 그래, 어떻습니까? / 맹 진사: ……에헴!
〔한 씨의 질문에 얼른 대답하지 않고 뜸을 들이며 우쭐거림.〕

한 씨: 아이 갑갑해.
〔시원스럽게 대답하지 않는 맹 진사의 태도에 답답함을 느낌.〕

맹 진사: ……에헴, 놀라지 말어. 행랑방만 사십 칸, 에그그 삼십 칸이라니 사십 칸두 더 되겠던걸. 행랑방만 말이야,
〔결혼의 조건으로 사돈 집안의 재산을 중요시함. – 맹 진사의 탐욕스러움을 보여 줌.〕
행랑방만…… 알었어?

유모: 아유머니나! 행랑방만 사십 칸, 이건 정말 어마어마하
〔맹 진사의 말에 맞장구를 치면서 호응을 해 줌.〕
구먼입죠, 나리마님.

맹 진사: 거기다가 오곡백과가 잔뜩 쌓인 곡간이 아마두 하
〔결혼의 조건으로 사돈 집안의 재산을 중요시함. – 맹 진사의 탐욕스러움을 보여 줌.〕
나 둘 셋 넷…….

한 씨: 아마 대궐 같은 집인가 보구려.

맹 진사: 내게 대한 접대야말루 구중궁궐에서 나온 손님인 양 융숭하기 이를 데 없구.

유모: 어쩌면…… 그런 집 구경이라도 한번 했으면…… 갑분
〔김 판서 댁의 집 규모(재산)에 관심을 드러냄.〕
아가씨 시집갈 땐 이년이 꼭 모시고 가게 해 주셔요. 네? 나리마님.
  ▶ 김 판서 댁의 재산에 관심이 많은 탐욕적이고 허영심 많은 맹 진사

01 작품 내용 이해 답 ⑤

한 씨의 "자, 가셨던 일 얘기나 좀 하시구려. 그래, 어떻습니까?"라는 대사를 통해 확인할 수 있듯이, 한 씨는 맹 진사가 김 판서 댁에 다녀온 일의 결과에 대해 궁금해하고 있다.

① 유모의 "그런 집 구경이라도 한번 했으면……"이라는 대사를 통해 확인할 수 있듯이, 유모는 김 판서 댁 사람들의 성격이 아닌 김 판서 댁의 규모에 관심을 보이고 있다.

② 길보의 "에그, 나으리 어느새 댕겨 오셨어유?", "그렇잖아두 가셨던 일이 어찌나 되셨나 큰 나리 마님허구 운산골 나리꺼정 오셔서……", "가셨던 일 결과가 어찌나 되셨나 하구." 등의 대사를 통해 확인할 수 있듯이, 길보는 맹 진사가 김 판서 댁에 다녀온 사실을 알고 있다.

③ 삼돌의 "네, 가셨던 일 어찌나 되셨나 그렇잖아두 지금 안절부절……"이라는 대사를 통해 확인할 수 있듯이, 삼돌은 맹 진사 부인의 상황을 맹 진사에게 전달하고 있다.

④ 맹 진사의 "저 때문에…… 이 애비 이 고생도 모르고…… ~ 에이 조심성 없는 계집애 같으니라구."라는 대사를 통해 확인할 수 있듯이, 맹 진사는 자신의 고생을 몰라주는 딸에 대해 불만을 드러내고 있다.

02 갈래의 특성 및 인물의 심리 이해　　⑤

ⓜ은 김 판서 집의 규모가 어마어마하다는 맹 진사의 말에 맞장구를 치면서 호응하는 유모의 대사이므로, 맹 진사의 말을 믿지 않으며 조롱하는 듯한 말투로 말하는 것은 적절하지 않다.

① ㉠은 주인 나리인 맹 진사가 집에 돌아왔을 때 하인인 삼돌이 맹 진사에게 하는 대사이므로, 허리를 숙이고 굽신거리는 동작을 취하며 말하는 것은 적절하다.

② "그렇잖아두 지금 안절부절……"이라며 마님(맹 진사의 부인)의 상태에 대한 하인 삼돌의 말이 채 끝나기도 전에 맹 진사가 ㉡을 말하는 상황이므로, 삼돌의 말을 끝까지 듣지 않고 중간에 자르는 느낌이 들도록 말하는 것은 적절하다.

③ ㉢은 혼인 성사가 거의 다 되었을 것으로 추측하는 길보의 말에 대한 맹 진사의 반응으로, 여기에는 김 판서 댁과의 혼사를 성사시킨 데 대해 우쭐해 하면서 자랑스러워하는 맹 진사의 심리가 담겨 있다.

④ ㉣에는 딸의 혼사 문제로 김 판서 댁에 간 일의 결과를 시원스럽게 말하지 않는 맹 진사에 대해 답답해하는 한 씨의 심리가 담겨 있다.

03 작품 감상 방법 이해 및 적용　　⑤

내재적 관점은 작품 자체에 주목하여 작품을 감상하는 방법이다. 그러나 ⑤는 작품의 외적 요소인 시대 상황과 관련지어 작품을 감상하고 있으므로 외재적 관점에 해당한다.

① 이 글은 등장인물인 맹 진사와 삼돌, 길보, 한 씨, 유모 간에 주고받는 대사를 통해 이야기가 전개되고 있다. ①은 인물의 대사와 행동을 통해 사건이 진행되는 희곡의 갈래적 특성을 바탕으로 감상하고 있으므로 내재적 관점에 해당한다.

② 이 글에서는 '사람들이 안에서 나온다.', '삼돌 안으로 들어간다.', '잔뜩 버티며 의관을 벗는다.' 등의 지시문을 통해 등장인물들의 등장과 퇴장, 동작 등의 행동을 지시하고 있다. ②는 지시문을 통해 등장인물의 행동이나 말투를 지시하는 희곡의 갈래적 특성을 바탕으로 감상하고 있으므로 내재적 관점에 해당한다.

③ "에그 나리마님, 어느새 댕겨 오셨군입쇼", "나으리 어느새 댕겨 오셨어유?"에서 삼돌과 길보는 맹 진사를 '나리마님', '나으리' 등으로 부르며 깍듯이 대하고 있다. ③은 인물의 대사에 사용된 어휘를 바탕으로 작품을 감상하고 있으므로 내재적 관점에 해당한다.

④ 맹 진사의 '그나마 지체 높은 김 판서 댁 며느리가 되느냐 못 되느냐 하는 상황에'라는 말과, 김 판서 댁의 규모(재산)에 대해 자랑스럽게 말하는 것을 통해 맹 진사는 결혼의 조건으로 상대 집안의 재산이나 명성을 중요시함을 알 수 있다. ④는 대사를 통해 인물의 성격이나 가치관을 파악하여 감상하고 있으므로 내재적 관점에 해당한다.

04 작품 내용의 추리　　혼인(결혼)

"저 때문에…… 이 애비 이 고생도 모르고…… 그나마 지체 높은 김 판서 댁 며느리가 되느냐 못 되느냐 하는 상황에"라는 맹 진사의 말과, "영감 듣자 오니 거의 성사시켜 가지구 오셨다지요?"라는 한 씨의 말을 통해, 맹 진사는 자신의 딸과 권력이 있는 김 판서 댁의 아들의 혼인(결혼)을 성사시키기 위해 김 판서 집에 다녀왔다는 것을 알 수 있다.

05 ~ 08

대단원 입분: 난! 갑분 아가씨 아녜유…….

미언: 이 무슨 이런 소리가 있소? 당신은 갑분 아가씨, 내 아내!

입분: 아니, 어떡허나. 여지껏 아무것도 모르시나 봐. 서방님, 전…… 저는 천한 몸종이에유. 갑분 아가씨의 몸시중 드는 몸이에유…… 아이 무서워, 하늘이 무서워요. 그렇지만 어쩌는 수가 없어서 나쁜 줄 알면서도『이 댁 나리마님께서 하도 조르시길래 죽는 셈만 치고 제가 갑분 아가씨 노릇을 하였던 거예유.』/ 미언: (빙그레 웃는다.) 그래요?

입분: 『(드디어 울어 버리며) 서방님, 용서해 주세요. 사실은 갑분 아가씨가 서방님을 절룩발이 신랑이라구…… 죽어도 싫다고, 그래서 어쩌는 수 없이 이 미천한 몸이 아가씨 대신 신부로 뽑혔던 거예유. 저는 가짜예유.』/ 미언: 음…….

입분: 그리고 저두 서방님께서 절룩발인 줄만 알았어요. 그래 여태 장가도 못 드시고 아무도 시집와 주는 색시도 없는 쓸쓸한 양반이시라…… 이렇게만 알았어유. 그랬드니만 이제는 왜 서방님께서 절룩발이가 못 되었을까. 차라리 몹쓸 다리 병신으로 세상에 모든 색시들이 돌아보지도 않는 그런 외로운 서방님이었으면 좋겠어유. 지금은 그게 도리어 이 몸에게 견딜 수 없이 원망스러워유, 서방님…… 서방님께선 그 몹쓸 속인 사람들 중의 하나인 저를 용서하세유. (운다.) ▶ 자신이 갑분이 아니라는 사실을 고백하는 입분

미언: 허, 잘못을 사과하고 용서를 빌어야 할 사람은 오히려
　　나라오. / 입분: 네?

미언: 나두 다 알고 있었으니까 말이오. 내가 왜 아무것도 모
　　르는 줄 아시오. / 입분: 아니, 서방님……

미언: (입분의 손목을 지긋이 잡으며) 놀라지 마시오. 이번
　　일을 그렇게 꾸민 사람도 실상은 나였소. 내가 그같이 꾸
　　몄던 것이오. 내 명정 숙부로 하여금 절룩발이라고 헛소
　　문을 내게 한 것도 사실은 나였소. / 입분: 네?

미언: 그 정도가 지나쳐서 그대를 이렇게까지 괴롭힐 줄은
　　몰랐소.

입분: 서방님…… 무슨 이유로 그런…….

미언: 그 이유는? 아가씨는 터득치 못하겠소? 내가 무엇을
　　구해서 그런 장난을 했으며 무엇을 찾아서 그런 일을 꾸
　　몄는지 짐작하지 못하겠소? / 입분: 잘 모르겠어요…….

미언: ……사람의 마음, 더욱이 여자의 마음…… 그 마음의
　　참된 무게와 깊이가 알고 싶었던 것이오. 병신이라든가,
　　거지라든가, 돈이 있다든가, 없다든가, 이것은 모두가 겉
　　치레뿐이오. 어떠한 부자나 영화에 취한 사람들 하구도
　　사귀어 봤구, 그 마음씨의 천박함에는 진절머리가 나도
　　록 겪은 나요. 내가 참으로 찾는 마음씨는 당신과 같은 참
　　된 사람이요. 어떤 불평이라도, 어떤 괴로움이라도, 어떤
　　불안이라도 박차고 이겨 나갈 만한 꼿꼿한 마음씨 꼿꼿한
　　진실이 당신에게 있는 것을 나도 숙부를 통해서 잘 알았
　　소. 당신이야말로 내가 구하는 배필이요.

＞ 거짓 소문을 냈던 자신의 의도를 밝히는 미언

05 작품 내용 이해 ▣ ③

미언의 "내 명정 숙부로 하여금 절룩발이라고 헛소문을 내게
한 것도 사실은 나였소."라는 대사를 통해, 명정 숙부는 절룩
발이, 곧 절름발이라고 거짓 소문을 내 달라는 미언의 부탁을
들어주었음을 알 수 있다.

✓ 오답 챙기기

① 입분의 "그리고 저두 서방님께서 절룩발인 줄만 알았어요."라는 대사
　를 통해 확인할 수 있다.

② 미언의 "놀라지 마시오. 이번 일을 그렇게 꾸민 사람도 실상은 나였
　소. 내가 그같이 꾸몄던 것이오."라는 대사를 통해 확인할 수 있다.

④ 입분의 "사실은 갑분 아가씨가 서방님을 절룩발이 신랑이라구……
　죽어도 싫다고, 그래서 어쩌는 수 없이 이 미천한 몸이 아가씨 대신
　신부로 뽑혔던 거예유."라는 대사를 통해 확인할 수 있다.

⑤ 입분의 "그렇지만 어쩌는 수가 없어서 나쁜 줄 알면서도 이 댁 나리
　마님께서 하도 조르시길래 죽는 셈만 치고 제가 갑분 아가씨 노릇을
　하였던 거예유."와 "어쩌는 수 없이 이 미천한 몸이 아가씨 대신 신부
　로 뽑혔던 거예유."라는 대사를 통해 확인할 수 있다.

06 인물의 심리 및 태도 파악 ▣ ③

ⓒ 다음의 "차라리 몹쓸 다리 병신으로 세상에 모든 색시들이
돌아보지도 않는 그런 외로운 서방님이었으면 좋겠어유."를 보
면, ⓒ에는 미언이 절름발이가 아니라는 사실에 기뻐하는 것이
아니라 미언이 자신에게 과분한 상대라고 생각해 더 크게 죄책
감을 느끼는 입분의 심리가 나타나 있다.

✓ 오답 챙기기

① ㉠은 자신이 갑분의 몸종이라는 입분의 고백을 들은 미언의 표정에
　대한 지시문과 대사이다. 이후 미언이 입분에게 모든 것을 다 알고
　있었다고 고백하는 것으로 보아, 입분의 고백을 들은 미언이 화를 내
　거나 당황하지 않고 '빙그레 웃'으며 "그래요?"라고 말하는 것은, 신
　부가 바뀌었다는 사실을 미언이 이미 알고 있었음을 나타낸다.

② ㉡은 미언을 속인 것에 대해 용서를 비는 입분의 표정에 대한 지시
　문과 대사이다. 이를 통해 미언을 끝까지 속이지 않고 자신의 잘못을
　비는 입분의 착한 심성이 드러난다.

④ 미언의 마지막 대사 "사람의 마음, 더욱이 여자의 마음…… 그 마음
　의 참된 무게와 깊이가 알고 싶었던 것이오. ~ 내가 참으로 찾는 마
　음씨는 당신과 같은 참된 사람이요."에서 알 수 있듯이, 미언이 자신
　을 절름발이라고 헛소문을 퍼뜨린 이유(㉣)는 착하고 진실한 마음을
　지닌 참된 아내를 얻기 위해서라고 볼 수 있다.

⑤ ㉤의 바로 앞 "병신이라든가, 거지라든가, 돈이 있다든가, 없다든가,
　이것은 모두가 겉치레뿐이오."와 함께 생각해 보면, ㉤에는 사람의 신
　분이나 겉모습보다는 진실한 마음씨를 중요하게 여기는 미언의 생각
　이 드러나 있음을 알 수 있다.

07 인물의 심리 파악 ▣ ②

ⓐ는 미언이 절룩발이, 곧 절름발이라는 헛소문을 낸 사람이
미언 자신이라는 고백을 들은 입분이 놀라고 당황하여 한 말로
볼 수 있다. 따라서 '당황한 말투로' 말하는 것이 적절하다.

08 작품 감상 방법의 이해 ▣ (1) ② (2) ①

(1) 독자가 작품을 읽고 얻은 교훈이나 감동과 관련지어 작품을
감상한 것이므로, '작품이 독자에게 미친 영향'을 중심으로 한
외재적 관점에 해당한다.

(2) 작품의 내용을 바탕으로 작품 제목에 사용된 반어적 표현
과 그 효과에 주목하여 감상한 것이므로, 작품 자체의 내적 요
소인 '표현상의 특징'을 중심으로 한 내재적 관점에 해당한다.

🎣 어휘 확인 　　　📖 본문 153쪽

1 ㉣	2 ㉢	3 ㉢	4 ㉠	5 ㉢	6 ㉣
7 ㉢	8 ㉠	9 ㉠	10 ㉣	11 ㉢	12 ㉢
13 ㉣	14 ㉢	15 ㉠	16 ㉢	17 ㉣	18 ㉣

17일차 필수개념 수필의 감상

🔖 **수필 감상하기** 1. 흙 놀이 2. 멀리하는

(필수 개념) ④

✏️ **개념 적용하기** ❶-㉠-ⓑ, ❷-㉡-ⓐ, ❷-㉢-ⓓ, ❷-㉣-ⓒ

필수 개념 ## 수필의 감상   답 ④

흙을 밟고 싶다 | 문정희

작품 해설   이 글은 흙(자연)을 긍정적으로 바라보는 관점을 바탕으로 흙(자연)의 소중함과 가치를 전하는 수필이다. 글쓴이는 흙 놀이를 하는 아이를 나무라는 아이 엄마의 모습을 보고 안타까움을 느끼고, 증조할머니와 지내며 흙 놀이를 즐겼던 어린 시절을 회상한다. 문명의 이기를 누리지만 정서는 삭막하게 메말라 가는 현대 사회에서 흙(자연)을 가까이함으로써 훈훈하고 따뜻한 정서를 회복할 수 있음을 일깨우고 있다.

주제 흙(자연)의 소중함과 가치

구성

(처음) 아파트 정원에서 흙을 갖고 놀던 아이가 엄마에게 혼나는 모습을 목격한다. (현재)

(중간) 증조할머니와 지내며 흙 놀이를 즐겼던 어린 시절을 회상한다. (과거)

(끝) 편리함을 추구하며 흙과 멀어지고 이웃과도 왕래하지 않는 오늘날의 생활을 염려한다. (현재)

☑ 작품 꼼꼼 강의

(가) 나도 어렸을 적 흙 놀이를 즐겼었다. 학교 이동이 잦았던
흙 놀이를 즐겼던 자신의 과거를 회상함.
아버지께서 외지로 발령이 나자 어머니는 나를 사랑채에 사는 증조할머니와 기거토록 하였다. (중략) 신기한 놀이 시
흙의 가치를 아는 사람
설도, 특별한 장난감도 없었지만 나는 할머니와 지내는 게 신이 났다. 촉촉한 흙냄새가 나는 마당에 앉아 손으로 흙을 주물며 놀아도 야단치는 일이 없었기 때문이다.

(나) 그래서 흙이 질펀한 마당은 언제나 내 놀이터였다. 『길에
어린 시절 글쓴이의 놀이 공간
서 민들레를 뽑아다 흙을 일구어 심기도 하고, 신발에 흙을
『 』 어린 시절 글쓴이가 즐겼던 흙 놀이
담아 할머니 채마밭 고랑에 뿌리기도 하였다.』 주위가 어둑해질 때까지 흙장난에 지칠 줄 모르는 나를 보고도 증조할머니는 웬일인지 화를 내지 않으셨다. 흙강아지가 되도록 실컷 놀라고 하실 뿐이었다.
  ▶ 과거-증조할머니와 지내며 흙 놀이를 즐겼던 어린 시절을 회상함.
(중략)

(다) 요즈음 땅을 밟고 산다는 게 하나의 사치처럼 되어 가는 느낌이다. 하늘과 가까운 고층 아파트에 살다 보니 흙을 가
땅과 멀어진 생활 공간
까이할 기회가 적어진 것이다. 가끔 이러다가는 하늘의 공
아파트
간에서 영영 땅으로 내려오지 못하는 건 아닐까 하는 생각이
마당이 있는 주택
들기도 한다. 손바닥만 한 마당이라도 있는 주택으로 주거지

를 옮기겠다고 입버릇처럼 말하면서도 결국 아파트의 편리
마당이 있는 주택으로 옮기지 못하는 이유
함에 젖어 다시 주저앉게 되니 말이다.

(라) 그래서인지 근래 들어선 마음까지도 시멘트 벽을 닮아
삭막하게 메마른 마음을 시멘트 벽에 빗대어 표현함
가고 있는 것 같다. 오 년 동안 한 아파트 통로에 사는 아주머니와는 엘리베이터에서 만났어도 가벼운 목례를 하는 것
이웃 간에 정을 나누지 않는 삭막한 모습
정도가 고작이고 서로 왕래해 본 일이 없다. 가까운 이웃이 없다면 훈훈한 정도 느끼지 못할 텐데 철저하게 혼자 사는 생활에 익숙해져 가고 있다.

(마) 지구(地球)의 절반 이상이 흐르는 물로 덮여 있음에도 수구(水球)라 하지 않고 지구라 칭한 것도 흙이 생명의 모데이
글쓴이가 생각하는 땅의 가치
기 때문이 아닐까. 땅과 멀어질수록 병원을 가까이한다는 말이 있듯이 무디어진 심성을 깨우치는 건 자연과 가까이하는
글쓴이가 전달하고자 하는 내용
일이지 않나 싶다. ▶ 현재-편리함을 추구하며 흙과 멀어지고 이웃과도
      왕래하지 않는 오늘날의 생활을 염려함.

이 글에서 글쓴이는 생활의 편리함에 젖어 흙(자연)의 소중함을 잊고 살아가는 오늘날 현대인들의 모습을 부정적으로 여기며 흙(자연)의 소중함과 가치를 일깨우고 있다. 따라서 이 글은 주어진 환경에 만족하는 삶이 아니라 흙(자연)을 가까이하는 삶에 대한 긍정적인 시각이 나타나 있다.

✔ 오답 챙기기

① (가)에서 '나도 어렸을 적 흙 놀이를 즐겼었다.'라고 하였고, (나)에 흙 놀이를 재미있게 했던 글쓴이의 경험이 나타나 있으므로 적절한 감상이다.

② (다)에는 흙을 가까이하지 못하는 요즘의 세태가 나타나 있다. 이를 바탕으로 흙과 자연의 소중함을 잊고 살아가는 자신의 모습을 돌아볼 수 있으므로 적절한 감상이다.

③ (마)에는 '무디어진 심성을 깨우치는 건 자연과 가까이하는 일'이라는 글쓴이의 깨달음이 나타나 있다. (가), (나)에서 글쓴이는 어린 시절 흙 놀이를 했던 즐거운 경험을 이야기하였으므로 이러한 경험에서 흙을 가까이해야 한다는 깨달음을 얻었다는 것을 추론할 수 있으므로 적절한 감상이다.

⑤ (다)에는 흙을 가까이하지 못하는 요즘의 세태가 나타나 있다. 그리고 글쓴이는 하늘과 가까운 고층 아파트에 살아 흙을 만져 볼 기회가 별로 없는 오늘날의 상황에 대해 염려하며 안타까워하고 있으므로 적절한 감상이다.

17 일차 _{실전} 수필의 감상

01 ④　　　**02** ④　　　**03** ②　　　**04** ①

✎ **개념 적용하기** 다음, 가능성, 예, 대답

🔍 **작품 한눈에** 역설, 질문, 청소년, 아홉

01 ~ 04

열보다 큰 아홉 | 이문구

작품 해설 이 글은 아홉이라는 숫자를 통해 청소년의 미래와 꿈, 가능성을 전하는 수필이다. 글쓴이는 다양한 사례를 들어 숫자 아홉이 열보다 적거나 작은 수가 아님을 밝히고, 우리 조상들이 열보다 아홉을 더 사랑한 것은 아홉이 미래의 꿈과 가능성의 수이기 때문이라고 이야기하면서 청소년들에게 아홉의 의미를 생각해 볼 것을 권하고 있다. 즉, 글쓴이는 청소년은 완벽하지는 않지만, 미래의 꿈과 그 가능성을 가진 존재이므로, 청소년들에게 자신이 완벽하지 않다고 괴로워할 필요가 없음을 일깨우고 있다.

주제 청소년은 아홉이라는 수처럼 완벽하지 않지만 미래의 꿈과 그 가능성을 지닌 존재이다.

구성

처음 '아홉'과 '열'이라는 수의 뜻에 대해 생각해 보기로 한다.

중간 우리 조상들은 완전한 수인 열보다 미래의 꿈과 가능성을 가진 아홉을 더 사랑했다.

끝 청소년은 아홉이라는 숫자의 특성을 닮았다.

📖 작품 꼼꼼 강의

처음 오늘은 아홉과 열이라는 수가 지니고 있는 뜻을 생각해 보기로 합시다. ▶ 아홉과 열이라는 수가 지닌 뜻에 대해 생각해 보기로 함.

잘 아시다시피 열은 십·백·천·만·억 등의 십진급수 '열'이라는 수의 의미 ① (十進級數)에서 제일 먼저 꽉 찬 수입니다. 그러므로 이 열에 얼마를 더 보태거나 빼거나 한다면 그것은 이미 열이 아닌 다른 수가 됩니다.

무엇을 하기에 그 이상 좋을 수가 없이 알맞은 때에 '십상 좋다.'라고 말하는 십상도, 열 십(十) 자와 이룰 성(成) 자에서 나온 말입니다. 그만큼 열이란 수는 이미 이룰 것을 이룩한 완전한 수이며, 성공을 한 수인 것입니다. '열'이라는 수의 의미 ②

'열'이라는 수의 의미 ③
▶ 열은 꽉 차고, 완전하고, 성공한 수임.

그러면 아홉이란 수는 어떤 수입니까? 두말할 필요도 없이 열보다 하나가 모자라는 수입니다. 다시 말하면 완전에 '아홉'이라는 수의 의미 ①　　　'아홉'이라는 수의 의미 ② 거의 다다른 수, 거기에 하나만 보태면 완전에 이르게 되는 수, 그래서 매우 아쉬움을 느끼게 하는 수인 것입니다. '아홉'이라는 수의 의미 ③

'아홉'이라는 수의 의미 ④
그러면 아홉은 정녕 열보다 적거나 작은 수일까요, 그렇지 않습니다. 예를 들어 보겠습니다. 문답법

다양한 예 제시
끝없이 높고 너른 하늘을 십만 리 장천이라고 하지 않고 **구만리장천(九萬里長天)**이라고 합니다. 젊은이더라도 **앞이 구** : 아홉이 열보다 적거나 작은 수가 아님을 보여 주는 예들, 열거법

만리 같은 사람이라고 하는 말과 같은 뜻이지요.

굽이굽이 한없이 서린 마음을 **구곡간장(九曲肝腸)**이라고 하고, 굽이굽이 에워 도는 산굽이가 얼마인지 모르는 길을 **구절양장(九折羊腸)**이라고 하고, 통과해야 할 문이 몇이나 되는지 모르는 왕실을 **구중궁궐(九重宮闕)**이라고 하고, 죽을 고비를 수도 없이 넘기고 살아난 것을 **구사일생(九死一生)**이라고 표현하고 있습니다. ▶ 아홉은 열보다 적거나 작은 수 아님.

(중략)

중간 열이란 수가 넘치지도 않고 모자라지도 않고, 또 조금 '열'이라는 수의 특징-열거법 도 여유가 없이 꽉 찬 수, 그래서 다음도 없고 다음다음도 없이 아주 끝나 버린 수라는 점에서, '아홉은 열보다 많고, '아홉'이라는 수의 특징-열거법 열보다 크고, 열보다 높고, 열보다 깊고, 열보다 넓고, 열보다 멀고, 열보다 긴 수였으며, 그리하여 다음, 또 그다음, 그도 아니면 그 다음다음을 바라볼 수 있는, 미래의 꿈과 그 가능성의 수였기에, 슬기롭고 끈기 있는 우리의 선조들에게 일찍부터 열보다 열 배도 넘는 사랑을 담뿍 받아 왔던 것입니다. ▶ 아홉은 미래의 꿈과 그 가능성의 수임.

끝 하물며 여러분은 지금 한창 자라고, 한창 배우고, 한창 놀아야 할 중학생입니다. 여러분은 지금 무엇 한 가지도 완 청소년기의 특징 벽할 수가 없으며, 항상 어딘가가 부족하고 어설픈 것이 오히려 정상인 학생입니다. '행여 무엇이 남들보다 모자란 것이 아닌가 싶어서 스스로 괴로워하고 외로워하고 서글퍼해 온 글쓴이가 말하고 싶은 내용 학생이 있다면, 어떨까요, 이제부터라도 열이란 수보다 아 도치법 홉이란 수를 더 사랑해 보는 것은. ▶ 현재 완벽하지 못해 괴로운 학생이 있다면 아홉의 의미를 생각해 볼 것을 권함.

01 표현상 특징 파악　　📑 ④

이 글은 자신의 내면을 고백하는 듯한 독백적 어조를 사용하고 있지 않다. '~ 생각해 보기로 합시다.', '여러분은 지금 한창 자라고, 한창 배우고, 한창 놀아야 할 중학생입니다.'와 같이 독자에게 친근하게 말을 건네는 듯한 어조를 사용하고 있다.

✅ 오답 챙기기

① '구만리장천, 구곡간장, 구절양장, 구중궁궐, 구사일생' 등 다양한 예를 열거하여 아홉이 열보다 적거나 작은 수가 아니라는 자신의 생각을 뒷받침하고 있다.

② '넘치지도 않고 모자라지도 않고, 또 조금도 여유가 없는 꽉 찬 수', '다음다음도 없이 아주 끝나 버린 수'라는 '열'이라는 숫자의 특징과 '완전에 거의 다다른 수', '그 다음다음을 바라볼 수 있는, 미래의 꿈과 그 가능성의 수'라는 '아홉'이라는 숫자의 특징을 활용하여 열보다 아홉이 크다는 자신의 의도를 전달하고 있다.

③ '그러면 아홉이란 수는 어떤 수입니까? 두말할 필요도 없이 열보다 하나가 모자라는 수입니다.', '그러면 아홉은 정녕 열보다 적거나 작은 수일까요? 그렇지 않습니다.'에서 질문과 대답의 형식으로 독자의 주의를 집중시키고 있다.

⑤ 마지막 부분의 '어떨까요, 이제부터라도 열이란 수보다 아홉이란 수를 더 사랑해 보는 것은.'에서 '이제부터라도 열이란 수보다 아홉이란 수를 더 사랑해 보는 것은 어떨까요.'라는 일반적인 문장 순서를 바꾸어 글쓴이가 하고 싶은 말을 강조하고 있다.

02 소재의 의미 파악　　　답 ④

이 글에서 '아홉'은 '완전에 거의 다다른 수, 거기에 하나만 보태면 완전에 이르게 되는 수, 그래서 매우 아쉬움을 느끼게 하는 수'라고 하며 '그 다음다음을 바라볼 수 있는, 미래의 꿈과 그 가능성의 수'라는 점에서 '열'보다 크고, 우리 선조들에게 일찍부터 사랑받아 왔다고 했다. 따라서 ⓑ'열'보다 ⓐ'아홉'이 사랑받아 온 까닭은 ⓐ'아홉'이 '미래의 꿈과 가능성'을 품은 수이기 때문이다.

✅ 오답 챙기기

'이미 이룰 것을 이룩한 완전한 수'(⑤), '넘치지도 않고 모자라지도 않는 수'(③), '조금도 여유가 없는 꽉 찬 수'(②), '다음도 없고 다음다음도 없이 아주 끝나 버린 수'(①)는 ⓑ'열'의 특성이며, ⓑ'열'보다 ⓐ'아홉'이 사랑받아 온 까닭이 아니다.

03 표현상 특징 적용　　　답 ②

글쓴이는 실제로는 '아홉'이 '열'보다 클 수 없지만, ㉠에서 '열'은 다음이 없이 아주 끝나 버린 수이고 '아홉'은 다음을 바라볼 수 있는 미래의 꿈과 그 가능성을 가진 수이기 때문에, 열보다 아홉이 크다고 하고 있다. 이는 겉으로는 앞뒤가 맞지 않지만 그 속에 중요한 의미나 가치를 담고 있는 역설적 표현이다. 이러한 역설적 표현 방법이 쓰인 것은 ②이다. 일반적으로 '사랑'은 긍정적 감정이고 '슬픔'은 부정적 감정이기 때문에 '슬픔'이 '사랑'보다 소중할 수 없다. 그러나 ②에서는 '사랑보다 소중한 슬픔'이라고 하여 역설적 표현을 사용하고 있다. 참고로 이것은 자신만을 위한 이기적인 사랑보다는 타인의 아픔을 이해하는 것이 중요하다는 의미를 나타낸다.

✅ 오답 챙기기

① '먼 훗날 그때에 잊었노라'는 잊지 않겠다는 것을 반대로 말하여 강조(반어법)하고 있다.
③ '눈은 살아 있다'를 반복하면서 다른 성분을 점점 비중 있게 덧붙여 그 의미를 강조(점층법)하고 있다.
④ '이름이여'를 반복하면서 슬픔의 감정을 감탄하는 말로 강력하게 표현(영탄법)하고 있다.
⑤ '벼'를 '서러운 눈 씻어 맑게 다스릴 줄 알고', '제 몸의 노여움을 덮는다.'라고 하여 사람처럼 감정을 갖고 있는 것으로 표현(의인법)하고 있다.

04 반응의 적절성 파악　　　답 ①

이 글은 무엇 한 가지도 완벽할 수가 없고 항상 어딘가 부족하고 어설픈 청소년에게 괴로워할 필요가 없다는 이야기를 하고 있다. 따라서 자신이 지닌 능력에 대해 자만해서는 안 된다는 것은 이 글의 내용과 관련이 없는 반응이다.

✅ 오답 챙기기

② 아쉬움을 느끼게 하는 수인 아홉이 다음을 바라볼 수 있는, 미래의 꿈과 그 가능성의 수라는 점을 생각할 때 모자라고 어설퍼서 무언가를 잘하지 못하는 청소년도 마찬가지로 미래의 꿈과 그 가능성의 존재일 수 있으므로 위축되지 말아야겠다는 반응을 보일 수 있다.
③ '여러분은 지금 무엇 한 가지도 완벽할 수가 없으며, 항상 어딘가 부족하고 어설픈 것이 오히려 정상인 학생입니다.'라고 하였으므로 이 말이 위로가 되었다는 반응을 보일 수 있다.
④ 아쉬움을 느끼게 하는 수인 아홉이 다음을 바라볼 수 있는, 미래의 꿈과 그 가능성의 수라는 점에서 현재의 부족함은 미래의 완전함을 향해 나아가는 과정임을 알게 되었다는 반응을 보일 수 있다.
⑤ 아홉처럼 청소년도 지금은 부족하지만 스스로 미래의 가능성을 지니고 있는 존재라는 것을 믿고 꾸준히 노력해야겠다는 반응을 보일 수 있다.

🖋 **어휘 확인**　　　📖 본문 159쪽

1 ⓒ	**2** ㉠	**3** ⓒ	**4** ⓜ	**5** ⓔ
6 ⓒ	**7** ㉠	**8** ⓒ	**9** ⓔ	**10** ⓜ
11 기거	**12** 왕래	**13** 고비	**14** 목례	**15** 십상
16 모태				

18일차 고전 수필의 갈래: 내간체 수필과 설(說)

🔖 **내간체 수필 이해하기** 1. 여성 2. ○
🔖 **필수 개념** ④
🔖 **개념 적용하기** 바늘

필수 개념 내간체 수필과 설(說)   답 ④

조침문 | 유씨 부인

작품 해설 조선 순조 때 유씨 부인이 지은 것으로 알려진 한글 수필이다. 바늘이 부러진 사건을 바늘의 죽음으로 묘사하면서 제문 형식을 빌려 자신이 느낀 안타까움과 애통함을 드러내고 있다. 남편을 일찍 여의고 바느질로 소일하며 지내던 양반 가문의 아녀자로서 오랫동안 아끼고 애용하던 바늘을 부러뜨린 순간의 당황스러움과 놀람을 독창적으로 표현하고 있다. 부러진 바늘을 의인화하여 죽은 사람에 대해 애도하는 상황으로 설정한 것이 독특하며, 문장 표현도 참신하고 전체적인 흐름도 자연스럽다. 여성 화자로서 다정다감한 면모를 폭넓게 드러내고 있으며, 한낱 사물에 불과한 바늘에 대한 애틋하면서도 애잔한 마음을 잘 표현하고 있다. 남편을 잃고 외롭게 살아가는 여인의 쓸쓸함과 애처로움을 잘 드러낸 수필이라고 평가받는다.

주제 부러진 바늘로 인한 슬픔과 바늘에 대한 애도

구성

서사 바늘에 대한 제문을 짓게 된 동기

본사 ① 바늘을 얻은 내력
② '나'의 신세와 바늘과의 관계
③ 바늘의 신묘한 재주
④ 바늘과의 동고동락
⑤ 바늘의 최후

결사 애도의 심정과 후세에 다시 만날 기약

📖 작품 꼼꼼 강의

서사 유세차(維歲次) 모년 모월 모일에, 남편을 여읜 모씨
〔글쓴이의 처지를 알 수 있음. / 제문의 첫머리에 관용적으로 쓰이는 말. 이 글의 형식(제문)을 짐작하게 함.〕
(某氏)는 두어 자 글로써 침자(針子)에게 고하노니, 인간 부녀의 손 가운데 없어서는 안 될 정도로 매우 긴요한 것이 바늘이로대, 세상 사람이 귀히 아니 여기는 것은 도처에 흔한 바이로다. 이 바늘은 한낱 작은 물건이나, 이렇듯이 슬퍼함은 나의 정회가 남과 다름이라. 아, 비통하구나, 아깝고 불쌍하다. 너를 얻어 손 가운데 지닌 지 벌써 27년이라. 어이 인정이 그렇지 아니하겠는가? 슬프다. 눈물을 잠깐 거두고 심신을 겨우 진정하여 너의 행적과 나의 품은 마음을 총총히 적어 작별 인사를 하노라. ▶ 바늘에 대한 제문을 짓게 된 동기

본사 여러 해 전에 우리 시삼촌께서 동지상사 명을 받아 북경에 다녀오신 후, 바늘 여러 쌈을 주시기에 진정과 가까운 친척에게뿐만 아니라 먼 친척에게도 보내고, 비복들에게도 쌈쌈이 낱낱이 나눠 주었다. 그중에 너를 택하여 손에 익히고 익히어 지금까지 같이 지내 왔었는데…… 슬프다. 연분이 특별하여, 너희를 무수히 잃고 부러뜨렸으되 오직 너 하나를 꽤 오래 간직하여 왔으니, 비록 무심한 물건이나 어찌 사랑스럽고 마음에 끌리지 아니하겠는가? 아깝고 불쌍하며 또한 섭섭하도다. ▶ 바늘을 얻게 된 내력

나의 신세 박명하여 슬하에 자식이 없고 목숨이 모질어 일찍 죽지도 못했구나. 살림이 너무도 가난하여 바느질에 마음을 붙이고 네 덕분에 시름을 잊고 생계에 도움이 적지 아니했는데, 오늘 너를 이별하는구나. 아, 슬프다. 이는 귀신이 시기하고 하늘이 미워하심이로다. ▶ 글쓴이의 처지와 바늘과의 관계

아깝다 바늘이여, 어여쁘다 바늘이여, 너는 미묘한 품질과 특별한 재치를 가졌으니, 『물중(物中)의 명물이요, 철중(鐵中)의 쟁쟁이라.』 『민첩하고 날래기는 백대(百代)의 협객이요, 군세고 곧기는 만고의 충절이라.』
(중략) ▶ 바늘의 재주와 품질

금년 시월 초열흘날 술시에, 희미한 등잔 아래서 관대 깃을 달다가 무심결에 자끈동 부러지니 깜짝 놀랐어라. 아야 아야 바늘이여, 두 동강이 났구나. 정신이 아득하고 혼백이 산란하여 마음을 베어 내는 듯하며 두골을 깨뜨리는 듯하더구나. ▶ 바늘이 부러진 경위와 글쓴이의 슬픔

이 글은 바늘이 부러진 사건을 소재로 글쓴이의 안타까움과 애통함을 드러내고 있는 내간체 수필이다. 바늘이 부러진 사건은 사회적인 문제로 볼 수 없으므로 사회적인 문제를 작품의 소재로 취하고 있다는 설명은 적절하지 않다.

✅ 오답 챙기기

① '남편을 여읜 모씨'에서 글쓴이가 남편과 사별한 여인임을 알 수 있다.

② 고상한 어휘와 잘 다듬어진 문장을 사용하고 있으며 표현이 아름답고 풍부하다.

③ '아, 슬프다. 이는 귀신이 시기하고 하늘이 미워하심이로다.', '무심결에 자끈동 부러지니 깜짝 놀랐어라.', '정신이 아득하고 혼백이 산란하여 마음을 베어 내는 듯하며 두골을 깨뜨리는 듯하더구나.' 등에서 여인의 섬세한 감각과 정서가 드러나 있다.

⑤ '유세차'는 제문의 첫머리에 쓰는 말이다. 이 글은 1문단에서 '유세차 모년 모월 모일에'라는 제문 형식으로 시작하여 '아, 비통하구나. 아깝고 불쌍하다.'라며 바늘을 잃은 글쓴이의 애통한 심정을 표현하고 있다.

18 ^{실전}
일차   고전 수필의 갈래: 내간체 수필과 설(說)

01 ③   **02** ①   **03** ⑤

✎ **개념 적용하기** 잘못, 정치, 경험, 깨달음

🔍 **작품 한눈에** 확장, 유추, 잘못

01 ~ 03

이옥설 | 이규보

작품 해설 이 글은 퇴락한 행랑채 세 간을 수리한 경험을 통해 얻은 깨달음을 이야기하며 잘못을 고쳐 나가는 자세의 중요성에 대해 언급하고 있는 설이다. 글쓴이는 비가 샌 지 오래되었으나 그저 방치해 두었던 두 칸은 그 서까래, 추녀, 기둥, 들보가 모두 썩어 못 쓰게 된 까닭으로 수리비가 엄청나게 들었고, 한 번밖에 비를 맞지 않았던 한 칸의 재목들은 다시 쓸 수 있었던 까닭으로 비용이 많지 않았던 경험을 이야기한다. 글쓴이는 이와 같은 경험을 사람의 몸, 나라의 정치에 있어서도 마찬가지라는 깨달음으로 확장시킨다. 즉 사람의 몸 역시 잘못된 점을 알고도 그 즉시 고치기를 꺼린다면 마치 나무가 썩어서 못 쓰게 되는 것과 같으며, 나라의 정치 또한 백성을 좀먹는 무리들을 내버려 두었다가는 백성들이 도탄에 빠지고 나라가 위태롭게 될 수 있다는 것이다.

주제 잘못을 알고 바로 고쳐 나가는 자세의 중요성

구성

1문단 비가 새면 발견한 즉시 수리해야 비용이 덜 든다.

2문단 잘못을 알고 고치기를 꺼리지 않으면 다시 착한 사람이 될 수 있다.

3문단 정치 역시 백성들이 도탄에 빠지기 전에 잘못된 점을 바로 개선해야 한다.

☑ 작품 꼼꼼 강의

　행랑채가 퇴락하여 지탱할 수 없게끔 된 것이 세 칸이었
_{대문간 곁에 있는 집채, 문간채}
다. 나는 마지못하여 이를 모두 수리하였다. 그런데 그중 두
_{오랫동안 행랑채 수리를 미뤄 왔음.}
칸은 앞서 장마에 비가 샌 지가 오래되었으나, 나는 그것을
알면서도 이렇까 저렇까 망설이다가 손을 대지 못했던 것이
_{알면서도 행랑채 수리를 계속해서 미룸.}
고, 나머지 한 칸은 비를 한 번 맞고 샜던 것이라 서둘러 기
와를 갈았던 것이다. 『이번에 수리하려고 본즉 비가 샌 지 오
_{『　』잘못을 오래 방치하면 손해가 크고, 빨리 고치면 쉽게 개선될 수 있음.}
래된 것은 그 서까래, 추녀, 기둥, 들보가 모두 썩어서 못 쓰
게 되었던 까닭으로 수리비가 엄청나게 들었고, 한 번밖에
비를 맞지 않았던 한 칸의 재목들은 완전하여 다시 쓸 수 있
었던 까닭으로 그 비용이 많지 않았다.
　　　　　　　　　　　　　　▶ 행랑채가 퇴락하여 수리한 경험
　나는 이에 느낀 것이 있었다. 사람의 몸에 있어서도 마찬
_{글쓴이의 깨달음으로 주제와 통함.　　유추적 적용 ①}
가지라는 사실을. 잘못을 알고서도 바로 고치지 않으면 곧
그 자신이 나쁘게 되는 것이 마치 나무가 썩어서 못 쓰게 되
는 것과 같으며, 잘못을 알고 고치기를 꺼리지 않으면 해
(害)를 받지 않고 다시 착한 사람이 될 수 있으니, 저 집의
재목처럼 말끔하게 다시 쓸 수 있는 것이다.
　　　　　　　　　▶ 잘못을 빨리 고쳐야 한다는 깨달음을 얻음.
뿐만 아니라 나라의 정치도 이와 같다. 백성을 좀먹는 무
_{유추적 적용 ② - 사회적 차원으로의 인식 확장　　　탐관오리들}

리들을 내버려 두었다가는 백성들이 도탄에 빠지고 나라가
위태롭게 된다. 그런 연후에 급히 바로잡으려 하면 이미 썩
_{사후약방문, 소 잃고 외양간 고친다}
어 버린 재목처럼 때는 늦은 것이다. 어찌 삼가지 않겠는가.
　　　　　　　　　　　　_{자신과 타인에 대한 경계의 태도}
　　　　　　　　　　　　　▶ 깨달음을 정치에 적용함.

01 글쓴이의 태도 파악   답 ③

이 글은 비가 샌 행랑채를 수리한 경험을 통해 얻은 깨달음을 사람의 몸과 정치에 적용하여 교훈을 전달하고 있는 '설'이다. 즉 잘못을 알고 그 즉시 그것을 고쳐 나가는 자세의 중요성에 대해 말하고 있는 작품이다. 따라서 글쓴이가 생각하는 바른 삶을 살아가는 자세에 대해 말하고 있다고 볼 수 있다.

✔ **오답 챙기기**

① 이 글의 글쓴이가 세상에 대한 편견을 가지고 있는 모습은 나타나 있지 않다. 또한 그러한 편견을 버리고자 애쓰는 모습도 나타나 있지 않다.

② 이 글의 글쓴이는 현재 처한 상황을 제시하고 있지 않으며 이를 극복하고자 하는 노력 또한 드러내고 있지 않다.

④ 이 글은 이념과 현실 사이의 갈등 속에서 방황하는 글쓴이의 모습을 제시하고 있지 않다.

⑤ 이 글은 글쓴이가 깨달은 교훈을 전달하고 있을 뿐, 글쓴이가 추구하는 이상 세계의 모습을 구체적으로 언급하고 있지 않다.

02 관용 표현의 이해와 적용   답 ①

㉠에는 비가 새기 시작한 것을 알았을 때, 바로 지붕을 고쳤다면 수리비가 많이 들지 않았을 것인데 그러지 못하여 수리비가 많이 든 상황이 제시되어 있다. 이러한 상황은 커지기 전에 처리하였으면 쉽게 해결되었을 일을 방치했다가 나중에 큰 힘을 들이게 된 경우를 비유적으로 이르는 말인 '호미로 막을 것을 가래로 막는다'는 속담과 어울린다.

✔ **오답 챙기기**

② '까마귀 날자 배 떨어진다'는 아무 관계 없이 한 일이 공교롭게도 때가 같아 어떤 관계가 있는 것처럼 의심을 받게 됨을 비유적으로 이르는 속담이므로, ㉠의 상황과 어울리지 않는 반응이다.

③ '낫 놓고 기역 자도 모른다'는 기역 자 모양으로 생긴 낫을 보면서도 기역 자를 모른다는 뜻으로, 아주 무식함을 비유적으로 이르는 속담이므로, ㉠의 상황과 어울리지 않는 반응이다.

④ '개구리 올챙이 적 생각 못 한다'는 형편이나 사정이 전에 비하여 나아진 사람이 지난날의 미천하거나 어렵던 때의 일을 생각지 아니하고 처음부터 잘난 듯이 뽐냄을 비유적으로 이르는 속담이므로, ㉠의 상황과 어울리지 않는 반응이다.

⑤ '우물에 가서 숭늉 찾는다'는 모든 일에는 질서와 차례가 있는 법인데 일의 순서도 모르고 성급하게 덤빔을 비유적으로 이르는 속담이므로, ㉠의 상황과 어울리지 않는 반응이다.

03 설의 특징 파악   답 ⑤

〈보기〉에서 '설'은 사물의 이치를 풀이하고 자신의 의견을 덧붙

여 서술하며 사물의 유사점에 근거하여 사고를 확장하는 유추의 과정을 담고 있다고 하였다. 〈보기〉에 따라 '설'에 해당하는 이 글을 이해하면, A(행랑채를 수리한 경험) → B(잘못됨을 알고 바로 고치지 않으면 안 된다는 생각) → C(부패한 정치를 개혁해야 한다는 주장)의 과정으로 이해할 수 있다. 따라서 C는 유추와 확장을 통한 적용의 결과이지, 앞 내용의 반복이 아니므로 C에서 글쓴이는 부패한 정치를 개혁해야 한다는 주장을 다시 강조하고 있다고 볼 수 없다.

① 비가 샌 지 오래된 행랑채 두 칸은 수리비가 엄청나게 들었고 한 번밖에 비를 맞지 않은 행랑채 한 칸은 비용이 많이 들지 않았다고 하여 A에는 행랑채를 수리한 경험이 구체적으로 드러나 있다.

② B는 비가 새면 발견한 즉시 수리해야 비용이 덜 든다는 A의 경험을 근거로 사람도 잘못을 알고 고치기를 꺼리지 않으면 다시 착한 사람이 될 수 있음을 추론하고 있다.

③ 사람도 잘못을 알고 고치기를 꺼리지 않으면 다시 착한 사람이 될 수 있다는 B의 깨달음은 C에서 나라의 정치에 적용되어 백성을 좀먹는 무리들을 내버려 두면 백성들이 도탄에 빠진다는 내용으로 확장되고 있다.

④ A → B → C의 과정을 거치며 행랑채를 수리한 개인적인 경험이 나라의 정치라는 사회적 차원으로 인식이 확장되고 있다.

본문 165쪽

어휘 확인

1 서까래 **2** 들보 **3** 추녀 **4** 기둥